【北京社科名家文库】

神游四方

BEIJING SHEKE MINGJIA WENKU

陈平原自选集

陈平原◎著

首都师范大学出版社
CAPITAL NORMAL UNIVERSITY PRESS

图书在版编目(CIP)数据

神游四方:陈平原自选集/陈平原著.—北京:首都师范大学出版社,2014.11

(北京社科名家文库)

ISBN 978-7-5656-2184-0

Ⅰ.①神… Ⅱ.①陈… Ⅲ.①社会科学—文集 Ⅳ.①C53

中国版本图书馆 CIP 数据核字(2014)第 278784 号

北京社科名家文库

SHENYOU SIFANG

神游四方

陈平原自选集

陈平原 著

项目统筹:杨林玉　　责任编辑:杨林玉

责任设计:王征发　　责任印制:何景贤

责任校对:李佳艺

首都师范大学出版社出版发行

地 址 北京西三环北路 105 号

邮 编 100048

电 话 68418523(总编室) 68982468(发行部)

网 址 www.cnupn.com.cn

印 刷 三河市博文印刷有限公司

全国新华书店发行

版 次 2015 年 1 月第 1 版

印 次 2015 年 1 月第 1 次印刷

开 本 710mm×1 000mm 1/16

印 张 36　　插页 2

字 数 437 千

定 价 82.00 元

出版说明

1978年，中国改革开放的元年。自那一年开始，中国已经走过了波澜壮阔的30年。这是伟大的30年，是改变中国的30年，是震惊世界的30年，也是哲学社会科学蓬勃发展的30年。

在哲学社会科学这30年的辉煌成就里，浸透着为新中国哲学社会科学奠基的老一辈专家呕心沥血的求索，也镌刻着寻着他们足迹的后来者追求真理的步伐。“学之大者，国之重器”。我们有责任将这些“大者”潜心研究的成果，重新编辑出版以飨读者。为此，北京市社会科学界联合会和首都师范大学出版社将这一套《北京社科名家文库》奉献给读者。她以自选集的体例形式，每年推出一批，争取在几年内达到百种以上。《北京社科名家文库》将系统展示当代哲学社会科学名家学者30年来的学思精华，展示他们的学术探索历程和风采。同时，为使这套《北京社科名家文库》更加丰富，编委会决定在首都师范大学出版社已出版的《当代著名学者自选集》中挑选符合体例的图书，编辑成《北京社科名家文库·纪念辑》，这将更完整地反映北京学人在学术风范和学术使命上的历史延续。

我们相信，《北京社科名家文库》将能够成为具有文化传承价值的经典性大型出版工程，成为集中展示首都哲学社会科学重要成果的一个窗口。由于我们水平所限，定有不足之处，希望读者和同仁给予批评指正。

编　委　会

2009年11月

陈 平 原 先 生

目录

1 自序
5 有情怀的学术研究
——答北京大学研究生杨早问

1 第一辑　文学史
3 传统的创造性转化
——《中国小说叙事模式的转变》第五章
27 快意恩仇
——《千古文人侠客梦》第六章
54 中国散文与中国小说
——《中国散文小说史》绪论
71 史家之文的阔大与人情
——《从文人之文到学者之文》第五讲

99 第二辑　学术史
101 作为新范式的文学史研究
——《中国现代学术之建立》第五章

北京社科
名家文库

154 经典是怎样形成的
——《触摸历史与进入五四》第五章
226 中国戏剧研究的三种路向
——《作为学科的文学史》第九章
296 假如没有“文学史”……
——《假如没有“文学史”……》之一

305 **第三辑　大学史**
307 北大校庆：为何改期？
——《老北大的故事》之一
320 传统书院的现代转型
——《大学有精神》之一
347 永远的“箭吹弦诵”
——《读书的“风景”》之一

北京社科名家文库

394 我们需要什么样的大学
——《大学何为》之一

421 **第四辑 都市、画报与声音**
423 流动的风景与凝视的历史
——《左图右史与西学东渐》第四章
487 长向文人供炒栗
——《北京记忆与记忆北京》之一
511 学术史视野中的“关键词”
——《当代中国人文观察》之一
533 “演说现场”的复原与阐释
——《学者的人间情怀》之一

540 **陈平原编著目录**

自序

有机会出“自选集”，向中外学界及广大读者汇报业绩，自然是很幸运的事。一编在手，多年的辛劳、奋进与收获一目了然。可这种机会不能太多，理由很简单——你的“得意之作”不可能无穷尽，哪经得起三挑四拣？

1994 年应邀为“跨世纪学人文存”编自选集，那年我刚好四十岁，因此，撰写了题为《四十而惑》的“代序”。这套印制精美的丛书，最后由广西师范大学出版社于 1997 年推出。此《陈平原自选集》收文 14 篇，分“二十世纪中国文学研究”“小说学研究”“学术史研究”及“人文关怀”四个专题，大致体现了我那个时候的研究兴趣与学术水平。

2008 年，我为香港三联书店主持“三联人文”书系，这是一套标榜“小而可贵”的丛书，其基本立场是：“对于一个成熟的学者来说，三五篇代表性论文，确能体现其学术上的志趣与风貌；而对于读者来说，经由十万字左右的文章，进入某一专业课题，看高手如何‘翻云覆雨’，也是一种乐趣。”(参见《“三联人文”书系总序》)其中我的那一册，题为《千年文脉的接续与转化》，仅收四篇在学界大获好评的长文。这本小书，2010 年 8 月由复旦大学出版社引进，发行了简体字版。

2011年1月，我同时出版了两种不同类型的“文选”，一是应北京师范大学出版社之邀，加盟“当代中国名家文库”，编了一册《现代中国的文学、教育与都市想象》，选录1996—2008年间刊发的专业论文12篇；一是应复旦大学出版社之约，为其主持的大型丛书“三十年集”编了一册《压在纸背的心情》。后者征得出版社同意，破例不选论文，而是选择了42则长短不一的随笔、序跋、对话或评论，“勾勒自己走过来的学术道路，以及路边的野花野草、远处的好山好水，给近三十年中国学界的演进提供一份证词”（参见《〈压在纸背的心情〉序》）。

有了如此经历，当“北京社科名家文库”向我约稿时，我在深感荣幸的同时，确实是“诚惶诚恐”。既不想重复选文，又不能糊弄读者，只好另辟蹊径，确定了“以著作为主轴”的编辑思路。也就是说，在“论文精选”之外，更希望兼及我已刊各书，呈现不同的学术面向。

如此“以文带书”，既凸显自家学术业绩，同时也是为了回避上述选本。比如，第一辑“文学史”希望推介《中国小说叙事模式的转变》（上海人民出版社，1988年）、《千古文人侠客梦——武侠小说类型研究》（北京：人民文学出版社，1992年）、《中国散文小说史》（上海人民出版社1998年初版时题为《中华文化通志·散文小说志》，2004年起改为此题）、《从文人之文到学者之文——明清散文研究》（北京：三联书店，2004年）四书。第二辑“学术史”呈现的是以下四书：《中国现代学术之建立》（北京大学出版社，1998年）、《触摸历史与进入五四》（北京大学出版社，2005年）、《作为学科的文学史》（北京大学出版社，2011年）和《假如没有“文学史”……》（北京：三联书店，2011年）。第三辑“大学史”则选自《老北大的故事》（南京：江苏文艺出版社，1998年）、《大学有精神》（北京大学出版社，2009年）和《读书的

“风景”——大学生活之春花秋月》(北京大学出版社，2012年)、《大学何为》(北京大学出版社，2006年)。第四辑“都市、画报与声音”有点庞杂，所收四文指向《左图右史与西学东渐——晚清画报研究》(香港：三联书店，2008年)、《北京记忆与记忆北京》(北京：三联书店，2008年)、《当代中国人文观察》(增订本)(北京大学出版社，2010年)、《学者的人间情怀——跨世纪的文化选择》(北京：三联书店，2007年)。十六文代表已刊十六书，大致体现了我已经取得的学术业绩。只是为了平衡体例，第一辑不免多有删减，而第四辑则有待加强。之所以这么编，是为了体现自家学术上的“方向感”，或者说预留了发展空间。

我曾经感叹，在学问上，前辈学者大都谦卑而执着，这跟他们的个人修养、也跟他们所处环境有关。不知从什么时候起，“自我表彰”成了当代中国学人的基本功与必修课。每天都在总结自己的学术创新、突破与贡献，实在让人难为情。可说着说着，习惯成自然，很多人也就不再脸红了。更让人惊叹不已的是，这种“自吹自擂”还很有效果，以至在当代中国蔚然成风。

明知学术史上的贡献，不该由当事人自己来总结，可又无法遗世独立，只好采用变通的方式，必要时抄录获奖纪录：《中国小说叙事模式的转变》获教育部颁发的首届全国高校人文社会科学研究优秀著作二等奖(1995)、《千古文人侠客梦——武侠小说类型研究》获教育部颁发的第二届全国高校人文社会科学研究优秀著作三等奖(1998)、《中国现代学术之建立——以章太炎、胡适之为中心》获教育部颁发的第三届全国高校人文社会科学研究优秀成果一等奖(2003)、《触摸历史与进入五四》获教育部颁发的首届全国高等学校科学研究优秀成果奖(人文社会科学)一等奖(2009)、《中国戏剧研究的三种路向》获教育部颁发的第六届高等学校科学研究优秀成果奖（人文社会科学）二等奖（*2013*）。教育部颁发的“优秀成果奖”，被认作是文科学者所能获得的最高奖励。这种学术奖励至今共颁发了六届，只是名目不太一样，第六届起方才统一了名称。我的获奖作品，前四种乃著作，后一种为论文[收入获北京市第十二届哲学社会科学优秀成果奖二等奖（*2012*）的《作为学科的文学史》]。此外，还有一些著作属于集体项目，或日后获教育部奖，就不再重复开列了。需要特别说明的是，我的大学史研究，因闯入了另一个领域，获得同行的认可很不容易，故《中国大学十讲》获第三届全国教育科学研究优秀成果奖二等奖（*2006*）、《历史、传说与精神——中国大学百年》获北京市第十一届哲学社会科学优秀成果奖二等奖（*2010*），还是很让我高兴的。

想给“自选集”起个好书名，实在太难了，因不只一个专题，无法“一言以蔽之”。用三四个关键词来串联，中间加顿号，那是偷懒的办法。想来想去，似乎只有“神游四方”比较合适——既表明读书人的心境，又切合全书的分类，还隐含了跨越学科边界、自由驰骋于天地间的学术野心。

2013 年 *11* 月 *13* 日
于香港中文大学客舍

有情怀的学术研究*

——答北京大学研究生杨早问

问：首先想请你谈谈，你是如何走上治学之路的，哪些人与事对你影响最大。

答：作为“文革”结束后公开招收的第一届大学生，我的“治学之路”不可避免地受制于当代中国的思想文化进程。没有改革开放，也就没有我们七七级；以我的愚笨，如果连大学都上不了，整天拿锄头修理地球，不可能知道学问为何物。在这个意义上，对我的治学影响最大的，毫无疑问是高考制度的恢复。另一件深刻影响我的人生道路和学术取向的，是20世纪80、90年代之交的政治风波。自知无力高瞻远瞩，唯一的好处是借助与历史的对话，不断校正自家的立场与思路。你问谁对我的治学历程影响最大，这很好回答：一是我的父亲，他使我建立起基本的价值观念与审美趣味；一是我念博士课程时的导师王瑶先生，他让我拓展学术视野，也谨慎自家的脚步。这些，我在《书生意气》、《茱萸集》等随笔集中屡有追忆。

问：十五年前，你的博士论文《中国小说叙事模式的转变》出版，

---

* 本文初刊《学术月刊》，2002年第7期。

当即在海内外学界产生很大影响。现在回头看，这篇论文是否受当时“方法热”的影响？你自己是否满意这种研究方式。

答：我一向主张“小题大做”，这篇博士论文便是一个尝试。1898年到1927年，是中国古代小说到现代小说的过渡阶段，可以从多方面进行阐发。选择“叙事模式的转变”做文章，是因其特征最为明显，且涉及面较广。当然，强调“形式革命”，也不无对以往过分强调“内容层面”的研究进行反拨的意图。在论述过程中，确实借鉴了叙事学等西方文学研究方法；但我以为任何方法都只是一种假设，必须与对象有效结合，方才值得称道。可以这么说，我关心的始终是活生生的文学历史。

这本书上篇论述西方小说的启迪，国内学界对此甚多好评；但我自己和国外学界更注重下篇，即传统的创造性转化在小说演进中的作用，尤其论述游记、轶闻、书信等次文类的渗透对小说转型的影响，以及“史传传统”和“诗骚传统”对小说发展的意义。就对此后学术风气转移的作用而言，下篇的影响可能更深远些。这本书对晚清小说与“五四”小说关系的论述，打破了原有近代文学与现代文学的隔阂，体现了当初提倡“20世纪中国文学”概念的设想。而将中国古典小说作为研究的前提与背景，在注重古今变迁的同时突出文体演进的内在动力，使此书同时得到古代、近代、现代文学界的认可。日本学者对这一点非常敏感，所有书评都提到这一研究思路的意义，认为此乃“今后研究的出发点”。

问：《20世纪中国小说史》第一卷从体例上看是比较新颖的，与以前一般的文学史很不一样，所谓“承上启下，中西合璧，注重进程，消解大家”的原则，在具体写作时是怎样贯彻落实的？

答：这本书最大的特点是“决断去取”，因为本书的拟想读者是专家学者，所以更多考虑新意与深度，而不必重复“常识”和“定论”。从这个角度考虑，我论述的重点不在哪一个作家哪一部作品的功过得失，而是整个小说史的发展线索，突出演变的脉络，在描述小说发展线索时兼及具体作家作品，但不为某一作家作品设专章专节。这就是我所说的“注重进程，消解大家”。而且，小说史不同于文学史中论述小说部分的集合，我认为应该以小说形式的发展为重心来展开论述，比如讨论当时的文化氛围，主要扣紧其如何影响小说形式演变来谈。第五章开始，都是专门讨论形式问题，谈结构、文体、叙事观点、主题模式、审美特征等。但这不等于“新批评”那种纯粹封闭的“形式”，而是从形式变迁入手，努力寻找并解释其中隐含的意识形态因素。鲁迅拟想中抓住主要文学现象来展开论述的文学史，对我很有启发。抓住主要文学现象也就抓住了这一时期文学的“魂”。关于这一时期的小说，我关注的主要是小说的形式特征，其次是影响这些形式特征的最主要的文化因素。当我描述这段文学历史时，学术思路以及研究方法上，基本上是“博取杂用，守旧出新”——这也是我整个的学术追求。

问：1992 年，《千古文人侠客梦——武侠小说类型研究》出版，这本著作涉及当时大陆学者很少关注的通俗小说领域。但是，就方法而言，这本著作又是后来你对小说采取“类型研究”的一个滥觞。请谈谈它在你的治学历程中的意义。

答：《千古文人侠客梦》全书共九章，1～4 章描述武侠小说的历史发展，5～8 章研究武侠小说的类型特征，第 9 章为全书总结。附录两篇，谈论“武侠小说与中国文化”、“武侠小说与类型等级”。从类型学的角度思考武侠小说，主要是寻找其“恒定因素”与“主要手法”，发掘这些基本叙事语法的文学及文化意义；从通俗文学角度出发，理解而不是埋怨其表现手法的程式化，进而解读“程式”中蕴涵的“无意识内容”；将“侠”作为一种民间文化精神来考察，理解其拯救他人与拯救自我的双重功能——这三者，构成了这本书的论述框架。这部著作研究通俗文学，不同于此前常见的居高临下：不再以文人叙事作为唯一的评价标准，而是努力理解通俗文学的特性，在准确描述其基本叙事语法的前提下，再作出评判。考虑到此前学界对待“小传统”要么不屑一顾，要么信口开河，本书的这一特色，比较容易为人所觉察。而选择类型学作为切入的角度，理论色彩比较强。一般读者比较关注前半部对于武侠小说的历史描述，专家们则更看重后半部的类型分析，认为其提供的结论，甚至可以用来解读游侠诗歌或武侠电影。从写作意图看，是试图将小说形态学的研究与文化发生学的探讨结合起来，力图沟通文学的“内”与“外”，这使得本书的阅读与阐释，超越文学研究界。这种“跨学科的眼光”，或许是其引起广泛关注的主要原因。

问：在连续出版了以上三种著作后，你撰写了《小说史：理论与实践》，似乎是为你的小说史研究做一个总结，是这样吗？

答：同是小说史研究，《中国小说叙事模式的转变》着眼于引进叙事学理论和突出传统文学的创造性转化，《20世纪中国小说史》第一卷力图全方位综合把握一段文学进程并创建新的小说史体例，《千古文人侠客梦》则希望沟通文学的内部研究和外部研究，并提供一个小说类型分析的范例。至于三书共有的打破目前中国文学史研究中不尽合理的时期划分以及由此带来的理论缺失，更是延续或修正我们对“20世纪中国文学”这一概念的设计。在撰写小说史过程中，我个人的理论思考，都汇集在《小说史：理论与实践》中。因为是治史中的理论思考，所以特别注重史家的个人感受以及可操作性。不追求体系化，也没能给出理想的答案，只是追询那些现有理论无法涵盖的“变异”，描述研究过程中可能出现的“陷阱”，甚至表白史家的“迷茫”与

"困惑"。此书既非思辨程度很高的理论陈述，也非实证色彩浓厚的史学专著，而是介于两者之间——一个力图认真思考的文学史家的工作笔记。如果硬要自我评估，我只能套用"有长有短"这句老话：短处是不完整，好多该说的话没说；长处是真切，好多没体会的话不敢乱说。

问：王瑶先生去世后，你从他那里接过主编"中国文学研究现代化进程"这一工作，现在这本书出了"二编"。关于这个工程，请谈谈其意义以及工作过程中的得失。

答：近代以来的中国文学研究，颇多建树，值得专门总结。一百年的学术史实际上已经成了某种"传统"，对这一传统的隔膜与误解很容易产生虚无主义态度或热衷于横扫一切的偏激。因此亟需认真研究这百年来的学术实践，为今人提供一些值得借鉴的学术规范和一些行之有效的治学方法。"中国文学研究现代化进程"及二编选择 30 多位中国文学研究的大家，探讨他们在借鉴西方学术思潮和研究方法以及继承发展中国传统治学精神方面的经验教训，并总结其学术成就。研究对象的选择，不以学术成就为唯一标准，而更注重文学观念、学术思想的创新以及研究领域的开拓。这个课题，是试图写成黄宗羲的《明儒学案》和梁启超的《中国近三百年学术史》那样的学术史著作。可惜天不从人愿，王瑶先生最后还是没能见到此课题的真正完成，他计划为此撰写的"导论"也落空了。

在今年出版的"二编"中，我们就"初编"中的问题，做了若干调整。比如，所请作者不像原先限于本课题组成员，而是广邀各路豪杰，而且不论资历深浅，惟贤是举。又如，近年我们对晚清学术变革的趋向有了较多的了解，对所谓"传统与现代"的叙事框架略有反省，更强调古今之间的"对话"而不是"对峙"。所以我们补选了刘师培和黄侃这两位治学"旧中有新"的大家。本课题成败的关键，在于能否为每位大家找到合适的研究者，因需要既了解研究对象的脾性、思路与学术贡献，又能保持史家的独立判断，不为私人感情所左右，这点很不容易。出于宁缺毋滥的考虑，只能将周作人等几位计划中的人物暂时搁置，如此继续保持此书的"开放状态"，只能寄希望于日后的进一步完善。

问：1998年出版的《中国现代学术之建立》，未成书前就已在《学人》、《中国文化》等学术刊物上连续发表，引起了学界广泛的关注，有评论称"对于近年中国学界之注重学术史研究，起了引导的作用"。

答：在我的学术论著中，这本书写得最艰难，从1991年写到1997年，行程竟六年有半。而且，这本书是我在北大讲授三轮"现代中国学术史"和两轮"中国文学研究百年"专题课的基础上整理而成。中间不断地停下来反省和思考，努力使自己的研究在理解与超越、温情与冷峻之间，保持某种必要的张力。简要地说，这本书在"西学东渐"与"旧学新知"双重视角的观照下，凸显现代中国文史之学研究模式的变化，一改此前过分依赖西学冲击而相对忽略传统内部变革动力的论述策略，进而挑战20世纪占主导地位的以西学剪裁中国文化的研究思路，兼及考据与思辨，借助于求是与致用、专家与通人、官学与私学之间的巨大张力，讨论传统中国学术在"走向专门家"之路所作的自我调整，以及所面对的两难困境。相对于面面俱到的铺陈，此类深入骨髓的探究，有可能为今日学界的选择提供必要的借鉴。在本书的撰写期间，《学人》诸同仁对于学术史的共同兴趣，对我形成巨大的压力与无声的催促，使本课题不致半途而废。这是值得感谢的。

问：《文学史的形成与建构》出版于1999年，分为"文学史叩问"、"小说史叙述"和"大学史寻踪"三辑。我的理解：这本书是用学术史的思路观照文学史、小说史和教育史，探讨这些专门史如何被书写和被接受，并主要关注专门史中的外部环境研究。不知道可不可以这样说？

答："重写文学史"是我的本行，此前出版的《中华文化通志·散文小说志》以及本书第二辑诸文，大致体现我的志向与兴趣。"文学史叩问"中的篇什，则与《学者的人间情怀》、《中国现代学术之建立》等书一脉相承，目的是追问作为研究对象、知识体系和著述体例三位一体的"文学史"，在整个人文社会科学中的地位、功能以及发展前景。这种对学科根基的反省，必然涉及一系列重大问题，除了共通的现代民族国家意识的形成，更与西方教育制度的引进、文学革命的提倡与追忆、国家权力对学术研究的制约与利用，以及中国学术传统与西方文学理论的互动等密切相关。而关注"中国大学百年"，不管作为话题，还是作为文章，既有历史的感慨，也有现实的忧思。如能将教育、思想、学术熔为一炉，探讨20世纪中国的一个侧面，这个课题，大有开掘的余地。这本书体现出来的，不过是一些小小的尝试，没能充分展开，但好在都有自家面目。

问：北大百年校庆前后，你连续推出《老北大的故事》、《北大精神及其他》，以及与夏晓虹老师一起主编的《北大旧事》，以致屡屡被外界称为"校史专家"。其实你和一般的教育史家显然不同，你曾提到，大学应该是"所有文化人关注的对象，并非只是教育家的专利"，所以你的主要着眼点是教育体制与学术思想的关系。请你谈谈这一点。

答：我所感兴趣的，不只是北大校史，更包括前人对于北大校史的叙述和阐释。比如，我把北大的历年校庆作为一种文本来阅读。从20周年纪念起，每次校庆几乎都用一个口号来诠释"北大传统"和"北大精神”。我将这些关于校庆的话语作为解读对象，试图在纵横交错的“历史地图”上，寻找真正的“北大精神”。选择“老北大的故事”作为研究课题，首先是学术史的视野，而后才是百年校庆的机遇。我真正关注的，其实是蕴藏在“故事”后面的思想史线索。将北大置于教育史、思想史、学术史的脉络中考察，除了凸显史家的眼光，更希望引导读者走向历史深处，思考若干重大问题。编撰这些书，总的思路是：以考据出故事，以故事出思想，以思想出文章。文章没有采用严谨的学术笔调，是希望沟通文与史、雅与俗、专家与大众、论著与随笔。将历史研究的探索与写作方式的革新结合起来，希望兼及“文”与“学”，这是我的小小的梦想。不是专业著述，也不是通常意义上的散文随笔，而是半学术半文章，我称之为“第三种笔墨”。在我看来，这是一个能调动研究者的激情与想象力、具备许多学术生长点的好题目。

问：近两年你对“图像与文字”这一课题极为关注，开始是《触摸历史——五四人物与现代中国》，整个写作和编辑过程都试图提升图像在全书中的地位。之后，从《点石斋画报选》到《图像晚清》，再到你为报纸撰写的专栏“看图说书”，不断强调和讨论的是图文之间的互补和张力，而不是以前被等闲视之的“配图”和“配文”，除了追念古人所谓“左图右史”，还有什么别的寄托吗？

答：我在《触摸历史》的“总说”《触摸历史与进入“五四”》中曾说过：“没有‘具体印象’的‘五四’，只剩下口号和旗帜，也就很难让一代代年青人真正记忆。这么说来，提供足以帮助读者‘回到现场’的细节与画面，对于‘五四’研究来说，并非可有可无。因而，本书之选择图像与文字相配合的表述方式，不全是为了愉悦读者——也包括对历史研究方法的反省。”而选择用“图像”来解说“晚清”，除了希望尝试一下中国学界比较生疏的“读图”外，《点石斋画报》作为一个理想的个案，也是重要的因素。“读图”并非易事，牵涉到图像制作过程的追踪，画面构成方式的解读，图文互动关系的阐释等等。之所以敢于接受这个巨大的挑战，是基于以下四种自信：对于研究对象的熟悉；对于晚清社会及文化的了解；对于图文互动关系的重新认识；以及以史料印证图像、以图像解说晚清的论述策略之确立。《点石斋画报》的图文之间，本就构成一种对话关系，其间的缝隙，不完全是使用媒介不同造成的，更包括制作者视角及立场的差异。正是这种对同一事件的不同描述，使我们对晚清社会的多元与共生，有直接的领悟。

问：你的学术随笔在社会影响较大。《学者的人间情怀》是得到很多人赞叹的一篇文字，不只被选入中学教科书，洪子诚先生撰写的《中国当代文学史》中也有所论列。去年，你又在一则短文中强调“有情怀的专业研究”。从《学人》提倡“学术规范”，到《现代中国》讲求“有情怀的专业研究”，这里有何深意？

答：我在《学者的人间情怀》中提到选择“述学”的知识者，如何既保持其人间情怀，又发挥其专业特长：“我的想法说来很简单，首先是为学术而学术，其次是保持人间情怀——前者是学者风范，后者是学人（从事学术研究的公民）本色。两者既并行不悖，又不能互相混淆。”我又说：“那种以‘社会的良心’、‘大众的代言人’自居的读书人，我以为近乎自作多情。带着这种信念谈政治，老期待着登高一呼应者景从的社会效果，最终只能被群众情绪所裹挟。再次，‘明星学者’的专业特长在政治活动中往往毫无用处——这是两种不同的游戏，没必要硬给自己戴高帽。因此，读书人应学会在社会生活中作为普通人凭良知和道德‘表态’，而不过分追求‘发言’的姿态和效果。”这些话，大致可以表达出我对这一问题的思考。《现代中国》第一辑的“编后”，曾以《有情怀的专业研究》为题，发在去年五月的《中华读书报》上。其中提到，随着专业化思想的深入人心，治学者必须接受系统训练并遵守学术规则，这已经成为共识，并逐渐得到落实。我担心的是，“专业主义”一旦成为塑造我们思想行为的主要力量，会对各种可能出现的“奇思妙想”造成极大的压抑。既投身“专业化”大潮，又对所谓的“正统派”之得失保持清醒的认识，我以为是必要的。具体说来，就是希望用“情怀”来补“规则”的缺失。在我看来，规则是一个入门的东西，不可不谈，但也不可过分倚重。对于学者来说，除了规则，还有别的更重要的东西。比如做20世纪中国文化研究的人，总是在学术之外，对当下有所关心。对于他们来说，成为一个合格的“专家”，便不是最高境界。我在1990年代初曾写过一篇文章，叫《超越规则》，其中提到：“建立规范是为了超越规范。‘规范’在其方生未生之际最有魅力，一旦定型并建立起权威，对探索者又是一种压制。只是针对如今蔑视传统不守规则的时尚，才有必要再三强调学术的规范化。学术走上正轨，规范化局面形成，那时又得强调超越，怀念那些胆大妄为的‘野狐禅’。对于具体学者来说，从守规则走向不守规则，是治学的正路。”尽管最近中国学界连续出现抄袭等不幸的事件，但我仍然坚持自己的主张：学者在遵守规则之外，还应该有更高的精神以及学术上的追求。

问：最后，虽然我知道你不喜欢预告尚未完成的工作，但我还是想请你给读者透露一点你现在的研究计划。

答：我确实不喜欢“预告”自己尚未杀青的作品，不是因为清高，而是对自己能否如期完成缺乏信心。应该说，我做学问是“有计划”的，可往往是“计划赶不上变化”，或灵机一动，半路杀出个程咬金；或兴致索然，当即转移“斗争”大方向。真正应了那句老话：“有心栽花花不发，无心插柳柳成行。”我知道，这不是好习惯，可要改也难。好在我的学术兴趣比较广泛，同时从事若干课题的研究，说好听，是彼此照应，容易触类旁通；说不好听，则是不把所有的鸡蛋放在一个篮子里，任何时候都能找到自己感兴趣的话题。这样一来，不断有阶段性成果出现，但什么时候能拿出像样的成品，实在说不清。有过几次“失信”于朋友的惨痛教训，再也不敢乱开空头支票了。所以，这些年来，我只笼统地谈论自己的学术兴趣，比如学术史研究、图像研究、述学文体研究等，而拒绝公布什么“研究计划”。很抱歉，最后一个问题没回答好。或者换一种表达方式：因本人计划太多等于没计划，故“无可奉告”。

（初刊《学术月刊》2002年7期）

附记：

重读十二年前的答问，感慨系之。虽说此后出版了好些著作，也颇获学界好评，但心里一直惴惴不安。两年前，为了纪念77、78级毕业三十周年，我参与组织了两场大型活动，在会上发表《我们和我们的时代》的主题演讲（初刊《同舟共进》2012年12期），其中谈及：“说实话，我们都是幸运儿，从那么低的地方起步，一路走来，跌跌撞撞，但因踩上了大时代的‘鼓点’，于是显得有板有眼。有人从政，有人经商，有人搞实业，有人做学问，三十年后盘点，我们到底成功了没有？回答五花八门，因为这取决你设定的标准。想当初，我们在校园里指点江山，看不惯社会上诸多先辈的保守、平庸、专横、贪婪、碌碌无为，驰想将来我辈掌权，将是何等光明的新世界！而如今台面上的‘重量级人物’，无论政治、经济、学术、文化，很多都是77、78级大学生，那又怎么样？比起此前此后的各届大学生，我们处在‘出击’的最佳位置，那么好的历史机遇，是否将自家才华展现得淋漓尽致？扪心自问，言人人殊。”真希望多一点自我反省，警惕“过度自恋”，从政治史、思想史、教育史的角度，审视“这一代”的得失成败。若如是，我们还能走得更远些。

2014年9月23日补记于香港中文大学客舍

第一辑

文 学 史

传统的创造性转化*

——《中国小说叙事模式的转变》第五章

小说为文学之最上乘。①

——梁启超

小说中非但不拒时文，即一切谣俗之猥琐，闺房之诟谇，樵夫牧竖之歌谚，亦与四部三藏鸿文秘典，同收笔端，以供馔箸之资料。②

——蛮

在前三章中，为了叙述方便，我有意把中国小说叙事模式的转变简化为外国小说对中国小说的影响过程。在挑战—应战的模式中理解中国小说形式的嬗变，突出传播者

* 本文原题《传统的创造性转化与小说叙事模式的转变——从"新小说"到"现代小说"》，初刊《文艺研究》1987 年第 5 期，收入《中国小说叙事模式的转变》（上海人民出版社，1988 年；台北：久大文化，1990 年；北京大学出版社，2003 年；香港中文大学出版社，2007 年）。

① 梁启超：《论小说与群治之关系》，《新小说》1 卷 1 号，1902 年。

② 《小说小话》，《小说林》1 卷 1 号，1907 年。作者"蛮"，有人指为黄摩西，有人指为张鸿，均证据不足，未定。

的作用。尽管也谈到各种创造性的“误解”，但都从如何制约中国作家对外国小说的理解这一角度入手。也就是说，传统中国文学并没有在这场至关重要的嬗变中扮演重要角色，而只是跑龙套般一晃而过。历史进程远不像我前面描述的那么“单纯”，促成中国小说叙事模式转变的远不只是外国小说的影响，传统中国文学也远不只是被动地接受改造。

如果说在20世纪初期的中国文学形式变革中，散文基本上是继承传统，话剧基本上是学习西方，那么小说则是另一套路：接受新知与转化传统并重。不是同化，也不是背离，而是更为艰难而隐蔽的“转化”，使传统中国文学在小说叙事模式的转变中起了不容忽视的作用。正因为相当艰难，难免时有失误；正因为过于隐蔽，故又常为研究者所忽视。

时人争论“五四”文学革命的功过得失，有责其“断裂”，有赞其“再生”，主要依据都是“五四”作家激烈的反传统言论。但运动的实际进程跟发起运动者的宣言乃至演讲有很大差别，只有理论懒汉才会在这两者之间画等号。如果说“断裂”，那也是一种“脐带式的断裂”；如果说“再生”，那也是一种“凤凰式的再生”。强调“五四”新文学“变异”一面的同时，不应忽略这一传统的“脐带”。正是这也许不起眼的“脐带”，隐隐约约限制着这一“变异”的方向、程度与效果。

也许，“五四”前后文学形式的变迁比起思想文化的变迁来，更明显地体现这一传统的“脐带”。在思想史家为“五四”先驱者未能很好实现传统的创造性转化而叹惜不已的时候①，我却想从中国小说叙事模式的转变这一特殊的角度，勾勒传统文学形式的创造性转化在其中发挥的积极作用。

一

论述20世纪最初三十年中国小说叙事模式转变中传统文学形式的创造性转化所起的作用，面临的第一个难题是，研究对象不单很少提供可资直接引用的论据，反而冒出不少反面的证词。也就是说，主要的“新小说”家不大论及他们接受西洋小说的影响，而强调他们跟传统小说的联系；反之，主要的“五四”作家则大都否认他们的创作跟传统小说的联系，而突出外国小说的影响。

鲁迅说过，他写小说“大约所仰仗的全在先前看过的百来篇外国作品和一点医学上的知识”②，“我所取法的，大抵是外国的作家”③。言下之意，中国传统小说对他的创作不曾起过举足轻重因而值得一提的作用。叶圣陶说过，他青少年时代读《水浒》《三国演义》《红楼梦》“并不觉得写作方面有什么好处”，而华盛顿·欧文的《见闻杂记》等西

---

① 参阅林毓生：《中国意识的危机》中译本（贵阳，贵州人民出版社，1986），李泽厚：《启蒙与救亡的双重变奏》（《走向未来》1986年第1期）。李文指出，这种创造性的转化，“五四以来到今天，以文学在这方面作得最好”；“例如新文学中爱国主义感情和批判现实主义精神与关心国事民瘼以天下为己任的士大夫历史传统便不能说毫无关系。”

② 鲁迅：《我怎么做起小说来》，见《南腔北调集》，上海同文书店，1934。

③ 《致董永舒（1933年8月13日）》，见《鲁迅书信集》，北京，人民文学出版社，1976。

方小说则直接激起他创作的欲望[①]。茅盾说得更直截了当："以前有一个时期，我相信旧小说对于我们完全无用"，至今"仍旧怀疑于这些旧小说对于我们的写作技术究竟有多少帮助"[②]。可论者很容易指出鲁迅小说的讽刺艺术跟《儒林外史》的历史联系；而《彷徨》之所以如鲁迅自评的"脱离了外国作家的影响，技巧稍为圆熟，刻画也稍加深切"[③]，跟其时鲁迅对中国古典小说的研究与借鉴更是密切相关。至于叶圣陶早期用文言写作的小说如《贫家女》《终南捷径》等，则是从中国古典小说脱胎而来；而以后的创作，据其自称，在选材和描写上也与早期文言小说相仿佛[④]。另外，在郁达夫、王统照等人的小说中，也不难找到早年嗜读中国古典小说留下的印记。

"新小说"家可能承认西洋小说某些表现技巧的价值，但很少想以之改造中国小说。吴趼人赞扬译本小说"别具一种姿态"，"亦颇有令人可喜者"，故戏作"欲令读者疑我为译本"的《预备立宪》[⑤]；可又斥责翻译西方侦探小说者为"舍吾之长，而崇拜其所短"，并着意采辑点窜《中国侦探案》"以塞崇拜外人者之口"[⑥]。林纾高度评价狄更斯的写

① 叶圣陶：《杂谈我的创作》，见《文艺写作经验谈》，重庆，天地出版社，1943。

② 茅盾：《谈我的研究》，载《中学生》61期，1936。

③ 鲁迅：《〈中国新文学大系·小说二集〉导言》，《且介亭杂文二集》，上海三闲书屋，1937。

④ 叶圣陶：《过去随谈》，《未厌居习作》，上海开明书店，1935。

⑤ 吴趼人：《预备立宪·前言》，载《月月小说》2号，1906。

⑥ 吴趼人：《中国侦探案·弁言》，见《中国侦探案》，上海广智书局，1906。

作技巧[①]，可创作时则仍以段成式为榜样[②]。说“新小说”家借鉴西方小说技巧，大概没人反对；说“新小说”家借西方小说转化传统，则可能是吴趼人等人所始料未及的。就像多米诺骨牌一样，搬动的可能是一小块，放倒的则是一大片。承认并借鉴西方小说某些叙事技巧(如倒装叙述、第一人称限制叙事等)，就不能不引起一系列连锁反应，在重新选择、重新解释、重新确认传统的过程中，自觉或不自觉地转化了传统。而正是这“转化了的传统”，对中国小说叙事模式的转变起了至关重要的作用。

关键不在于指出“新小说”家和“五四”作家误解了文学变革中传统所起的作用，而在说明为什么这么多真诚而又精明的作家会同时产生这么一种显而易见的“错觉”。

不管意识到与否，这两代作家都必须在东西方文化碰撞这一大背景下思考问题、发表意见。对传统文学的估价，往往是对西洋文学估价的另一侧面。理论上西方文学与中国传统文学并非真的你死我活、水火不相容，理想的方案应是可有轻重但不宜偏废，共同呼唤“中西艺术结婚后产生的宁馨儿”[③]。但作为一种倾向性情绪的表达，为突出锋芒，却又难免有所偏废。“新小说”家也罢，“五四”作家也罢，表达的都是一种倾向性情绪，而不是严谨的理论思考。对于“五四”作家来说，当务之急是旗帜鲜明地反对复古派，提倡学习西方文学——从思想意识到表现技巧。任何折中公允的宏论都在强大的习惯势力面前显得苍白无力，不利于运动的实际进展，因而“五四”作家不得不牺牲

---

① 参阅林纾：《孝女耐儿传·序》《贼史·序》和《块肉余生述·序》等。

② 林纾：《践卓翁小说·序》云：“计小说一道，自唐迄宋，百家辈出，而余特重唐之段柯古。”

③ 闻一多：《〈女神〉之地方色彩》，载《创造周报》5号，1923。

理论的完整性，而把倾向性推到第一位。就像早期提倡白话文者明知“人民的语言贫乏欠缺”，“或者也须在旧文中取得若干资料，以供役使”，可还是坚决主张“将活人的唇舌作为源泉”①，将“欧化的国语”作为出路②。只有将“五四”作家的理论还原到特定的历史环境，才能正确理解这些省略了前提因而显得偏颇的艺术主张。正是这种论争中的策略考虑，使“五四”作家不愿承认传统文学对中国现代小说的滋养作用。

“新小说”家的策略考虑又是另一种情况。十年前大骂小说者，十年后转而大作小说③；这就逼得十年前提倡小说者，十年后反过来批评小说④。中国人喜欢“随声附和”⑤，任何创举都可能因无数次复制、模仿而显得拙劣陈腐。为防止被学步者投机者拉下水，不少“新小说”家不得不于开风气时呼风唤雨，风气既开则销声匿迹。更有甚者，如吴趼人辈，一方面创立“译书交通公会”，催促友人译泰西小说，并为之作评作序⑥；另一方面又攻击“今夫汗万牛充万栋之新著新译之小说”，大部分是“凭借其宗旨以附和之，诡谋一已之私利而不顾其群者”⑦。不能怨作家言行不一，实为不得已之“自卫手段”。不像“五

① 鲁迅：《写在〈坟〉后面》，见《坟》，北京未名社，1927。

② 傅斯年：《文言合一草议》《怎样做白话文》，均收入《中国新文学大系，建设理论卷》。

③ 参阅寅半生：《小说闲评·序》，载《游戏世界》1期，1906。

④ 对比梁启超作于1902年的《论小说与群治之关系》与作于1915年的《告小说家》。

⑤ 吴趼人：《月月小说·序》，见《月月小说》1号，1906。

⑥ 参阅《新庵谐译》中吴趼人的序和周桂笙的序、知新室主人(周桂笙)译《毒蛇圈》第三回起趼廛主人(吴趼人)的评语(载《新小说》，9～24期)。

⑦ 吴趼人：《月月小说·序》，载《月月小说》1号，1906。

四”作家一以贯之旗帜鲜明地赞赏西方小说，“新小说”家对西方小说大都经历了一个从热情介绍到冷嘲热讽的过程。这里面有叶公好龙的因素——从修养到趣味，“新小说”家毕竟跟传统文学有更多的联系；但也不无出于策略的考虑——从自己声誉、也为社会进步计。

“新小说”家和“五四”作家之所以不大承认传统的创造性转化，很大原因是这种转化是在作家不自觉状态下完成的。对于“五四”作家来说，幼年时代熟读经史、背诵诗词以至明里暗里翻看《三国演义》《水浒传》《红楼梦》《聊斋志异》，那似乎只是一种自然而然的功课或没有艺术功利的娱乐，并没想从中得到什么写作技巧；而青年时代如痴如狂地啃外国小说，却颇具学习借鉴之心，“一半果是欲介绍他们的文学艺术来，一半也为的是欲介绍世界的现代思想”①。这就难怪他们创作小说时，理直气壮地以外国作品为榜样；即使师法中国古典小说，也有意无意把它西洋化因而合理化。一方是无意中接受，一方则是着意去模仿②，尽管后世的研究者可能对那无意中接受的观念如何歪曲模仿的对象、限制模仿的效果更感兴趣，“五四”作家则大多只意识到后者而忽略了前者。还不只是前者“得来全不费工夫”，故视而不见，后者“踏破铁鞋无觅处”，故弥足珍贵，而是因为传统文学更多作为一种修养、一种趣味、一种眼光，化在作家的整个文学活动中，而不是落实在某一具体表现手法的运用上。西洋小说则恰恰相反。无疑，具体而可视的“手法”比抽象而隐晦的“趣味”更易为作家、读者所

---

① 郎损(沈雁冰)：《新文学研究者的责任与努力》，载《小说月报》12 卷 2 期，1921。

② 王瑶先生在《中国现代文学与古典文学的历史联系》(载《北京大学学报》，1986 年第 5 期)一文中指出：“现代文学中的外来影响是自觉追求的，而民族传统则是自然形成的。”

觉察。

如果说“五四”作家是过分看重了西洋小说的作用，因而忽视了传统的创造性转化；“新小说”家则是过分看轻了西洋小说的作用，因而忽视了传统的创造性转化。“新小说”家介绍西洋小说，颇多“犹抱琵琶半遮面”的。可能怕羞，但更可能是拿不定主意。西洋小说技巧到底是好是坏心中无数。众多评论家论证了大半天中国小说数人数事漫天开花的布局方法，如何优于西洋小说的一人一事贯穿始终；可回过头来，猛然发现中国作家正暗暗“舍己所长学人所短”①，这样充满喜剧性的尴尬局面时有出现。最有效而又最保险的是林纾的“化夷为夏”，用“史迁笔法”来解说西洋小说叙事技巧，当然不能尽如人愿，可也时有新意(如《斐洲烟水愁城录·序》)。实际上梁启超、吴趼人、刘鹗等“新小说”家，尽管在创作中已有所突破，可谈论小说叙事技巧时，使用的仍是传统小说批评术语。并非只是理论术语的缺乏，大家似乎都有“以中化西”的良好愿望，只不过不像林纾讲得那么露骨而已。在借鉴西洋小说技巧的同时，尽量在传统文学中寻找对应物，一旦证明“古已有之”，用起来自然更理直气壮。接受外来文化本来就有重新选择、解释传统的权利，在最初阶段“以中化西”也无可厚非，只要不至于太离谱。可这么一来，很容易造成一种错觉，似乎并没接受什么新东西，只不过是“文物出土”。姑且不论还有好多是“舶来”的文物；即使“出土文物”，也赖于“舶来”的眼光才得以“出土”。不理解这一点，“新小说”可能显得很“旧”，似乎除了几点皮毛的装饰外，跟传统小说没什么区别。这就难怪大部分“新小说”家不曾意识到他们的点

---

① 参阅陈平原：《中国小说叙事模式的转变》，第三章《中国小说叙事角度的转变》第二节，北京大学出版社，2003。

滴改良正一步步地转化文学传统，并借以完成中国小说叙事模式的转变。

也许更重要的是，“新小说”家和“五四”作家接受的不仅仅是中国古典小说，而是整个中国古典文学的影响。这就更容易造成“新小说”跟中国古典小说没什么差别而“五四”小说跟中国古典小说没什么联系这一错觉。单单从小说史这条线抓住《儒林外史》跟《官场现形记》的联系或者《狂人日记》跟《水浒传》的区别，当然无法把握这一传统的创造性转化及其在中国小说叙事模式转变中的作用。只有把20世纪初中国小说叙事模式的转变放在整个文学变迁的大背景下考察，才能纠正这一并不轻微的“错觉”。

论述20世纪初期小说叙事模式的转变，部分得益于其他文学形式的介入，这很容易让人联想到俄国形式主义理论家施克洛夫斯基关于文学演进动力的理论构想。随着时间的推移，曾经十分新鲜有效的表现手段变得陈旧不堪，无法被感知了。于是，敢于创新的作家一面尽情揶揄这种因袭的旧套，一面从通俗的体裁里把表现手段引进到文学的发展主线中，以此推动文学的进化。比如陀斯妥耶夫斯基就把马路小说的表现手段提高到文学规范的地位，而契诃夫则把人物形象从滑稽杂志中转用到俄国文学的散文中去①。这里不准备评说这一构想的功过得失，只想指出本文论述的对象跟这一构想的差异。可能是一种反驳，但更希望是一种建设性的补充。

施克洛夫斯基这一构想也许可分解为两个层面：一是某一文学形式为获得新鲜感与生命力，从其他文学形式吸取养分；一是高雅的文

① 参阅安纳·杰弗逊等《西方现代文学理论概述与比较》第一章，中译本，长沙，湖南文艺出版社，1986。

学体裁从通俗的文学体裁借鉴表现手段。前一层面适应性广，在一切时代一切民族的文学变革中都可能找到例证；后一层面适应性狭些，但似乎更富创见。从后来学者受其启发注重各种民间文学体裁对正统文学的冲击①，以及把它称为“文学的再野蛮化”②或者“向来卑不足道之体忽然列品入流”③看，这后一层面才是施克洛夫斯基这一构想的重心及其真正的价值所在。证之以中国古代诗歌发展史，这一构想无疑是很有说服力的。正是在民间粗俗的歌、谣、词、曲的刺激与哺育下，中国文人诗歌才得以一次次蜕变更新。正如鲁迅说的，“旧文学衰颓时，因为摄取民间文学或外国文学而起一个新的转变，这例子是常见于文学史上的”④。可是，证之以 20 世纪初中国小说的突变，这一构想却颇有纰漏。

首先值得注意的是，在 20 世纪以前，小说在中国文学中地位低下。尽管经过吴敬梓、曹雪芹等大家的改造，白话小说已带有不少文人文学的成分，可到 19 世纪末白话小说还被认为是粗俗的文体。这就决定了它的变革不一定像高度成熟的文人诗那样，非在粗俗而刚健、清新的民间文学汲取养分不可，而反过来可能向高雅的诗文等借鉴表现手法。“小说为文学之最上乘”这一时代思潮，把小说从文学结构的边缘推向中心，无疑给小说的高雅化(而不是粗俗化)提供了条件。从小处看，似乎是白话小说与文言小说的对话；从大处看，却是

---

① 如巴赫金、诺思若普·弗赖。参阅托多洛夫《批评的批评》第五、第六章，此书中译本将由北京三联书店出版。

② 参阅韦勒克、沃伦《文学理论》中译本第十七章，北京，三联书店，1984。

③ 钱锺书引录施克洛夫斯基此语后赞曰：“诚哉斯言，不可复易。”见《谈艺录》第 35、30～31 页，北京，中华书局，1984。

④ 鲁迅：《门外文谈》，见《且介亭杂文》，上海三闲书屋，1937。

小说在向文学结构中心移动过程中与整个文学传统的对话。初步完成了叙事模式转变后的中国小说，不是比以前更民间化，而是更文人化。可见其发展趋势刚好跟施克洛夫斯基的构想相反。强调处于文学中心的形式与处于文学边缘的形式之间的对话，有利于文学自身的发展；还必须注意受时代思潮影响，文学结构内部各体裁的换位，使这种对话可能产生各种变体。20 世纪初中国小说叙事模式转变中传统的创造性转化，就是一例。

更重要的是，施克洛夫斯基显然是在单一文化背景下考虑文学形式的演变，因此其文学发展“不是由父及子，而是由叔及侄”①的理论虽然十分精彩，却难以涵盖 20 世纪初中国小说的演进。早在 1902 年梁启超就预言：“二十世纪，则两文明结婚之时代也”；“彼西方美人，必能为我家育宁馨儿以亢我宗也。”②在东西方文化碰撞与交汇中演进的中国小说，既不可能完全固守传统，也不可能被西方小说同化，而是在诸多个平行四边形合力作用下蹒跚前进。起码我们可以指认出如下四种作用于 20 世纪初中国小说演进的“力”：（一）中国古典小说表现技巧的继承；（二）西洋小说表现技巧的移植；（三）传统文体之渗入小说；（四）西洋诗文的熏陶。对中国小说叙事模式的转变影响最大的，除了西洋小说技巧的移植外，当推各种传统文体之渗入小说。就强调 20 世纪初中国小说的艺术发展主要得益于传统诗文而不是传统小说这一点而言，本章的论述似乎接近施克洛夫斯基的理论构想；但正如前面指出的，这只是整个文学运动的一个侧面，而且还不是最具

① 转录自安纳·杰弗森、戴维·罗比等著，陈昭全、樊锦鑫、包华富译：《西方现代文学理论概述与比较》，27 页，长沙，湖南文艺出版社，1986。

② 梁启超：《论中国学术思想变迁之大势》，《饮冰室合集·文集》第三册，上海中华书局，1936。

决定性意义的侧面。

二

晚清小说界革命的最大功绩在于极力提高小说和小说家的地位。清人云："余为斯人悲，竟以稗说传"①；"然亦何事不可为哉，何至降而为小说"②。晚清小说理论家则宣称："小说为文学之最上乘"③；"混混世界上，与其得百司马迁，不若得一施耐庵；生百朱熹，不若生一金圣叹"④。随着小说的升值，小说家的地位和作用也直线上升。梁启超论证"欧洲各国变革之始"，其"魁儒硕学、仁人志士"多有作小说的⑤；反过来，作小说的当然也就可能是"魁儒硕学、仁人志士"了。于是时人有主张"开小说科举以考试，定其出身"的⑥，周桂笙也断言马克·吐温得过"进士学位"⑦。尽管朝廷不会真的设"小说进士"（如严复之得"译学进士"），也不会真的让小说家当官掌权⑧，可在一般舆论中，小说家已由诲淫诲盗合该"子孙三代皆哑"⑨的万恶之徒，

① 程晋芳：《勉行堂集》卷二《春帆集》。

② 强汝询：《求益斋文集》。录自孔另境编《中国小说史料》，260页，上海古籍出版社，1982。

③ 梁启超：《论小说与群治之关系》。

④ 伯耀：《小说之支配于世界七纯以情理之真趣为观感》，《中外小说林》1卷15期，1907。

⑤ 任公：《译印政治小说序》，《清议报》第1册，1898。

⑥ 《读新小说法》，《新世界小说社报》6～7期。

⑦ 《新庵译萃·英美二小说家》，《月月小说》19期，1908。

⑧ 吴沃尧《李伯元传》和江庸《趋庭随笔》都记载光绪辛丑朝廷开经济特科，曾慕涛荐李伯元而遭弹劾事。

⑨ 明人田汝成《西湖游览志余》卷二十五言罗贯中三代皆哑；清人石成金《天基狂言》言施耐庵三代皆哑。

一变而为“改良群治”的有功之臣了。

在晚清，的确有不少政治活动家以小说为武器，真的成为“改良群治”的有功之臣，如梁启超、陈天华、黄小配等；但更多的是在小说或小说序跋中表达作家明显的政治倾向，以此服务于他们所理解的变革现实的政治运动，如李伯元、吴趼人、刘鹗等。可以这样说，几乎所有晚清小说家没有不关心“改良群治”的，只不过立足点着眼点不同而已。纯粹“借以吐露其所怀抱之政治理想”的政治小说①，本身成绩并不可观；可影响于“谴责小说”的写时事与发议论、“言情小说”的借男女情事写时代变革、“社会小说”的政治热情与寓言式象征……以至在晚清大部分小说中都隐隐约约可见政治小说的影子。

“新小说”家创作小说，可能为了高尚的政治，也可能为了并不怎么高尚的金钱。中国古代文人作文虽也有“润笔”②，但无定例，带有酬谢性质。随着近代出版业与出版制度在中国的形成，作家的精神产品可以直接转化为生活资料。不过在开始时并非所有的文艺创作（如诗、文）都能拿到稿费，只有得到读者欢迎、发行量大因而出版商有利可图的小说才发给作者稿费③。小说单行本何时开始发稿费有待进一步考证，不过，创刊于1907年的《小说林》已连续刊出如下“募集小

① 《中国唯一之文学报〈新小说〉》，《新民丛报》14号，1902。

② 宋人洪迈在《容斋随笔》中说：“作文受谢，自晋宋以来有之，至唐始盛。”宋人王楙在《野客丛书》与清人顾炎武在《日知录》中均把“作文受谢”上推到汉代。

③ 包天笑：《钏影楼回忆录》（香港大华出版社，1971）“时报的编制”一节中说：“当时报纸，除小说以外，别无稿酬，写稿的人，亦动于兴趣，并不索稿酬的。”另，《小说林》每期刊“募集小说”启事，说明是付稿酬的；只有第四期刊“募集文艺杂著”启事，声明“以图书代价券酌量分赠”。《新小说》第八期刊搜集诗词杂记奇闻笑谈启事，连图书代价券都没有，更不用说稿酬。

说"启事：

> 本社募集各种著译家庭、社会、教育、科学、理想、侦探、军事小说，篇幅不论长短，词句不论文言、白话，格式不论章回、笔记、传奇，不当选者可原本寄还，入选者分别等差，润笔从丰致送：甲等每千字五圆；乙等每千字三圆；丙等每千字二圆。

可见起码到1907年，小说杂志的稿酬已完全制度化。1910年，满清政府更颁布了中国历史上第一份"著作权律"。

做笔墨生意，名家自然多占点便宜，可常人也能从中得到好处。按当时费用，每千字二元也还是颇有诱惑力的①。本来不过译着玩写着玩，能发表就很不错了，没想到还有稿费。这就难怪不少读书人要"把考书院博取膏火的观念，改为投稿译书的观念了"②。龚自珍说"著书都为稻粱谋"，也只有到了晚清，这句牢骚话才真正变为现实。李伯元、林纾之所以谢绝荐举，不求仕进，固然有政治上的原因，可也跟他们靠著、译小说就能生活得相当舒适不无关系。中国文学史上第一次有了真正意义上的职业作家，而这些职业作家又不能不是小说家，这对晚清小说的发展影响甚大。

---

① 《钏影楼回忆录》"在小说林"一节中说，商务印书馆请林纾译书，每千字五元；请包天笑为《教育杂志》写教育小说，每千字三元；一般人小说稿则每千字二元，少者五角、一元。据包称，他当时家庭开支及零用，每月至多不过五六十元。另，在"译小说的开始"一节，包称得一百元版税，除到上海旅费用，可供几个月家用。

② 《钏影楼回忆录》中"译小说的开始"一节。

科举路绝(1906年起停开科举)，小说又有利可图，这就难怪读书人要蜂拥到这块宝地上“淘金”。“十年前之世界为八股世界，近则忽变为小说世界，盖昔之肆力于八股者，今则斗心角智，无不以小说家自命。”[①]尽管批评家对“著书与市稿者，大抵实行拜金主义”[②]很不以为然，可其势已不可逆转。到了鸳蝴作家手中，小说创作更成了不折不扣的“商品生产”。我们今天称之为鸳鸯蝴蝶派的一大批作家，日后有不同的分化与发展，当年也并非一无是处，但“五四”作家指责其持“游戏的消遣的金钱主义的文学观念”[③]，写小说只求“遂其‘孔方兄速来’之主义”[④]，却是无可辩驳的。

批评后期“新小说”家孜孜求利，草率成篇，“朝脱稿而夕印行”，因而质量低劣，时人已有言在先[⑤]。我感兴趣的是小说有利可图因而吸引一大批文人这一事实对小说形式转变的潜在作用。搞宣传的写小说，牟生计的写小说，本对诗文辞赋感兴趣的受时代思潮影响也转而写小说[⑥]。一时间小说园地聚集起各路英雄，不免各拿出看家本领，无意中悄悄改变了小说的面貌。梁启超自认其“多载法律、章程、演说、论文等”的《新中国未来记》“似说部非说部，似稗史非稗史，似论著非论著，不知成何种文体”[⑦]。像这种作者明言或有明显蛛丝马迹的“变格”好把握，难说的是那些连作者也没意识到的对小说形式潜移

---

① 寅半生：《小说闲评·序》，《游戏世界》1期。

② 天僇生：《中国历代小说史论》，《月月小说》1卷11期，1907。

③ 沈雁冰：《自然主义与中国现代小说》，《小说月报》13卷7期，1922。

④ 刘半农：《诗与小说精神上之革新》，《新青年》3卷5期，1917。

⑤ 如寅半生《小说闲评·序》、眷秋《小说杂评》、解弢《小说话》等。

⑥ 推前一百年，吴趼人、李伯元可能还会写小说，而梁启超、刘鹗、林纾、苏曼殊则可能是诗文家而不是小说家。

⑦ 梁启超：《新中国未来记·绪言》，《新小说》1卷1期，1902。

默化的改造。而正是这千百个可能并不具备小说家素质的文人不自觉的改造，使20世纪初期的中国小说出现了一些奇异的特征。

既然写小说，就得遵守小说的“规则”，要不读者不买你的账，这点作者其实心里清楚。并非故意要写得不像小说，只是积习难改，一出手就是如此。钻研了几十年词章或八股，你要他下笔著小说不带出词章、八股的味道，能行吗？前几年还视小说为壮夫不为的雕虫小技，忽而自己也下海“玩”小说，即使临急抱佛脚虚心学习，学得像吗？梁启超著小说当然不会忘记他那“笔锋常带情感”的“新文体”长于论辩；林纾著小说当然不会放下他那古文家的架子，得便总让你欣赏他那史迁笔法；苏曼殊著小说当然会发挥他的诗画之才；徐枕亚则相信他的尺牍绝对哀艳……愿也好不愿也好，这么一批本不该写小说的小说家，下笔总难免“不合小说体裁”——至少按传统眼光看来是如此。“不合小说体裁”的小说多了，可能也就成了一种新的小说体裁；当然更可能因读者实在不能接受而被淘汰。可“接受”也罢，“淘汰”也罢，这对传统小说叙事模式都是一种冲击。从单一的固定的模式中解放出来，中国小说一下子呈现出那么多种发展的可能性，尽管并非每种可能性都有转化为现实性的价值。

跟极端复杂的小说家队伍相表里，晚清的小说概念也极端模糊。在中国古代，不同朝代小说的概念不同，但在某个具体历史时期，文言小说、白话小说都有社会公认的确定内涵。而在晚清，中国的小说概念和外国的小说概念搅和在一起，以致当人家提到“小说”时，你不知道他指的是叙事诗还是戏曲，是长篇小说还是短小的笑话。同一个杂志，登白话小说，也登文言小说；同一部外国小说，译成文言，也译成白话；同一个作家，既写文言小说，也写白话小说——在晚清作家心目中，文言小说与白话小说的关系远不像先辈作家设想的那样水火不相容。至于外国小说，据说又有 Romance，Novel，Story，Short-Story 之分[①]。再加上弹词、传奇自然也都属于小说[②]，一时间谁也弄不清"小说"这家族到底有多庞大。你拿白话小说的标准衡量，说它"不合小说体裁"；可也许它刚好合中国文言小说或西洋小说的体裁，你有什么理由指责？概念的模糊有利于未获正名的新事物的生存。正是在这种文体混乱的状态中，一些艺术修养较高的作家自觉或不自觉地进行了不同艺术形式之间的互相渗透与互相改造。

"小说为文学之最上乘"，这是一句不着边际的"大话"，可并非一句毫无意义的"空话"。它意味着小说成为文学的最杰出代表，读者阅读时希望从中得到其他文学形式才具有的养分，作家写作时自然也有权从其他文学形式获得更多的灵感。晚清小说评论家用夸张的语调表达了这种自信。"新小说""宜作史读"，"宜作子读"，"宜作志读"，"宜作经读"；"可作风俗通读"，"可作兵法志读"，"可作唐宋遗事读"，"可作齐梁乐府读"[③]……一句话，整个人类文化都凝聚在"新小说"中。如此"博大精深"的小说，创作时自然也必须能容纳人类一切精神财产："小说中非但不拒时文，即一切谣俗之猥琐，闺房之诟谇，樵夫牧竖之歌谚，亦与四部三藏鸿文秘典，同收笔端，以供馔箸之资料。"[④]"新小说"未必包含那么丰富的人类文化，可"新小说"确实从其他文学形式获得不少灵感。笑话、轶闻、答问、游记、小品、寓言、

① 参阅紫英《新庵谐译》(《月月小说》5 期，1907 年)、成之《小说丛话》(《中华小说界》3～8 期，1914)、孙毓修《欧美小说丛谈》(商务印书馆，1916)等。

② 参阅几道、别士《本馆附印说部缘起》、知新主人《小说丛话》、蛮《小说小话》等。

③ 《读新小说法》，《新世界小说社报》6～7 期。

④ 蛮：《小说小话》，《小说林》1 卷 1 期，1907。

书信、日记，等等，都曾为“新小说”叙事模式的形成提供了必要的养分——小说从文学结构的边缘向中心移动，当然有权利沿途吸收其他文学形式的精华。

尽管晚清小说理论家大声疾呼“敝屣群书”，尊小说为“文坛盟主”[①]，但真正使小说取代诗歌一跃而为最引人注目的文学形式的，却只能是“五四”作家的创作实践。晚清小说理论家从有益于世道人心、有助于社会改良的角度来推崇小说，容易被习惯于文以载道的中国读者接受，可妨碍小说界革命的深入。实际上整个社会的审美眼光和文学标准，不可能被梁启超几句充满激情的大话扭转，晚清文学修养高的文人真心赞赏小说的并不多[②]，宋诗派、魏晋文在文坛仍有很大影响。所谓“易其浸淫‘四书’、‘五经’者，变而为购阅新小说”[③]，基本局限于南方几个商业经济比较发达的大城市中的新学之士[④]。最明显的一个事实是，从1902年到1917年全国共创办小说杂志二十七种(含日刊一种)，除出版于日本横滨的《新小说》(第二年移至上海)、出版于香港的《小说世界》和《新小说丛》、出版于广州的《中外小说林》和《广东戒烟新小说》，以及出版于汉口的《扬子江小说报》外，其余二十一种均出版于上海；而作为政治、文化中心的北京却未见一种小说

① 老棣：《文风之变迁与小说将来之位置》，《中外小说林》1卷6期，1907。

② 梁启超曾讥笑严复、夏曾佑提倡小说而又不著、译小说(《新小说》7期《小说丛话》)，可后来在《国学入门书要目及其读法》中他也说：“吾以为苟非欲作文学专家，则无专读小说之必要。”

③ 老棣：《文风之变迁与小说将来之位置》，《中外小说林》1卷6期，1907。

④ 觉我(徐念慈)《余之小说观》(《小说林》10期，1908)云：当年购“新小说”者，“其百分之九十出于旧学界而输入新学说者”。

杂志出版。“五四”作家不靠“最上乘”之类的煽动性语言来提高小说地位，而是扎扎实实地介绍西洋小说，研究中国古典小说，并创造了一批艺术水准较高的现代小说，以此来证明小说的审美价值。“五四”时代的文学杂志大多刊载小说(除个别专门的诗歌、戏剧杂志外)；“五四”时代的主要作家大都积极翻译或创作小说，即使日后成为文学理论家、诗人、戏剧家、散文家的也不例外(如周作人、胡适、郭沫若、朱自清、俞平伯、徐志摩、冯至等)。正是“五四”作家的积极努力，才使小说真正成为整个社会公认的最有艺术价值的文学形式。

为了思想启蒙而创作小说，“五四”作家有这种倾向；但注重艺术氛围，尽量切近文学自身特性。为了金钱而创作小说，“五四”作家很少有此俗念；不少书刊要靠作者自费出版，即使名家如鲁迅、郁达夫也无法成为职业小说家。真正吸引“五四”作家创作小说的，还是艺术自身的魅力。但这不等于说“五四”作家真正掌握了小说的艺术特性，不曾像“新小说”家那样用传统诗文来改造小说。只是由于“五四”作家更多接受外国文学的影响，自觉除旧布新，因而对传统的继承显得更加隐晦，甚至很难找到时人的直接证词。尽管如此，我们仍可从“五四”作家的文学修养和小说观念中，辨认出传统对“五四”小说创新方向的规定性制约。

“五四”作家或则出洋留学，或则在国内受过中学以上新式教育，不像上一代作家必须为博取功名苦攻制艺诗赋。但即使如此，这代人仍有相当深厚的传统文学修养。鲁迅、周作人、郁达夫、郭沫若出国留学前就能作相当漂亮的旧体诗，冰心、庐隐、朱自清、俞平伯的散文中则明显透出古文的影响。“五四”作家中像陶晶孙那样长期留居国外古文基础很差的只是极个别，只因那时的教育仍未真正挣脱旧学的框架。这种较为深厚的传统诗文修养，既是前进的包袱，又是成长的养分，落实到小说创作中就是作家很容易不自觉地用诗文来改造小说。“五四”初期的小说好多像散文（如冰心的《笑》、朱自清的《笑的历史》、俞平伯的《花匠》等），有刻意追求创新的，但更多的是不大了解小说的表现特性，用熟习的散文笔法写小说的结果。

“五四”作家的小说概念并不严格，周氏兄弟把西洋的寓言、拟曲、散文当小说介绍给中国读者①，胡适则把中国古代的叙事诗当短篇小说论述②。一方面是小说理论不发达，概念没来得及科学界定，各种文学体裁之间的划分并不明确；但另一方面，也跟他们接受的外国文学有关。“五四”作家接受的不只是巴尔扎克、莫泊桑等 19 世纪小说家，更接受契诃夫、安特列夫、曼殊斐尔德、叶芝等 20 世纪小说家；而后者的作品很可能没有完整的情节和人物，只不过是“一个面貌，一个喜乐的态度，一件悲惨的事件的意笔画”③。这就难怪“五四”作家不曾严格区分小说与散文，甚至创造出“抒情诗的小说”这样模糊的概念④。

由于外国文学的冲击，中国文学布局进行了内部调整，把小说推到中心位置，使其有可能借鉴其他文学形式的表现方法；又由于小说家原有知识结构的限制，可能更倾向于借鉴诗文辞赋的技巧写小说；再加上小说概念的模糊造成批评家和读者的“宽容”，给作家的探索创造了必要的条件。这三者决定了“新小说”家和“五四”作家有可能更多接受整个中国古典文学而不只是古典小说的遗产。

---

① 参阅《域外小说集》第一、二册，东京，1909。

② 参阅胡适：《论短篇小说》，《新青年》4 卷 5 号，1918。

③ Bliss Perry：《小说的研究》中译本，264 页，商务印书馆，1925。

④ 周作人：《〈晚间的来客〉译后记》，《点滴》，北京大学出版部，1920。

三

不管是“新小说”家，还是“五四”作家，对传统文学的借鉴，都不只是一种简单的“接受”，而是复杂得多的“转化”。引入小说中的笑话、轶闻、答问、游记、日记、书信，已不再只是笑话、轶闻、答问、游记、日记、书信，而是作为小说整体中的有机组成部分，自有其新的表现形态、美感效果与结构功能。《二十年目睹之怪现状》中的笑话当然不同于吴趼人《新笑林广记》中的“笑话小说”，《官场现形记》中的轶闻也不同于李伯元《南亭笔记》中的“名人趣事”；同样，梁启超《新中国未来记》中的“论时局两名士舌战”不能等同于政论文《论进步》《破坏主义》，刘鹗《老残游记》中的“大明湖游记”不能等同于《乙巳日记》中的“虎丘游记”。作为本事的索隐或作家创作构思的把握，有必要指出它们的联系；但无论如何两者是不能同日而语的——还不是指这两者自身的笔墨繁简或价值高低，而主要是各自具有的功能不同。我不大关心小说中笑话或游记等的独立价值，而注目于它跟其他小说因素的联系，亦即由于它的插入引起的一系列小说形式的变异。

由于大量笑话、轶闻的插入，晚清长篇小说结构解体，为短篇小说的兴起提供了条件。更重要的是，它使一部分作家开始尝试采用倒装叙述和限制叙述——尽管还十分简陋。由于答问形式的启迪，“新小说”家创造了“似说部非说部”、“似论著非论著”的小说形式，以议论而不是以情节为结构中心，这对传统小说叙事结构是一个冲击，尽管成就很小，却不失为一次悲壮的失败。借鉴游记手法，把心理描写局限于旅人一人，把故事讲述隶属于旅人耳目，把景物呈现依附于旅人脚步——这样一来，中国长篇小说无意中突破了传统的全知叙事，采用了第三人称限制视角。至于采用日记体书信体形式叙述故事，当然不可避免地抛弃了传统的说书人腔调；倘若注重人物思绪并突出作家审美个性，日记体书信体小说更可能因不再采用连贯叙述、也不再以情节为结构中心，而全面突破传统小说叙事模式。

“史传”与“诗骚”，既是文学形式，又是文学精神。强调引“史传”、“诗骚”入小说由来已久，我更多从文学形式着眼；突出“新小说”家和“五四”作家所受“史传”和“诗骚”影响时，我更多着眼于文学精神。“史传”传统诱使作家热衷于以小人物写大时代，倘若把历史画面的展现局限在作为贯穿线索的小人物视野之内，小说便突破了传统的全知叙事。“史传”传统间接促成小说叙事角度的转变，可又严重妨碍了这一转变的真正完成——作家往往为了补正史之阙而轻易抛弃视角人物，转而大写事变的各种琐事轶闻。“诗骚”传统使中国作家先天性地倾向于“抒情诗的小说”。引“诗骚”入小说，突出情调和意境，强调即兴与抒情，必然大大降低情节在小说整体布局中的地位和作用，为中国小说叙事结构的转变铺平了道路。

“史传”与“诗骚”作为支配中国叙事文学发展的两种主要的文学精神，不单自身影响中国小说叙事模式的转变，还制约着小说家引其他文学形式入小说的方向和效果。“新小说”注重“史传”，故更热衷于引轶闻、游记入小说；“五四”作家注重“诗骚”，故对引日记、书信入小说更感兴趣。“新小说”与“五四”小说的基本面貌，跟这两代作家对这两种文学精神的不同选择大有关系。

传统的创造性转化并非自然而然完成的。在这中间，西方小说起了不容抹煞的积极作用。《儒林外史》和《红楼梦》并没有直接演变为《老残游记》，更不用说《狂人日记》。“新小说”家和“五四”作家对西方小说态度有差别，接受能力也有高低，可接受过其“洗礼”则是毫无疑问的。不管是林纾"西人文体，何乃甚类我史迁也"①的"以中化西"，还是郁达夫"中国小说的世界化"②的"以西化中"，都是特定历史环境下的中西对话。立足点不同，效果也不同，但追求创造性转化的心态却是一致的。

这种西方小说(文学)的洗礼，可能表现为直接模仿，也可能表现为间接借鉴；可能有明显蛛丝马迹可寻，也可能只可意会难以言传。落实在传统文学形式的创造性转化上，则大致有如下三种类型：

第一种，西方小说只是提供一种跟具体表现技巧没多大关系的新的文学观念，由此诱发出新的文学运动；在这运动过程中，中国作家无师自通地转化了传统文学形式。如接受"小说为文学之最上乘"这一观念，中国作家于提高小说地位的同时，自然会自觉不自觉地引诗文入小说。

第二种，西方小说提供了一种转变的契机，当作家抓住这契机的同时，也就找到了通往新境界的关口；再迈进一步，很可能也就峰回路转豁然开朗。当"新小说"家借鉴西方小说以一人一事为贯穿的布局技巧时，并没有自觉意识到要改变中国小说的叙事角度。只不过一旦掺和中国游记录见闻的笔法，居然无心栽柳柳成荫，突破了中国小说全知叙事的藩篱。

第三种，西方小说提供了一种可供直接模仿的样板。只不过中国作家也并非依样画葫芦，而是试图在中国文学中寻找对应物，然后进行一番改造、转化，使其洋味中混合着泥土味。日记体、书信体小说

---

① 林纾：《〈斐洲烟水愁城录〉序》，《斐洲烟水愁城录》，上海，商务印书馆，1905。

② 郁达夫：《小说论》第一章，上海光华书局，1926。

无疑是从西方传入的，可即使是这样典型的洋玩意儿，中国作家也有办法帮它找到一点相对间接一点的“根”，提供一些适合其生长的“泥土”和“水分”。

前两种容易被误认为纯粹的传统文学内部结构的调整，与西洋小说无关；第三种又容易被误认为纯粹的西洋小说的模仿，与传统文学无关。当然，并非每种“转化”都是成功的。随着时光的流逝，有的保留下来并继续发展（如日记体、书信体小说）；有的经过调整仍能发挥作用（如游记式的小说）；有的则渐渐为人们所遗忘（如轶闻小说）。即使如此，当年诸多文学形式的创造性转化造成的对传统小说叙事模式的冲击，仍然值得肯定。本编试图描述这三种类型的转化的运动轨迹，故暂时把中国小说移位引起的传统文学形式之间的渗透、改造推到前景来着重论述，而把西洋小说的启迪、诱发乃至示范只是作为背景略加评说。

这样说，不等于承认这是两个可以截然分开的运动过程。恰恰相反，我所要强调的正是这两者的合二为一——西方小说的输入与传统文学的创造性转化不过是同一过程的两个不同侧面。只是为了论述方便，我才把它们列在上编、下编分别研究。如果要准确概括20世纪初中国小说形式的演变，我仍倾向于采用这样可能相对繁琐的语言：西方小说输入引起的对其表现技巧的模仿，与中国小说从文学结构的边缘向中心移动过程中对传统文学养分的吸收（通过传统文学形式的创造性转化来实现），这两者的合力共同促成了中国小说叙事模式的转变。尽管在此中间，“输入新知”占主导地位，但不能无视并非无足轻重的“转化传统”。

快意恩仇*

——《千古文人侠客梦》第六章

一

照通行的说法，武侠小说是“武＋侠＋小说”，也即讲述以“武”行“侠”故事的“小说”。其中“武”和“小说”都有相对固定的界说，只有“侠”众说纷纭，莫衷一是。可不管是作家还是学者，思考武侠小说时，偏偏又都首先关注“侠”而不是“武”或者“小说”。探究武侠小说何以能“令阅者赏心悦目”，问竹主人归之于“极赞忠烈之臣、侠义之士”(《〈忠烈侠义传〉序》)；月湖渔隐则归之于“其侠肠义胆，流露于字里行间”(《〈七剑十三侠〉二集序》)。言下之意，在武侠小说中，“侠”是第一位的。这一点，当代武侠小说大家梁羽

* 本文原题《说“快意恩仇”——武侠小说形态研究之一》，初刊《文艺争鸣》1990 年第 6 期，收入《千古文人侠客梦——武侠小说类型研究》(北京，人民文学出版社，1992；台北，麦田出版，1995；插图珍藏本，北京，新世界出版社，2002；插图本，天津，百花文艺出版社，2009；北京大学出版社，2010)。

生说得最清楚：

> 我以为在武侠小说中，“侠”比“武”应该更为重要，“侠”是灵魂，“武”是躯壳。“侠”是目的，“武”是达成“侠”的手段。与其有“武”无“侠”，毋宁有“侠”无“武”。①

话是这么说，可要是真的“有侠无武”，未必还能吸引读者，也未必还能保持武侠小说作为一种小说类型特有的魅力。论者不过借此强调侠客并非为杀人而杀人的一介武夫，而是负有崇高使命的英雄好汉。武侠小说实际上无法不渲染“武”，可又不愿沦落为暴力教科书，于是希望能“武中见侠”，或者说得更堂皇一点：“借武写侠”。这里的“侠”，内涵并不确定，不过功能是明确的，那就是如何使得武侠小说中的“武”合法化、合理化，甚至神圣化。

习武者即便身怀绝技，无敌于天下，如果不替天行道，反而以术徇私，则不能算真正的侠客。也就是司马迁说的“豪暴侵凌孤弱，恣欲自快，游侠亦丑之”(《史记·游侠列传》)。真正的侠客不应只是炫耀武力恃强凌弱，这一准则基本上为武侠小说家所遵循。梁羽生《云海玉弓缘》中孟神通与谷之华父女争吵，前者以为“世间只有强存弱亡，哪有是非黑白”，后者则称“世间岂有只恃武功便能横行天下”(第十五回)，结局当然是邪派高手孟神通死于非命。金庸《射雕英雄传》中洪七公与欧阳锋华山论剑，“一个行侠仗义，一个恃强为恶”(第四十回)，恃强为恶的欧阳锋虽争得天下武功第一，可成了神志不清的

---

① 佟硕之(梁羽生)：《金庸梁羽生合论》，《梁羽生及其武侠小说》，香港，伟青书店，1980。

疯子，且“命不久矣”。你可以说这是作家为抚慰读者而创造的“正义必然战胜邪恶”的童话，可这对于希望“使读者有拍案称快之乐，无废书长叹之时”(问竹主人《〈忠烈侠义传〉序》)的武侠小说来说，是必不可少的。在一个相信“止戈为武”、“神武不杀”的国度里，单纯炫耀武力或动辄杀人，很难为广大读者所接受。因此，武侠小说家的首要任务，是努力使侠客的行为合理化。这一点古今作家概莫能外。当安骥将十三妹比作昆仑奴、古押衙(《儿女英雄传》第八回)，或者当作家强调大刀王五“从小听得人谈讲朱家、郭解的行为，他就心焉向往”(《近代侠义英雄传》第一回)时，着眼的都是史书或小说中的侠客那“天赋的一种侠义心肠”。至于不同时代“侠义”的不同内涵，自然无暇考辨。

实际上，自从唐人李德裕将“侠”与“义”绑在一起，“义非侠不立，侠非义不成”(《豪侠论》)，便成了后世文人的共同信念①。只是什么叫“义”，本身就是个并非三言两语就能说清的问题。即使在先秦诸子那里，“义”也是莫衷一是：起码各处其宜谓之“义”，人之正路谓之“义”，众所尊戴者谓之“义”，至行过人谓之“义”，与众共之谓之“义”，除去天地之害也谓之“义”。难怪宋人洪迈说：“人物以义为名者，其别最多。”(《容斋随笔》卷八“人物以义为名”条)这五花八门的对于“义”的解说，落实在小说中便使得侠客形象纷呈异彩。尽管也有一些小说不分青红皂白，将闯荡江湖武功高超者一概称为“侠客”，但大部分作家还是严守义利正邪之分的。只不过随着时代的变迁及小说艺术的发展，侠客所执掌的“正义”内涵大不相同。大致而言，武侠小说中的行侠主题，经历了“平不平”、“立功名”和“报恩仇”三个阶段。三

① 郁蓝生(吕天成)《〈义侠记〉序》讥世之“柔肠弱骨”：“见义而不能展其侠，慕侠而未必出于义，愧武松多矣!”

个阶段很难截然分开，只是呈现一种逐渐推移的势态；且即使后一个主题已起，前一个主题也并没有消失。

“欲除天下不平事，方显人间大丈夫”(《古今小说·史弘肇龙虎君臣会》)；“安得剑仙床下士，人间遍取不平人”(《醒世恒言·李汧公穷邸遇侠客》)——“平不平”乃武侠小说最基本的主题。从《史记》中“救人于厄，振人不赡”的游侠(《太史公自序》)，到当代武侠小说中名目繁多的侠客，重仁义主公道匡正扶弱，是其最基本的特征。于是，爱管闲事，自掌正义，路见不平，拔刀相助，侠客在小说中扮演了虽不轨于法但替天行道的重要角色，凝聚着广大读者要求社会公正平等的热切愿望。因而，即使奸人作恶惹得侠客打抱不平的故事老而又老，且大同小异，仍然很有市场。一直到今天，“吾徒不是空门客，要削人间事不平”的鲁智深，以及“马蹄到处天关破，霜刃磨来杀不平”的林冲(李开先《宝剑记》)，仍然是读者(观众)最喜爱的艺术形象。而《三侠五义》中各类锄奸除恶故事仍然激动人心，其第十三回所表述的任侠原则也仍被认可：

> 真是行侠作义之人，到处随遇而安。非是他务必要拔树搜根，只因见了不平之事，他便放不下，仿佛与自己的事一般，因此才不愧那个“侠”字。

为立功或为报仇而处心积虑地锄奸除恶，当然也值得赞赏；可比起事不关己而强要出头，出于公心只争“是非”二字者，未免稍逊一筹。《七剑十三侠》第一回为侠客描了一幅“剪影”，可作为“平不平”主题的绝妙说明：

> 这班剑客侠士，来去不定，出没无迹，吃饱了自己的饭，专替别人家干事。或代人报仇，或偷富济贫，或诛奸除暴，或锉恶扶良。别人并不去请他，他却自来迁就；当真要去求他，又无处可寻。

如此理想的侠客，自是寄托着芸芸众生“被拯救”的可怜幻梦。柳亚子称“乱世天教重侠游”（《题钱剑秋〈秋灯剑影图〉》），可太平盛世何尝就不便“侠游”？《史记·游侠列传》云：“且缓急，人之所时有也”，故“不爱其躯，赴士之厄困”的游侠才为千古文人所深深怀念。在作家，在读者，恐怕都是“屡经坎坷，备尝世味”，才痛感“人间侠士之不可无”（王度庐《〈宝剑金钗〉序》）。就伦理价值而言，“平不平”的行侠主题无疑当推第一；可艺术上则未必。

能“于世风颓靡中得几个侠士，以平世间一切不平事”（月湖渔隐《〈七剑十三侠〉二集序》），自然是大好事，可作为武侠小说来说，单靠“路见不平拔刀相助”很难进一步发展。小说有别于诗文，需要能支撑起整个叙事框架而又能吸引读者的“事件”，对行侠主题不能不有艺术上的选择。对于诗人来说，“吟到恩仇心事涌，江湖侠骨恐无多”（龚自珍《己亥杂诗》），与“侠士替天平不平，其情如山心如铁”（周亮《侠士行》），同是表达侠客豪情，最多只是选择的意象略有差异。可对于小说家来说，“平不平”与“报恩仇”两类行侠主题相去甚远；主要还不是指对侠客行为的价值评判，而是指其牵涉到整部小说的结构形式。在20世纪20年代以后的武侠小说中，“平不平”主题之所以逐渐从“前台”转为“背景”，就因为其艺术功能上的缺陷。首先是行侠的随意性和偶然性使得小说结构松散，恶人杀了不少（如《施公案》大案小案破了数百件，杀奸人恶人不计其数），可惜长篇小说成了短篇的“集锦”，除了“行侠”这一统一主题外，几如一盘散沙。其次，侠客自掌正义惩恶除奸，自是不把国家王法放在眼里，与官府争权势夺声誉，这无疑为统治者所深恶痛绝；歌颂“时扞当世之文罔”的武侠小说因而在某些历史时期根本无法生存，除非改“以武犯禁”为“以武助禁”。再次，世间的是非曲直并非总是如黑白般界限分明，武侠小说要拓展及深化表现的主题，就必须部分扬弃那种善恶是非两极分化一目了然的“大简化”思路。任何理论原则，为了广泛流传，都很难避免“大简化”。况且，只有在一个忠奸正邪善恶是非二元对立的结构中，杀伐本身才可能被道德化。诛杀“恶人”、“奸人”，既不违背纲常伦理，又可满足自身的暴力需要。倘若打斗双方正邪未定善恶难分，读者将怀疑这种杀伐不过是残酷的游戏，并进而否定其存在价值。也就是说，武侠小说作为一种通俗文学形式，很难完全摆脱“大简化”思路，而这一思路又几乎必然导致小说人物塑造的平面化。因此，武侠小说家一方面不得不借引进其他行侠主题，小心翼翼地修正这种“大简化”思路，甚至赞赏非正非邪亦正亦邪的侠客；另一方面又不愿触动善恶对立这一大背景，借此保证杀伐本身的伦理意义。

作为“平不平”行侠主题的补充，“立功名”和“报恩仇”先后被引进到武侠小说中。这一“引进”，早在唐代就已露端倪，可真正成气候则是在20世纪二三十年代以后。

二

晚清侠义小说“所言皆忠烈侠义之事”（文光楼主人《〈小五义〉序》），居然将桀骜不驯的侠士改造成循规蹈矩的忠臣，难怪历来为世人所诟病。正如鲁迅所说的：

凡此流著作，虽意在叙勇侠之士，游行村市，安良除暴，为国立功，而必以一名臣大吏为中枢，以总领一切豪俊……①

此等“名臣大吏”，之所以能“总领一切豪俊”，并非因其足智多谋或武功高超；相反，不是印信被盗就是身陷绝境，老给保驾的侠客惹麻烦。但他有一个不可替代的功能，那就是使依附于他的侠客的一切行动合法化。侠客照样“安良除暴”，不但不用担心触犯官府，而且还能“为国立功”。只不过有个前提，那就是必须“为王前驱”，甘当“名臣大吏”的鹰犬。皇上赐封昔日的绿林豪杰黄天霸为漕运副将时，当即降旨严加约束：

第一要野性收起，不比江湖中任意胡行；第二食朕之禄，须当报效尽忠，莫负雨露之恩。(《施公案》第一百七十七回)

几乎所有侠客，一旦归顺朝廷，顿失当年啸傲山林纵横天下的豪气，仅仅成了没有个人意志徒供驱策的打斗工具。

这也是无可奈何的事，谁叫你立人屋檐下且有求于人？称之为“侠”的堕落当然也可以，失去独立个性和自由精神的“侠”只能是匹夫之勇，根本谈不上替天行道。可“侠”的堕落和“武侠小说”的堕落是两

① 鲁迅：《中国小说史略》第二十七篇“清之侠义小说及公案”，《鲁迅全集》第九卷，北京，人民文学出版社，1981。

回事，写“奴才”的文学也不等于“奴才文学”①。指斥侠客承认皇权正统是“奴才心理”，追随清官征讨是“为虎作伥”，明显是站在今人立场来苛责古人。照此推理，《水浒传》中众英雄标榜“忠义”，接受招安，不也成了宣扬“奴才哲学”？这种思路相当可怕，很容易演变成为用现实政治斗争的眼光来剪裁过去时代的文学作品。这种苦头我们已经尝过不止一次。问题不在观点是“左”是“右”，态度是“捧”是“骂”，而在于其立论的方法：即把小说作为忠实可靠的社会历史文献解读，而且研究的主要目的不在于阐释历史或艺术，而在于表达某种政治观念。

晚清侠义小说不少是从说书底本改编而成的（如《忠烈侠义传》《永庆升平》等），既然其原初作者是文化水平不高的民间说书艺人，其认同于社会流行观念一点也不奇怪。至于改编者，虽有“删去邪说之事，改出正大之文”（问竹主人《〈忠烈侠义传〉序》）之举，也不过“凡有忠义者存之，淫邪者汰之”（庆森《〈小五义〉序》），高明不到哪里去。鼓吹“傲帝制，蔑王侯，平尊卑，轻名节”的游侠精神②，只能产生于西风东渐、民主思潮逐步高涨的辛亥革命前后。很难设想当封建专制统治还相当牢固的时候，能允许文人借侠客否定皇权的神圣不可侵犯。反贪官不反皇帝是中国古代叙事文学的共同特征，侠义小说当然也不例外。只不过黄天霸之流奉旨出征，“一路访拿恶霸，扫除绿林”（《施公案》第二百三十八回），大有镇压“农民起义”之嫌，因而显得分外可

① 何新称晚清侠义小说中侠客“俯首皈依于‘清官’所体现的皇权正统性”，“这一归宿不仅是侠的没落，也是武侠小说的堕落”；清官与侠客合流，使得“侠文学没落为奴才文学”（《侠与武侠文学源流研究》，载《文艺争鸣》，1988年第1期）。

② 盛时培：《〈瑞西独立警史〉序》，《瑞西独立警史》，东京，译书汇编社，1903。

恶。其实，不管是《施公案》《三侠五义》，还是《永庆升平》《七剑十三侠》，侠客扫荡的主要对象是恶霸豪绅和谋叛官吏，征讨的主要目的是辅助皇上巩固江山，建立相对稳定的社会秩序。治理国家的政客与追求自由平等的游侠，考虑的问题不在一个层面上，有时各有其合理性而又尖锐对立。作为文学形象，读者一般推崇游侠而非难政客；可作为历史人物，则很难一概而论。曾三著《儒侠》颂扬大侠精神的章太炎①，晚年有所修正：

> 史公重视游侠，其所描写，皆虎虎有生气，班氏反之，谓之乱世之奸雄，其言实亦有理，是故《史》《汉》之优劣，未可轻易下断语也。②

读史如此，衡文似乎也不例外。单从是否与朝廷合作，尚不足以判定侠客正邪，更不足以判定武侠小说之高低贵贱。

追随清官的侠客，不只扫荡贪官污吏，更诛杀“绿林好汉”，这是今人所最不能容忍的。其实，“绿林好汉”良莠不一，不能因其轶出社会常轨便一概视为正义的化身。这里不准备讨论“绿林好汉”的阶级构成及其存在的合理性，也没有否认黄天霸之流背叛绿林后所作所为不得人心(起码在现代人看来)，而只是想强调一点，晚清小说中侠客的归顺朝廷，在文学发展史上有其必然性。

众多侠客集合在清官旗帜下东征西讨对于长篇小说整体结构的影

① 在《訄书》初刻本(1900 年)、《訄书》重订本(1904 年)和《检论》(1915 年)三书中，均收有《儒侠》一文；三篇《儒侠》文字出入很大，修订之处甚多，但都肯定大侠精神，且评价越来越高。

② 章太炎：《略论读史之法》，载《制言》，1939 年第 53 期。

响，留待以后论述；这里要指出的是，不只思想文化背景，而且文学传统也都驱使晚清小说中的侠客“以武助禁”而不是“以武犯禁”。并且，如果不是辛亥革命推翻帝制，以及武侠小说中带有虚拟色彩的“江湖世界”日渐取代现实世界，这一传统还将长期延续下去。因为，这涉及侠客本身的一些根本性矛盾，其中之一就是“不轨于法”与“邀誉扬名”。侠客有不好色、不贪财、不怕死者，可几乎没有不爱名的。“名”是自我价值的实现和社会的普遍认可，即使本身没有伴随任何实际利益。只是侠客扬名的手段“赴士之厄困”与“以躯借交报仇”，虽则有拯世济危的作用，却同时不免“时扞当世之文罔”(《史记·游侠列传》)，为当权者所憎恨。无论哪一个统治者都希望建立自己的绝对权威，不允许侠客“以匹夫之细，窃杀生之权”(《汉书·游侠传》)。这就难怪史书记载的侠客虽则声名卓著，但都没有好下场。在社会动荡秩序混乱的时代，侠客还有活动的余地；一旦社会安定秩序恢复，当权者第一要杀的就是这些“自以为是”、“任侠行权”的侠客。汉晋以降，历代文人欣赏游侠精神的大有人在，从吟诗作文到创作小说戏曲，侠的形象在文学作品中大放异彩。可有一点值得注意，这些文学中的“侠”，大都被合理化、合法化了。作家似乎有意避开古侠“不轨于法”的一面，不与“神圣的王法”发生直接冲突，努力使其任侠而不犯法。更有甚者，让侠客“捐躯赴国难，视死忽如归”(曹植《白马篇》)，消除行侠与扬名的矛盾。魏晋到隋唐诸多赞颂游侠的诗篇，可以用张籍《少年行》中的六行诗句来概括：

百里报仇夜出城，平明还在倡楼醉。
遥闻虏到平陵下，不待诏书行上马。
斩得名王献桂宫，封侯起第一日中。

第一步是行侠，第二步是报国，第三步立功扬名便是水到渠成——借助于边关战事，使得游侠形象为社会普遍认可。这游侠形象合理化的“三部曲”，一直延续到晚清的侠义小说，只不过报国的内涵由边关战事改为平息奸王叛乱而已。

清末文人批评其时流行的侠义小说：“今日强盗，明日受爵，则借犯上作乱之行，为射取功位之具”①，虽说立论颇为迂腐，可已看出侠义小说的关键在“功位”二字。鲁迅在分析晚清“为王前驱”故事为何大受欢迎时，也指出其时读者之羡慕“从军立功，多得顶戴”者②。表面上晚清小说中侠客热衷于尊奉皇权与追随清官，实际上侠客孜孜以求的是功名富贵。贺天保弃却绿林，“为的是久后挣个功名，轰轰烈烈”（《施公案》第一百十三回）；云阳生派弟子包行恭下山行侠，“做些锄恶扶良的事业，得个一官半职，显扬亲名，流芳后世”（《七剑十三侠》第三十七回）。这就难怪此类小说少不了“名臣大吏”和“圣明天子”，前者可以将侠客功绩上达圣听，后者则有权封官赐爵。这也是小说中不厌其烦地引录毫无文学色彩的名臣奏折和天子圣旨的原因。也就是说，清官和皇上对于小说情节的推进并没有多少实质性的作用，其主要功能在于使得侠客的“锄恶扶良”合理化和合法化。因此，与其批评侠义小说的皇权观念，不如批评其功名思想引起的个体独立性的丧失。正是在这一点上，旧派武侠小说和新派武侠小说拉开了距离：同样嘲弄背叛绿林归顺朝廷的“侠客”，前者只是抛弃了皇权观

---

① 石庵：《忏恐室随笔》，载《扬子江小说报》，1909年第1期。

② 鲁迅：《中国小说的历史的变迁》第六讲“清小说之四派及其末流”，见《鲁迅全集》第九卷，北京，人民文学出版社，1981。

念，后者则兼及其名利思想，重新高扬游侠狂放不羁的独立个性和自由精神。

三

武侠小说中的侠客形象，颇有如《云海玉弓缘》中金世遗所自称的：“我生平独往独来，快意恩仇，纵横海内，绝不能受人挟制!”(第七回)这里暂不讨论其“独往独来”的精神境界，只着眼于其“快意恩仇”的行侠主题。“平不平”变不出什么新花样，作家似乎也有点不耐烦了。张丹枫惩治恶霸扶危济困，在另一个侠客云重看来是“多管闲事”，不去寻图觅宝，反来“行侠仗义”，实在“轻重倒置”(《萍踪侠影》第十六回)。“当今武林第一人”洪七公一生杀过二百三十一个贪官污吏大奸巨恶，可小说中只是一笔带过，真正让其大显身手的是武林争斗的“华山论剑”(《射雕英雄传》第三十九回)。“立功名”更是不合时宜，张丹枫根本不把即将回朝的皇帝放在眼里(《萍踪侠影》第三十一回)；刘正风弄个武官当当，则“原是自污，以求掩人耳目”(《笑傲江湖》第六回)。余下的只有“报恩仇”了——比起前两者来，“报恩仇”的行侠主题不仅同样源远流长，而且更有发展潜力。

“报”，无疑是中国传统文化中一个非常重要的概念。“投我以桃，报之以李”(《诗经·大雅·抑》)，可以说是中国古代人伦关系的基本准则。报恩报仇，报德报怨，大而事关国家兴亡，小而至于个人荣辱。知恩不酬或者有仇不报，都有悖于中国人的伦理道德。《孟子·离娄下》曰：

君之视臣如手足，则臣视君如腹心；君之视臣如犬马，则臣视君如国人；君之视臣如土芥，则臣视君如寇仇。

这是君臣之间的恩仇，事关家国兴亡。《礼记·曲礼上》曰：

> 父之仇，弗与共戴天；兄弟之仇，不反兵……

这是家族之间的恩仇，事关个人荣辱。恩仇不在大小，即使一饭之恩，一饭之仇，也志在必报①。

理论上，仇怨有曲直，必须出以公心，故怨有不仇而德无不报。如游侠郭解之不愿为外甥报仇，即因其曲在我(《史记·游侠列传》)。也就是孔子说的，“以直报怨，以德报德”(《论语·宪问》)。可实际上，家族复仇很多是难分是非曲直的。复仇以索取五伦大义的正义性往往被无限夸大，以至凌驾于法律之上。《列女传》载缑氏女玉为父报仇，官吏因其节义“足以感无耻之孙，激忍辱之子”而“为减死罪”；民国二十四年施剑翘报父仇刺杀孙传芳，冯玉祥嘉其孝义，很快将其开释——关键不在此仇人是否该杀，而在“弱女报仇”这一事件本身符合中国人的伦理道德：既“孝”且“义”。至于“报恩”，也纯属个人情感，不必考虑是非曲直。“怀恩在一饭，不用酒杯深”(姚广孝《壮士吟》)，何况识英雄于落难之际，更非生死相托不可。关羽之备受推崇，就因为其将报恩观念置于一切道德准则之上，典型的例子是“千古佳话”华容道义释曹操。“报恩仇”正因其个人性与盲目性，很早就成了小说中侠客行侠的主要动力。唐传奇中红线、昆仑奴是报主人之恩，聂隐

---

① 谢肇淛《五杂俎》卷十一云：“中山君以一杯羹亡国，以一壶浆得士二人；顾荣以分炙免难；庾悦以悭炙取祸。《诗》云：‘民之失德，乾餱以愆。’”钱锺书称此：“皆阅历有得之谈，非徒排比故实。”见《管锥编》第一册，201页，北京，中华书局，1979。

娘、古押衙是酬知己之恩，谢小娥、贾人妻则是复家族之仇。自此，没完没了的恩恩怨怨，几乎成了作家构思武侠小说的“主要配料”①，尤其是在20世纪20年代“平不平”与“立功名”两大行侠主题不再时兴，以后更是如此。

“丈夫第一关心事，受恩深处报恩时”(《儿女英雄传》第十三回)；“为人子弟，父母师长的大仇不能不报”(《天龙八部》第二十三回)——这些都是强调报恩仇的伦理价值。可武侠小说家之注重报恩仇，实际上还有文学创作方面的原因。“是非”与“功过”是社会性的，需要社会公认价值标准的审核，也需要社会组织的支持与认可，单枪匹马不可能挑起一场战争并建功立业；而“恩仇”则纯粹是个人性的，不论何时何地何人都有恩仇需要酬报，而其正义性似乎也毋庸置疑，不需要任何社会组织的支持，也不期望得到他人的赏识，酬恩报仇本身就是目的。任何哪怕是多么微弱的动机，如前代冤仇、朋辈误会或同道争雄，都可能引发一系列打斗厮杀，支撑起一部百万字的长篇小说。再没有比“报恩仇”更容易结构长篇小说的了：侠客无日无夜不在思考报恩复仇，对手当然也不是庸常之辈，双方既成对峙之阵，中间还穿插前来为其助战的各派高手，这样尽可没完没了地打斗下去，而又不失其叙述的统一。尽管小说中也批评此类没有原则的盲目复仇，如王度庐《鹤惊昆仑》第二十回称：“江湖侠义，舍己救人却是对的，似这样仇雠无已，是永没个休止的”；还珠楼主《蜀山剑侠传》第十六集第九回也称：“切不可因其异派，多事杀戮，以致冤冤相报，没有了

① 明清戏曲中，恩仇也是侠客行侠的主要动力。李开先《宝剑记》称：“冤仇若不分明报，枉作人间大丈夫”(第五十出)；沈璟《义侠记》则称：“今古英雄称义侠，报恩雪忿名高”(第一出)。

结”——这些事前叮嘱和事后总结，都丝毫没有改变武侠小说“仇雠无已”、“冤冤相报”的局面。就好像《肉蒲团》不能不在结尾大谈“万恶以淫为首”、“劝君莫借风流债”一样，“以淫止淫”、“以恶制恶”是中国小说家惯用的托词。可以肯定的是，批评“冤冤相报”的武侠小说家，绝不肯轻易放弃这一现成的叙述套路，因为没有比这更容易撰写而又能吸引读者的了。

武侠小说中的“报恩仇”，着重点逐渐由“报恩”转向“复仇”，或者是因世风日下人心不古，或者是因作家作梗故弄玄虚。大概每个武侠小说的读者都会同意林诗音的感慨：“为什么仇恨总是比恩情难以忘却。”（《多情剑客无情剑》第十五章）天底下哪有那么多真正出于公心的侠客，好多不过是如戴福成打着行侠的招牌“了却平生恩怨”（《江湖奇侠传》第四十三回）。报父仇的江小鹤口口声声“为世间除恶”（《鹤惊昆仑》第十七回），即使言行不符，其行动尚有一定的合理性；最可恶的是伪君子岳不群，竟也时时处处不忘大谈忠孝节义天道公理（《笑傲江湖》）。真的是“放眼天下，又有几个人真能不负这侠义二字”（《陆小凤·师门一脉》）？强调侠客行侠的个人心理因素，不再将其神化，有利于表现复杂的人性。可倘若将侠客行侠完全归结为“冤冤相报”，则又未免大煞风景。于是，武侠小说中出现了一个奇怪的局面：既不能不以“恩仇”为推动故事发展的主要动力，又不能不力图超越个人恩仇。办法是通过佛法和爱情来消解恩仇，或借扩大恩仇的含义来突出其合理性。

武侠小说中最常见而又最惊心动魄的故事是仇人儿女相爱。一为前代冤仇决定的复仇天职，一为后辈相爱造成的炽热情感，双方都有其合理性，而且互不相让，很容易由此推演出一系列哀感顽艳的悲剧或喜剧情节。张丹枫叹息“人与人，国与国，都有那么多的冤仇”（《萍踪侠影》第十回)，尤其对于小儿女来说，这无法推卸无法排解的前代冤仇实在太沉重太残酷了。张丹枫和云蕾“盈盈一笑，尽把恩仇了”，而且还“赶上江南春未杳，春色花容相照”(《萍踪侠影》第三十一回)，自然是幸福的；江小鹤和鲍阿鸾却没能跨越家族复仇这道鸿沟，只落得“玉陨花残凄惨追舆榇”(《鹤惊昆仑》第三十回)。以其真挚深厚的爱情赢得长辈谅解的林太平、玉玲珑，固然不愧是“欢乐英雄”(《欢乐英雄·人就是人》)；即使是以身殉情的阿鸾姑娘，也并非完全寂寞，起码她填平了前代冤仇造成的鸿沟，昭示了爱情对于仇恨的超越。此类故事，“是爱是憎难自释，为恩为怨未分明”(《云海玉弓缘》第九回)，很能吸引读者。

相比之下，以佛法化解仇怨，虽也屡见于武侠小说中，却未见十分精彩者。就拿金庸小说为例，《射雕英雄传》第三十九回一灯大师点化裘千仞，与《天龙八部》第四十三回老僧启悟萧远山与慕容博，尽管描写详略有别，但都不外“猛然间天良发现”、“大彻大悟”，因而“苦海无边回头是岸”之类的套话。作家可以再三强调众人“听那老僧说到精妙之处，不由得皆大欢喜”，却无法照录老僧妙语，要不读者肯定“皆不欢喜”。因而，以佛法化解恩仇，善则善矣，作为小说家来说，则往往是没有办法的办法，难以取得很好的艺术效果。金庸尚且如此，余者可想而知。

至于扩大恩仇的具体内涵，突出侠客报恩仇的合理性，这一点从平江不肖生就已开始。有个人的恩仇，也有民族的恩仇，当两者合而为一时，无疑是最理想的。《江湖奇侠传》中反清义士铜脚道人教训少年侠客欧阳后成：

一个道士杀了你的母亲，你拼死拼活的跟人学法，回家乡报仇。有异种人惨杀了你无数的祖宗，你倒也不把这事放在心上……有人告我说欧阳后成是个神童，谁知乃是一个这么没志气的小子。（第三十四回）

侠客可以不理会朝廷王法，但不能没有民族感情。“爱国”无疑比“忠君”更容易为现代读者所接受。文公直《碧血丹心大侠传》中强调侠客的对头、叛逆徐季藩等“暗地里和番部外国往来”，企图请番人助其争夺天下；平江不肖生《近代侠义英雄传》则渲染霍元甲与自称“世界第一大力士”的俄人比武，事关武运国运。新派武侠小说家（尤其是梁羽生）更是喜欢以民族争斗纠合个人恩仇作为小说发展的主线，并且力主前者高于后者，借此提高侠客打斗杀敌的社会意义。《神雕侠侣》第二十二回写杨过在报父仇与御外敌之间犹豫不决，忽闻郭靖“国事为重”四字，心胸陡然开朗，为自己“念念不忘父仇私怨”而不考虑国家大事百姓疾苦而深感惭愧。“为国为民，侠之大者”，领悟这一点，侠客才真正超越“匹夫之勇”。小说称杨过“心志一高，似乎全身都高大起来”；其实，不少武侠小说都喜欢借引进民族斗争来使侠客形象高大起来。这是条捷径，可不大好走。

民族斗争使得问题一下子简单化了，似乎是非曲直一目了然。很少有作家自觉意识到这种艺术构思的内在缺陷。一是严于夷夏之辨，其中可能存在某种汉族沙文主义倾向，“爱国主义”也不是那么好说的；一是逼侠客融入攻城破阵大军，不可避免会损害其独立性，即使让其百万军中取敌酋也无济于事。另外，价值标准的过分凝定容易带来侠客形象的简单化，则将故事的展开建立在一两个流行概念之上，又不免失掉作家对社会人生的独特体验与领悟。说到底侠客不过是崇信用厚交谊、急难好义轻生重气的个人英雄，以其侠骨豪情而不是丰功伟绩吸引读者。硬要将其改造成政治家或军事家，必然吃力不讨好。《天龙八部》中乔峰（萧峰）形象的塑造是个例外。乔峰之死之所以具有真正悲剧的震撼力量，部分原因在于其突破了民族恩仇的严格界限，从个体生命体验的角度来观察、评判民族之间的争斗。作为一个特殊的存在（生于契丹养于大宋），乔峰实在无力承受如此深重的民族仇怨，既不能帮契丹灭大宋，又不能帮大宋打契丹，最后只好一死谢天下，以其特殊方式泯灭两个民族间的恩仇。

武侠小说当然不是不能讲民族恩仇，只是侠客不同于岳家军、杨家将，文类特征决定了其仍然必须以个人恩仇为主。真正的侠客，“报恩为豪侠，死难在横行”（卢照邻《刘生》）；“东市杀怨吏，西市仆仇尸”（徐祯卿《结客少年场行》），恩怨生死一肩挑，始终是孤独的个人英雄。非要逼其从军出征建功立业，“侠客”只能蜕变为“英雄”，“武侠小说”也将转为“英雄传奇”。对于一个独立的小说类型来说，这无疑不是好事。

四

武侠小说中的侠客，不只希望报恩仇，而且希望“快意恩仇”。“快意恩仇”的一个基本条件是根据自己的愿望、依靠自己的力量手刃仇敌，以求得到复仇的快感。厉胜男跟金世遗订的协议是助她复仇而不准替她复仇，仇人孟神通最终还是死于她之手（《云海玉弓缘》）。这已经成了一个不成文的规则，几乎所有武侠小说中的大恶人，都必须直接死在代表正义的复仇者手中。旁人可以助一臂之力，但手刃仇敌的一瞬间却无法取而代之。要不，在侠客在读者都会悔恨无穷的。世上蒙冤落难之人，要报仇申冤不外求助于他人或凭借自身能力两条路。在中国小说、戏曲中，前者常常表现为弱女告状，后者则基本上是男子汉的气度：咬碎牙齿吞落肚，出外求师学武，日后回来以生命相搏。把人世间的矛盾纷争简化为武功较量，以为靠提高自身打斗能力就能平不平、报恩仇，当然只能是一种天真的幻想——金庸《鹿鼎记》让天下英雄斗不过小无赖韦小宝，就不无嘲笑这种幻想的意味。可这其中确实蕴藏着一种“志气”，即对个人意志和个人能力的尊重。

武侠小说本质上带有浓厚的个人英雄主义色彩，倪匡称其“个体的形象越是突出，就越能接受”，并因此批评金庸《书剑恩仇录》中的群体观①，不是没有道理的。武侠小说之喜欢渲染侠客的“神勇”与“孤独”，除结构技巧和读者接受的限制外，更跟先秦两汉以降现实生活中侠客的实际生存状态有关。侠客当然需要帮手，也喜欢结拜兄弟，但绝不愿意混在千军万马之中，而是倾向于以独立人格和个人身份去主持正义替天行道。平日里“抚剑独行游”（陶潜《拟古》），需要时“杀人都市中”（李白《结客少年场行》），事了则“别我不知何处去”（贯休《侠客》）。如此这般的侠客，意气用事，“无组织无纪律”，带兵打仗立功受赏非其所长，屈居下僚听人驱遣又未免英雄气短，最合适的莫过于以个人能力报恩复仇。不为别的，就因为在处理个人恩仇时，侠客的独立人格和个人意志有可能得到最充分的表现。而作为其表征的，就是每每于小说结尾出现的侠客手刃仇敌这一已经程式化了的动作。

“快意恩仇”的另一个条件是侠客自掌正义，不求官府也不问法律，干脆利落一刀两断。若黄天霸捉拿凶僧，吩咐“不可伤他性命，小弟还要带他见大人交差”（《施公案》第一百五十二回）；或者如孙癞子抓谋财害命的强盗，居然称“我们都不是做官的人，他们犯的国法，

① 倪匡：《我看金庸小说》，19页，台北，远流出版公司，1987。

应该把他们送到官里去”(《江湖奇侠传》第一百零二回)，在真正的侠客看来未免太不够意思。倘若还要麻烦官府审讯，还要考虑法律条文，侠客行侠不免缩手缩脚，何来侠骨豪情？唯有白光一闪，仇人人头落地，才称得上“快意”。晚清侠义小说之所以令现代读者读来不过瘾，就因为侠客不能自作主张，处处受制于人(清官)，杀人还有诸多“臭讲究”。“江湖中本来就是这么回事，谁的刀快，谁就有理。”(《多情剑客无情剑》第十一章)这在现实生活中当然是相当可怕的，可在武侠小说中却颇具阅读快感。读者容许甚至赞许侠客凭一身武功纵横天下，作为约束的“良心”、“正气”又未免过于空泛，难保侠客不滥用其杀人的权力。

人们常常把中国的武侠小说与西方的侦探小说作比较，大概着眼于其共同的娱乐功能；其实在最基本的如何惩治邪恶这一点上，两者泾渭分明，难以同日而语。不论是侠客还是侦探，都认定有罪必有罚，差异在于到底由谁来主持处罚以及处罚的准则。侦探只是帮助搜寻罪人而不具备惩治罪人的权力，法官也只是执行法律而不能自作主张，真正置罪犯于死地的是人类平等的权利以及保护这种权利的铁面无私的法律。任何个人都无权直接惩治罪犯，即使对于仇人也不例外，这是法制社会的起码规则。至于武侠小说中着意渲染的“快意恩仇”，用法制观念来衡量，本身就是不可饶恕的“犯罪”。“因为头一个罪恶不过是触犯了法律；可是报复这件罪恶的举动却把法律底位子夺了。”①侦探维护法律的神圣与尊严，侠客却根本不把法律放在眼里。很难说中国古代完全没有公正的法律，可中国人就是喜欢“以武犯

① 弗·培根：《论复仇》，《培根论说文集》中译本，北京，商务印书馆，1983。

禁”、“不轨于法”的侠客。韩非子要求“境内之民，其言谈者必轨于法”(《五蠹》)；但如果法律不能保证“境内之民”的正当权利，为什么不能如侠客“时扞当世之文罔”？这只是问题的一个方面。中国人之不愿“法律解决”，而宁愿“以剑判是非”，或者说现代读者之如此欣赏不讲法律的侠客，实际上也隐透出其不大健全的心态。晚清作家译介西方侦探小说，特别强调其“最重人权”、“不能妄入人罪”①；“下民既免讼师及隶役之患，或重睹清明之天日”②。至于本土的侠义小说，时人虽颇有以之与侦探小说相对抗的③，只是对其政治效果，批评家一般并不乐观：有称其“叱咤杀人，借口仗义；诡秘盗物，强曰行侠”者④，也有慨叹侠义小说兴“而遂有庚子团匪之祸”者⑤。奇怪的是，将近一个世纪过去了，“最重人权”的侦探小说并未真正在中国生根开花，而“叱咤杀人”的武侠小说则依然大走红运。以此指责中国人的缺乏法制观念，自是过于迂腐，也过于道德化；可整个民族对武侠小说如此偏爱，确实不是一件十分美妙的事情。

说“不美妙”，是因武侠小说的风行，不只无意中暴露了中国人法律意识的薄弱，更暴露了其潜藏的嗜血欲望。人们乐于谈论侠客之“以躯借交报仇”，可不大愿意承认侠客之“嗜血”。郭解“少时阴贼，慨不快意，身所杀甚众”(《史记·游侠列传》)；原涉“性略似郭解，外温仁谦逊，而内隐好杀。睚眦于尘中，触死者甚多”(《汉书·游侠

① 周桂笙：《〈歇洛克复生侦探案〉弁言》，《新民丛报》第55号，1904。

② 林纾：《〈神枢鬼藏录〉序》，《神枢鬼藏录》，上海，商务印书馆，1907。

③ 如定一《小说丛话》(《新小说》第13号)、蛮(黄人)《小说小话》(《小说林》，1908年第9期)。

④ 石庵：《忏怼室随笔》，《扬子江小说报》，1909年第1期。

⑤ 黄人：《小说小话》，《小说林》，1908年第9期。

传》)。至于唐代诗人所激赏的游侠行径:“笑尽一杯酒,杀人都市中”(李白《结客少年场行》);“杀人不回头,轻生如暂别”(孟郊《游侠行》),世人都只着眼于其气概情怀,而从不追究其杀人是否合理。倘若侠客动辄杀人,其伦理价值未免值得怀疑。只是很早就懂得“仁”乃“不嗜杀”,而且称人君“如有不嗜杀人者,则天下之民皆引领而望之矣”(《孟子·梁惠王上》)的中国人,何以对“内隐好杀”的侠客如此宽厚?说是期望“以杀止杀”,似乎有点勉强;更实在的解释可能是世人并未摆脱嗜血的野蛮习性。

“报恩仇”之所以“快意”,固然是因正义得到伸张,邪恶受到惩罚,可也包括杀人时产生的“快感”。《水浒传》第三十回武松鸳鸯楼连杀十五人,本来“只合杀三个正身,其余都是多杀的”[1];可滥杀无辜的武松毫无懊悔负疚之情,反而洋洋得意道:“我方才心满意足,走了罢休。”好一个“心满意足”!之所以必须“杀得血溅画楼,尸横灯影”,并非众女人同谋或反抗,也不存在杀人灭口问题(已有题“杀人者打虎武松也”),纯是杀得性起,且于杀人中得到某种快感和乐趣。

武侠小说中常见侠客为仇敌之过早死去而痛哭,或者出手援救陷于绝境的仇敌,并非侠客受到人道的感召而大发慈悲,而是因为侠客和读者都需要手刃仇敌这一瞬间的“快意”。王度庐《宝剑金钗》中俞秀莲杀武功高强的苗振山,并不怎么高兴,“因为苗振山不过是一个恶霸,并非我的仇人”(第二十五回);而李慕白杀死仇人黄骥北,则“痛快得他要发出狂笑来”(第三十四回)。杀仇人杀恶人时所得到的快感,没有比西门吹雪以下这段话表达得更为精彩的了:

---

① 《李卓吾先生批评忠义水浒传》第三十回眉批。

这世上永远都有杀不尽的背信无义之人，当你一剑刺入他们的咽喉，眼看着血花在你剑下绽开，你若能看得见那一瞬间的灿烂辉煌，就会知道那种美是绝没有任何事能比得上的。(《陆小凤·远山传歌声》)

恶人固然应该受到惩罚；可将杀人当作“神圣而美丽的事”，于其中得到无限快感，此种嗜血的欲望不也值得谴责？像林太平那样杀人后感到恶心，需要痛哭一场的实在太少了(《欢乐英雄·杀人与被杀》)；绝大部分侠客杀人后纵声大笑，毫无负疚与不安的感觉。夏志清在谈到水浒英雄杀人的兴趣时指出：“这些故事至今流传不衰，实在与中国人对痛苦与杀戮不甚敏感有关。”[①]由此而否定小说的艺术价值自然是“道德气味太重”；可忽略小说的创作和接受与民族心理、文化传统的联系，同样也是偏颇的[②]。武侠小说在现代中国的广泛流传，以及侠客杀人之被普遍认可，证明夏氏的说法并不过分。鲁迅从山野小民羡慕“游民辄以从军得功名”来论证其喜听(读)侠客故事[③]，其实不是十分准确；而20年代以后的武侠小说不以功名富贵为侠客之归宿，更使此说落空。民众之爱读武侠小说，满足其潜在的嗜血欲望我以为是一个不容忽视的因素。

虬髯客以“天下负心者”心肝下酒(《虬髯客传》)，李逵以仇人黄文

---

① 夏志清：《中国古典小说导论》中译本，102页，合肥，安徽文艺出版社，1988。

② 如何评价《水浒传》欣赏虐杀的倾向，夏志清与刘若愚有过争论，请参阅刘若愚《中国的侠》一书第114～116页、夏志清《水浒传的再评价》一文及《中国古典小说导论》第三章注释第14。

③ 鲁迅：《中国小说史略》第二十七篇“清之侠义小说及公案”，《鲁迅全集》第九卷，北京，人民文学出版社，1981。

炳心肝“与众头领做醒酒汤”(《水浒传》)；古押衙行侠，“冤死者十余人”(《无双传》)，杨天池扶弱，一瞬间“有五六百人受了杨天池的梅花针”(《江湖奇侠传》)。侠客自身不怕死，似乎也不以他人生命为意，很容易演变成为另一种“草菅人命”。至于“食人”，在作家是表达侠客的豪情，在读者似乎也并不怎么反感。这不能不令人联想起五四新文学家对国民性的批判。

鲁迅在谈及人类进化时称：“古性伏中，时复显露，于是有嗜杀戮侵略之事”①；而鲁迅眼中的中国人显然远未摆脱此一“古性”，喜欢鉴赏杀戮就是一个明证。鲁迅一再提及“示众”——群众鉴赏先驱者之流血——这一意象，感慨“枭首陈尸，也只能博得民众暂时的鉴赏”②。除了叹惜大众的愚昧外，更震惊于其“嗜杀戮”。这一点在“看杀头”陋习中表现得最为充分。没人追问阿Q是否该杀是否冤枉，唯一感到遗憾的是“枪毙并无杀头这般好看”(《阿Q正传》)。把“看杀头”作为乐趣的中国人，在王鲁彦的《柚子》、沈从文的《新与旧》、李劼人的《暴风雨前》等小说中受到了抨击和嘲讽，可不见得“痛改前非”。周作人曾指责“中国人特嗜杀人”③，乍一听难以接受；可读多了野史笔记也就不难理解④。时至今日，“杀个痛快”、“千刀万剐”、“食肉寝皮”仍然常被中国人挂在嘴边，而“壮志饥餐胡虏肉，笑谈渴饮匈奴血”更是千古传诵的名句。“看光着膀子挨刀很有意思”⑤，这种妙语如今自然是难得听到了；可谁又能肯定在武侠小说的创作和阅读中，

---

① 迅行(鲁迅)：《破恶声论》，载《河南》，1908年第8期。

② 鲁迅：《偶成》，见《南腔北调集》，上海，同文书店，1934。

③ 周作人：《怎么说才好》，见《谈虎集》，北京，北新书局，1928。

④ 可参阅周作人：《雨天的书·读〈京华碧血录〉》《秉烛谈·谭史志奇》。

⑤ 周作人：《诅咒》，见《谈虎集》，北京，北新书局，1928。

这种“快感”不是得到某种替代性的满足？

是的，侠客可能真的“平生不杀好人”。洪七公一生杀过二百三十一人，“这二百三十一人个个都是恶徒”（《射雕英雄传》第三十九回）；西门吹雪喜欢观赏杀人的血花，“幸好他杀的人，都是该杀的”（《陆小凤·远山传歌声》）。可这种将杀人行为道德化的努力，不过是出于文明社会伦理规范的压力。姑且不论可能存在的打着正义的旗帜屠杀无辜的卑劣行径；即使所杀者确为恶人，能于杀人中得到无穷乐趣者，都无法掩饰其潜藏的嗜血欲望。

人类学家告诉我们，在最原始的社会里，残杀是一种正常的生存方式，甚至可以说是一种伟大的自我肯定。当人们为了取得生存的权利，竭尽全力互相残杀时，“流血”无疑是令人陶醉的。而人类摆脱愚昧，进入文明社会的一个重要标志，就是日渐忘却这种嗜血的欲望。可正如艾·弗洛姆（Erich Fromm）指出的，现代社会中仍有将残杀看作是超越生活的最佳途径的嗜血者：

> 这种人通过回到人以前的生存状态，通过成为一个动物，从而摆脱理性的负担来寻求生活的答案。对于这种人来说，血就是生活的本质；流血则是为了感觉到自己的存在，使自己成为独一无二的强者，从而凌驾于一切人之上。①

问题是，在弗洛姆看来，这种嗜血行为只能属于可怜可恨的精神病患者、谋杀犯或战争狂；而在武侠小说中，这种嗜血行为则可能属于可敬可爱的大侠。需要反省的不是大侠之杀人是否道德，而是读者何以

---

① 艾·弗洛姆：《人心》中译本，21～22页，北京，商务印书馆，1989。

对此类嗜血行为如此容忍乃至欣赏？据王少堂口述整理的扬州评话《武松》，其中“杀嫂祭兄”一节对杀人场面大加渲染（第二回第十六节）；而原记录稿据说更是血淋淋，且讲述效果甚佳①。单从道德义愤来解释无疑欠妥，说者、听者都在真正“千刀万剐”潘金莲中得到某种残杀的快感。当正常的社会禁忌发生作用的时候，这种嗜血欲望也只能通过杀恶人奸人来实现——而武侠小说正好提供了最佳场所。

美国学者考维尔蒂（J. G. Cawelti）在讨论通俗文学的程式化故事时曾指出：

> 程式故事似乎是这样一种方式，通过这种方式，处于一种文化中的个体用行动表现出某种无意识的或被压抑了的需要，或者以明显的和象征的形式表现他们必须表现然而却不能公开面对的潜在动机。②

这种说法明显带有弗洛伊德和荣格的精神印记，但用在武侠小说这么一种实现公众英雄梦的通俗文学类型上，我以为是恰当的。武侠小说中“必须表现然而却不能公开面对的潜在动机”，最引人注目的就是文明人身上潜藏的嗜血欲望。

杀人（当然最好是杀仇人杀恶人）很有刺激性，能使读者阅读时产生某种快感。利用这种“快感”的并非只有武侠小说这一种文学样式，各种名目繁多的以暴力行为为主要表现对象的小说类型和电影类型，

---

① 参阅《〈武松〉整理后记》，《武松》，南京，江苏人民出版社，1959。

② 考维尔蒂：《通俗文学研究中的“程式”概念》，见《当代西方艺术文化学》中译本，北京大学出版社，1988。

都有这种倾向。只不过在武侠小说中，侠客“杀人”这一行为本身，因其被充分“道德化”而更容易为读者所接受。

或许，没必要对武侠小说作过于道德化的审视，在作家在读者都不无游戏娱乐的味道，故当不得真。可“快意恩仇”作为武侠小说中至关重要的行侠主题，其蕴藏的文化内涵，却不容忽视；尤其是“快意”二字，无意中显露出民族心理的某种缺陷——每每忆及那并非“空前”也未必“绝后”的“十年浩劫”，忆及那形形色色的“革命打手”，忆及那毒打乃至虐杀同类的“批斗会场”，我不能不益发相信这一点。

中国散文与中国小说*

——《中国散文小说史》绪论

作为文类的"散文"与"小说"①，本身并不具备时间性与空间性。换句话说，古今中外的散文与小说，具有某些基本特征，足以将其与诗歌、戏剧等文类区别开来。这种最基本的假设，支撑起千百年来的文类研究。但在具体操作中，存在着两种不同的研究策略。追求建立理论性文类(theoretical genres)者，更愿意强调不受时空影响的"散文特性"或"小说特性"；相反，如果着眼于历史性文类(historical genres)，则不能不突出渲染古今散文或中外小说之歧异。二者各有其合理性，本书限于体例，自是侧重于后者。

---

* 《中国散文小说史》(上海人民出版社，2004 年；台北，二鱼文化出版公司，2005；北京大学出版社，2010)的最初形式为《中华文化通志·散文小说志》(上海人民出版社，1998)。

① 关于文学分类的术语，历来相当混乱。这里把第一级分类称为"文类"或"体裁"(如小说、诗歌、戏剧)，而把第二级分类定为"文体"(如墓志、题跋、游记)或"类型"(如历史演义、英雄传奇、武侠小说)。

汉人班固眼中“君子弗为”的小说，与晚清梁启超定为“文学之最上乘”的小说，相去何止千里！可又不能不承认，这两种“小说”观念，存在着某种值得关注的历史联系。人世间，没有放诸四海而皆准、校诸古今而皆通的“散文”或“小说”概念；可这并不等于完全否定了文类研究的价值。金人王若虚《滹南遗老集》卷三十七《文辨》中有一句妙语，可借用来解答此难题：

> 或问文章有体乎？曰：无。又问无体乎？曰：有。然则果何如？曰：定体则无，大体须有。

有“大体”而无“定体”，此说既针对不同文体间有时相当模糊的边界，也指向同一文体不同时代可能相当激烈的变异。文学史家的工作，一是识大体，二是辨小异。这里的“大”、“小”之分，只是相对而言，本身并不包含价值判断。“大体”保证了文类的生存，“小异”则意味着文类的发展——正是此等打破“定体”的不断努力，使得文类永远保持新鲜与活力。

“散文”与“小说”，无论古今中外，都是独当一面的重要文类。将两种性格不同的重要文类放在一起论述，并非“乱点鸳鸯谱”。小说与散文间千丝万缕的联系，在此后的论述中，将被不断提及。这里需要略加解释的是，为何先论“散文”，后及“小说”。对于20世纪的读者来说，小说的地位可能远在散文之上；可在漫长的中国文学史上，“散文”作为中心文类所受到的重视，远非“不登大雅之堂”的小说所能比拟。更重要的是，追根溯源，“散文”趋于成熟在前，“小说”走出浑沌在后；论述后起的文类，必然涉及其对于已有文类的依赖与背叛。

一、关于“散文”

在中国，“散文”作为文类源远流长，而被正式命名，则是晚近的事情。这一名与实之间的缝隙，形成某种张力，要求研究者必须首先进行概念的清理与界定。今人眼中的散文，大略包含以下三个层面的含义：与诗歌、小说、戏剧相对应；与韵文相对应；与骈文相对应。这里由近及远，依次剥离，借此理解“散文”的历史命运。

所谓与小说、诗歌、戏剧并驾齐驱的散文，乃是五四以后拥抱并改造西方“文学概论”的成果。五四文学革命是以提倡白话文、打倒文言文开篇的，这里除了语言上的文白之争，还蕴涵着文类等级的变更，即“散文”由中心退居边缘。此前谈论文学，首先是文章，而后才是诗词；至于小说与戏曲，可有可无。此后则天翻地覆，小说、戏剧出尽风头，文章则相形见绌。这种文学观念的变化，不只影响当代创作，也涉及文学史建构。文学进化神话的引进，以及文类等级的调整，使得五四以后的文学史著焕然一新。像胡适那样断言宋元以下古文已经死亡——既被白话所取代，也被小说戏曲所超越——的，或许不太多；但论及宋元以下文学，学者们大都以词、曲、小说而不是文为关注的重心。这一点，比较林传甲、谢无量所撰文学史与二三十年代以后的同类著述，可以看得很清楚。

尽管经过鲁迅、周作人等人的努力，杂感、随笔、小品、美文等终于进入文学殿堂。不过，在一般读者乃至作者眼中，散文仍是矮人一截。就连以散文名家的朱自清，也在其散文集《背影》的序中称：“它不能算作纯艺术品，与诗、小说、戏剧，有高下之分。”依照其时普遍接纳的西方文学观念，“散文”与其说是一种独立的文类，不如说是除诗歌、小说、戏剧以外无限广阔因而也就难以定义的文学领域。

称“文学领域”尚属客气，对于此类体式、风格、功能千差万别的“文章”，能否“算作纯艺术品”，时人心里普遍存在疑问。考虑到散文在中国的源远流长，在建构文类学时，学者们略为变通，于是有了皆大欢喜的“四分天下”说。“散文”总算四分天下得其一，避免了被剔出文学殿堂的厄运；只是昔日“文坛霸主”，如今沦落为“叨陪末座”。千百年来中国的读书人立言载道、博取功名、祈求不朽的“文章”，经过这么一番功能限定及价值重估，几乎已是脱胎换骨。

相对于诗歌或戏剧来，现代中国散文受传统的制约及恩惠更深更厚。虽然有过“桐城谬种选学妖孽”等激进的口号，白话散文要获得成功，必须向古文学习，这种想法很快为大多数作家所默认。周作人的提倡晚明小品与鲁迅的表彰唐末杂文，取径自是不同，但在借古文改造白话散文这一点上，二者并没有什么区别。清人刘熙载《艺概·文概》中有言：“韩文起八代之衰，实集八代之成。”这话可移用来说明现代散文与古文的关系。

更何况，“古文”本就是“散文”。这里所说的“散文”，特指其与“骈文”相对立。最早在此意义上使用“散文”这一概念的，大概是宋人罗大经。《鹤林玉露》丙编卷二称：“山谷诗骚妙天下，而散文颇觉琐碎局促”；甲编卷二则引周必大语：“四六特拘对耳，其立意措辞，贵于浑融有味，与散文同。”这里提及“散文”，不只取其与诗骚相对，更强调其与骈文异途。不过，宋明两代文人，更愿意沿用韩柳的术语，将此等长短错落、无韵律骈俪之拘束、不讲求词藻与用典的文章，称为“古文”。直到清人重提骈散之争，“散文”作为与“骈文”相对应的概念，方才屡被提及，如“六朝文无非骈体，但纵横捭阖，一与散文同”；“散文可踏空，骈文必徵实”等①。

清代各家对六朝骈俪的评价天差地别，可以暂不涉及；文分骈散，且二者相对与相争，这点却基本没有异议。不只唐宋以下自觉与骈文相对抗的“古文”是“散文”，先秦两汉不曾着意讲求韵律与对偶的诸子之文与史传之文，也是“散文”。但这里有个明显的区别：秦汉之文乃骈散未明，故无意讲求；唐宋以下则是骈散已分，而刻意避免。骈散相依而又相克，晚清罗惇曧曾借此勾勒两千年中国文章的发展脉络：

> 周秦逮于汉初，骈散不分之代也。西汉衍乎东汉，骈散角出之代也。魏晋历六朝而迄唐，骈文极盛之代也。古文挺起于中唐，策论靡然于赵宋，散文兴而骈文蹶之代也。宋四六，骈文之余波也。元明二代，骈散并衰，而散力终胜于骈。明末逮乎国朝，散骈并兴，而骈势差强于散。②

对骈散之争的功过得失，留待以下各章具体评述。倒是借骈散兴衰追溯文章源流的尝试，给后来者以启示：为“散文”作史，无论如何不该绕开作为对话者与挑战者的“骈文”。

至于在与“韵文”相对的意义上谈论“散文”，则有点不今不古，缺乏明确的界定。“韵文”一般指的是押脚韵，而不是像骈文那样奇偶相生低昂互节、借抑扬顿挫来咏叹声情。如果将不押脚韵者定义为“散

---

① 参阅孔广森《答朱沧湄书》、袁枚《胡稚威骈体文序》。

② 罗惇曧：《文学源流》，见《中国近代文论选》，620页，北京，人民文学出版社，1981。

文”，那么古文中的铭赞辞赋必须排除；更重要的是，此文体将因包括小说、论著、地图解说以及数理化教科书等而变得漫无边际。以有韵、无韵为分类标准，约略等于古老的诗文之分，基本无视此后崛起的小说、戏曲等。但此说也有可取之处，即打破明清以下古文家为求精致而日趋小气的格局。不必有意为文，更不必以文人自居，述学文字照样可能充满风采与神韵。这一点，刚好对应了中国散文的一大特性：兼及文与学、骈与散、审美与实用。

理解中国散文史上一次次激动人心的论争，比如六朝的文笔之争、唐宋的古今之争、清人的骈散之争，以及近在眼前的文白之争，但拒绝站在一家一派的立场来取舍，更不愿意为了“正统”而摈弃许多同样充满魅力的“异端”。秦汉的诸子之文与史传之文固然令人神往，两汉辞赋与六朝骈俪同样无法割舍；韩柳欧苏提倡古文的业绩值得评说，作为读书人博取功名敲门砖的八股也必须面对。一句话，只要对中国散文的发展产生过重大影响，本书都希望有所涉及。

二、关于“小说”

“散文”作为文类的外延与内涵，需要借助历史的叙述，方才能逐渐明晰起来。但“散文”所包含的各文体，古来却有相当精彩的辨析。作为文体论开山作的《文章流别志论》，以及第一部按文体编纂的文学总集《昭明文选》，还有建立“原始以表末，释名以章义，选文以定篇，敷理以举统”研究体例的《文心雕龙》，都出现在距今一千五百年前。可想而知，“文章辨体”，在中国散文史上并非陌生的课题。诗文代变，“有沿古以为号，有随宜以立称，有因旧名而质与古异，有创新号而实与古同”，就像近人黄侃所说的，切不可“为名实玄纽所惑”。

可千百年来，致力于“推迹其本原，诊求其旨趣”者①，大有人在。借用明人徐师曾的话，便是：

> 盖自秦汉而下，文愈盛；文愈盛，故类愈增；类愈增，故体愈众；体愈众，故辨当愈严。②

经过一代代文论家不懈的努力，“文章”之“体”，对于中国读书人来说，大致是明晰而且确定的。

谈论“小说”，可就没有这种方便了。相对于盛极一时的“文章辨体”，研究小说内部结构及体式者，未免显得过于薄弱。所谓“六经国史而外，凡著述皆小说也”③，明人这一夸大其辞的表述，其实正透出其对小说作为一种文类的把握无能为力。明人中，对小说真有研究的兴趣与能力的，当属胡应麟。胡氏修正郑樵古今著述“足相紊乱”者有五的说法，强调“最易混淆者小说也”④，确系甘苦之谈。《少室山房笔丛·九流绪论》关于小说的分类，历来为研究者所重视；可也只局限于文言系统，《水浒传》等章回小说则无法纳入。

在古代中国，“小说”的概念相当含混。《庄子·外物》中已出现“小说”字眼，但并非文类概念。班固《汉书·艺文志》收录小说十五家，并加以界定：“小说家者流，盖出于稗官，街谈巷语，道听途说者之所造也。”尽管学者们对这句话再三引申发挥，仍嫌界说不清。后人虽借助“虚—实”、“文—史”、“雅—俗”等作为尺度，努力将其与史

① 黄侃：《文心雕龙札记·颂赞第九》。

② 徐师曾：《文体明辨序》。

③ 可一居士：《醒世恒言·序》。

④ 参阅郑樵《校雠略·编次之讹论》及胡应麟《少室山房笔丛·九流绪论》。

书区分开来，可中国“小说”之概念含混这一先天性特点，并无根本改观。同为“小说”，古今之别，相去天渊；即便生活在同一时代，也因接受的文学传统不同，对“小说”的理解与界定因而迥异。大致而言，中国古代文言小说的概念，大大超过现代文类学意义上的“小说”，也就是说，在现代人看来，许多文言小说不能算“小说”；而中国古代白话小说的概念，则小于现代文类学意义上的“小说”，比如，宋代说话四家，“小说”只居其一。

将中国古代小说分为文言小说与白话小说两大系统，不只是因为在19世纪以前的中国文人眼中，二者不能混为一谈；更重要的是，二者的区别绝不仅仅是语言媒介的不同，还包括不同的文学起源（若前者主要取法史传与辞赋，后者则更多得益于俗讲和说书），不同的文学体制（前者接近于现代文类意义上的短篇小说，后者则以长篇小说尤为出色），还有一整套与之相适应的不同的表现方式与审美理想。文言小说与白话小说的相对独立平行发展，是中国小说史的一大特色。因而，这两者的互相对峙、互相影响及各自消长起伏的趋势，也就构成了中国小说发展的一个重要侧面。

不管是文言小说还是白话小说，在整个中国文学结构中，都处于边缘地位。相对于处在中心地位的诗文来，小说只是一种不大正经的浅陋的通俗读物。即便已经摆脱“丛残小语”的原始形态，小说仍只能以“虽小道必有可观”来聊以自慰。在治国安邦者看来，小说因其注重世态人情、细节琐事、奇谈怪论，以及娱乐色彩浓厚，并非表达政教理想的最佳手段。也就是说，小说不大适合于载道，因而“不登大雅之堂”。这一千百年来士大夫普遍存在的偏见，使得中国小说较为接近民间生活与民间欣赏趣味。小说地位卑下，这固然使得不少有才华的作家不愿涉足，妨碍这一文类的演进（说书风格的长期滞留便是一个明显的例子)；可反过来，因其远离主流意识形态，较少受“文以载道”观念的束缚，艺术创新的自由度更大。尽管明清文人大都鄙视小说，可在后世文学史家看来，明清两代小说艺术的发展，比正宗的诗文更值得骄傲。

中国古代没有留下篇幅巨大叙事曲折的史诗，在很长时间里，“叙事”几乎成了史书的专利，以至千古文人谈小说，没有不宗《史记》的。另一方面，中国作为一个诗的国度，任何一种文学形式，只要想挤入文学结构的中心，就不能不借鉴诗歌的抒情特征，否则很难得到读者的赏识。这两者决定了“史传”传统与“诗骚”传统在中国小说艺术发展中起举足轻重的作用。前者表现为补正史之阙的写作目的、实录的春秋笔法，以及纪传体的叙事技巧；后者则落实在突出想象与虚构、叙事中夹杂言志与抒情，以及结构上大量引诗词入小说。不同时代不同作家可能同时接受这两者的影响，只不过因其不同的审美选择，在具体创作中各自有所侧重。

三、文类边界的建立与超越

文类的建立，主要目的不外三点：一是出于图书分类与总集编纂的需要，二是建立标准以便展开深入细致的批评，三是使得学文者能够尽快掌握基本技巧。照此说来，文类研究自是越精微越确定越好。可实际上并非如此，随着文类的愈辨愈细，也出现了不少问题。不管是“散文”还是“小说”，本来只是借以描述文学现象的一种基本假设；在实际操作中，论者为了渲染其合理性，往往将分类标准凝固化。开创者还有兴趣与能力穿越文类的边界，从事各种创新尝试；后来者则大都只能守成，因而更倾向于强调“边界”的神圣，并谴责各种“越境”的行为。

固守已经勘定的“边界”，有利于文类的承传与接纳，但很容易因此而窒息其不断更新的生机。比如，小说与散文之间的“边界”，便常因某些古文家纯洁血统保持稳定的冲动，而变得格外敏感与脆弱。最典型的例子，莫过于桐城文派拒绝小说渗透的努力。

桐城开山之祖方苞，为文讲义法，求雅驯，特别反感古文之“杂小说”①。吴德旋著、吕璜述的《初月楼古文绪论》，对此有进一步的发挥：“古文之体，忌小说，忌语录，忌诗话，忌时文，忌尺牍；此五者不去，非古文也。”为桐城辩护者，喜欢将古文之“忌小说”，局限在纯洁语言的范围内；其实，吴、吕说得很清楚，“所谓小说气，不专在字句”，更重要的是“用意太纤太刻”②。讲求字句，防止纤刻，仍不足以尽桐城文派对小说渗透的警觉。还是谨守师法而又善于表述的末代桐城大家姚永朴，将其隐忧和盘托出。在界定“文学家”时，姚氏称其有别于性理家、考据家、政治家与小说家，明确将小说排除在文学之外。以下关于小说弊端的攻击，大概才是桐城诸家决意严守边界的真正原因：

> 情钟儿女，入于邪淫；事托鬼狐，邻于诞妄。又其甚者，以恩怨爱憎之故，而以忠为奸，以佞为圣，谀之则颂功德，诋之则发阴私，伤风败俗，为害甚大。且其辞纵新颖可喜，而终不免纤佻。③

---

① 参见沈廷芳《望溪先生传书后》。

② 参阅吴德旋著、吕璜述《初月楼古文绪论》以及吴孟复《桐城文派述论》，43页，合肥，安徽教育出版社，1992。

③ 姚永朴：《文学研究法》，20页，合肥，黄山书社，1989。

将语言之“纤佻”与否留在最后，这或许更合方苞力倡“义法”的原意。

桐城之排斥小说，有意识形态方面的考虑，但也与其文类等级观念有关。这种“洁癖”首先碰到的挑战，反而是其奉为旗帜的韩文公。韩愈为文不大守规矩，颇有穿越边界游戏笔墨之作；曾国藩就曾对其《试大理评事王君墓志铭》“已失古意”略表不满。于本应庄严古雅的墓志中，插入妙趣横生的骗娶侯女逸事，正是引小说笔法入古文。韩柳之提倡古文，不排斥甚至有意借鉴传奇手法，可以说是“公开的秘密”。后世古文家既不敢否定韩柳，又不赞赏穿越文类的边界，于是将罪过推给学步者，就像清初汪琬所说的：

> 前代之文，有近于小说者，盖自柳子厚始。如《河间》《李赤》二传、《谪龙说》之属皆然。然子厚文气高洁，故犹未觉其流宕也。至于今日，则遂以小说为古文辞矣。①

以小说为古文，文气可能不够“高洁”，可也别有好处，比如说叙事曲折、刻画生动等。与汪琬同称清初三家的魏禧、侯方域，其所撰《大铁椎传》《马伶传》《李姬传》等，正以颇有“小说家伎俩”而获得成功。认真追究起来，方苞的《左忠毅公逸事》，也未见得能完全撇清与小说的关系。

“小说”与“散文”，作为文学的两大门类，当然有其独立性。在两千多年的文学进程中，二者地位高低不同，风格雅俗有别。另外，还由此引发功能（载道与娱乐）、读者（士人与民众）、文风（简洁与夸饰）、传播媒介（书面与口头）等的差异。这些“差异”，在两大文类都

① 汪琬：《钝翁类稿》卷四八《跋王于一遗集》。

得到充分发展的今天，似乎是天经地义。反而是谈论“小说”与“散文”之“合”——准确地说，应是二者某种程度的互补与互动——需要特别加以论证。

文章之体，“总其大要，不外纪事、议论两端”；至于议论与纪事何者更重要，依立说者的个人兴趣及所长，尽可上下其手①。比如，清人章学诚深于史学，故认定“文章以叙事为最难”。叙事之所以高于议论，在章学诚看来，就因为“史迁之法”、“左氏之文”的神奇变化，使今古文人得以畅意达情，也使文章之能事始尽。撇开纪事、议论孰高孰低之争，章氏对“叙事之文其变无穷”的描述，倒是值得再三品味，因其涉及小说与散文的共同特征：

> 盖其为法，则有以顺叙者，以逆叙者；以类叙者，以次叙者；以牵连而叙者，断续叙者，错综叙者；假议论而叙者，夹议论而叙者；先叙后断，先断后叙，且叙且断，以叙作断；预提于前，补缀于后；两事合一，一事两分；对叙插叙，明叙暗叙；颠倒叙，回环叙；离合变化，奇正相生。如孙、吴用兵，扁、仓用药，神妙不测，几于化工。

值得注意的是，章氏此文题为《论课蒙学文法》，并非高深的文论，主要是介绍其时学界的“常识”。实际上，宋元以下，强调叙事起源于史官，以及讨论叙事时间与叙事结构的，大有人在②，章氏只是略加排

---

① 参见邵作舟《论文八则》、梁章钜《退庵论文》。

② 参阅宋人真德秀《文章正宗》、元人陈绎《文筌》、清人李绂《秋山论文》等。

比渲染而已。

这里讨论的“其变无穷”的叙事方法，主要指向古文，可也同样适应于小说。《左传》与《史记》作为叙事之文的“不祧之祖”，对后世散文以及小说影响之深，无论怎么强调也不过分。金圣叹称“《史记》是以文运事，《水浒》是因文生事”，似乎着意区分小说与史著；可具体评点小说时，金氏使用的仍是根源于《史记》的古文笔法①。借助于“史迁之法”与“左氏之文”，古文家与小说家很容易找到“共同语言”。

至于金圣叹所强调的“以文运事”与“因文生事”的区别，确实是注重实录的史著与偏于虚构的小说之间最大的鸿沟（散文居于中间位置）。不过，史著不可能真的全凭“实录”。早就有人怀疑《左传》《史记》中若干不可能有见证人的密室之语、死前独白乃是出于作者的虚拟与想象，钱锺书更是将其作为“史有诗心、文心之证”：

> 史家追叙真人实事，每须遥体人情，悬想事势，设身局中，潜心腔内，忖之度之，以揣以摩，庶几入情合理。盖与小说、院本之臆造人物、虚构境地，不尽同而可相通；记言特其一端。②

如此说来，明清小说评点者之动辄许以“史迁笔法”，虽有攀附正史、自我尊贵的嫌疑，倒也未可厚非。因正史与稗史之“意匠经营”，确有“同贯共规”之处。

正是这种同样师法“史迁之法”与“左氏之文”，决定了散文与小说这两大文类具有某种潜在的血缘关系。同样是叙事，一篇墓志铭与一

① 金圣叹：《读第五才子书法》《第五才子书施耐庵水浒传回评》。

② 钱锺书：《管锥编》，166页，北京，中华书局，1979。

部章回小说，从作品规模到叙述语调，都不可同日而语。但追根溯源，二者又并非了无干系。尽管文言系统的小说与古文的关系更为密切，章回小说也并非与文章完全绝缘。纵观两千年中国文学进程，散文与小说互为他者，其互补与互动的关系，值得认真探究。这里指的不是同一作家兼擅小说与散文，或者同一作品跨越两大文类；也不是插叙、倒叙笔法在散文与小说的不同命运，或者旅行记对于散文与小说的共同启迪——这些虽然奇妙，却都并非不可思议。作为中国文学的基本文类，散文与小说在各自发展的紧要关头，都曾从对方获得变革的动力与方向感，这点或许更值得评说。

自陈寅恪著文讨论唐代小说与古文运动兴起的关系①，研究唐传奇以及探讨古文运动者，一般都会在著述中提及二者的互动。叙述宛转文辞华艳的传奇，到底在多大程度上影响古文运动的展开，除了韩柳的游戏之作以及沈亚之、牛僧孺的一身而两任，更值得注意的是，传奇的细节描写、人物刻画以及场面渲染，对于古文之摆脱骈俪、追求个性化大有启发。反过来，传奇之得以形成，最直接的渊源无疑是史传；由此不难想象其与古文的内在联系。更难得的是，唐人似乎不以传奇为小道，也没那么多雅俗高低的计较，再加上其时文类边界尚未壁垒森严，比较容易自由驰骋。

宋人对跨越文类边界的尝试，不像唐人那么热切而大胆。人们常常引证尹师鲁之嘲笑《岳阳楼记》“用对语说时景”，乃是“《传奇》体尔”②。此说很容易导致宋人固守文类边界的错觉。其实，欧阳修《梅

① 陈寅恪：《韩愈与唐代小说》，《哈佛亚细亚学报》1卷1期，1936年；《元白诗笺证稿》第一章，上海，古典文学出版社，1958。

② 陈师道：《后山诗话》。

圣俞墓志铭》的开篇，以及苏轼《方山子传》的结构，都明显借鉴了小说笔法，而且还颇受赞赏。宋人对小说与古文关系的微妙态度，集中体现在其最为擅长的“笔记”上。“笔记”的文体界限相当模糊，可能是“文章”，也可能是“小说”，而且往往一书之中二者杂陈。魏晋以下，笔记之作代不乏人，而且各呈异彩。宋人笔记多公余纂录，林下闲谈，以学养丰厚天性自然取胜。宋文的朴实中见风采，平易中显才情，与宋人普遍欣赏并撰写笔记不无关系。

明清之际，小说与散文的关系，同样有值得关注者。小品文的风行，自有其独特的文化资源，比如此前已经成熟的题跋、尺牍、笑话等；可回应其时如日中天的章回小说，也是一个不容忽视的侧面。小品文作家中，像李贽、金圣叹那样热情洋溢地评点小说的并不多见，可反对拟古、不避时俗、提倡性灵，以及强调娱乐而搁置载道等，其创作心态与小说家大同小异。至于章回小说在走向成熟的过程中，逐渐摆脱说书传统，日渐书面化与文人化，其中一个重要标志，便是借鉴古文笔法。同样以古文笔法评小说，卧闲草堂本《儒林外史》的回评，比金圣叹说《水浒》或毛宗岗说《三国》更为贴切，原因就在于前书确实更像一篇“大文章”，故其说主脑讲经络辨声调识笔力等，也就显得更加“直探文心”。

晚清至五四的文学革命，改变了中国小说与散文的整体面貌。在这场文学变革中，西方文学的启迪固然至关重要，传统的创造性转化也同样不容漠视。而这两者往往纠合在一起，很难截然分开。比如，小说与散文的对话，乃是这两大文类变革的一个主要动力。这里有传统中国以不文为文、以不诗为诗的革故鼎新之道，也有中外小说（散文)叙事模式不同造成的刺激与启迪[1]。比起唐宋明清文人跨越文类的尝试，五四作家显得更加无所顾忌。而且，这一回的“小说散文化”与“散文小说化”，往往有明确的理论表述。对于中国小说叙事模式的转变，或者中国散文之走向“白话”与“美文”，跨越文类边界，始终是一种有益而且有效的尝试。

四、本书的叙述策略

最后，关于本书的叙述策略，有必要稍作交代。

虽然对穿越文类边界的尝试相当赞赏，但作为历史叙述，散文与小说毕竟不宜混为一谈。全书分为两大部分，分别描述中国散文与中国小说发展的历史；而对二者的叙述，采取的策略不尽一致。前者按照时间顺序，后者则照顾类型的演进。这里有个基本的设想，即文章体例的变化，远不及小说类型的演进急剧。而且，中国小说历史的变迁，正如鲁迅所说的，“有两种很特别的现象”，即“反复”与“羼杂”[2]。为了使得这种变迁的轨迹及其复杂性得到比较充分的体现，这里尝试突破线性时间的限制，不完全依年代先后叙述。

在谈论散文发展时，关注小说的刺激；而描述小说变迁时，则着眼于散文的启迪。这种叙述策略，最大的陷阱是穿凿附会。需要一个过渡形态，使得穿越边界的行为，不至于显得过分鲁莽。在这方面，作为中介的“笔记”发挥了很好的作用。在我看来，正是借助这座桥梁，超越小说与散文的“边界”，才比较容易获得成功。“笔记”之庞杂，使得其几乎无所不包。若作为独立的文类考察，这是一个致命的

① 参阅陈平原《中国小说叙事模式的转变》，上海人民出版社，1988。

② 《鲁迅全集》第九卷，301页，北京，人民文学出版社，1981。

弱点；但任何文类都可自由出入，这一开放的空间促成文学类型的杂交以及变异。对于散文与小说来说，借助笔记进行对话，更是再合适不过的了——这是一个双方都可介入、都与之渊源甚深的“中间地带”。

从晚清开始的文学革命，使得20世纪中国的散文与小说，与唐宋明清同类作品差异甚大，以至研究者大都倾向于“分而治之”。本书不采取这一策略，而是力图贯通古今。这里涉及对20世纪中国文学进程的理解，即强调在“从古典到现代”的文学变革中，传统依旧以某种形式发挥积极作用。不管是借“活着的传统”沟通古今，还是以“传统的转化”体现发展，关于中国散文与中国小说的历史叙述，都不应该终止于晚清。20世纪中国文学并非本书描述的重心，之所以有所涉及，主要是体现笔者的这种学术追求。

本书对作家生平基本不涉及，对作品的分析也不够精细，除了篇幅的限制，更主要的原因，乃是为了突出文类演进的趋势。选择这一著述体例，必然对大量史实有所取舍。限于著者的史识与学力，取舍不免有所偏差。至于因此而相对淡化个人的天才创造，无法凸现大作家的整体风貌，则是选择这一体例所必然留下的遗憾。

史家之文的阔大与入情*

——《从文人之文到学者之文》第五讲

今天讲黄宗羲(1610—1695)，这是最为我心仪的学者之一。因为太喜欢了，所以讲起来有点战战兢兢。其实，要说清人之文，尤其是我所关注的学者之文，黄宗羲比傅山、比顾炎武都更值得欣赏。坦白交代，我对清文之所以感兴趣，尤其是努力凸显清代的学者之文，最早是从黄宗羲那里获得灵感的。

有清一代的读书人，不管治学还是为文，都讲综合。这是做学术史、文化史、文学史的学者，一般都会承认的。最流行的说法，就是义理、考据、辞章三者互补互动。虽然此说确实是由于姚鼐的强调而广为人知，但类似的说法，此前其实有好多人谈过。到了清代的后期，曾国藩在“义理、考据、辞章”外，又加上一个“经济”。这里的“经济”，

---

* 本文原题《史家之文的“博大”与“入情”——黄宗羲的文人与为文》，初刊《文史新澜——浙江古籍出版社建社二十周年纪念论文集》(杭州，浙江古籍出版社，2003)，收入《从文人之文到学者之文——明清散文研究》(北京，三联书店，2004)。

当然不是 economy，而是经世致用、治国安邦。但是，即便不说“经济”，单是“义理、考据、辞章”三合一，作为读书人的自我设计，也都有点过于理想化。所以，章学诚才会在《答沈枫墀论学》中，将此三门简化为“文”和“学”。而袁枚的《答友人某论文书》，也告诫弟子们，怎么样安身立命、读书立志。话说得很实在，也很实用。那就是，首先你必须想好，到底是希望进《文苑传》，还是入《儒林传》。二者的要求是不一样的，包括自我期待、知识背景以及发展道路，都是不一样的。用我们今天的说法，你想当作家呢，还是想当学者，最好早点立志。许多有才气的年轻人，徘徊于这两者之间，到老一事无成，比学者多了一点文，比文人又多了一点学。这样不行，肯定做不好。袁枚要年轻人立志读书，以进《文苑传》或《儒林传》为目标。但他没想到，还有另一种可能性，那就是哪个传都进不去。(笑)不管怎么说，章、袁都意识到，“文”和“学”之间是有距离的。这个想法，和我所讲的清人讲综合，并不矛盾。在清人看来，除非你经商，成哲人，或做政治家，否则，读书做学问，“文”和“学”很可能是两个最主要的分途。

话又说回来，中国人自古以来就有“文非学不立，学非文不行”之类的说法。“文”和“学”，二者是没办法截然分开的。从这个角度来看，你就会发现，清代的文人学者，各有其专长与偏见。比如说，桐城派会嘲笑汉学家“不文”；而反过来，戴震等乾嘉学术的代表人物，也会嘲笑姚鼐等桐城宗师“不学”。学者嘲笑文人不学，文人嘲笑学者不文，这种意气之争，历朝历代都有，只不过在清代体现得格外明显。可见其“文”、“学”分途发展的大趋势，以及意识到这一“专业化”的大趋势，而力图重新走向综合的努力。当然，不是所有的人都能做到这一点；但如果做到了，出手不凡，成绩也相当可观。今天要讲的，正是这个问题。

不必文人始有至文

不一定立志当文人，才能写出第一流的好文章，这是黄宗羲的一贯思路。这个思路，直接对应的，是清人最头疼的一个问题，那就是文、学如何兼修。其实，这个问题至今没有解决，仍困扰着我们，尤其是中文系的才子们。诸位进了北大中文系，肯定听说过这样的故事，老系主任杨晦有句名言：北大中文系不培养作家。所谓“不培养作家”，不是歧视文学创作，而是作为教学及研究单位，中文系任务多样，不以出著名作家为主要指标。再说，文学创作不同于学术研究，很大程度得益于个人天赋以及生活体验，与读书多少不完全对应。杨先生的这个说法，至今仍是个有趣的话题，有人阐发，有人反对。这当然与大学中文系的定位有关，但另一方面，我们也逐渐意识到，“文”、“学”之间的隔阂与沟通，是个不容易轻易打发的大问题。

不用说，传统中国的读书人，很多是文人而兼学者。这个传统，一直到晚清的章太炎、梁启超那一代人。甚至到了民国，比如说鲁迅等人，也还沿袭这个传统。但是 1950 年代以后培养出来的大学生，所谓作家与学者，几乎截然分开。你会发现，当代中国的许多著名作家，实在太没学问。这也是大家喜欢攻击的，比如挖苦刘心武用错了什么典，余秋雨说错了什么话。但是，另一方面，学者们写不出像样的好文章，却没有成为攻击的目标。学者固然可以嘲笑文人不学，但反过来，也应该允许作家嘲笑学者不文。其实，我也知道，有些自称“野狐禅”的读书人，便对北大这样的“名门正派”颇不以为然。其中有一点，就是批评许多名头很响的学者不会写文章。“不会写文章”，对其他专业的研究者，比如你考辨古文字，或撰写经济史，也许关系不是特别大；但如果是讨论文学，那确实是有问题的。擅长表达，不等于文笔花哨，更不是乱用形容词，或者逞才使气。用苏东坡的话说，那就是不只了然于心，而且了然于手和口。这确实不容易。

在浙江古籍出版社出版的《黄宗羲全集》第二册，收录有黄宗羲的名著《金石要例》，后面附有《论文管见》。文章很短，不过一千多字，但很精彩。黄宗羲谈文说艺的话很多，我就想抓住这几则，仔细讨论。在黄宗羲看来，学者本无意为文，可一旦出手，可能会超越唐宋八大家。就像《李杲堂文钞序》所说的，此类文章“脱略门面”，不以欧、曾、《史》《汉》为模仿目标，反而有自家面目，这正是学者之文的好处。这话说得在理。诸位不信，请读读从归有光到桐城诸家，再到民国时期有名的散文家，比如说朱自清等人，你会明显地感觉到，文章很好，可隐约有一个门面在。也就是说，由于着意经营，长期揣摩，容易形成一种套路。这样的文章，讲规矩，重门面，容易在一次次的复制中被模式化，丧失其锐气与新意。一看就是好文章，可那是刻意经营出来的。再好的文章，都经不起一代代的模仿。而学者不一样，不想硬挤进《文苑传》，写作时心态轻松，自然而然地调动其学识与情感，反而可能超越当代的写作模式或时尚。有意为文者，苦心经营了一辈子，大家都泡在里面，很容易雷同。反而是这些不讲家法的学者，有可能别出手眼，写出好文章。今天，我想主要讨论这个问题。

讨论这个问题，首先请大家关注所谓“唐宋八大家”。明清以降，由于归有光以及桐城文派的总结与提倡，唐宋八大家作为“文章典范”的说法，已经深入人心。以致到了今天，不必念中文系，也都知道唐宋八大家，从韩愈、柳宗元一直数落下来，井井有条。如此流行的唐宋八大家，只有在周作人那里，受到狠狠的打击。不是说后面的模仿者不行，而是从老祖宗韩愈说起，一路批下来。为什么？就因为周作人认定，韩愈开启了一个很不好的风气，那就是装腔作势，搭足架子，“替圣贤立言”，这样做，很容易丧失自家面目。这一点，倒是与黄宗羲要求文章“脱略门面”相似。不过，黄并没有否定八大家文，相反，在《论文管见》中，除“学文者熟读三史八家”的要求，还不时以韩柳的经验为例证。

还有一则材料，很能说明黄宗羲对于唐宋八大家的看法。黄宗羲晚年所撰《思旧录》，其中有一则《钱谦益》，提及“时公言韩、欧乃文章之‘六经’也”。将韩愈、欧阳修的文章，比做读书人所必须苦攻的“六经”，也就是说，将其作为整个学问或者说整个文章的根柢。钱谦益的这一评价，可是非同小可。下面这句话更有意思，说的是钱谦益如何攻读八家文：“见其架上八家之文，以作法分类，如直叙，如议论，如单序一事，如提纲，而列目亦过十余门。”把唐宋八大家文，按照写作手法分类，以便揣摩与借鉴，可见其用心之深。大家都知道，钱谦益乃清初有数的大诗人，大学者，眼界极高，难得他如此佩服韩、柳等古文家。黄宗羲说这句话时，只有敬佩，没有任何嘲讽的意思。当然，黄宗羲谈文章，不只是追摹八大家；《论文管见》中，有几点值得关注。

首先，“学文者须熟读三史八家，将平时一副家当，尽行籍没，重新积聚”，这点很好理解，所有强调承继传统者，都会这么说。值得注意的是下面的提醒：善于经营文章者，除了深厚的学识，还必须添上“竹头木屑”，以及“常谈委事”。也就是说，兼采各种各样杂七杂八、不登大雅之堂的知识，而后下笔，更容易出彩。经史不用说，还有各种大小文章，乃至百姓的日常经验，你都应该了然于心，融会贯通。这跟桐城派所讲求的“雅洁”，可是完全两样。清人批评桐城，很重要的一点，就是他们读书太窄了。读书窄，不只学植薄，更要命的是思想褊狭。一辈子专攻几种书，以后写文章，洁是洁了，可没有生气，也没有血肉。史家不一样，要求见多识广，“三史八家”固然好，“竹头木屑”、“常谈委事”也不能丢。你会发现，从“史”走出来的文人，兴趣一般比较广泛，思想也比较通达，其作文，往往也大气些。这是第一个我想说的。

一般人谈黄宗羲的文章观，都会说他如何主张原本“六经”、诗道性情等。我不想谈这些，就想专门讨论黄宗羲如何面对文和学之间永恒的矛盾，以及如何来超越二者之间的壁障。第一，我刚才提到了，努力把各种知识重新积聚；第二，作文不贵模仿，但“要使古今体式无不备于胸中”。作文不贵模仿，追求独抒胸臆，这是晚明文人喜欢说的话，比如袁中郎等，便都有很决绝、也很精彩的表述。黄宗羲的特点在于，既不模仿，又讲体式。为什么？就为了不被大题目所压垮。古今体式无不备于胸中，各体皆能，然后再来讨论独创性，这和傅山所说的有正才有奇，正之极为奇，有奇才有变这个思路是一致的。这都是对于晚明文人过分依赖个人才情的反拨。直抒胸臆是好事，可假如对古今体式不了解，你的文章很可能出现较大的偏颇。是空灵了，可很浅，而且只能局限于某些特定的题目。你会发现，晚明文人确实有这个毛病，善写小文章，但拿不起大题目。这也是史家的趣味，可以欣赏小文章，但更看重大题目。大题目拿捏不住，担当不起，那算不上真正的豪杰之士。读袁中郎的文章，还有归有光以及方苞、姚鼐等的作品，你会发现，这些纯粹的文人，确实承受不了大题目。无法想象归有光如果面对楚汉之争，能否写出司马迁那样惊天地泣鬼神的大文章。不只是篇幅，也不只是气势，更跟为文者的阅历、心态和胸怀大有关系。不被大题目压倒，能够游刃有余地撰写各体之文，这可是一种很高的境界。

第三个，“叙事须有风韵，不可担板”。一般人读到这两句，很容易说，这不是小说家的伎俩吗？黄宗羲则认为，你要是读过《晋书》《南北史》的列传，你就会发现，这也是史家的拿手戏。所谓“每写一二无关系之事，使其人之精神生动”，我们读黄宗羲的《女孙阿迎墓砖》《思旧录》等，可以发现，这也是黄宗羲文章的特色。当然，这“一二无关系之事”可不是随便挑的，要靠它来凸显人物的精神与性格，必然考虑这些小事与生平大事之间的呼应。前面我讲欧阳修的时候，讲过这一点，讲《史记》更是如此，这确实是写人的一大诀窍。“叙事须有风韵”，这点没有人反对；这里需要分辨的，是所谓的“小说家伎俩”。其实，就像黄宗羲所说，此类描写技巧，并不为小说家所独占。方苞等桐城文家，因噎废食，力避小说笔法，使其文章雅洁有余，而血肉与生气明显不足。

第四个问题，如何用经。到底是“多引经语”，还是“融圣人之意而出之”，对于文章家来说，这是个棘手的问题。最近在北大召开了题为“多元之美”的比较文学国际会议，我提交的论文是《现代中国的述学文体——以“引经据典”为中心》，讨论的正是类似困境。文之所以必须根源于“六经”，目的是立定思想、学问的根基；可另一方面，也有文章本身的考虑。黄宗羲对刘向、曾巩等人喜欢在文中直接引录经语，很不以为然。这样一来，思想固然正确，学问也有所体现，可文章的韵味，则很可能荡然无存。如果像韩愈、欧阳修那样，将圣人之意融会贯通，再用自己的语言表达出来，这样的话，文章才血脉贯通。这一点，其实前人已经有过很好的总结，比如宋人陈亮《论作文法》中，便有这样的妙语：“经句不全两，史举不全三。不用古人句，只用古人意。但用古人语，不用古人句，能造古人所不到处。”此乃经验之谈，难怪明代高琦的《文章一贯》以及清末民初林纾的《春觉斋论文》，也予以转录。大段引语容易破坏文章的整体感，使得文气阻隔；而不用引语又显得不学无术，故“引《易》引《诗》一两语作点缀，亦古文中常有之事”(《春觉斋论文·论文十六忌》)。

第五点，文以理为主，这是学者之文的特点。文章可以叙事，可以抒情，也可以议论。如果突出抒情，诗人词人本色当行；注重叙事，则史家更为擅长。这就难怪文章家最看重的是议论。黄宗羲强调的是，即便是以讲理为主的“论”，也必须有感情的浇灌，否则很容易显得干瘪或肤浅。所以，他特别表扬欧阳修“志交友，无不呜咽”；以及柳宗元的“言身世，莫不凄怆”。有郁闷，有眼泪，有真情实感在里面，这样，说理的时候才能动人。你读黄宗羲的文章，即使是《天一阁藏书记》这样本该注重学术源流的文章，也都是琐琐碎碎，把自家的遭遇、感悟等全都带进来。这样的说理之文，方才不会显得呆板。

最后一点，就是我开头所说的，黄宗羲认定，“古今来不必文人始有至文”。为什么这么说？因为自古以来，第一流的文章并不专属于文人。九流百家，只要有自己的领悟与发明，并将这种压抑不住的感觉自然而然地表达出来，那样的话，就很可能是至文。这里想挑战的，是文人始有至文的假设。而这个挑战，在黄宗羲本人的文章中，已经得到很好的落实。这其实是跟他的整个生活经历有关系。全祖望在《梨洲先生神道碑文》里说，黄宗羲身处易代之际，多写慷慨赴义的血性男子，尤其是对抗清而死的“死难诸公”特别加以表彰，故其碑版文章可读、可传。史家本就擅长叙事，再加上黄宗羲讲究文辞，还有表彰的是千古不灭之忠魂，难怪黄宗羲的文章阔大，有生气。就像我刚才说的，“大题目”不是想做就能做的，跟你的生活遭遇，跟你所处的时代，跟你个人的气质，都有关系。这么一个轰轰烈烈的时代，这么多轰轰烈烈的人物，只要你的笔墨能与其相符，很容易成为至文。

打个比方，记得1980年代后期，张中行出版《负暄琐话》和《负暄续话》，大家都叫好。这好，一半属于张先生的生花妙笔，另一半则应归结为老北大人物的气韵生动。你会发现，写二三十年代“北大老人”容易，写五六十年代“北大新人”难，不是无法落笔，而是难以得意。有写作者自身的功力问题，但更与表现对象密切相关。像晚清或五四那两代人，只要你意到笔到，自然而然就能出彩。相反，如果对象本身不太精彩的话，你怎么用力都不行。（笑）这是没办法的事情。所以，有时想想，你说归有光拿不起大题目，这有点不太公平，因为，这跟他的个人阅历与眼光大有关系。还有袁枚也是这样。在这个意义上，所谓的大题目、大文章，有时是可遇而不可求。

当然，除了时势，也跟黄宗羲的气质与才情有关。在《明文案》——这是他编的一本文选——的序言里，黄宗羲有这么一句话：“凡情之至者，其文未有不至者也”。血性男儿，一往情深，清初学人中，最容易赢得我辈读书人欣赏和认同的，很可能就属黄宗羲。我承认，王夫之的思辨比黄宗羲精微，顾炎武的学识比黄宗羲博大。可我还是认定，清初学者中，能将生命、性情、学问融为一体，而且能用恰到好处的文字表达出来的，黄宗羲是第一位。

这里，不能不牵涉黄宗羲跌宕多姿的一生。

党人·游侠·儒林

黄宗羲的一生充满传奇色彩，这也是我对他感兴趣的原因。诸位有兴趣的话，请读他的《自题》，里面有这么一段话：

> 初锢之为党人，继指之为游侠，终厕之于儒林。其为人也，盖三复而至今。岂其时为之耶，抑夫人之有遐心？

作为东林党人的后裔，少年黄宗羲曾参加了对魏忠贤余党的清算；明亡后参加抗清活动，屡遭追捕。意识到回天乏力，退入书斋，最终成为一代大儒。如此由“党人”而“游侠”而“儒林”，形成了我所说的充满传奇色彩的一生。我在《千古文人侠客梦》中，曾提及中国文人心目中最为理想的人生，那就是：“少年游侠，中年游宦，老年游仙。”(笑)但如此境界，只有汉代的名相张良真正实现，其他的，大都只走了一步、两步。能走完三步的，极少极少。可虽不能至，心向往之。黄宗羲之为后人所追慕，跟这有点类似。

黄宗羲的父亲黄尊素，是明代天启年间的御史，著名的东林党人，被魏忠贤陷害入狱而死。1628年，黄宗羲进京去替父讼冤，那时，崇祯皇帝已给东林党人平反，魏忠贤也已经死了。在审讯魏忠贤余党时，黄宗羲出庭对证，在公堂上以暗藏的铁锥猛刺许显纯，后来又把囚禁他父亲的牢卒打死。此事传诵一时。这样血气方刚的东林党后人，清军南下后，必然会有惊人的举动。

在浙江古籍版《黄宗羲全集》第十一册中，有一则《怪说》，自述其生平所遭困厄。这段话，值得转述。自清兵南下以后，“悬书购余者二”，就是说，官府贴布告悬赏要黄的人头，这样的经历有两次。至于“守围城者一，以谋反告讦者二三”，说的是清兵南下时，曾率领军民守城，后又被人举报，说是谋反，只好到处躲藏。另外，还有诸多危难，“可谓濒于十死者矣”。如此经常游走于刀锋，处于生死的边缘，其生命体验，与纯粹的书生不同。

早年轰轰烈烈的政治生涯，与晚年的书斋著述，实际上大有关系。这也是大家所津津乐道的地方。只是一介书生，生活太平淡，没那么多戏剧性。而“侠无书”，其行为或许广为传播，其学说与思想，则很可能事过境迁就会被世人遗忘。像黄宗羲这样，把这三者很好地结合在一起，很不容易。流传到后世的，主要是他的著作；可如果没有被指为党人、被视为游侠的生活经历，只是困守书斋，其感悟与思想，必定大有差异。至于黄宗羲波澜壮阔的文章，更是固守书斋的乾嘉诸老所无法想象的。

我想说的，主要不是作为东林党的后人，黄宗羲如何奋起与阉党余孽抗争，也不是如何与清兵对阵。史书上说，“其得不死，皆有天幸”，确实如此。如果不是苍天保佑，我们就只知道历史上有个烈士叫黄宗羲(笑)，至于其他的，也就说不上了。

作为学者的黄宗羲，著作甚多，诸位肯定知道的，比如说《明夷待访录》《明儒学案》《南雷文定》等。现在有了浙江古籍出版社十二卷本的《黄宗羲全集》，研究起来方便多了。如果要我评判他的著述，包括他的“文”与“学”，我想用梁启超《清代学术概论》里面的一段话。这段话本是评论作为整体的清初学术：

> 在淆乱粗糙之中，自有一种元气淋漓之象。

早年的政治抗争，晚年的闭门著述，二者并非截然对立。请记住，黄宗羲的大半辈子是生活在清朝，从1644到1695年，五十年间，始终不与新朝合作，甚至顺治下诏书，征为博学鸿词，也不应召，这需要很强的意志与信仰。入清后，黄宗羲坚持以遗民身份著述，这种坚定的政治立场，延续了早年的“意气”，与那个时代诸多或早或迟，或主动或被动改换门庭的读书人相比，黄宗羲的气节，令人敬佩。

记得王国维在论及清代学术时，有一个通俗形象的说法，即“国初之学大，乾嘉之学精，道咸以降之学新”(《沈乙庵先生七十寿序》)。

这段话，大体上能把握住这三百年间的学问变迁。至于文章，则不敢如此统而言之。不过，我想借用来谈黄宗羲的文章。以梁启超所说的“元气淋漓”，加上王国维描述的“气象阔大”，来表彰黄宗羲的为人与为文，我以为是大致恰当的。

如果承认黄文“气象阔大”，那么，我想追问的是，到底是什么因素，成就了黄宗羲这样的学者之文。

读书博杂与思想通达

不是所有的学者之文，都有如此“阔大”的气象。黄文之所以能成其“大”，原因很多，我想择要说一说。这里主要围绕我编的《中国散文选》所收黄宗羲文来展开，目的是便于大家对照阅读。

首先，既为学人，必然是学识丰富。而在传统中国，书籍的出版、流通与收藏，有很多困难。对于读书人来说，能否接触到大量藏书，直接关系到眼界的宽窄。所以，我专门选了一则《天一阁藏书记》，目的是凸显黄宗羲的书生本色以及阅读视野。所谓“读书难，藏书尤难；藏书久而不散，则难之难矣”，这是古人常有的感慨，跟今人的没时间读书，恰成反比。今天来学校的路上，有个朋友告诉我说，可以买《四库全书》光盘版，问我要不要。过去说坐拥书城，感觉很优雅，很有学问的样子。现在只需要若干资料光盘，使用起来也很方便。在此之前，我已收藏了像《二十五史》《十三经》《全唐诗》等光盘，刚开始很激动，慢慢地有些困惑。我还读书吗？我相信以后诸位也会面临这个问题。书很容易到手，但是塞进你的电脑或者书橱，不等于就进入了你的大脑。这一点，古人跟我们很不一样，比如说，明清文人最大的困难，就是如何收书藏书。读书的欲望很强，但藏书很少，这很痛苦，必须四出访读。所以，藏书不仅仅是保存文献，更是传递知识培育人才的重要途径。

黄宗羲的《天一阁藏书记》，实际上是以“论”为“记”。第一段感慨“读书难”，第二段诉说“藏书难”，第三段转入“藏书久而不散，则难之难矣”。经过一番如此这般的议论，这才进入正题：“天一阁书，范司马所藏也。”即便转入范氏藏书，天一阁藏书楼其实也是一笔带过，说的还是我当年如何登楼读书，撰写目录，而目录又如何广泛流传。最后表达希望，那就是江南藏书世家范氏子孙能“如护目睛”一样，保护这座藏书楼，以免其如过眼烟云。

这是一个有学问的爱书人写出来的天一阁，跟我们今天注重叙事或抒情的天一阁大不一样。在这里，我想强调几个问题，一是明清江南藏书家对保存文献、赓续传统、形成知识共同体的意义。大家知道，清廷开四库馆，向民间征集藏书时，江南藏书家贡献最大。在此之前，书籍的聚集与流散，对于一时一地读书风气的形成有直接的影响。在没有公共图书馆之前，藏书楼对于形成地方的文化环境，对于酝酿知识共同体，具有决定性的意义。诸位有兴趣的话，读一读美国学者艾尔曼的《从理学到朴学——中华帝国晚期思想与社会变化面面观》，其中第四章涉及这个问题。

其次，我想说的是，黄宗羲的趣味，不同于收藏型或商业型的藏书家。诸位知道，同是藏书，目的不同。有人是为了做学问而藏书，有人是为了积聚财富而藏书，有人是为了把玩而藏书，三者很不一样。商业型的藏书家和鉴赏型的藏书家，基本上只看版本，不问书籍的内容。黄宗羲和钱谦益都属于学问型的藏书家，之所以收藏图书，主要是为了自己使用，同时也出于对书籍的爱好。全祖望的《二老阁藏书记》里，有一段话说得很好：“太冲先生之书，非仅以夸博物，示多藏也……先生之藏书，先生之学术所寄也。”对于真正的读书人来说，藏书既是学问的根柢，也是学术的寄托。藏什么，不藏什么，跟这些书是不是孤本、将来能不能升值，没有关系。

当然，书读到一定程度，一般都会对朝夕相处的作为物质形态的“书籍”产生感情。这个时候，难免连带着对书籍的版本产生兴趣，但这跟专门做版本或搞收藏的，还是不一样。有一句老话，“奇文共欣赏，疑义相与析”。其实，好书也需要同道“共欣赏”，方才有趣。请看下面这一段：

> 庚寅三月，余访钱牧斋，馆于绛云楼下，因得翻其书籍，凡余之所欲见者无不在焉。牧斋约余为读书伴侣，闭关三年，余喜过望。

很可惜，绛云楼一把火化为灰烬，钱、黄闭关读书之约落空。这个事情很动人，在《思旧录》里还提到。绛云楼也是清初很重要的藏书楼，加上钱谦益眼界极高，这楼可不是轻易登得的。诸位必须明白，过去藏书很不容易，一般都不愿意把自己的收藏公开，必须是好朋友才可以登堂入室，把玩藏书。让你登楼读书，而且拿出最珍贵的本子，你要什么都给你看，这可是极大的信任，也是很大的面子。更让人感慨的是，已经进入晚年的钱牧斋，会约比他小 28 岁的黄宗羲，准备一起闭门读书三年。这种对知识的渴望，还是挺令人感动的。这篇文章，让你了解到黄宗羲对于藏书，或者说对于知识积累的巨大热情。有了这种热情，读书、作文、讲求学问等，才有根基。

此外，我还想突出史家黄宗羲在清初学术重建方面的贡献，所以选择了《明儒学案凡例》。

如果你对明人空谈心性、束书不观的风气略有了解，你就会明白清初学人为什么对晚明学风会有那么大的反感，也才会理解黄宗羲在重建学术传统时，为何特别强调读书、藏书以及“辨章学术，考镜源流”。《明儒学案》是一代名著，中文系的我不敢说，历史系的学生肯定会读；当然，中文系学古典文献的，估计这也是必读书。即使老师没要求，翻一下这书的体例，再选读一两章，还是很有好处。我选这篇《凡例》，想强调两点，一是“学问之道，以各人自用得着为真”。黄宗羲之所以对倚门傍户、依样画葫芦表示不满与不屑，即基于此。认定学问不同，但可能同样有自己的价值，因而，各家学说是并置在《明儒学案》里，而不是独尊一家、一派、一体。这显示了史家的思想通达之处。第二，古之学者，读书以自得为主。举一个例子，胡季随从朱熹读书，朱再三追问胡心得何在，答不上来，就是不告诉你，让你自己体会。实在苦思不得，那时才告诉你。古之学者，不轻易传授读书的经验和心得。为什么？不是吝啬，而是“盖欲其自得之也”。

几年前，我写文章讨论过这问题。过去书少，容易读得细，而且自己琢磨，努力体会。现在书多了，加上学校里以课堂讲授为主，老师把古今中外无数贤哲好不容易获得的知识、经验，乃至读书诀窍——假如有的话，全都一股脑儿端出来，恨不得一个早上就教会你。这样一来，需要记忆的东西太多，“百思不得其解”的又太少。也就是说，需要自己去琢磨、领会的东西太少了。我相信朱熹的话，读书是自己的事情，别人管不得，别人也帮不得。即使进的是最好的学校，老师也帮不了你多少忙，假如你不想自己“苦思”的话。我之所以挑这篇文章，希望提醒诸位，一是学问宗旨不同，可以并置；通过并置不同的学问，让你理解一代学术，也让你养成比较开阔的眼光与胸襟；二是读书必须自得，不要期待老师轻易告诉你答案，那是偷懒，不是好事情。就这两点。

黄宗羲作为一代史学大家的贡献，读文史的人大都知道，我不想多说。我想说的是，人家一般不太注意的，那就是《中国散文选》选收的《匡庐游录》。其实，不管是《四明山志》《今水经》，还是《匡庐游录》，一般都将其归为地理类。这当然没错，只是我还希望将黄宗羲的地理著作作为文章来阅读与欣赏。在读《匡庐游录》之前，请大家注意前面的"题辞"。里面说，庐山固然山水绝佳，而诗人像陶渊明，文章像欧阳修，风流如白居易，道学若朱熹，佛教有慧远等，这些绝色人物，错落其间，让你应接不暇，这才是庐山的真正魅力。登庐山，不只观赏自然山水，更像是在阅读一部中国文化史。因此，黄宗羲称自己登庐山时，以唐证宋，以宋证元，以元证今，"杖履所及，一二指摘，正不可少"。也就是说，走到哪儿，考证到哪儿。这种学者游山的态度，决定了这部游记本身，带有很浓厚的学问色彩。登山之前，黄已经做了很多功课，读了很多相关的诗文，以及各种地方志和山志等。这样一来，游记越写越长，最后变成了以游山为线索的考据文章。

作为文章来阅读，请大家注意讲复生松这一段。在这里，黄宗羲摆脱了学者的考证趣味，说起故事来。除了描写这么一棵死而复生的松树，更有关于当年朋友如何作文，在这个树下焚烧，祭祀亡友的。而此时，连写祭文的陆文虎也都死去 20 年了。这就难怪作者看到此树时，"为之慨然"。这一段，摆脱了严谨的考证，颇有晋人"木犹如此，人何以堪"的情调，很有味道。

有意思的，还包括这一段最后关于右军墨池的考辨。讲到寺内有王羲之的墨池，东坡《怪石》说的"灌以墨池水"，就是这个地方。但也有人做了考证，说这不可信。你猜黄宗羲怎么说？"然流传既久，即其不足信者，亦为古迹矣。"这个态度很通达，跟一般史家不太一样。

做史地考证，学者们一般关注真伪，而且以此做价值判断。黄宗羲还是有文人趣味，你看他对“伪作”的评价——这很可能是假的，可假得久了，也就成了古迹。这是所有游山玩水的人都必须具有的心态，否则，你满眼看过去，很可能都是“赝品”。游山回来，一肚子火。在我看来，山水名胜，除了天造地设，还体现了世态人情，一代代人的心情与想象力，积累下来，就是好东西。你不要太当真，否则，出门老受气(笑)。你以为你真看到了尧舜的足迹，或者原汁原味的唐代寺庙，没那回事。除了考古发掘，作为地上遗存的古迹，不可能千真万确。你眼前的名胜古迹，十有八九是假的，有的是唐代做的假，有的是宋人做的假，有的是这几年才弄的。假的时间有长短，如果假的时间长，也成了真风景。像这种不足信的故事，非要考证清楚，有这个必要吗？比如说，今天你们上庐山，导游会告诉你们这个传说那个故事，假如宋代就已经有记载了，虽然假，也很可爱。当然，如果是这几天才做的假，那就不太好玩了。(笑)这最后一句，说是流传既久，即使不足信，也是古迹，这态度我很喜欢。不纯粹是史家的眼光，还有文人趣味，这是黄宗羲可爱的地方，也是我将《匡庐游录》作为文章来阅读、欣赏的理由。

当然，如果只是讲讲藏书楼，写写游记，很多文人都能做。黄宗羲之所以声名显赫，不仅是学识渊博，读书很多，阅历广泛，会写一手文章，还因为其思想深度。这就不能不谈到他的《明夷待访录》了。

《明夷待访录》成书于 1663 年，距现在已经有 340 年了，可今天读来，这书仍有很多新意。不只是文章，更包括他的政治观念，所以，挺难得的。我们知道，先秦诸子中，就已经有若干批判君主专制的，包括《吕氏春秋》里面所说的“贵公”、“去私”，更包括我们熟悉的“大道之行，天下为公”；到了魏晋，那就更多了，比如，阮籍的“君立而虐兴”，鲍敬言的“无君论”等。这些，读思想史或文学史，一般都会提到。但是宋元以下，程朱理学统治几百年，到了黄宗羲的时代，君权是一个不可侵犯的神圣观念。所以，黄宗羲才会以《原君》作为《明夷待访录》的开篇。其实，不仅是明清之际，即使到了今天，依然没有完全铲除世人头脑里的君权思想。只要想想，打开电视，全都是清朝皇帝，从顺治、康熙到乾隆，连雍正都大为风光，咸丰、光绪露面的机会相对少些，而且很不得志，但那是时势使然。世人如此看好或者说倚重皇帝，你能说中国人已经彻底铲除君权思想了？至于观看清宫戏剧，比附当今中国，那就更离谱了。所以我说，三百多年前黄宗羲的《原君》，今天读来仍然有新意，也就在这个地方。

值得关注的是，黄宗羲不只批评昏君，还嘲笑小儒之死守君臣之义。那个本来应该受天下人爱戴的“君”，现在成了独夫民贼，天下人“视之如寇仇”，这一变化，使得那些死守君臣之义者，无所适从。这里用的是伯夷、叔齐的典故。因为纣和桀都是昏君，所以汤、武诛之，那是合情合理的。但也有人不这么看，认为无论如何不应该弑君。《史记·伯夷列传》中说，武王伐纣，伯夷、叔齐两个人扣马而谏，最后不食周粟，在首阳山饿死了。称“妄传伯夷、叔齐无稽之事”，是因为这个事情，在汉以前的书里面没有记载，故黄宗羲认定，这是汉代的小儒编造出来的。武王伐纣，这事值得赞赏，连孟子都这么说，而“孟子之言，圣人之言也”。这里所说的“圣言”，应该指的是《孟子·梁惠王下》中的话。梁惠王问孟子，你怎么看周武王伐纣这个事情，如此以臣下而弑君，行吗？孟子说：“闻诛一夫纣矣，未闻弑君也。”也就是说，假如昏君害民，臣下有权力推翻他。这是孟子基本的思路，即所谓“民贵君轻”。传统中国的读书人，正是用这种以民为本的观念，来挑战君主专制的。后世的昏君，不允许别人窥伺王位，于是“废孟子而不立”。本来明代的孔庙里，除了主祀孔子外，还有四个配祀的，那就是孟子、颜子、子思、曾子。朱元璋当皇帝后，听说《孟子》里有“民为贵，君为轻”这种说法，大怒，下令把孟子的牌位撤下来。

孟子的民本思想，作为传统中国抵抗君权的思想资源，有其意义，但不宜估计过高。五四新文化运动将儒家作为专制制度的根源来批判，有点矫枉过正。可后来五六十年代的海外新儒家，想从儒家思想里发展出新的民主政治，这也是很困难的事情。传统中国的“君轻民贵”，与现代的民主政治之间，还是有比较大的距离。包括我们今天讨论的《原君》里面所体现出来的对王权独尊的抗议，同现代民主制度也不是一回事。黄宗羲反复争论为君的职责，还是寄希望于圣君贤相。

其实，这不是思想史课程，我关注的，还是黄宗羲文章本身的魅力。看他如何确立命题，并从容地展开论述。立说时，喜欢纵论古今，本就是中国文章的特色。记得晚清时，外国传教士或学者提起中国人写的文章，最感到无法理解的，明明是眼前的事，为什么一定要从尧舜说起。今天讨论兴办学堂，从三代之学说起；明天涉及治理河道，更是必须追溯大禹。（笑）这是中国人写文章的特点，大事小事，都得“从头说起”，显得特有学问。另外，中国除了历史悠久，再就是地域广阔，于是，文章非要从天南说到海北不可。一是从古到今，一是从南到北，纵横交错，形成论述的坐标。“文革”中，各省成立“革委会”，都发一篇社论，很有气魄的样子，开头必是“从”什么“到”什么，这句式十分流行。比如，“从天山脚下到东海之滨，从北国风光到南海椰林”。（笑）地理上的东西南北，时间上的古往今来，一经一纬，大帽子下，很可能谈论的只是一件日常琐事。这是中国人写文章的一个格套，很实用，(笑)但俗不可耐。可要是落在真正根柢经史者手中，那又是另外一回事。

我想说的是，必须是自出机杼，然后步步为营，丝丝入扣，这样的引经据史，才有意义。讲政治的文章，以尧舜做题目的，实在太多了。黄宗羲在尧舜旁边，立了另外两个人：许由和务光。传说尧要把自己的职位让给许由，许由赶快逃避；而汤要把天子之职转给务光，务光于是负石自溺而死。这是古代中国很有名的两个隐士，都是拒绝当天子的。这文章主要不是谈人，是在谈制度。因此，立足点落在“明乎为君之职分”，即如何确立君王的职责与权限。表面上是在讨论“老生常谈”的“三代之治”，其实是在探讨一种制度性的缺陷，以及如何建设一种合理的社会制度。当然，作者的思路，不像我们今天这么明确。

不过，黄宗羲的论述，没有多少玄思，而是基于日常生活经验，娓娓道来，很有智慧。大家为什么都想当皇帝？就因为当皇帝获利最大。诸位批判读书做官，效果很小；但如果有一天当官没什么好处，那就不必要批判了。利之所在，难怪大家趋之若鹜。问题不在个人的道德操守，而在制度建设。为什么有人希望以天下人之血肉作为自己登上圣殿的台阶，当了皇帝后又死守这个位子？就因为当皇帝的好处太多了。若如是，“则为天下之大害者，君而已矣”。不从个人修养，而从制度设计的角度来讨论君的问题，这是黄宗羲高明之处。

我关注的是，作为史家，黄宗羲是如何表述这一思想的。旁征博引，而又恰到好处，这其实不容易。你会发现，他精心选择了几个小故事，而这些故事除了支持他的观点，又都饶有趣味。比如，“汉高帝所谓‘某业所就，孰与仲多’者，其逐利之情不觉溢之于辞矣”。这说的是，汉高祖刘邦的父亲认为他不如二哥会赚钱，于是不免语带讥讽。后来刘邦当了皇帝，就跟他父亲说，你看看，到底是我哥赚的钱多呢，还是我赚的钱多。(笑)如此说来，为什么当皇帝，不就是为了赚钱吗？这么一种“逐利”的观念，在中国社会各阶层里普遍存在。所谓“打江山”和“坐江山”，其实也是这个思路。如果是这个思路，为了坐江山，“屠毒天下之肝脑，离散天下之子女，以博我一人之产业”，那是很自然的事。这是第一个故事。第二个故事就是关于伯夷和叔齐，这故事没注出处。因这个故事太常见了，不必注。请注意，古人写文章，引证古事时，有的注明出处，有的不注，取决于时人对这一段历史文献的熟悉程度。

第三个例子更有趣。“昔人愿世世无生帝王家，而毅宗之语公主，亦曰：‘若何为生我家！’痛哉斯言！”其实包含两个故事。第一个故事，说的是南朝宋顺帝刘准被迫退位出宫时，对天发誓：“愿后身世世勿复生帝王家。”据说，一时“宫中皆哭”。第二个故事，说的是崇祯皇帝朱由检，就是那位吊死在景山上的。李自成军杀进北京，长平公主拉着崇祯皇帝哭，崇祯皇帝挥剑斩之，断其左臂，说，谁让你生在我们家。这两个故事，说明什么问题？不就是皇帝也不那么好当的，弄不好有血光之灾？可古往今来，后悔当皇帝的，还是极为罕见。黄宗羲举的这两个例子，都是大难临头，才有勿生帝王家的感慨。前面讨论君臣之义，突然笔锋一转，说起皇帝也有皇帝的难处，这转折本身，没有太大的理论意义。可作为文章，则显得摇曳多姿。这篇文章，思想史家关注的，肯定是前半部，我则对最后一段的横生枝节感兴趣。不是一条道走到底，而是略作顿挫，甚至倒过来思考，这样的表述方式，使文章顿起波澜，显得曲折幽深。即便立说为主的文章，也都有如此姿态与情趣，不容易。

深于情与工于文

黄宗羲的文章有姿态，有风韵，而这种境界与气象，很大程度是由于学识，也根源于人情。易代之际的生活阅历，还有史家丰厚的学识，再加上深于情，使得他的文章大气，不同于前面谈到的归有光、袁宏道等人。但是，儿女情长和家国兴亡，并不是毫不相干的。我故意选一篇儿女情长的文章，目的是想体现黄宗羲的另一面。《女孙阿迎墓砖》，这文章容易读，好处也很明显。一是深于情，另一个呢，就是对于细节的重视。你看第一段，说孙女如何依恋爷爷，宁愿不要果食，也不让爷爷出门。用这种细节，来写孙女的可爱。记得黄宗羲在谈论归有光文章时，有这么一段话："予读震川文之为女妇者，一往情深，每以一二细事见之，使人欲涕。"震川就是归有光。归有光的文章好在什么地方，在黄宗羲看来，那就是特别能表现儿女情长。写到妻子、孩儿的时候，特别能贯穿自己的感情；而这种"一往情深"，又往往是借用一两个细节来表现。《女孙阿迎墓砖》的写作，明显是借鉴归文。

我更欣赏的，其实是他的另外一本小书：《思旧录》。一般把《思旧录》作为历史著作来阅读，我则更倾向于把它作为文章来欣赏。这正好落实了《论文管见》的说法，"凡九流百家以其所明者，沛然随地涌出，便是至文"。这书是黄宗羲晚年所作，大概是写于八十三岁左右。全书最后有这么一段，说的是：

> 余少逢患难，故出而交游最早，其一段交情，不可磨灭者，追忆而志之。

作为受迫害的东林党人子弟，早年闯荡江湖，多有患难之交，日后行走大江南北，更是阅人无数。因是追忆文体，记的是交情，至于那人当过什么官，一概不管。这还好说，接下来的，可就有点政治意味了："然皆桑海以前之人，后此亦有知己感恩者，当为别录。"实际上并没有什么"别录"，"思旧"时单说入清以前认识的朋友，这一体例，难免让人浮想联翩。下面选几则短文，略做介绍。

第一则是《张煌言》。文章很短，写这位抗清名将之"就死从容，有文山气象"，落墨在一点：兵败被俘之前，先遣散士卒，然后再从容就义。这一类笔墨，很能体现遗民心思，在《思旧录》里有不少。这是因为，第一，黄宗羲闻见甚广，对明清易代之际的史事多有了解，能补正史之阙；第二，他本人也曾参加抗清的斗争，借此寄托自家情怀。

第二则，我想介绍《陈继儒》。这一则写隐士，绝妙。前面讲过，大名鼎鼎的隐士陈继儒，在晚明大受欢迎，"上自缙绅大夫，下至工贾倡优"，大家都喜欢他的文章。那一年，黄宗羲"入京颂冤"，在西湖边遇到陈继儒。当时黄只有十九岁，不过是一个东林党人后代，没有什么名气。陈继儒居然到黄暂住的太平里小巷回访。后面这两节很重要，也很精彩。陈"乘一小轿，门生徒步随其后，天寒涕出，蓝田叔(瑛)即以袍袖拭之"。略为推算，这一年，陈继儒应该是七十岁。毕竟年纪大了，再加上天寒，陈继儒不断流鼻涕，学生以袍袖给他擦，这细节很生动。接下来，"余出颂冤疏，先生从座上随笔改定"。一般人心目中的陈继儒，应该是不食人间烟火，而且努力回避人间是非。可你看，他给黄宗羲修改颂冤疏。还给他写了扇面，说什么"一腔热血终难化，七尺残骸莫敢收"。最有意思的是，陈答应给黄的父亲作传，作完传后，没寄给黄宗羲，而是寄给姓宋的。这个传，后来收在《宋子建集》。黄宗羲觉得很奇怪，追问“何也”？黄没有给出答案，以下是我的推测。陈继儒有是非心，可生怕惹是生非。危急时刻，他可以给黄宗羲提供帮助，但白纸黑字，最好还是推给别人。给你写传，但不署名，宁愿放在别人的集子里刊行。我觉得这一笔，很神。这样的大名士，一举一动都会引人注目，要表态，表示自己对忠烈之士的欣赏；可又必须妥善安排，不能落下把柄。（笑）这种依违两可的心态，在这短短的两百字里，写得很精彩。

我编《中国散文选》，收了两则，一是《张溥》，一是《钱谦益》。张溥诸位应该都知道，他写过《五人墓碑记》，也编有《汉魏六朝百三名家集》；人民文学出版社刊行的《汉魏六朝百三名家集题辞注》，更是研究汉魏诗文的重要参考书。《思旧录》是这样介绍张溥的：“天如好读书，天资明敏。闻某家有藏书，夜与余提灯而往观之。”如此聪明好学，难怪“其在翰苑，声价日高，奉之者等于游、夏”。也就是说，时人将他比做孔子的门徒子游、子夏。可惜，这样的聪明人，身边没有清醒且高明的朋友，自恃其才，下笔轻率，把做文章和著述看得太容易了。如此挥霍才华，难有大成。你看他，“尝以泥金扇面，信笔书稿”，这个细节，很能显示张溥的才气横溢与风流倜傥。可这样漫不经心，难怪他没办法把学问做大。而就这么一个细节，比许多生平叙述更传神，也更精彩。

下面是《钱谦益》。钱谦益比黄宗羲大28岁，曾约黄来绛云楼读书。其中有一个细节，很值得把玩。因为担心黄宗羲经济上有困难，“一夜，余将睡，公提灯至榻前，袖七金赠余曰：‘此内人意也。’”要帮助你，但又要表现得不露痕迹，怕伤你的自尊心。当然，后来绛云楼烧了，读书之约没有落实。但相约结伴读书，以及怕人家不来，半夜赠金，这样的细节，很能显示人物性格。还有，钱谦益病危，有人约写文章，给很高的润笔——这个事情，陈寅恪的《柳如是别传》里有长篇考证，可以参考——别人代笔，都不行。黄宗羲来了，让他马上写，关在屋里，文章没写完不能出来。下面一段描写很神：文章完成后，“公使人将余草誊作大字，枕上视之，叩首而谢”。这个时候，已经病得很重，看不清楚，请人抄成大字，躺在床上，看完了，点头称是。文章最后提到，钱谦益本来希望黄宗羲代为整理遗稿，可后来钱的子孙另有所托。也幸亏没请黄宗羲，要不，以黄之手眼，不知如何褒贬。

这则《钱谦益》，颇能体现黄宗羲文章特色，能见其大，能写其碎，深乎情，明乎理。大家知道，钱谦益曾降清，气节有亏。而黄宗羲则是一代大儒，又是著名的遗民，你大概以为，他会与钱划清界限，不相往来。其实没有，明亡后，钱、黄往来甚多，关系还很不错。可这并不妨碍黄宗羲对老前辈、老朋友做出严峻的评价。赞赏钱氏文章，“可谓堂堂之阵，正正之旗”；可同时指出，钱文有五病。其中最关键的是：“往往以朝廷之安危，名士之陨亡，判不相涉，以为由己之出处，五也。”对朝廷是非、国家兴亡不太热心，只关注一己之私，这一指责相当严重。此病不轻，但放在最后，方才点出。我说黄文能见其大，是指他知道病根所在，而且敢于说出来。可他又跟一般人只从忠义角度，对钱进行道德谴责，不太一样。对于钱谦益，黄宗羲并没有一笔抹杀，不只肯定其学问与文章，而且力图把他的降清与精神气质联系起来，做综合考察，此举更见深度。站在遗民立场，批判钱谦益的降清，这是很多人都能做的。就好像今天任何一个读书人，都能、也都敢批评周作人的落水一样。因为，是非摆在那里，没什么好争辩的。只要你自己没投降过，你就可以“义正词严”。(笑)按道理，黄宗羲完全有理由站在遗民立场，热嘲冷讽，攻击钱的降清；

可他没这么做，而是从另外的角度立论。

请大家注意，黄宗羲总结钱谦益的毛病，第二点是："用'六经'之语，而不能穷经。"这其实是文人读经的诀窍，一方面容易转化为文章，给人学问渊博的假象；另一方面，可以趋避，也便于偷懒。其实，在清初学人中，钱谦益的学问相当广博。看《初学集》《有学集》，都能感觉到这一点。但黄宗羲认为，在经学上，钱并没有真正下苦功，因而，思想不成体系。这一点，倒让我想起鲁迅和周作人。

周氏兄弟早年都兼备学问和文章，后来才分途发展。早年的周作人，也从事学术研究，比如，谈儿童文学，撰欧洲文学史，都像模像样。后来，周作人宣布文学店关门，开始藏学问于文章。藏学问于文章有个好处，那就是便于趋避。读书有得，我就说这个"得"，别的我不碰。写文章允许这样，也只能这样；做学问可不行，你必须直面难题，不好耍花枪。鲁迅的《中国小说史略》和周作人的《中国新文学的源流》，都是好书，可写作策略大不一样。后者明显地发挥自家所长，避开许多本来应该关注的难题，颇有"见到红灯绕着走"的味道。前者不一样，《中国小说史略》必须与《古小说钩沉》《唐宋传奇集》和《小说旧闻钞》参照阅读，方才明白鲁迅所下的功夫。这样步步为营，扎死寨，打硬仗，是做学问的路子。把学问隐藏在随笔里，有好也有坏。读周作人的随笔集，你会觉得，这个人特棒，懂得那么多的东西，思想也很深刻。但如果你同时做学问和写随笔，你就明白，周作人文章有瞒天过海的地方。所谓读书"取巧"，包括黄宗羲所讥讽的"用'六经'之语，而不能穷经"。对"经"的界定与理解，因人因时而异，但作为一种读书方法，黄宗羲的提醒，不无道理。

另外，黄宗羲批评钱谦益的文章，"阔大过于震川，而不能入情"。钱谦益主要以诗取胜，文似乎非其所长。读他的文章，确实能感觉到黄宗羲所说的问题，即有盔甲在，不够畅达，也不够诚挚。黄文则相反，不时会冒出一些很孩子气的东西，让你感觉很温馨，就像《女孙阿迎墓砖》，或者《思旧录》。在我看来，黄宗羲始终不失赤子之心，故文章比钱谦益好。钱的问题在于，他知道什么是好文章，可下笔过于矜持。读书多、眼界高的人，往往有这个毛病。诸位读《列朝诗集小传》，你会发现，钱谦益的眼光极好。可正因为有史识，能裁断，心思过重，写文章时容易戴上盔甲，“不能入情”。反过来，正是黄宗羲文章的好处，用一句话来概括，那就是：识大体，守正道，敢穷经，能入情。

第二辑

学术史

作为新范式的文学史研究*

——《中国现代学术之建立》第五章

作为学者，胡适的最大贡献无疑是治中国文学史与中国哲学史——后者胡氏喜欢改称"中国思想史"。20世纪50年代口述自传，胡适称这两项工作是其"整个四十年成熟的生命里(学术研究)的主要兴趣之所在"。[①] 半部《中国哲学史大纲》与半部《白话文学史》，既是胡适的名山事业，也是其最大的心病。30年代拒绝从政，理由是"我个人在学术上负的旧债太多，哲学史与文学史皆有头无尾，而两鬓已斑白了"[②]；50年代立"生日决议案"，"决心谢绝一切长期职务来还债"，首先要还的仍是这"有头无尾"的哲学史与文学

---

* 本文原题《假设与求证——胡适的文学史研究》，初刊《学人》第五辑(江苏文艺出版社，1994)，收入《中国现代学术之建立——以章太炎、胡适之为中心》(北京大学出版社，1998)。

① 《胡适口述自传》，279页，北京，华文出版社，1992。

② 《胡适致汪精卫》，《胡适来往书信选》中册，208页，北京，中华书局，1979。

史。[①] 尽管这两部专史最后还是只有卷上没有卷下，可几十年间胡适撰写大量相关论著，略加排列，不难发现其努力方向。如果把《先秦名学史》《中国中古思想史纲要》《说儒》《评论近人考据〈老子〉年代的方法》《戴东原的哲学》《颜李学派的程廷祚》以及关于禅宗史若干论著考虑在内，胡适在中哲史研究上花的工夫并不少。文学史的撰写也是如此，胡适在明清小说研究上的突出成就，可补《白话文学史》没能如愿修订的不足。[②] 更重要的是，胡适的这两部大书都是建立“典范”(paradigm)之作，既开启了新途径，引进了新方法，提供了新观念，又留下了不少待证的新问题。后来者可以继承它，也可以批判它、超越它，但无法漠视它的存在。这种“起了划时代的作用”的大著，[③] 有下卷和没下卷其实关系不大；其意义主要不在自身论述的完美无瑕，而在于提供了示范的样板。这点胡适心里其实非常清楚，几次提及，都强调其“开山的作用”，着重在“特别立场、特别方法”上做文章。[④]

同样是立“典范”之作，胡适的文学史研究可能比其哲学史研究影响更为深远。尽管留学时期主攻方向是哲学，拿博士学位和获取教职也靠的是哲学，可胡适登上近代中国历史舞台，借助的却是文学革命

① 参阅胡颂平编：《胡适之先生年谱长编初稿》，2195页，台北，联经出版事业公司，1984。

② 胡适在《白话文学史》(上海，新月书店，1928)的《自序》中录有此书的“新纲目”，包括宋词元曲和明清小说。

③ 余英时：《中国近代思想史上的胡适》(台北，联经出版事业公司，1984)第29页指出：“他在中国思想史和文学史(特别是小说史)方面都起了划时代的作用”；在《〈中国哲学史大纲〉与史学革命》和《近代红学的发展与红学革命》二文中，余氏具体分析胡适所著哲学史和文学史的典范意义。

④ 参阅胡适的《整理国故与“打鬼”》《中国古代哲学史台北版自记》和《胡适口述自传》，236页，北京，华文出版社，1992。

的东风。没有《新青年》倡导的文学革命，哲学教授胡适不可能如此声名显赫。而胡适的文学史研究，与这一场改变历史的“文学革命”密切联系在一起；有的是这场革命的理论准备，有的是这一场革命的自然延伸，有的本身就是这场革命的重要组成部分。30年代以后，《中国哲学史大纲》的“示范”作用逐渐丧失；陈寅恪和金岳霖为冯友兰著《中国哲学史》作审查报告，都明显地扬冯抑胡，可见学界风气的转移。①相对来说，胡适文学史研究的学术生命要长些，直到今天，胡氏提出的不少理论假设，仍参与文学史家的“对话”。

胡适治学之所以能独辟蹊径，一个重要原因是其“方法的自觉”。讨论胡适的学术贡献而不涉及其终生提倡的“科学方法”，那是不可思议的。在介绍治学方法时，胡适最喜欢举的例子是其小说考证的成绩。可能因其“假设”与“求证”的脉络清晰便于叙说；但也不排除包含胡适本人对其学术研究的自我评价。倘若只是进行具体作品的学术定位，《中国哲学史大纲》当然是胡氏的第一大手笔；可研究胡氏的学术思路及方法论，《白话文学史》等或许更为合适。

一、从“大胆假设”到“小心求证”

在中国现代学术思想史上，没有人比胡适更喜欢“介绍我自己的思想”。少年得志，万众瞩目，再加上身处社会(知识)转型期，“先知先觉”的胡适之先生，于是再三强调“我要教人一个思想学问的方法”。这“科学方法”说来很简单，“只不过‘尊重事实，尊重证据’”；或者可

① 陈寅恪、金岳霖的审查报告主要批评胡著根据一种哲学主张来撰史，对古人学说缺乏“了解之同情”。这其实是胡适等新文化人“整理国故”时的通病，故令陈、金二位“长叹息”的非只一人一书。

以概括为“大胆的假设，小心的求证”十个字。① 从 1919 年撰写《清代学者的治学方法》，到 1952 年在台湾大学做题为《治学方法》的连续演讲，胡适几十年金针度人，都是在“假设与求证”上做文章。“一以贯之”的好处是旗帜鲜明，以至今人一提到“科学方法”，似乎便带上“胡记”的痕迹；褒贬暂且不论，单是一般读书人的这一最初印象，便足证胡适的成功。当然，这种高度化简因而便于传播和接受的“科学方法”，从一开始提倡就受到不少专家的质疑。正因为如此，半个多世纪关于胡适学术功过的争论，往往围绕其“科学方法”展开。

胡适一生所写“注重学问思想的方法”的文章，据说总数约在百万言以上。② 这种统计当然是依照胡氏本人再三表白的，将其“用偷关漏税的方法，来讲做学问的方法的”小说考证包括在内。③ 1921 年《胡适文存》首版，胡氏首次强调其各式各样的讲学文章，都可做方法论文章读，因“我的唯一的目的是注重学问思想的方法”。④ 晚年回首平生，胡氏依然提醒读者注意其著书立说均围绕“方法”打转，故“‘方法’实在主宰了我四十多年来所有的著述”。⑤ 只是胡适在金针度人时，有时指的是思想原则，有时指的是治学方法，有时又力图把这两者结合起来。

---

① 胡适：《介绍我自己的思想》，见《胡适文选》，上海，亚东图书馆，1930；《治学的方法与材料》，载《新月》第 1 卷第 9 号，1928。

② 参阅许冠三：《新史学九十年》上册，139 页，香港，香港中文大学出版社，1986。

③ 胡适：《治学方法》，见《胡适研究丛录》，285 页，北京，三联书店，1989。

④ 《〈胡适文存〉序例》，见《胡适文存》，一集，上海，亚东图书馆，1921。

⑤ 《胡适口述自传》，105 页，北京，华文出版社，1992。

胡适自述思想，总是强调赫胥黎和杜威的影响。[①] 前者的怀疑主义以及“拿证据来”口号，使其得以展开对中国传统思想文化的全面批判；后者的思想五步法，使其提出名扬四海的“大胆的假设，小心的求证”。可是，作为一种思想原则的“怀疑”与“评判”(相对于“迷信”与“盲从”)，乃五四新文化运动的基本立场，不一定跟赫胥黎挂得上钩。连胡适论述“新思潮的精神是一种评判的态度时”，引述的也是尼采的“从新估定一切价值”。[②] 所谓摆脱古今中外的偶像，防止被各式各样权威“蒙着眼睛，牵着鼻子走”，撇开具体语境及针对性，这只是新文化人普遍认可的怀疑精神；胡适的特出之处是把“做学问的方法”与“做人处事的态度”结合起来。[③] “把态度和方法连在一起说”，强调“科学心态”(scientific attitude mind)和“思想习惯”(habit of thought)的重要性，这点杜威、胡适师徒一脉相承。[④] 不过，胡适之得以在中国思想学术界独树一帜，主要还是归功于其将杜威“思维术”与清人考

---

① 胡适在《介绍我自己的思想》(《胡适论学近著》，上海，商务印书馆，1935)中称：“我的思想受两个人的影响很大：一个是赫胥黎，一个是杜威先生。赫胥黎教我怎样怀疑，教我不信任一切没有充分证据的东西。杜威先生教我怎样思想，教我处处顾到当前的问题，教我把一切学说理想都看作待证的假设，教我处处顾到思想的结果。”

② 胡适：《新思潮的意义》，见《胡适文存》，一集，卷四，153页、163页，上海，亚东图书馆，1921。

③ 胡适在《介绍我自己的思想》中将“寻求事实，寻求真理”的“科学精神”“只认得事实，只跟着证据走”的“科学态度”以及“大胆的假设，小心的求证”的“科学方法”三者并存陈说，作为其“教人一个思想学问的方法”的具体内涵。

④ 参阅周策纵：《胡适风格——特论态度与方法》(载《传记文学》，1987年第3期)所录胡适答周氏问“态度”信，以及对杜威《怎样思想》(*How We Think*) 1910年初版本和1933年修订本如何论述“态度的重要”的介绍。

据学巧妙地结合起来，弄出一套“对于中国社会简直是‘对症下药’”①，因而极其容易推广运用的“科学方法”。专家们尽可指手画脚说三道四，可“大胆的假设，小心的求证”作为这一科学方法的通俗表述，仍然不胫而走，成为20世纪中国最响亮的学术口号。这里准备探讨的，并非口号本身学理上的得失，而是胡适本人如何运用这一“科学方法”从事学术研究。也就是说，不把胡适几十年著述作为其宣扬的“科学方法”的注脚或例证；而是借助其“假设与求证”的分析框架，来评判其学术功过。

讲了一辈子“科学方法”，可根基在1919年——那一年将作为胡适的“方法年”进入史册，此后的无数文章都不过是在此基础上引申发挥。年初出版的《中国哲学史大纲》卷上和年底发表的《新思潮的意义》，都涉及一点“科学方法”(比如“评判的态度”或“审定史料之法”)；可正面展开论述的当推《实验主义》《少年中国之精神》《论国故学——答毛子水》(以下简称《论国故学》)和《清代学者的治学方法》四文。正是在这四篇文章中，胡适把杜威的思维术和清代的考据学做了成功的“嫁接”，为日后大张旗鼓“整理国故”准备了有效的理论武器。

杜威论思想，分作五步说：疑难的境地，指出疑难所在，假设解决方法，决定何者有效，证明。这五步中，关键在第三步，故“杜威一系的哲学家论思想的作用，最注意‘假设’”。② 随着胡适的兴奋点逐渐从介绍杜威思想转为提倡科学方法，“假设”与“求证”的位置发生微妙的变化。先是思想五步法被化简为重事实、重假设和重验证的科

① 殷海光：《论“大胆假设小心求证”》，见《思想与方法》，158～159页，台北，文星书店，1964。

② 《实验主义》，见《胡适文存》，一集卷二，120页、127页，上海，亚东图书馆，1921。

学方法三要旨，强调的是一切理想学说在未经验证之前，“都只是待证的假设”。[①] 这一程序的转换，跟其时注重怀疑反叛权威的“新思潮”相吻合，且便于与胡适别有会心的考据学接榫。果然，在《论国故学》中，胡适表彰清儒的考据“暗合科学的方法”，今后的任务只是如何“把‘汉学家’所用的‘不自觉的’方法变为‘自觉的’”。[②] 清儒“有‘科学’的精神”，在胡适看来，此乃“中国学术史的一大转机”。除了赞扬其实证精神外，胡适当然也不会忘了指出汉学家“很能用假设”。于是，清代学者的治学方法，经过一番杜威思维术的洗礼，就成了如下两点：

> (1)大胆的假设，(2)小心的求证。假设不大胆，不能有新发明。证据不充分，不能使人信仰。[③]

从“最注意假设”到“大胆假设小心求证”，再到后来提出的不二法宝“拿证据来”，[④] 胡适对“科学方法”的理解与阐扬，越来越偏向于实证。

这种误读，与胡适本人的学术根基在文史考据大有关系。早在接受杜威思维术或赫胥黎的存疑主义之前，胡适就对清人的治学方法感兴趣。《藏晖室札记》中记载早年考据文章的试作以及中外考据学思路的比较，都明显体现乾嘉学术的影响。杜威对有系统思想的分析，使

---

① 《少年中国之精神》，《少年中国》，第1卷第1期，1919。

② 《胡适文存》，一集卷二，287页，上海，亚东图书馆，1921。

③ 《清代学者的治学方法》，《胡适文存》，一集卷二，216页、220页、242页，上海，亚东图书馆，1921。

④ 《存疑主义》，《努力》，第23期，1922。

得胡适加深对科学研究基本步骤的理解；更重要的是，使得胡适悟出现代科学法则与古老中国的考证学在内在精神上是相通的。这一东西方治学方法原本一致的发现非同小可，① 它既使胡适终生服膺的“科学方法”得以广泛传播，也使杜威的思维术和赫胥黎的怀疑说进入中国时几乎毫无阻力。借助于清儒家法来引进杜威和赫胥黎，这种东西合璧的“科学方法”，自然只能以其最小公约数“实证”为根基。

世人总是假定留学生长于西学而短于中学，归国之初胡适喜谈考据，或许不无策略的考虑。这无疑是一着高棋，没人因此怀疑胡适对西洋哲学是否真的精通，只顾赞赏其“能兼治‘汉学’”。蔡元培序《中国哲学史大纲》，首先指出的正是胡适的“禀有‘汉学’的遗传性”；而梁启超著《清代学术概论》，更断言其“亦用清儒方法治学，有正统派遗风”。② 前辈名流的褒扬，使得新秀胡适迅速在学界站稳脚跟，可无形中也为其塑造了新旧兼通少年老成的形象。为了满足这种社会期待，“暴得大名”的胡适不自觉地日渐“汉学化”。别人犯点常识性错误问题不大，他胡适则必须字字言之有据，免得留下千古笑柄。成为学术明星后，胡适治学日趋严谨，不大敢像早年那样，“乱发议论”。30年代还有些“小胆的假设”(如关于《醒世姻缘传》作者的考辨等)，③ 40年代后则基本上只从事“小心的求证”。

自认有“历史考据癖”的胡适，愿意为庐山的一座塔费几千字的考

---

① 参阅《胡适口述自传》，107～108页，北京，华文出版社，1992。

② 蔡元培：《〈中国哲学史大纲〉序》，见《中国哲学史大纲》卷上，上海，商务印书馆，1919；梁启超：《清代学术概论》，见《梁启超论清学史二种》，6页，上海，复旦大学出版社，1985。

③ 《治学方法》中称其“《红楼梦》自传说”是“小胆的假设”，而关于蒲松龄著《醒世姻缘传》的猜测才是“大胆的假设”(《胡适研究丛录》，283页、287页)；在我看来，二者刚好相反。

据，或者为一部《水经注》的版权花二十年的工夫，[①] 这本无可非议。就像胡适致赵元任信中表示的："我还在玩我的《水经注》。"[②]既然是"玩"，全看个人兴致，旁人实在无权说三道四。只是由于胡适领袖群伦的特殊地位，连"玩考据"也得说成是学界的头等大事，这可就勉为其难了。晚年胡适花许多笔墨为自家研究《水经注》案辩解，可越说越不清楚。这也是名人的悲哀，公众的期待成为一种沉重的负担：学界领袖胡适既不敢"大胆假设"，又无权只是"小心求证"。

20 世纪 20 年代著《戴东原的哲学》，胡适明显重"通核"而轻"据守"。承认"清儒治学最重立言有据"乃是其"绝大贡献"，可不忘强调"心知其意，而一时寻不着证据"时，"不妨大胆提出假设，看他能不能解决困难，能不能贯串会通"[③]。这种"通核之学"，必须有一点"高远的想象力"，非只"勤谨和缓"四字诀所能囊括。[④] 30 年代中期胡适曾批评罗尔纲《清代士大夫好利风气的由来》一文"题目根本就不能成立"，因"我们做新史学的人，切不可这样胡乱作概括论断"。胡乱作概括论断当然不可取；可坚持"有几分证据说几分话"，只能回避文献考订之外的所有"假设"。六天后胡适再次去信，其中一句话或许有助

---

① 参阅胡适的《庐山游记》(《新月》第 1 卷第 3 号，1928)和《〈水经注〉考》(《胡适研究丛录》)。胡适屡言"治《水经注》五年"，研究者则认定胡生命最后二十年的学术兴趣，重点在考此《水经注》案。参见费海玑：《胡适著作研究论文集》，台北，台湾商务印书馆，1970。

② 录自《胡适之先生年谱长编初稿》，2029 页，台北，联经出版事业公司，1984。另，胡适晚年屡次提及做考证文章"好玩"，可见"玩我的《水经注》"，并非一时戏言。

③ 胡适：《戴东原的哲学》，121 页，上海，商务印书馆，1927。

④ "想象力"见《〈国学季刊〉发刊宣言》；"四字诀"参阅《论治学方法——给王重民的一封信》《致陈之藩》和《〈水经注〉考》。

于我们对其心境和思路的理解：

> 凡治史学，一切太整齐的系统，都是形迹可疑的，因为人事从来不会如此容易被装进一个太整齐的系统里去。①

这话太像陈寅恪此前几年对其《中国哲学史大纲》的批评——“其言论愈有条理统系，则去古人学说之真相愈远”，② 以至于令人怀疑两者之间有某种内在的联系。即使这只是巧合，30年代日渐专业化的学术界，对胡适“高远的想象力”造成的压抑，几乎是不言而喻的。学术研究进入常规建设阶段，不像五四时期到处是吓人的“大假设”和“大结论”；加上学界群雄并起，很难再允许谁独领风骚。胡适深知其中利害，治学时不免如履薄冰。

余英时曾指出兼长考证与义理的戴震，“对来自考证派方面的批评的敏感在他的心理上造成了高度的紧张”；胡适似乎也有类似的表现。只是深爱义理的戴震，“时时有‘超越的冲动’，不甘心训诂字义自限”；③ 而以哲学为职业的胡适，则逐渐丧失提出“假设”的能力和愿望，陶醉于真能“拿证据来”的考据之学。这一点胡适或许不如他为之辩诬的前辈先贤，也有违早年超越汉宋会通中西的学术初衷。不

① 参阅罗尔纲：《师门辱教记》，49～53页，桂林，建设书店，1944。

② 陈寅恪：《金明馆丛稿二编》，247页，上海古籍出版社，1980。

③ 余英时：《论戴震与章学诚》，102页，香港，龙门书店，1976。

过，倘因此认定胡氏的学术功过主要在考据，① 则又言过其实。在我看来，尽管胡适的“历史考据癖”吸引过无数青年学子，其“拿证据来”的口号也曾响彻云天，但胡适对中国现代学术的贡献，仍以早年的“大胆假设”为主。

胡适研究中国文学史的基本思路，或者说其主要假设，不外乎“双线文学观念”“历史演进法”和“《红楼梦》自传说”；再就是孕育和推广这些“假设”的“文学革命”和“整理国故”。胡适无疑是这两大思潮——尤其是后者——的始作俑者，解读这些“假设”之得以形成的“思潮”，有利于我们对胡适学术功过的理解和把握。

二、双线文学观念

在《胡适口述自传》的最后一章中，有一节专门介绍他在研究中国文学史时的主要假设“双线文学的观念”：

> 特别是我把汉朝以后，一直到现在的中国文学的发展，分成并行不悖的两条线这一观点。……这一个由民间兴起的生动的活文学，和一个僵化了的死文学，双线平行发展，这一点在文学史上有其革命性的理论实在是我首先倡导的；也是我个人(对研究中国文学史)的新贡献。②

---

① 如冯友兰在《三松堂自序》第 223 页(北京，三联书店，1984)指出：胡适的《中国哲学史大纲》“既有汉学的长处又有汉学的短处”；余英时在《中国近代思想史上的胡适》第 72 页(台北，联经出版事业公司，1984)认定，“胡适学术的起点和终点都是中国的考证学”。另外，50 年代中国大陆的“胡适批判”，其中一个重要项目便是其考据学方法(参阅三联书店出版的八辑《胡适思想批判》)。

② 《胡适口述自传》，289～290 页，北京，华文出版社，1992。

将中国文学按其“表现工具”(文言或白话)一分为二，构成互相对立平行发展的“古文传统史”和“白话文学史”，这一“大胆的假设”，确是胡适首创的。尽管后来者对“死文学”和“活文学”的提法有很多非议，可“双线文学”这一基本框架仍在今天的文学史研究中发挥作用。关键不在于对具体作家作品或者流派思潮的评价是否得当，而在于这一研究思路打破了此前按朝代或文体讨论文学演进的惯例，找到了一根可以贯穿二千年中国文学发展的基本线索。自此以后，中国文学史再也不是“文章辨体”或“历代诗综”，而是具备某种内在动力且充满生机的“有机体”——这一点曾使不少文学史家兴奋不已，也因此催生出不少名噪一时的文学史著。可以这样说，“双线文学观念”是20世纪中国学界影响最为深远的“文学史假设”。这一假设被不断修订完善，甚至衍生出许多新的学术命题；人们往往关注这些具体命题(如乐府、弹词、说书的研究等)，而忘却使这些命题得以成立(进入学者视野)的理论框架。时过境迁，胡适的“大思路”已经变成常识，而其论述的空疏与偏颇则日益成为后来者攻击的理由。这无疑是不公允的。

从《藏晖室札记》中关于“死文学”“活文学”的思考，到《文学改良刍议》中的“白话文学之为中国文学之正宗，又为将来文学必用之力器，可断言也”，再到《五十年来中国之文学》和《白话文学史》中借“古文—白话”的消长起伏构建文学史，二十多年间，胡适不只推动了以白话文为先导的文学革命，也为中国学界提供了一种崭新的文学史观。照胡适的说法，这种“新的文学史观”，“给全国读文学史的人们戴上一副新的眼镜，使他们忽然看见那平时看不见的琼楼玉宇，奇葩瑶草，使他们忽然惊叹天地之大，历史之全”。[①] 这里将着重剖析这副“新眼镜”的构成、功用及其制作过程。

在论及白话文运动成功的原因时，陈独秀强调经济变革这一“最后之因”，胡适突出个人思考以及友朋争论这一“逼上梁山”的过程，钱玄同则提醒我们注意“梁任公先生实为近来创造新文学之一人”。[②] 陈独秀和胡适都曾在清末发表白话文章，从《安徽俗话报》《竞业旬报》走到《新青年》，历史线索十分清晰。晚清志士之提倡白话文，蔚为风气，而且从启蒙教育逐步扩展到文学革新，如梁启超就大谈“俗语文体”之审美价值：

> 文学之进化有一大关键，即由古语之文学，变为俗语之文学是也。各国文学史之开展，靡不循此轨道。[③]

刘师培进一步论证中国文学史也“循此轨道”，并痛斥陋儒之攻击“俗语入文”大趋势：

> 及观之中国文学，则上古之书，印刷未明，竹帛繁重，故力求简质，崇用文言。降及东周，文字渐繁；至于六朝，文与笔分；宋代以下，文词益浅，而儒家语录以兴；元代以来，复盛兴词曲：此皆语言文字合一之渐也。故小说之体，即由是而兴，而

---

① 胡适：《〈中国新文学大系·建设理论集〉导言》，《中国新文学大系·建设理论集》，21页，上海，良友图书印刷公司，1935。

② 参阅陈独秀《〈科学与人生观〉序》，胡适《逼上梁山》和钱玄同《寄陈独秀》等。

③ 《小说丛话》中饮冰语，《新小说》第7号，1903。

> 《水浒传》《三国演义》诸书，已开俗语入文之渐。陋儒不察，以此为文字之日下也。然天演之例，莫不由简趋繁，何独于文学而不然？①

这种循“天演之例”而力倡“语言文字合一”的主张，与后来胡适的“历史进化的文学观念”有不少相通之处；只是前者大都“不薄俗语爱古文”，不像后来者那样直截了当地宣判“古文”（实为“文言文”）死刑。

胡适正是凭借这一点区别两种“白话观”，指责文言、白话并存这一主张是“把社会分作两个阶级，一边是‘我们’士大夫，一边是‘他们’齐氓细民”。② 在读书人纷纷标榜站在劳动人民一边的年代，这一指责是致命的。可当事人之不废古文，其实非“阶级立场”一词所能涵盖。就如刘师培之主张“文言合一”但不废“古代文词”，着眼点便是在保存中国传统文化：

> 故近日文词，宜区二派：一修俗语，以启瀹齐民；一用古文，以保存国学，庶前贤矩范，赖以仅存。③

这里涉及不同的文化立场，胡适平生讲改良，可在语言（文体）上却是彻底的革命派。不废文言能否推广白话，那是个策略问题，不应该成为否定“并存说”的理论根据。时至今日，“文言”仍然没有完全死亡，可见胡适的假设不无缺陷。

---

① 刘光汉：《论文杂记》，《国粹学报》第1期，1905。

② 胡适：《〈中国新文学大系·建设理论集〉导言》，《中国新文学大系·建设理论集》，11页，上海，良友图书印刷公司，1935。

③ 刘光汉：《论文杂记》，《国粹学报》第1期。

可正是这不无缺陷的“假设”——“用死了的文言决不能做出有生命有价值的文学来”,[①] 掀起了一场波澜壮阔且影响极为深远的文学革命。也就是说，提倡白话文(作为启蒙工具或文学表现手段)实非胡适首创；胡适的发明权在于宣判“文言”的死刑。这一“判决书”1916年酝酿于美国，第二年、第三年逐渐完善并宣判于北京。

1915年8月，胡适的演讲题目还是“如何可使吾国文言易于讲授”，立论前提是“吾国文言，终不可废置”。第二年起开始讨论“作诗如作文”以“救此文胜之弊”以及中国文学史上的六次“文学革命”，基本上还没超越传统中国文学改革思路。[②] 按照胡适本人追忆，大约在1916年二三月间，“思想上起了一个根本的新觉悟”，悟出“一部中国文学史只是一部文字形式(工具)新陈代谢的历史，只是‘活文学’随时起来替代了‘死文学’的历史”。[③] 落实在《藏晖室札记》中，就是：“白话的文学为中国千年来仅有之文学(小说、戏曲，尤足比世界第一流文学)。其非白话的文学，如古文、八股，如札记小说，皆不足与于第一流文学之列。”[④]由于施耐庵、曹雪芹等人早已证明“小说之利器在于白话”，而梁启超等新小说家的努力也使“小说为文学之最上乘”成为可能，胡适的“尝试”主要集中在以白话吟诗作文。继《文学改良刍议》立白话文学为“中国文学之正宗”后，胡适在《历史的文学观念论》中论证“白话之文学，自宋代以来，虽见屏于古文家，而终一线相

---

① 胡适:《建设的文学革命论》,《新青年》,第4卷第4号,1918。

② 《胡适留学日记》(即《藏晖室札记》),759页、844页、862页，上海，商务印书馆，1947。

③ 胡适:《逼上梁山》,《中国新文学大系·建设理论集》,9页，上海，良友图书印刷公司，1935。

④ 《胡适留学日记》,943页，上海，商务印书馆，1947；此段话录入《逼上梁山》时略有删改。

承，至今不绝”；在《建设的文学革命论》中又有“大胆的假设”：“这二千年的文人所做的文学都是死的，都是用已经死了的语言文字做的。死文字决不能产出活文学。”①至此，“文学革命”轰轰烈烈展开，胡适关于“文言—白话”的思考也大致完成。以后胡适不断宣讲“白话文学”，直到晚年还是认定中古时代文章“不通”的原因是“用死的文字来写活的语言”。②

以1920年各大报刊改用白话、教育部颁令改用国语、白话文运动取得决定性胜利为界，此前，有很深历史癖的胡适，借“指出古今文学变迁的趋势”和“从文学史的趋势上承认白话文学为‘正宗’”，作为“打倒古文学的武器”；此后，有强烈现实感的胡适，又借文学革命的成果“推翻向来的正统”。③ 从一个文学革命倡导者转为文学史家，胡适的优点是有成见，缺点则是太有成见。倘若只是以史为鉴，胡适的文学史知识绰绰有余，也足以支撑其提倡白话文学之主张。可作为一个史家，胡适抱定“白话正宗”说，闲置其终生信仰的“历史的眼光”，将一部中国文学史简化为“古文文学的末路史”和“白话文学的发

---

① 参见《中国新文学大系·建设理论集》，43页、57页、129页，上海，良友图书印刷公司，1935。

② 参阅胡颂平编著：《胡适之先生晚年谈话录》，77页，台北，联经出版事业公司，1984。

③ 胡适：《〈中国新文学大系·建设理论集〉导言》，见《中国新文学大系·建设理论集》，20页，上海，良友图书印刷公司，1935。

达史”[①]，其牵强附会之处，甚至远比《中国哲学史大纲》为多。[②] 即便如此，胡适的文学史著仍然具有某种典范意义，因其毕竟提出了一套崭新的研究思路。

这种重建“文学正统”的努力，既体现为突出此前“不登大雅之堂”的小说在文学史上的地位，更体现为断言“白话文学史即是中国文学史”。虽然胡适本人强调将章回小说作为“一项学术研究的主题，与传统的经学、史学平起平坐”，乃是其主要的学术贡献；[③] 实则清末新小说家已有此趋向，海外汉学家也已着先鞭，同时代中鲁迅起步早成就高，连胡适也不讳言。[④] 从梁启超之认定“自宋以后，实为祖国文学之大进化”，到陈独秀的主张“元明剧本，明清小说，乃近代文学之粲然可观者”[⑤]，小说之升值及成为学术主题，已是大势所趋。也就是胡适所再三表述的，近人受西洋文学影响，渐渐懂得小说、戏曲的

---

① 胡适：《白话文学史·引子》，见《白话文学史》，上海，新月书店，1928。

② 金岳霖在冯友兰著《中国哲学史》的《审查报告》中批评胡适之《中国哲学史大纲》“牵强附会”，理由是：“哲学要成见，而哲学史不要成见。哲学既离不了成见，若再以一种哲学主张去写哲学史，等于以一种成见去形容其他的成见，所以写出来的书无论从别的观点看起来价值如何，总不会是一本好的哲学史。”这话移用来批评《白话文学史》照样合适。对古人思想学说的体味与同情，其实不可能也没必要完全抹煞研究者的“成见”；只是在批评太多成见以至“牵强附会”这一点上，这种“不要成见”的说法才得以成立。

③ 《胡适口述自传》，258页，北京，华文出版社，1992。

④ 胡适《白话文学史·自序》称小说史研究“最大的成绩自然是鲁迅先生的《中国小说史略》”；日本学者盐谷温的《中国小说史略》1921年已有郭希汾译本问世；关于新小说家的文学观念，参阅陈平原《小说史：理论与实践》（北京大学出版社，1993）第十七章。

⑤ 参阅《小说丛话》（《新小说》第7号）中饮冰语以及陈独秀《文学革命论》（《新青年》第2卷第6号，1917）。

价值，“于是我们对于文学史的见解也就不得不起一种革命了”。①

真正属于胡适独创的，是借“白话文学史”与“古文传统史”的对抗来把握两千年中国文学发展的大趋势。这一假设的前提，套用胡适早年几篇文章中的两句半话，即：(一)“中国的文学凡是有一些价值有一些儿生命的，都是白话的”；“用死了的文言决不能做出有生命有价值的文学来”；故白话文学乃“中国文学之正宗”。(二)中国文学曾经“言文合一”；言文分离后“二千年的文人所做的文学都是死的”；“在古文传统压迫下白话文学仍一线相承，至今不绝”。(三)“若把雅俗两字作人类的阶级解”，则文言只能属于“雅人”，而与“小百姓”无缘。②第三句话明显“不完整”。这种以“文言”“白话”配“贵族”“平民”的思路，开始不被重视；只是在陈独秀主张推倒“贵族文学”以建设“国民文学”、周作人提倡“平民文学”之后，③ 胡适才悟出这两者的深刻联系。20 年代以后，胡适在“死文学”“活文学”的标签外，又为“文言文学”和“白话文学”找到了两顶稍为合适的帽子：“贵族文学”与“平民文学”，或曰“庙堂文学”与“民间文学”。④

前两句话作为白话文运动的理论武器十分有效。尽管朱经农、梅

① 参阅胡适《〈中古文学概论〉序》和《〈曲海〉序》，见《胡适古典文学研究论集》，171 页、648 页，上海古籍出版社，1988。

② 参阅胡适写于 1917、1918 年的《文学改良刍议》《历史的文学观念论》《建设的文学革命论》和《答朱经农书》。

③ 参阅陈独秀《文学革命论》和周作人《平民文学》(《每周评论》第 5 期，1919)。

④ 胡适《〈中古文学概论〉序》，见《胡适古典文学研究论集》，171 页，上海古籍出版社，1988。

光迪、胡先骕等人的批评都有学理依据，① 可运动并不因此改变方向。提倡白话文的成功，显然使得胡适夸大了他这一“假设”的适应性。在随后撰写的《五十年来中国之文学》和《白话文学史》中，仍以上述两句话为立论的根基，很少认真考虑批评者的意见。为了扩大理论的涵盖面，使得“白话文学史”真的成为“中国文学史”，胡适采取了两个补救措施。一是拓展“白话”的范围，将“白话”释为三义：俗语；明白如话；“白话便是干干净净没有堆砌涂饰的话，也不妨夹入几个明白易晓的文言字眼”。二是拉长“白话文学”的历史：从“古文在二千年前已经成了一种死文字”那一天起，就有“民间的白话文学”存在，于是这二千年中就有了“五个时期的白话文学”。② 经过这么一番改造，“白话文学”作为中国文学史的中心部分，总算勉强确立。可时人马上对胡适“白话之定义”、文言文死于二千年前的假设、论诗只讲“浅显易解”的趣味以及以一己之文学主张剪裁历史的学术路数提出尖锐的批评。③

《白话文学史·引子》所标榜的两大目标，“要大家知道白话文学是有历史的”，获得了巨大成功；而“要大家都知道白话文学史就是中

① 朱经农致胡适信中称：“‘文学的国语’，对于‘文言’‘白话’，应该并采兼收而不偏废”(《胡适文存》，一集卷一，112 页，上海，亚东图书馆，1921)；梅光迪指出：“古文白话之递兴，乃文学体裁之增加”，故宋元以降白话昌而古文不废(《评提倡新文化者》，《学衡》第 1 期，1922)；胡先骕则批评胡适以古文比附拉丁文而以白话比附英、德、法文，乃“以不相类之事，相提并论，以图眩世欺人，而自圆其说”(《评〈尝试集〉》，《学衡》第 1 期，1922)。

② 参阅胡适《答钱玄同》(《新青年》第 4 卷第 1 号，1918)、《五十年来中国之文学》第十部分，以及《白话文学史》的《自序》。

③ 参阅胡先骕《评胡适〈五十年来中国之文学〉》(《学衡》第 18 期，1923)和素痴(张荫麟)《评胡适〈白话文学史〉上卷》(《大公报》1928 年 12 月 3 日《文学副刊》第 48 期)。

国文学史的中心部分”，则留下许多问题。胡适的功绩在于其对“白话文学”的发现(包括对乐府歌辞的制作及其深远影响、对佛教文学及故事诗的流播、对王梵志和寒山的生平考证以及对晚清北方的评话小说和南方的讽刺小说的描述等)，其缺陷则在于为了重建“文学正统”而故意贬低乃至抹煞二千年的“古文传统”。20 年代初期胡适为了提倡戏曲研究，批评前人之囿于“正统文学”：

> “正统文学”之害，真烈于焚书之秦始皇！文学有正统，故人不识文学：人只认得正统文学，而不认得时代文学。①

这一反“正统文学”的理论武器，实在是一把“双刃剑”：既指向“文言正统”，也指向“白话正统”。可惜胡适撰史时，忘了当初自己对“正统文学”的攻击。相对来说，胡适关于“庙堂文学”与“民间文学”的对抗构成二千年中国文学发展动力的假设，似乎更有理论活力，至今仍在发挥作用。

有趣的是，最早提醒胡适注意民间文学的革命意义的，竟然是日后的论敌梅光迪。1916 年 3 月，胡适接到“研究过西洋文学史”的梅光迪来信，表示赞同其推崇宋元白话文学的主张，并补充道：“文学革命自当从‘民间文学’(folklore ，popular poetry，spoken language，etc.)入手，此无待言。”②正因为“此无待言”，留学生们大都不在此做文章。五四新文化的倡导者普遍认可文学革命应从外国文学和民间文学汲取养分这一思路，并积极从事各种民间文学的搜集整理；至于历

① 胡适：《读王国维先生的〈曲录〉》，《读书杂志》第 7 期，1923。

② 《胡适留学日记》，845 页，上海，商务印书馆，1947。

史上"庙堂文学"与"民间文学"的关系，反倒缺乏认真的研究。在《五十年来中国之文学》中，胡适开始构建"贵族文学"与"民间文学"对峙的研究框架；随后又在《〈中古文学概论〉序》中描述"民间文学升作正统文学"的过程，由注重二者的"对抗"转为注重二者的"对话"。但所有这一切关于民间文学的文学史思考，只有到 1926 年《〈词选〉自序》发表，才得到完整的表述：

> 但文学史上有一个逃不了的公式。文学的新方式都是出于民间的。久而久之，文人学士受了民间文学的影响，采用这种新体裁来做他们的文艺作品。文人的参加自有他的好处：浅薄的内容变丰富了，幼稚的技术变高明了，平凡的意境变高超了。但文人把这种新体裁学到手之后，劣等的文人便来模仿；模仿的结果，往往学得了形式上的技术，而丢掉了创作的精神。天才堕落而为匠手，创作堕落而为机械。生气剥丧完了，只剩下一点小技巧，一堆烂书袋，一套烂调子！于是这种文学形式的命运便完结了，文学的生命又须另向民间去寻新方向发展了。①

一部《白话文学史》，正是这一"文学史通例"的最好说明。除了论证"中国三千年的文学史上"，"一切新文学的来源都在民间"，胡适着重研究"乐府"这种制度如何促成民歌与文人的接触与相互影响。文人之仿作民歌，"一方面是文学的民众化，一方面是民歌的文人化"。而唐代文学的辉煌成就，正是因其"充分承认乐府民歌的文学真价值，极力效法这五六百年的平民歌唱和这些平民歌唱所直接间接产生的活文

① 《胡适古典文学研究论集》，554～555 页，上海古籍出版社，1988。

学”。具体分析盛唐诗歌之借鉴乐府歌辞，胡适断为三步：“第一步是诗人仿作乐府。第二步是诗人沿用乐府古题而自作新解，但不拘原意，也不拘原声调。第三步是诗人用古乐府民歌的精神来创作新乐府。”①《白话文学史》没能按计划写完，因此乐府精神的失落也就没能真正展开，也就是说这种“文学方式的命运”尚未完结。按照胡适原先设计的“公式”，每种文体都有其生、老、病、死的过程。

促使胡适将“白话文学正统说”和“文学有机体”的设想结合起来的，是他的学生傅斯年。胡适晚年在傅斯年逝世两周年纪念会的演讲中，承认1926年巴黎聚会时，傅斯年关于“中国一切文学都是从民间来的，同时每一种文学都经过一种生、老、病、死的状态”的设想，“影响我个人很大”。② 一方面是胡适当年名气远比傅斯年大，且文章正式发表在前；另一方面傅斯年在将文学史类比生物史时，过于注重“有机体的生命”衰老的必然，描述文人借用“来自田间”的文学这一过程时，缺乏必要的弹性，③ 故其《中国古代文学史讲义》远不及《白话文学史》影响大。

30年代以后国人所撰文学史著，或多或少或明或暗都受到胡适描述的所谓“文学史通例”的制约。就连鲁迅、郑振铎两位大家的研究思路，也打上这一印记。鲁迅30年代称：“旧文学衰颓时，因为摄取民间文学或外国文学而起一个新的转变，这例子是常见于文学史上

---

① 胡适：《白话文学史》，19页、33页、63页、262页，上海，新月书店，1928。

② 《傅孟真先生的思想》，见《胡适演讲集》第二集，57～58页，台北，远流出版公司，1986。

③ 参阅《中国古代文学史讲义·叙语》，见《傅斯年全集》第一册，台北，联经出版事业公司，1980。

的”；“士大夫是常要夺取民间的东西的，将竹枝词改成文言，将‘小家碧玉’作为姨太太，但一沾着他们的手，这东西也就跟着他们灭亡”。① 而郑振铎在《中国俗文学史》第一章描述“俗文学”和“正统文学”的互动关系时，基本上照抄胡适的说法。② 将民间文学作为中国文学发展的原动力，这一颇有新意的假设，到50年代演变成为“民间文学主流论”，③ 越来越暴露其理论缺失。时至今日，过分贬低“文人文学”而高扬“民间文学”，仍是研究者必须面对的五四遗产——这一“遗产”的创造者当然包括极力推崇“白话文学”与“平民文学”的胡适之先生。

三、历史演进法

在自称“最精彩的方法论”的《古史讨论的读后感》中，胡适赞扬顾颉刚“层累地造成的古史”乃今日史学界一大贡献，其方法可概括为“用历史演化的眼光来追求每一个传说演变的历程”。由于顾氏曾自述其研究方法源于胡适辩论井田和考证《水浒》的文章，胡氏对此也乐于承认，这篇古史讨论的总结，其实可作胡适学术自述读。④ 所谓“历史演进的方法”，胡适将其概括成下列公式：

(1)把每一件史事的种种传说，依先后出现的次序，排列起来。

---

① 《门外文谈》《略论梅兰芳及其他(上)》，分别见《鲁迅全集》第六卷95页、第五卷579页，北京，人民文学出版社，1981。

② 参阅郑振铎：《中国俗文学史》上册，2～3页，上海，商务印书馆，1938。

③ 参阅《中国文学史讨论集》(上海，中华书局，1959)中“关于民间文学在文学史上的地位和作用问题”一辑。

④ 参阅胡适《介绍我自己的思想》和顾颉刚《〈古史辨〉第一册自序》，40页，上海古籍出版社，1982。

(2)研究这件史事在每一个时代有什么样子的传说。

(3)研究这件史事的渐渐演进：由简单变为复杂，由陋野变为雅驯，由地方的(局部的)变为全国的，由神变为人，由神话变为史事，由寓言变为事实。

(4)遇可能时，解释每一次演变的原因。

照胡适的说法，“这个根本观念是颠扑不破的”：“古史上的故事没有一件不曾经过这样的演进，也没有一件不可用这个历史演进的(evolutionary)方法去研究”。① 何止是“古史上的故事”，所有流传久远的故事、传说乃至与此相关的小说、诗歌、戏剧等，都可借重这一方法。“历史演进法”在逻辑与实际上都展开为文学批评中对章回小说的解读和史学研究中对古史传说的考辨这么两种不同的取向，胡适的主要成就不在古史辨，而在为中国小说研究开辟新境界。从1920年作《〈水浒传〉考证》，到1925年撰《〈三侠五义〉序》，胡适用故事的演进以及母题的生长来把握某一类型的中国小说，取得意料不到的成果，其基本思路直到今天仍然有效。

在明代“四大奇书”中，起码有三种不是作家白手起家一气呵成创作出来的，而是经过几百年漫长历程，从若干小故事逐渐演变成为长篇的章回小说。考虑到《三国演义》《水浒传》和《西游记》在中国小说史乃至中国文化史上的崇高地位，其独特的生产过程值得关注。此前的研究者(不管是评点派还是考证派)，着眼的都是孤立的“文本”；只有胡适借同一故事的不同流变考察此类小说的生产过程，强调解读几百年文学进化造成的《水浒传》等，应该有不同于一般文人文学的批评眼

① 胡适：《古史讨论的读后感》，见《古史辨》第一册，192～194页，上海古籍出版社，1982。

光和研究方法。这一思路的形成，首先得益于历史的眼光，其次是主题学方法，最后落实为以版本考据为中心的“剥皮主义”。

胡适治学，不重“新奇之学说，高深之哲理”，而重“求学论事观物经国之术”，故方法是第一位的。早年谈“方法”，多治学之入门常识；在解释“历史的眼光”时逐渐融进了自己的体会，总算颇具自家面目。1914年初，留学美国的胡适之先生终于发现了新大陆：“有三术焉，皆起死之神丹也：一曰归纳的理论；二曰历史的眼光；三曰进化的观念。”将此起死之神丹运用于古老的中国，果然大见成效。1921年撰《国语文法的研究法》，胡适列“归纳的研究法”“比较的研究法”和“历史的研究法”为“三种必不可少的方法”。到1923年为整理国故发宣言，胡适又提出“历史的眼光”“系统的整理”和“比较的研究”作为同人努力的方向。[①] 其中“归纳”乃治学之根基，“比较”则是身处东西方文化碰撞中学人的共识，而“进化”又被糅进“历史的眼光”中，故最能代表胡适创见的，当属“历史进化的文学观念”。

提倡文学革命时，胡适以“历史进化之眼光”重读中国文学史，得出“一时代有一时代之文学……凡此诸时代，各因时势风会而变，各有其特长”的结论。[②] 拆开来看，这结论并不新鲜，刘勰已有“文变染乎世情，兴废系乎时序”的断语(《文心雕龙》)，焦循则明言一代文学有一代文学之胜(《易余籥录》)，王国维说得更绝：“凡一代有一代之文学：楚之骚，汉之赋，六代之骈语，唐之诗，宋之词，元之曲，皆

---

① 参阅《胡适留学日记》，167页(上海，商务印书馆，1947)；《国语文法概论》(初刊《新青年》时题为《国语文法的研究法》，见《胡适文存》一集卷三，36页，上海，亚东图书馆，1921)；《〈国学季刊〉发刊宣言》，《国学季刊》第1卷第1号，1923。

② 《文学改良刍议》，《新青年》第2卷第5号，1917。

所谓一代之文学，而后世莫能继焉者也。”[①]胡适的结论之所以石破天惊，就在于其在“江山代有才人出，各领风骚数百年”之“历史的见解”中[②]，掺进了“进化”的价值判断。不只是文学随时代变迁，故一时代有一时代之文学；胡适强调的是两千年中国社会和中国文学不曾停滞也不曾倒退，而是始终在发展进步。文言变为白话是进步，传奇变为话本是进步，“唐朝的诗一变而为宋词，再变而为元明的曲，都是进步”。[③] 这种植根于达尔文和斯宾塞理论的文学进化观，在19世纪的西方曾经风行一时。[④] 胡适、郑振铎等新文化人之所以对此特别青睐，关键在于其足以否定中国人根深蒂固的崇古、拟古和复古的文学观念，为文学革命鸣锣开道。

从文学革命转入整理国故，胡适对“历史的眼光”的诠释略有不同。不再强调文学发展一浪高一浪，而是突出文学演进过程中的“遗形物”——借此理解某一文类或某一作品赖以生存的文学时代。讲“遗形物”本是解释文学进化过程中，每经过一个时代，必然带着此时代留下的许多“无用的纪念品”(如戏曲中的脸谱、台步等)。照胡适原先的设想，“这种‘遗形物’不扫除干净，中国戏剧永远没有完全革新的希望”。[⑤] 所谓“扫除旧日的种种‘遗形物’”的大胆假设，很快证明行

---

① 王国维：《宋元戏曲考·序》，见《王国维遗书》十五卷，上海古籍书店，1983。

② 胡适读赵翼此诗“大惊喜”，慨叹“不料他有这种历史的见解”，参见《胡适的日记》，399页，北京，中华书局，1985。

③ 参阅《历史的文学观念论》《论短篇小说》和《胡适的日记》124页(北京，中华书局，1985)。

④ 参阅韦勒克著、丁泓等译《批评的诸种概念》(成都，四川文艺出版社，1988)中“文学史上进化的概念”章。

⑤ 胡适：《文学进化观念与戏剧改良》，《新青年》第8卷第3号，1920。

不通。倒是在解读各种“遗形物”时，胡适的“历史的眼光”充分发挥作用。有感于许多学者品诗论文时不分秦汉混淆古今，胡适提出研究国学的第一步应是“各还他一个本来面目”。不管是古来神圣的高文典册，还是今日民间小儿女的歌唱，都有个重新定位的问题。首先是还其本来面目，然后才谈得上评判各家是非。在文学方面则是：

> 应该把《三百篇》还给西周东周之间的无名诗人，把《古乐府》还给汉魏六朝的无名诗人，把唐诗还给唐，把词还给五代两宋，把小曲杂剧还给元朝，把明清的小说还给明清。每一个时代，还他那个时代的特长的文学，然后评判他们的文学的价值。不认明每一个时代的特殊文学，则多诬古人而多误今人。①

每个时代的文学，既有其“特长”，也有其“特短”。史家的任务不只是对其褒贬抑扬，更重要的是理解这种“特殊性”。解读一部流传久远且定本较晚的章回小说，就好像翻阅一个民族的文学历史，同样可以发现“时代的烙印”。拿这种眼光阅读“四百年的‘梁山泊故事’的结晶”《水浒传》，胡适得出一个“根本的文学观念”：“这种种不同的时代发生种种不同的文学见解，也发生种种不同的文学作物。”接下来一大段不懂得宋元明三代的时代背景与文学进化的程度，就不懂得水浒故事何以如此发达变化的论述，② 与 30 年代以后风行一时的唯物史观，颇有相通之处，都是强调社会变迁对于文学发展的根本制约。只是对

① 胡适：《〈国学季刊〉发刊宣言》，见《国学季刊》第 1 卷第 1 号，1923。

② 《胡适文存》，一集卷三，90 页、144～145 页，上海，亚东图书馆，1921。

于胡适来说，这与其说是一种文学观念，不如说是一种研究策略。胡适对文学与人生(时势)之理解，大体不出传统的诗教说和19世纪现实主义文学观，说不上有多少新发明。倒是其从“历史进化的文学观念”引申出来的“历史演变法”，为解读中国古代章回小说另辟蹊径，至今仍有其魅力。

据胡适考证，《三国演义》《水浒传》和《西游记》都有“五六百年的演化的历史”,① 其中既有原初的民间传说，又有历代作家的改造，最后再添上写定者的艺术想象，故整部小说缺乏统一性，常有互相矛盾之处。阅读此类积淀着不同时代文学趣味的长篇小说，不妨也来个艺术上的“还原”，先寻得“底本”，然后借同一故事的不同变形来理解作家的艺术创造。胡适“最爱看年谱”，就因为其能显示谱主“思想学说变迁沿革的次序”;② 为一部有五六百年演化历史的小说编“年谱”，不也能显示其“变迁沿革的次序”？只是胡适“用历史演变的眼光来追求每一个传说演变的历程”，并非只是移用年谱的研究思路，而是别有渊源。最能体现胡适理论框架的，是《三侠五义》中关于母题演变的一段话：

> 传说的生长，就同滚雪球一样，越滚越大，最初只有一个简单的故事作个中心的“母题”(motif)，你添一枝，他添一叶，便像个样子了。后来经过众口的传说，经过平话家的敷演，经过戏曲家的剪裁结构，经过小说家的修饰，这个故事便一天一天的改

① 《〈西游记〉考证》，见《胡适古典文学研究论集》，899页，上海古籍出版社，1988。

② 《〈章实斋先生年谱〉自序》，见《胡适文存二集》，275页，上海，亚东图书馆，1924。

变面目：内容更丰富了，情节更精细圆满了，曲折更多了，人物更有生气了。①

此类“传说生长史”，既落实为古人把一切罪恶都堆到桀、纣身上，而把一切美德赋予尧、舜；又体现在不同时代的读者都喜欢为感兴趣的故事添枝加叶。前者胡适称为“箭垛式的人物”——此说过于轻巧，用于传说人物（如周公、包龙图）甚妙，用于历史人物（如屈原、曹寅）则易出偏差。② 胡适的贡献主要在于后者：借母题的生长与扩张，理解中国章回小说的演进。

除小说外，胡适也曾试用“母题演进”来解读《孔雀东南飞》，只是不及顾颉刚的孟姜女故事研究精彩③。实际上胡适、顾颉刚师徒二人互相激励互相启迪，借鉴的都是民俗学方法。顾颉刚乃中国民俗学研究的开山祖，其《孟姜女故事研究集》至今仍有典范意义；④ 胡适虽无专门著述，却屡次表示引民俗学方法入文学批评的愿望。⑤ “母题”作为文学批评概念，在德国文学中渊源最为久远，也发展得最为完整，

---

① 《〈三侠五义〉序》，见《胡适古典文学研究论集》，1193页，上海古籍出版社，1988。

② 参阅胡适的《〈三侠五义〉序》《读〈楚辞〉》和《与顾颉刚书》（1921年5月30日）。

③ 《白话文学史》，105～106页，上海，新月书店，1928。

④ 陈鹏翔《主题学研究与中国文学》一文高度评价顾颉刚的《孟姜女故事研究》，认为此文“民间故事衍变的关键与凭借以及近年来西方主题学理论所强调的研究价值所在全都触及了”（《主题学研究论文集》，16页，台北，东大图书公司，1983）。

⑤ 胡适几次提及用民俗学、社会学方法研究《诗经》的设想，可都浅尝辄止。参阅《胡适古典文学研究论集》，287页、296页、333页，上海古籍出版社，1988。

这与格林兄弟收集编辑的童话故事在其文学史上的重要意义，以及德国学者对民间文学的浓厚兴趣有关。因此，一般将以母题研究为重点的“主题学”，视为在19世纪德国的民俗学热中培育出来的一门学问。① 很难说胡适、顾颉刚等人对西方的民俗学或主题学研究有多深入的了解，只不过五四新文化运动改变了已有的文类等级观念，此前不登大雅之堂的各种“俗文学”(民谣、童话、民间故事等)，如今身价百倍。② 研究此类“大同小异”的故事或民谣，自然有别于古来的品诗论文，无法强调其“独创性”。引进“母题”这一概念，建立起故事的系谱图，此类作品的价值才得以凸现。理论上胡、顾都承认，每一母题在演进过程中，“添上了不少的‘本地风光’，吸收了不少的无名诗人的天才与风格”；而且“随顺了文化中心而迁流，承受了各时各地的时势和风俗而改变，凭借了民众的情感和想象而发展”③。可实际操作中，系谱的残缺与无名诗人的难以确认，探寻“说话者的意念”的努力，往往被“时势和风俗”的精彩描述所掩盖。这一点对于故事或民谣的研究尚非致命的弱点，可对于《水浒传》等文学名著的研究来说，却是难以原谅的缺失。在“因袭”与“创作”之间，研究者明显重前者而轻后者。像胡适那样轻率地断言《三国演义》的写定者为“平凡的陋儒”的

---

① 参阅P.怀纳编：《观念史大辞典》中译本，第三卷，245页，台北，幼狮文化事业公司，1988；U.韦斯坦因著、刘象愚译：《比较文学与文学理论》，126页，沈阳，辽宁人民出版社，1987。

② 参阅钟敬文：《“五四”前后的歌谣学运动》，见《钟敬文民间文学论集》上册，354～370页，上海文艺出版社，1982。

③ 参阅胡适：《白话文学史》，101页(上海，新月书店，1928)和顾颉刚编著《孟姜女故事研究集》(上海古籍出版社，1984)，72页。

固然不多，[①] 可此类研究常常精于故事传说的排列而疏于作者心态的探求，不免抹煞了天才作家的贡献。

这一偏差，与胡适本人对母题研究的理解，依附于清代考据学的思路颇有关系。胡适曾将顾颉刚"层累地造成的古史"这一大胆假设，比喻为"剥皮主义"，并称其源于崔述的《考信录》；[②] 无独有偶，在论及戴震和阮元的学术贡献时，胡适照样突出其"剥皮主义"：

> 剥皮的意思，就是拿一个观念一层一层地剥去后世随时渲染上去的颜色，如剥芭蕉一样，越剥进去，越到中心。……我们对于一切哲学观念也应该常常试用这种剥皮手段。[③]

哲学史家阮元搜罗古今论"性"的话，"略依时代的先后，排列比较，使我们容易看出字义的变迁沿革"；[④] 文学史家胡适则搜罗几百年间有关"水浒故事"或"包公故事"的作品，同样"略依时代的先后，排列比较"，目的则是看出传说的"变迁沿革"。二者研究范围不同，可基本思路却相当接近：都是在返求"古本"的过程中理解时世变迁与文化学术的演进。清儒为了这种学术上的"还原"，发展出一整套考据学理论与方法，这正是胡适所赞叹不已的"科学精神"。在《清代学者的治学方法》和《戴东原的哲学》中，胡适概括汉学家治学的根本观念为：

---

① 《〈三国演义〉序》，见《胡适古典文学研究论集》，741页，上海古籍出版社，1988。

② 胡适：《古史讨论的读后感》，见《古史辨》第一册，192页，上海古籍出版社，1982。

③ 胡适：《戴东原的哲学》，163页，上海，商务印书馆，1927。

④ 同上书，159页。

“历史的眼光”与“证据的注重”。到1928年撰《校勘学方法论》，胡适强调校勘学的根本方法是：“先求得底本的异同，然后考定其是非”；研究者必须先“遍求别本”，然后“实事是正，多闻阙疑”。除此以外，还必须有关于所校书籍的背景知识，因为，“要懂得一个时代的书，必须多懂得那个时代的制度，习俗，语言，文字”。这一切，在胡适看来，“是中国与西洋校勘学者共同遵守的方法”。① 从留学时读《大英百科全书》中关于“版本学”(textual criticism)条目，悟出“中西校勘学的殊途同归”，② 到晚年花二十年时间重审《水经注》案，胡适对文献考据始终持有高度热情。正因为有此“历史癖与考据癖”，一旦胡适将小说作为与传统经学、史学平起平坐的学术主题，必然以清儒治经史的方法治小说。以本事考异与版本校勘为根基，再贯以历史的眼光与母题研究思路，如此中西合璧的学术视野，使胡适得以在章回小说研究中纵横驰骋。或许是三国故事的考辨和水浒版本的比较太有诱惑力了，胡适常常沉醉于此，而相对忽略了小说本身的艺术价值。③ 更重要的是，故事考辨和版本校勘可以做到言之有据确凿无疑，不像艺术分析那样“诗无达诂”——对于提倡“拿证据来”的适之先生，后者是必须尽量避开的危险的陷阱。“避虚就实”的研究策略，使得胡适的小说史研究功底扎实，可相对缺乏灵气——这一点比较鲁迅的《中国小说史略》不难明白。“文学史”作为一门学科，既是史学又是诗学；了

---

① 胡适：《校勘学方法论——序陈垣先生的〈元典章校补释例〉》，《国学季刊》第4卷第3期，1928。

② 参阅《胡适口述自传》，140～144页，北京，华文出版社，1992。

③ 如《〈三国演义〉序》以李商隐、段成式诗文论证晚唐已有说三国故事的，然后顺流而下，理清五百年三国故事的演变；《〈水浒传〉后考》则排列各种已知或假设的本子，做“《水浒》渊源表”。参阅《胡适古典文学研究论集》，736页、814页，上海古籍出版社，1988。

解“板(版)本变迁演革的痕迹”，不等于就“建立了科学的中国小说史学”①。胡适重“史”轻“诗”，对小说的艺术表现兴趣不大；即便论及，也都不甚精彩。以史学眼光读“诗”说“诗”，有其偏颇，也有其深刻之处。重要的是引进了“历史演进”这一观念，打破了此前诗品、文论、小说评点中常见的随意鉴赏和直觉评论，② 找到了理解文类发展和作品形成奥秘的关键。至于由此造成的另一种缺失，只能由下一代学者来弥补。

四、《红楼梦》自传说

“双线文学观念”为整个中国文学史的研究建立了新的理论框架，“历史演进法”为章回小说的解读提供了有效的眼光与方法，“《红楼梦》自传说”则为新红学的发展奠定了根基——这一叙述并不意味着三者的学术价值依次递减。实际上由于“新红学”在20世纪中国学界声名显赫，再加上读书人中“嗜红成癖”者代不乏人，“自传说”影响的深入与持久，甚至可能在前两者之上。今人开口说“红楼”，多少总是将其与曹雪芹的生平联系在一起，这一“共识”其实源于胡适的大胆假设。“自传说”远不只是为《红楼梦》考订作者，更重要的是提供一种阅读趣味与研究思路。胡适“介绍我自己的思想”时，喜欢强调其《红楼梦》考证教人思想与学问的方法；而几十年间红学界围绕胡适的风风雨雨，也都远远超越作者或版本的争辩，涉及不同的思想立场和学术

① 30年代胡适为孙楷第的《日本东京所见中国小说书目提要》作序，将“目录学的根基”与“小说史学”混为一谈，并非不可理解。见《胡适古典文学研究论集》，1271页，上海古籍出版社，1988。

② 此乃五四新文化人的共识，参见郑振铎《研究中国文学的新途径》，见《中国文学研究》上册，上海，商务印书馆，1927。

思路。这里讨论“自传说”的出场与“新红学”的建立，同样希望将其置于较为广阔的学术史背景下，作为“典范”转移的最佳例证来解读。这方面余英时的《近代红学的发展与红学革命》已有精彩的论述，① 需要进一步展开的是这一“典范”的核心概念“自传说”的酝酿与形成。

《〈红楼梦〉考证》乃“新红学”的开山之作，也是胡适最为成功的学术论文之一。胡适此文的改定，得益于他的学生顾颉刚和俞平伯。顾氏曾用两句话概括胡适此文在学术史上的意义：

> 适之先生第一个从曹家的事实上断定这书是作者的自述，使人把秘奇的观念变成了平凡；又从版本上考定这书是未完之作而经后人补缀的，使人把向来看作一贯的东西忽地打成了两橛。②

这两点既是胡适研究《红楼梦》的主要贡献，也是“新红学”的基本命题。此后的许多著述，都是沿袭这一思路，只不过考得更细、论得更精。所谓“后四十回乃高鹗所补，非曹雪芹原作”这一假设，其实是从“自传说”引申出来的——没有追寻曹家历史以证小说的冲动，也就不会疑及著者原意是否落实以及小说是否完整。不管是胡适本人还是论友论敌，都将“自传说”作为《红楼梦》研究中这一新典范的核心。后世学者将胡、蔡（元培）之争作为“真正的红学”的开端，正是看中“自传

---

① 借用库恩（T. S. Kuhn）关于“典范”（paradigm）的改变的理论来为胡适作学术史定位，是余英时的一贯思路，参见《近代红学的发展与红学革命》《〈中国哲学史大纲〉与史学革命》《〈胡适之先生年谱长编初稿〉序》等文。

② 顾颉刚：《〈古史辨〉第一册自序》，见《古史辨》第一册，46 页，上海古籍出版社，1982。

说”挑战“影射说”所代表的学术转型。[①] 相对来说，版本考订以及高鹗续书的评价，尽管对具体阅读可能更有意义，可在学术史上远不及前者有挑战性。因此，代表这一新典范的，只能是胡适的《〈红楼梦〉考证》，而不是俞平伯的《红楼梦辨》——后者对《红楼梦》本文的辨析以及高鹗续书的研究，明显比胡适精细。

胡适将《红楼梦》定为“将真事隐去”的“自叙传”，这个后人看来“极平常的见解”，一旦与作者身世的考辨结合起来，便有了石破天惊的结论：

> 曹雪芹即是《红楼梦》开端时那个深自忏悔的“我”！即是书里的甄、贾（真假）两个宝玉的底本！懂得这个道理，便知书中的贾府与甄府都只是曹雪芹家的影子。[②]

强调“影子”“底本”以及“深自忏悔”的叙述者“我”，这比后来为了旗帜鲜明将曹雪芹直接等同于贾宝玉巧妙多了。“自传小说”与“自传”不是一回事，这点稍有文学常识的人都明白。胡适之先生再有“考据癖”，也不该将二者混为一谈。正因为胡适及其同道过于沉醉在以作者家世证小说的成功，忽略了小说家“假语村言”的权力，“红学”逐渐蜕变为“曹学”，“自传说”引来越来越多的批评。50 年代初俞平伯对此有过认真的反省，承认“《红楼梦》至多是自传性质的小说，不能把它径作

① 参阅潘重规：《红学六十年》，1 页，台北，文史哲出版社，1974。

② 《〈红楼梦〉考证》，见《胡适文存》，一集卷三，219 页，上海，亚东图书馆，1921。

为作者的传记行状看啊”。[①] 其实这种区别传记与小说的警惕，胡适等人当初未尝没有，只是“拿证据来”的诱惑实在难以抗拒，这才有了“红学”向“曹学”的转变。

蔡元培关于既然真事隐去怎能以书中事为真、既然是自叙传又何必有甄、贾两宝玉的反批评，[②] 胡适等人立说之初早已面临。顾颉刚发现史料呈现出来的曹雪芹与小说中的贾宝玉颇有距离，俞平伯则大观园在南在北尚且说不清——这些并没动摇“自传说”的根基，因为“孤冷”的性格与“闹热”的生活经历并非绝对不相容，况且自叙传小说“虽记实事，却也不全是信史”。[③] 既非“信史”，所谓“写实”，也只是“以真事为蓝本”，而不是史家的“实录”。胡适甚至将《老残游记》也称为自传，[④] 可见其心目中的自叙传小说，只是有作家本人身世的“影子”。可落笔为文，为了强调与索隐派穿凿附会的区别，胡适等人尽量坐实贾府与曹家以及宝玉与雪芹之“若合符节”，有意无意间泯灭了自传与自叙传小说的区别。即便如此，“自传说”仍是20世纪《红楼梦》研究中最为成功的假设。原因在于它为“新红学”的发展奠定了坚实的根基，这一点是其他论著所无法比拟的。后世学者可能对王国维

① 俞平伯：《〈红楼梦研究〉自序》，见《红楼梦研究》，1页，北京，人民文学出版社，1973。

② 《〈石头记索隐〉第六版自序》，见《蔡元培全集》，第三卷，73页，北京，中华书局，1984。

③ 参阅《胡适红楼梦研究论述全编》，50页、54页，上海古籍出版社，1988；俞平伯：《红楼梦辨》，111页、116页，北京，人民文学出版社，1973。

④ 1921年胡适在日记中称《老残游记》为“一种自传”（《胡适的日记》，214页，北京，中华书局，1985）；1925年为《老残游记》作序，胡适改口称此书第一回乃作者的“自叙或自传”，整部小说则是“作者发表他对于身世，家国，宗教的见解的书”（《胡适古典文学研究论集》，1251页、1255页，上海古籍出版社，1988）。

的《红楼梦评论》更感兴趣,[①] 但王氏用艺术创作的一般规律来批评“作者自道其生平”的假设，近乎无的放矢。虽也承认考证“作者之姓名”与“作书之年月”对理解《红楼梦》至关重要，王国维此文重点在发挥论者之悲剧观念，无法为后来者进一步的研究提供立足点。[②] 同样对《红楼梦》的悲剧精神有深刻领悟，鲁迅比较王、胡二家意见，认可胡适的“自传说”，且以作者“独于自身，深所忏悔”的叙述语调，印证此书的自叙色彩。[③]

在《〈红楼梦〉考证》文末，胡适提出“打破从前种种穿凿附会的‘红学’；创造科学方法的《红楼梦》研究”的口号，明显摆出重建学术规范的架势。这一新“典范”的理论假设是“自传说”，其方法论意识则是“实证”。胡适对此有明确的表述：

> 我在这篇文章里，处处想撇开一切先入的成见；处处存一个搜求证据的目的；处处尊重证据，让证据做向导，引我到相当的结论上去。[④]

这一注重证据的“科学方法”，其实已经内在地规定了胡适的《红楼梦》研究只能在“著者”与“本子”上下功夫。在胡适看来，只有这两者，才

---

① 如刘梦溪便认为王国维在红学史上也是一个树立典范的学者，其工作甚至比胡适还要优越，参见其《红学》，257 页，北京，文化艺术出版社，1990。

② 参阅《王国维遗书》，第五卷《静庵文集》，58～61 页，上海古籍书店，1983。

③ 参阅《中国小说史略》第二十四篇《清之人情小说》，见《鲁迅全集》第九卷，235～238 页，北京，人民文学出版社，1981。

④ 《〈红楼梦〉考证》，《胡适红楼梦研究论述全编》，118 页，上海古籍出版社，1988。

是“《红楼梦》考证的正当范围”。针对蔡元培文学阅读重点在著作而不在作者的批评，胡适强调“作者的生平与时代是考证‘著作之内容’的第一步工夫”；可胡适本人如此执着于“第一步”，从没希望再往前走，原因是后者无法“拿证据来”，不符合他所信仰的“科学方法”。[①] 这就难怪胡适推出“自传说”时，只以索隐派为旧典范的代表，而只字不提早已存在且仍在发挥作用的评点派。

顾颉刚将旧红学归纳为“浮浅的模仿，尖刻的批评和附会的考证”三类[②]，何以胡适单挑出“附会的考证”作为论敌？就因为胡适对金圣叹式的小说评点绝无好感，认定此类发掘“微言大义”且带“八股选家气”的批评毫无意义；撰《〈水浒传〉考证》时还花笔墨扫荡一番，到考证《红楼梦》时连提都不提。[③] 时人论及红学派别，颇有将索隐派、考证派、批评派三足鼎立者，[④] 其实应该先分重史、重文两大阵营，然后再往下分门别派。胡适晚年分别两种文学研究方法，并称自己的小说考证“完全是文学史的看法，不是研究文学的看法”。[⑤] 此文因系答问，并非正式论文，有点语焉不详；可细察胡适一贯思路，不难明白他是将可以“拿证据来”的传记考证与历史演变的追寻作为“文学史的

① 参阅《胡适红楼梦研究论述全编》，86 页、139 页，上海古籍出版社，1988。

② 顾颉刚：《〈红楼梦辨〉顾序》，《红楼梦辨》，1 页，北京，人民文学出版社，1973。

③ 参阅《胡适古典文学研究论集》，745～748 页，上海古籍出版社，1988；《胡适红楼梦研究论述全编》，75～84 页，上海古籍出版社，1988。

④ 余英时《近代红学的发展与红学革命》称对自传派构成挑战的有索隐派、斗争论和文学批评；刘梦溪《红学》259 页（北京，文化艺术出版社，1990）将斗争论作为小说批评的变形，主张三分天下。

⑤ 《什么是"国语的文学"、"文学的国语"》，见《胡适讲演》，274 页，北京，中国广播电视出版社，1992。

看法”，而把带有明显主观色彩的艺术分析作为“研究文学的看法”。这种分类落实在红学研究中，便是以“史家”抑或以“文人”的眼光读小说。胡适之所以愿意与索隐派一比高低，就因为二者都以史家眼光读小说，有共同语言，也有可比性。考“本事”、考“作者”或考“版本”，都是实证研究，都得尊重证据。对于信仰“证据”的胡适来说，艺术分析根本就不是学问，无法使小说研究成为“与传统的经学、史学平起平坐”的学术主题。胡适的这一偏见至老未改，认定注重批评的林语堂等人的文章不值得收集，四十年来新红学的发展只是在其开创的作者和版本的考订上增加新资料。① 从“假设”必须得到“证明”这一方法预设，胡适选择了“自传说”；而排斥文本批评，固然意在纠正前人之“穿凿附会”，也跟其现实主义的文学观以及对自传的浓厚兴趣有关。

胡适议政时少谈主义而多讲问题，论学时也不例外。即使轰动一时的“八不主义”，也只是针对具体问题的对策。五四新文化人喜欢谈论的现实主义、浪漫主义、象征主义等，胡适不大擅长。偶尔论及，胡适明显倾向于现实主义。1918 年撰《论短篇小说》，胡适称唐人小说属于理想主义，宋明话本近乎写实主义，蒲松龄的《聊斋志异》则是于理想主义中带几分写实的性质。这里对“理想主义”与“写实主义”似乎不分轩轾，可很快地胡适对世人争谈“新浪漫主义”深表不满，并强化其现实主义立场。② 其实胡适对现实主义并没深入研究，只是欣赏其“为人生而艺术”的创作态度以及写实的笔法——后者使得小说能够提供史家感兴趣的社会史料。如此期待视野，带有传统中国文人“诗

① 《答李孤帆书》，见《胡适红楼梦研究论述全编》，357 页，上海古籍出版社，1988。

② 参阅《胡适的日记》，75～76 页，北京，中华书局，1985。

史”及“诗教”说的印记。

早年发誓“不作无关世道之文字”，留美时念了几本文学概论，明白可以有专求美感的“无所为而为之”的文学，回过头来对白居易之类专讲“济用”的“实际家”可就不以为然了。① 只是胡适天生无法“浪漫”或“唯美”，回国后转而重新要求文学关注世道人心，承担修齐治平的重担。于是元稹、白居易将文学作为“救济社会，改善人生的利器”的主张，又得到胡适的高度赞赏，以为其开创了“中国文学史上一个很光荣灿烂的时代”。胡适将元、白的文学革新主张翻成现代术语：“为人生而作文学”加上“写实主义”。二者之所以密不可分，就因为“文学既是要‘救济人病，裨补时阙’，故文学当侧重写实”。② 依此思路，胡适对“空中楼阁”之类的说法不感兴趣，褒扬《红楼梦》时不忘强调其真价值在于“平淡无奇的自然主义”。③ “写实”在胡适眼里，不只是一种创作方法，更代表作家的良心与社会责任感。

胡适明明知道元、白的讽喻诗太重功效，不留余韵，故“往往有史料的价值，而没有文学的意味”，仍然对其推崇备至。④ 这种重史轻文的阅读趣味，在小说研究中表现得更为突出。不管是读《儿女英雄传》，还是读《官场现形记》《老残游记》，胡适都强调其中“社会史料”的价值；至于挑出女儿国一段，断言《镜花缘》“将来一定要成为世界女权史上的一篇永远不朽的大文”，着眼点仍然是社会历史而不是

① 《胡适留学日记》，737页，上海，商务印书馆，1947。

② 胡适：《白话文学史》，423～446页，上海，新月书店，1928。

③ 《〈红楼梦〉考证》，《胡适红楼梦研究论述全编》，108页，上海古籍出版社，1988。

④ 胡适：《白话文学史》，458页，上海，新月书店，1928。

文学。[①] 蔡元培读小说喜欢那些"有影事在后面"的，[②] 其《红楼梦》研究注重索隐；胡适读小说欣赏"社会史料"，其《红楼梦》也就偏于考证。都是对清代学术别有会心，也都像王国维所讥讽的那样，"以考证之眼"读小说，[③] 蔡元培与胡适的红学观居然势不两立。除所谓"方法不同，训练不同"外，[④] 更重要的是二位在小说中想找的东西本来就不一样。对于文学史家来说，方法与趣味往往纠合在一起，学术训练不能也不该完全剔除论者的"主观色彩"。胡适对此缺乏清醒的认识，过分标榜其跟着证据走的"科学方法"；忘记了制约着"自传说"的出场的，仍然是一种并非"六根清净"的阅读趣味。欣赏写实笔法，注重社会史料，再加上汉学功底，胡适选择"自叙传"的假设，可以说是顺理成章。

另外，讨论"自传说"的出场，不能不涉及胡适本人对传记、年谱、日记、自叙等文体持续且浓厚的兴趣。胡适晚年自述其《红楼梦》研究思路，有一句话近乎"泄露天机"：

> 必须先作这种种传记的考证，然后可以确定这个"作者自叙"的平凡而合情理的说法。[⑤]

---

① 参阅《胡适古典文学研究论集》，1164 页、1232 页、1260 页、1145～1146 页，上海古籍出版社，1988。

② 蔡元培：《追悼曾孟朴先生》，载《宇宙风》第 2 期，1935。

③ 《红楼梦评论》，见《王国维遗书》，第五卷《静庵文集》，58 页，上海古籍书店，1983。

④ 参阅《对潘夏先生论〈红楼梦〉的一封信》，《胡适红楼梦研究论述全编》，224 页，上海古籍出版社，1988。

⑤ 《胡适红楼梦研究论述全编》，223 页(上海古籍出版社，1988)；《胡适口述自传》(北京，华文出版社，1992)263～270 页也有类似的说法。

没有曹家身世的考订，“自传说”无法证实，这只是研究过程的描述；为什么选择传记考证作为文学研究的入手处，这一进入具体操作前的方法设定，或许更值得关注。胡适对人格进化的轨迹以及历史演进的过程有特殊兴趣，尤其是对其中起决定因素的“时间”格外敏感。早在留学时期，胡适就开始比较东西传记的长短，特别强调中国的传记“静而不动”，西方传记则注重“人格进化之历史(the development of a character)”；中国缺少长篇自传，但“吾国人自作年谱日记者颇多，年谱尤近西人之自传矣”。[①] 世人多已注意到胡适提倡传记文学以及身体力行的努力，[②] 其实胡适更感兴趣的不是为他人作传，而是自我“树碑立传”。

这种说法并非语带嘲讽。胡适认定大小人物都有其悲欢离合，也都受制于时代风云，倘能“纪实传真”，“赤裸裸的记载他们的生活”，便能“给史家做材料，给文学开生路”。此类自传，必定比出于仇敌的诋诬之作或出于亲友的谀墓文章有价值。[③] 除了到处鼓动长辈师友撰写自传，胡适30年代有《四十自述》，50年代有“夫子自道的‘胡适学

---

① 《胡适留学日记》，415～418页，上海，商务印书馆，1947。

② 参阅唐德刚：《胡适杂忆》，139～144页，北京，华文出版社，1990。另外，可参见易竹贤：《胡适传》(武汉，湖北人民出版社，1987)第九章中“‘传记热’与《四十自述》”节和章清：《胡适评传》(南昌，百花洲文艺出版社，1992)第四章中“传记文学的身体力行”节。

③ 参阅胡适：《〈南通张季直先生传记〉序》(《胡适文存三集》，上海，亚东图书馆，1930)和《〈四十自述〉自序》(《四十自述》，上海，亚东图书馆，1933)。

案’”《胡适口述自传》;[①] 如果再加上《逼上梁山》《我的歧路》《介绍我自己的思想》《我的信仰》等单篇文章，胡适自述生平及思想的文字数量可观。虽然因心境变迁，早就许愿的《五十自述》《六十自述》最终未能完成，[②] 但胡适的“自叙传”并未因此而失落，翻阅台北远流出版公司 1989 年版 18 册《胡适日记：手稿本》，不难明白这一点。藏自传于日记，这种设想并非无稽之谈。早年称国人之日记年谱近于西人之自传，晚年几次提及《胡适留学日记》即是其自传的一部分。[③] 唐德刚称胡适“是个很可观的‘日记作家’(diarist)”，这话不是没有道理的。[④] 这不只是说胡适几十年记日记不辍，对自家日记十分珍视；更重要的是胡适始终将日记作为一种独特的文体，记录一时一地之思想及感受，目的是有朝一日公诸于众。意识到读者眼睛的存在，落笔为文时不免有所顾忌。胡适的日记并非像他自己所说的“赤裸裸”，而是颇多修饰。1915 年 8 月，身在异国的胡适“偶作绮语”，填了一首词；日记中录下这首词的同时，写下如下注解：“词中语意一无所指，惧他日读者之妄相猜度也，故序之如此。”同年 10 月，胡适复母亲信辩解并无别娶之意，其中有些权宜之语，日记中也加以删节。[⑤] 鲁迅对“以

---

① 关于胡适如何口述自传以及这部口述自传的特点，参阅唐德刚为此书中文版所作的《写在书前的译后感》(《胡适口述自传》，北京，华文出版社，1992)以及《胡适杂忆》，30～31 页、246～263 页(北京，华文出版社，1990)。

② 参阅胡颂平《胡适之先生年谱长编初稿》，2371 页，台北，联经出版事业公司，1984。

③ 胡适有时称《胡适留学日记》为“自传原料”，有时径称其为“自传的一部分”，见《胡适之先生年谱长编初稿》，2371 页、3194 页，台北，联经出版事业公司，1984。

④ 唐德刚：《胡适杂忆》，140 页，北京，华文出版社，1990。

⑤ 参见《胡适留学日记》749 页(上海，商务印书馆，1947)和耿云志《胡适研究论稿》(成都，四川人民出版社，1985)349 页。

日记为著述”的李慈铭颇不以为然，认为从《越缦堂日记》中“看不见李慈铭的心，却时时看到一些做作”。在文章末尾，鲁迅顺便扫了“也在做日记，并且给人传观了”的胡适之先生一笔。①

胡适确实欣赏《越缦堂日记》，断言其价值在于“可补历史”，并因读此书而“重提起做日记的兴趣”。② 一求见人心，一图补历史，鲁迅、胡适读日记的角度不一样，所撰日记也风格迥异，没必要强分高低。

与李慈铭的“以日记为著述”略有不同，胡适更倾向于“以日记为自传”。不单如此，胡适似乎对一切带有自述色彩的文体都感兴趣。司马迁的《自序》、班固的《叙传》、王充的《自纪篇》不用说，就连宋人把编年一体应用到“一人之史”而产生的“年谱”，也大受胡适青睐。胡适认定“年谱乃是中国传记体的一大进化”，称《罗壮勇公年谱》为“最近一二百年来最有趣味的传记”；③ 其所撰《章实斋先生年谱》体例上颇多创新，为梁启超、姚名达师徒所激赏。④ 至于表彰《师门五年记》这样描写做学问的经验和师友切磋乐趣的自传中的“创体”，以及晚年

---

① 《马上日记》，见《鲁迅全集》第三卷，308页（北京，人民文学出版社，1981）；《怎么写》，见《鲁迅全集》第四卷，24页（北京，人民文学出版社，1981）。

② 《胡适的日记》，411页、24页，北京，中华书局，1985。

③ 参阅胡适《〈章实斋先生年谱〉自序》和《传记文学》（《胡适讲演》，197～200页，北京，中国广播电视出版社，1992）。

④ 梁启超：《中国近三百年学术史》（上海，中华书局，1936），335页称赞此书“不惟能撷谱主学术之纲要，并及其时代思潮”，乃“近代学术界一盛饰也”；姚名达为本年谱作增补，并在序言中将此书“体例的革新”概括为：“打破了前人单记行事的体裁；摘录了谱主最重要的文章；注意谱主与时人的关系；注明白史料的出处；有批评；有考证；谱主著述年月大概都有了”（《章实斋先生年谱》，上海，商务印书馆，1933）。

赞赏各种回忆录，除看中其“保存史料”的价值外，更注重叙述的真切与表达的自由。①

注重“自传”，这点胡适真的有家学渊源。适之先生的父亲名传，字铁花，号钝夫，有《钝夫年谱》及《日记》等著述多种。胡适对此非常得意，私下里告诉友人“《钝夫年谱》是一部很好的自传，可惜没有写完”；如果加上《日记》，这样就“可以成一部自传”。② 对传记、年谱、日记、自传等文体的一往情深，早在从事《红楼梦》研究之前。这种阅读趣味，对胡适建构“自传说”的理论框架，不可能没有影响。前人虽已有作者自道生平的提示，可真的把《红楼梦》当自传读，还是需要勇气与胆识。“诗”、“史”互证，就研究方法而言并不新鲜；令人惊叹的是其把一部长篇小说读为“自叙传”的这一“大胆的假设”。此后的“拿证据来”，纯为汉学家法，其实并非胡适的“绝活”。时人多注意胡适跟着证据走的“科学方法”，而难得探究其建立假说的内在动因——包括其文体意识、欣赏趣味以及学术品格。

五、整理国故思潮

胡适的文学史著述，大都酝酿于文学革命运动时，成形于整理国故思潮中。从“文学革命”到“整理国故”，既是胡适从事著述的学术背景，也是其作为学界领袖的内在思路。在这不大协调的两大思潮之间架桥铺路的，正是这位胡适之先生。单就个人著述而言，从《中国哲学史大纲》到《〈水浒传〉考证》，不算多么突兀的转折；可从文化思潮

---

① 参阅《胡适之先生年谱长编初稿》，2040页、2828页、3340页，台北，联经出版事业公司，1984。

② 同上书，3220页、3169页。

着眼，从《新青年》到《国学季刊》，确实已经斗换星移。虽然留学时即有“文章革命何疑”的豪言壮语，胡适天性温和，五四时期激进的反传统姿态，很大程度是受陈独秀影响。[①] 谈白话文学时强调其唐宋以下“一线相承，至今不绝”，论中国哲学时注重“古学昌明”的清代学术，甚至以之比拟欧洲的文艺复兴，[②] 这些都不是真正的“革命家”口吻。就在文学革命摧枯拉朽的1919年，胡适连续写了《新思潮的意义》《论国故学》《清代学者的治学方法》三篇很能体现其“历史癖”的文章，正式亮出“整理国故”的旗帜。首先将新思潮概括为“研究问题，输入学理，整理国故，再造文明”四个密不可分的环节；其次以“人类求知的天性”为出发点，确认“现在整理国故的必要，实在很多”；最后论证“中国旧有的学术，只有清代的‘朴学’确有‘科学’的精神”，俨然有提倡用朴学方法整理国故的意思。[③] 因最后一点引起不少误解和指责，胡适后来改用较为笼统的“科学方法”。可问题不在这里，而在于以“输入学理”著称的胡适之先生，一转而“整理国故”去了，让刚被唤醒而从古书堆中冲杀出来的青年学子茫然若失。

“文学革命”远不只是以白话取代文言，更牵涉到对整个中国传统文化的评价，故各方人士纷纷表态。1919年1月，拥护和反对新文化运动的北京大学师生，分别成立《新潮》社和《国故》社。前者主张“学术原无所谓国别”，中国应“渐入世界潮流”；后者则以“昌明中国固有

① 参阅胡适：《尝试集》，194页，上海，亚东图书馆，1922；《五十年来中国之文学》，见《胡适古典文学研究论集》，155页，上海古籍出版社，1988。

② 参阅《胡适古典文学研究论集》，47页(上海古籍出版社，1988)、胡适：《中国哲学史大纲》，9页，上海，商务印书馆，1919。

③ 三文均作于1919年下半年，并收入《胡适文存》一集(上海，亚东图书馆，1921)；《清代学者的治学方法》初刊《北京大学月刊》时，题为《清代汉学家的科学方法》，更是直接将“汉学”与“科学方法”挂钩。

之学术为宗旨”。[①] 除了对新文化运动评价决然对立以外，更大的分歧在于对待“国学”或“国故”的态度。新文化运动的反对者大多并非浅学之士，都对西方思想学说有一定的了解，起码没有公开表示拒绝西学。若林纾、严复、胡先骕、梅光迪等，也只是反对“取他人文化以代之”，强调“欲创造新文学，必浸淫于古籍”。[②] 就连被鲁迅讥为不值一“衡”的《学衡》杂志，其宗旨不过将“昌明国粹”搁在“融化新知”之前。[③] 同样道理，新文化人之推崇西学而贬抑国学，也主要是一种策略考虑：对中国人根深蒂固的复古思想保持高度警惕。表面上阵垒分明势不两立，突然间新文化主将胡适临阵倒戈，大谈起“整理国故”来，昔日的朋友颇多表示不以为然。鲁迅还只是对那些“所谓‘国学’”嬉笑怒骂，陈独秀则直接指责胡适的研究国学“不过是在粪秽中寻找香水”；成仿吾和郭沫若的态度稍为温和些，不主张笼统地反对国学，只是批评提倡者“欠少科学的素养”，一味“承袭清时的考据家”，且“大傻大鼓四处去宣传”，容易在社会上煽起“乱翻古书”的复古风气。[④] 茅盾的《进一步退两步》把新文化人因担心“反动派”“借了整理

---

① 参见《〈新潮〉发刊旨趣书》，《新潮》第1卷第1号，1919；《〈国故〉月刊成立纪事》，《北京大学日刊》，1919年1月28日。

② 引文见梅光迪《评提倡新文化者》和胡先骕《中国文学改良论》(上)，载《中国新文学大系·文学论争集》，132页、106页，上海，良友图书印刷公司，1935。另外，林纾和严复的见解可参阅《中国新文学大系·文学论争集》，78～81页和《严复集》，第三册，699页，北京，中华书局，1986。

③ 参阅鲁迅《估〈学衡〉》，《鲁迅全集》第一卷，377～379页(北京，人民文学出版社，1981)；《学衡杂志简章》，《学衡》第1卷第1期，1922。

④ 参阅鲁迅的《所谓“国学”》，见《鲁迅全集》第一卷，388页(北京，人民文学出版社，1981)；陈独秀的《国学》，见《陈独秀文章选编》中册，404页，北京，三联书店，1984；成仿吾的《国学运动的我见》，载《创造周报》第28号，1923；郭沫若的《整理国故的评价》，《创造周报》第36号，1924。

国故的光"而回潮，故采取决绝态度的心理表现得十分清楚：

> 我也知道"整理旧的"也是新文学运动题内应有之事，但是当白话文尚未在全社会内成为一类信仰的时候，我们必须十分顽固，发誓不看古书……①

正因为只是策略考虑，鲁迅等人与胡适在整理国故问题上的冲突，其实不像后世想象的那么尖锐。事实上此时的鲁迅、茅盾、郭沫若，都已开始或即将开始从事专门的中国古代小说、神话、社会研究。

在新文化人把工作重点从文化批判转为学术研究这一自我调整过程中，胡适的"整理国故"主张起了很大作用。并非所有的新文化人都对此不理解，1921 年文学研究会成立，其《简章》宣布"本会以研究介绍世界文学整理中国旧文学创造新文学为宗旨"；1923 年《国学季刊》创刊，"整理国故"颇遭非议，郑振铎主编的《小说月报》上刊出一组题为《整理国故与新文学运动》的讨论文章，"都是偏于主张国故的整理对于新文学运动很有利益一方面的论调"。② 其中郑振铎论证"重新估定或发现中国文学的价值"，正是新文学运动的重要责任；王伯祥强调"'整理国故'和'新文学运动'在学术研究上的地位，实在同样的重要"；顾颉刚则主张分途发展，喜欢文学创作的人尽可不做"历史的研

① 《茅盾全集》第十八卷，445 页，北京，人民文学出版社，1989。

② 参见《文学研究会简章》，《小说月报》第 12 卷第 1 号，1921；郑振铎为《整理国故与新文学运动》专栏写的《发端》，载《小说月报》第 14 卷第 1 号，1923。

究”，“至于性情宜于整理国故的人，不可不及早努力”。① “国故”迟早需要整理，问题是从什么角度用何种方法来整理。郑振铎、顾颉刚等支持者之所以理直气壮，不只是意识到这一工作的重要性，更因为自认掌握了整理国故的“科学方法”。

在20年代初的中国学界，“科学方法”几乎成了胡适的“专利”。《论国故学》提出的“为真理而求真理”的学术境界、《新思潮的意义》提出的“评判的态度，科学的精神”以及《〈国学季刊〉发刊宣言》提出的“历史的眼光”、“系统的整理”、“比较的研究”，所有这些加起来，大概就成了“新青年”们心目中的“科学方法”。② 为了使“科学方法”能顺利地在中国传播，胡适借助于清代的考据学传统，且将其简化为“拿证据来”。这么一来，“科学方法”固然满天飞，可胡适所设想的“为中国学术谋解放”的“新史学”，③ 也就不免被世人误解为“新汉学”。胡适并非没有意识到这一危险，在作为整理国故纲领的《〈国学季刊〉发刊宣言》中，重提“高远的想象力”，并对清学重功力而轻理解的学术倾向表示不以为然：

这三百年之中，几乎只有经师，而无思想家；只有校史者，

① 参阅郑振铎的《新文学之建设与国故之新研究》、王伯祥的《国故的地位》和顾颉刚的《我们对于国故应取的态度》，均见《小说月报》第14卷第1号，1923。

② 顾颉刚对此有明确的表述，参阅《〈古史辨〉第一册自序》，见《古史辨》第一册，78页、94～95页（上海古籍出版社，1982）；《当代中国史学》，126页，香港，龙门书店，1964。另外，郑振铎的《研究中国文学的新途径》则基本复述经过胡适诠释的“方法”，见《中国文学研究》上册，上海，商务印书馆，1927。

③ 《胡适的日记》，438页，北京，中华书局，1985。

而无史家；只有校注，而无著作。①

如此严厉的批评，尽可看做胡适本人“自我救赎”的努力。在此后的《戴东原的哲学》中，胡适仍然坚持批评清代“‘襞绩补苴’的汉学风气”，赞赏戴东原“由考核以通乎性与天道”的学术路向。② 尽管如此，有“历史癖与考据癖”的胡适之先生，仍然抵挡不住“科学”的考证学的诱惑，其治学风格日趋汉学化。而且这不只是胡适的个人兴趣，当年北京学人中颇有不满提倡“直觉”高谈“主义”因而“大有倾向陆王的趋势”的时尚，故意强调实证研究的。③ 一个有趣的例证是，就在胡适大谈“高远的想象力”的《国学季刊》创刊号上，除了胡适、王国维的两篇译文，所刊论文几乎一式考据：马衡的《石鼓为秦刻石考》、陈垣的《火祆教入中国考》、朱希祖的《萧梁旧史考》、顾颉刚的《郑樵著述考》、王国维的《五代监本考》以及沈兼士的《国语问题之历史的研究》。在同时期的文化学术刊物中，没有比这更“汉学化”的了。由于北京大学以及胡适等人在全国学界举足轻重的影响，以科学方法“整理国故”的提倡，实际上对相对重理解而轻功力的学者造成一种压迫，以至必须为自己非考证的研究方法辩护。④

至于胡适本人，则为其口号及名声所累，不敢言之无据，也就谈不上“高远的想象力”或“大胆的假设”。这一点对文学史家的胡适影响

① 《〈国学季刊〉发刊宣言》，《国学季刊》第1卷第1号，1923。

② 胡适：《戴东原的哲学》，121～122页，上海，商务印书馆，1927。

③ 同上书，196页。

④ 表面上有郭沫若嘲笑考证派不懂文学（见上引《整理国故的评价》），也有俞平伯辩解考证无碍于文艺的领略（《红楼梦辨》，212页，北京，人民文学出版社，1973），似乎鉴赏派占上风，其实大不然。

甚大。研究文学毕竟不同于治经治史，考据不能解决所有问题。胡适在把小说研究提高到与传统的经学史学平起平坐的同时，也把清儒治经治史的方法引进文学批评。早年也曾嘲笑“强为穿凿附会”的历代注《诗》腐儒，主张“用文学的眼光来读《诗》”①。其实“没有文学的赏鉴力与想象力的人”，何止“不能读《诗》”，也无法从事真正的文学批评。一方面是不断出现的新史料让胡适应接不暇，没时间在作品的本文上下功夫；② 另一方面胡适的文学鉴赏力也确实不高，批评时常有失误之处。不管是《白话文学史》中对律诗的声讨，还是《中国章回小说考证》中的艺术风格分析，都明显地暴露了胡适的缺陷。最令人难堪的是，新红学的开山祖胡适之先生居然对《红楼梦》没有多少好感，认定其“思想见地”不如《儒林外史》，“文学技术”则比不上《海上花列传》和《老残游记》。③ 这种偏差似乎不能用“诗无达诂”来解释，40年代末胡适曾自述其读《水浒传》的感受：

> 我正看得起劲，忽然我的历史考据癖打断了我的文章欣赏！④

① 参阅《胡适留学日记》，737～741页(上海，商务印书馆，1947)、《胡适的日记》，337页(北京，中华书局，1985)和《胡适古典文学研究论集》，326页(上海古籍出版社，1988)。

② 顾颉刚为《红楼梦辨》作序，称：“适之先生常常有新的材料发见；但我和平伯都没找着历史上的材料，所以专在《红楼梦》的本文上用力。”胡适治学之所以特重新材料，与他身处学界中心，不论研究《红楼梦》还是重审《水经注》案，都能得到许多珍贵的版本有关。

③ 《答苏雪林书》《与高阳书》，见《胡适红楼梦研究论述全编》，279～280页、290页，上海古籍出版社，1988。

④ 《胡适之先生年谱长编初稿》，1997页，台北，联经出版事业公司，1984。

这并非只是一次“偶然事件”，对于相信“有证据的知识，才是真正的知识”的胡适之先生来说，[①] 阅读中由“文章欣赏”迅速滑向“历史考据”，完全可以理解。过分迷信“科学”，以至将“拿证据来”作为其学术研究的中心，使得胡适的文学批评和哲学思考缺乏深刻的体味与阐发，并因此招来许多批评。[②]

顾颉刚在描述20世纪初中国的学术思潮时称：“整理国故的呼声倡始于太炎先生，而上轨道的进行则发轫于适之先生的具体的计画。”[③]关于胡适的提倡整理国故颇受章太炎影响，从《中国哲学史大纲》中多处引述章氏著作并向其致谢意，以及《研究国故的方法》指出“自从章太炎著了一本《国故论衡》之后，这‘国故’的名词于是成立”，不难看出其中的蛛丝马迹。[④] 但同是研究“中国的一切过去的文化历史”，章、胡立足点很不一样。章太炎在《原学》中强调中国文化有其独立价值，反对世人之“以不类远西为耻”，理由是：

---

① 《胡适之先生年谱长编初稿》，2711页，台北，联经出版事业公司，1984。

② 以哲学研究为例，章太炎批评胡适误以说经之法治诸子，故多谈训诂而少及义理(《与章行严论墨学第二书》)；梁启超称胡适“凡关于知识论方面，到处发见石破天惊的伟论；凡关于宇宙观人生观方面，什有九很浅薄或谬误”(《评胡适之〈中国哲学史大纲〉》)；熊十力肯定胡适提倡科学方法，但不满其“仅及于考核之业”，“无可语于穷大极深之业”(《纪念北大五十周年并为林宰平先生祝嘏》，《国立北京大学五十周年纪念一览》，北京，国立北京大学出版部，1948)。

③ 顾颉刚：《〈古史辨〉第一册自序》，《古史辨》第一册，78页，上海古籍出版社，1982。

④ 参阅胡适的《中国哲学史大纲》，30页(上海，商务印书馆，1919)和《再版自序》《胡适讲演》，47页(北京，中国广播电视出版社，1992)。

饴豉酒酪，其味不同，而皆可于口。今中国之不可委心远西，犹远西之不可委心中国也。①

故章太炎之主持国学讲习会、国学振兴社等，目的是“振起国学发扬国光”；② 这无疑与胡适整理国故是为了“打鬼”的想法大相径庭。

新文学运动的主将转而“整理国故”，胡适当年确实承受了很大的压力。为了缓和同人的不满，以免八面受敌，胡适强调自己钻进“烂纸堆”，目的是“捉妖”“打鬼”，证明所谓国故“也不过如此”。③ 抱定“化神奇为腐朽”的宗旨来整理国故，必然难得细心体会中国文化的长处。五四新文化人大都有此倾向，劈头就是“中国文学不发达的原因”，或者如何“研究这疮痍满体的中国文学”，④ 提问题的方式和角度已经决定了中国文学的位置。在同时代的研究者中，胡适还算对中国文学有较多的理解和同情。但即便如此，套用西洋文学观念来批评中国小说和诗文，仍是胡适此类著述的主要毛病。“输入学理”与“整理国故”之间，虽非关山万重不可逾越，也不像胡适当初设想的那么“和谐”。对于真的开启了新的学术时代的胡适之先生来说，这毕竟是一个不小的遗憾。

---

① 章太炎：《国故论衡》，149页，上海，大共和日报馆，1912。

② 参阅《民报》第7号、9号(1906年9、11月)所刊《国学讲习会序》和《国学振兴社广告》。

③ 胡适：《整理国故与“打鬼”》，《现代评论》，第5卷第119期，1927。

④ 参阅茅盾的《中国文学不发达的原因》，《茅盾全集》第十八卷，97页，北京，人民文学出版社，1989；郑振铎的《中国文学研究者向那里去?》，见《中国文学研究》，1165页，北京，作家出版社，1957。

经典是怎样形成的*

——《触摸历史与进入五四》第五章

中文的“经典”与英文的“CANON”，都是相当郑重的字眼。除了泛指各宗教宣传教义的根本性著作，还指向传统的具有权威性的著述；其作用，不只因自身具有长久的阅读或研究价值，还可作为同类书籍的标准与典范。因此，一时代的精神价值与文化取向，往往依靠其产生的“经典著作”来呈现。

承认每个时代每个民族甚至每个专业领域都可能为人类历史奉献自己的“经典著作”，如此开放的期待视野，无形中大大扩展了“经典”的队伍。基本含义没变，可遴选的标准却大为降低。在宽容的现代人眼中，“经典”可以是临时性的——只要为一时代的读者广泛认可，即不妨冠以此称。这个意义上的“经典”，当然不像《论语》或《圣经》那样

* 本文原题《经典是怎样形成的——周氏兄弟等为胡适删诗考》，初刊《鲁迅研究月刊》2001 年第 4 期、第 5 期，收入《触摸历史与进入五四》(北京大学出版社，2005 年)。

“坚不可摧”，而是需要在历史长河中，经由一系列的沉浮，再最终确定其地位。放眼望去，你会发现，同是“经典”，二十年、五十年、一百年、五百年、一千年、两千年，年纪大小与含金量的高低基本上成正比。两千年前的“经典”，也会面临阴晴圆缺，但有朝一日完全被遗忘的可能性不大；反过来，二十年前的“经典”，则随时可能因时势迁移而遭淘汰出局。

一部作品之成为“经典”，除了自身的资质，还需要历史机遇，需要时间淘洗，需要阐释者的高瞻远瞩，更需要广大读者的积极参与。着眼于长时段者，往往强调历史是公正的；可在中、短时段的视野中，经典的筛选，不可避免为政治、文化、性别、种族等偏见所左右。充当伯乐的，或许只是一时冲动；随声附和者，也未见得真的十分喜欢。可声势一旦形成，将信将疑的读者，便都不敢公开挑战已成定见的“社会共识”。只是到了“忽喇喇大厦将倾”，才会腾起钱塘江大潮般的批评声浪。如此说来，历史判断的“公正性”，并非毋庸置疑。

置疑“经典”一词的含义，或者追究某部作品是否浪得虚名，在我看来，都不如探究“经典是怎样形成的”有意思。因为不管人们如何事后诸葛亮，嘲笑当初并不明智的选择；可一部经典之得以确立，必定有其值得认真辨析的“机缘”。而对于解读一时代的文化趣味，这是个绝好的切入角度。

何为经典，不同时代、不同群体的读者，很可能会有截然不同的答复。在文化价值日趋多元的今日，要想推举众口一词的经典之作，实在是难于上青天。远的还好说，比如评选唐诗宋词；近的可就麻烦多多了，比如谈论 20 世纪中国文学。想想谢冕等先生主编那两套关于百年中国的“文学经典”所激起的“公愤”①，就不难明白其中奥秘。独断之学行不通，于是退而求其次，有了广泛征求意见、由若干著名作家和学者投票确定的“百年百种优秀中国文学图书”②。比起“文学经典”来，“优秀图书”的命名，未免过于平实，在众多“世纪末大餐”面前，显得很不起眼。平静过关固然是好事，可回避了极易引起争议的“经典是怎样形成的”，还是有点可惜。

我之关注此话题，基于一个基本事实：为何世纪末大结账，没有名篇入选《百年中国文学经典》的诗人胡适③，其《尝试集》竟成了“百年百种优秀中国文学图书”之一？不是评价尺度宽紧的问题，也并非评选者不同导致的偏差，作为新诗人的胡适，有名著而无名篇，此乃目前中国学界的主流意见。已经几起几落的《尝试集》，目前虽然没有多少读者，可史家就是不敢遗忘。这里涉及两种不同意义的“经典”，一是历久弥新，青春常在，依旧介入当代人的精神生活；一是事过境迁，隐入背景，但作为里程碑永远存在。《尝试集》无疑属于后者。

我要追问的是，像《尝试集》这样的作品，确立其“经典”地位的，除了人所共知的历史机遇与大师推举，还有没有别的因素。比如，作者本人的努力、同道的支持以及制度的保证，是否也是重要的因素？如此立说，很大程度并非缘于理论推导，而是胡适《尝试集》删改底本的发现，使我们得以在一窥庐山真面目的同时，反省“经典是怎样形

① 参见《文艺报》1997年9月27日第二版《经典，失去共识——关于两部“百年经典”的讨论》所收阎晶明、李杜、韩石山三文。

② 参见《中华读书报》1999年8月18日第一版《文学殿堂开摆世纪盛宴：“百年百种优秀中国文学图书”评选揭晓》。

③ 谢冕、钱理群编《百年中国文学经典》(北京大学出版社，1996)1927年前部分有作品入选的新诗人包括郭沫若、闻一多、徐志摩、朱湘、冯至等五位。

成的”这样有趣而又不太容易说清楚的命题。

一、删诗事件

无论你站在什么文化立场，谈论现代中国“新诗的奠基”，总无法回避胡适的《尝试集》。只是当论者淋漓尽致地褒贬抑扬时，往往忽略了一个关键性的细节，即通行本的《尝试集》(增订四版)，并非只是胡适个人心血的凝聚。这部前无古人的新诗集，1920 年 3 月由上海亚东图书馆推出后，当即风行海内，两年间增订两次，销售万册。为使其能够更长久地领异标新，诗人花了三个月的时间，将其删繁就简。另外，又补充了若干广受好评的新作，并认真撰写了四版自序。在这一借“删诗”确立权威性的过程中，鲁迅等同好的介入，不无“锦上添花”的意味。

鲁迅、周作人等曾为胡适删诗，此事即便算不上“路人皆知”，也绝不是什么文坛秘密。因为此等雅事，搁在“我的朋友胡适之”那里，不可能藏而不露。果不其然，在《〈尝试集〉四版自序》中，就有如下详尽的表述：

> 删诗的事，起于民国九年(1920)的年底。当时我自己删了一遍，把删剩的本子，送给任叔永、陈莎菲，请他们再删一遍。后来又送给“鲁迅”先生删一遍。那时周作人先生病在医院里，他也替我删一遍。后来俞平伯来北京，我又请他删一遍。他们删过之后，我自己又仔细看了好几遍，又删去了几首，同时却也保留了

一两首他们主张删去的。[1]

胡适大举宣传的“删诗事件”，很可惜，在周氏兄弟的日记及书信集，竟没留下任何蛛丝马迹。弟弟好说，这段时间刚好生病，五个月没记日记[2]；哥哥呢，日记在，可就是不提。这也难怪，鲁迅记日记历来十分简要，不像李慈铭、胡适等之喜欢抄上谕、贴剪报，将日记作为著述来经营。可还是有例外，比如此前几天复胡适关于《新青年》编辑方针信，日记中便有记载[3]。

尽管在《尝试集》的初版、再版和四版自序中，胡适一再声称自己的诗集只是“代表‘实验的精神’”[4]、“含有点历史的兴趣”[5]、“可以使人知道缠脚的人放脚的痛苦”[6]，似乎自视不高。可如果只是具有“历

① 胡适：《〈尝试集〉四版自序》，见《尝试集》，上海，亚东图书馆，1922年10月。

② 《周作人回忆录》(长沙，湖南人民出版社，1982)一三五节“在病院中”提及，1920年12月22日赴北大参加歌谣研究会，五时散会，感觉疲倦，两天后发烧，被诊断为肋膜炎，在家养病期间写过半篇论文，还有新诗《过去的生命》。回忆如此详尽，因有日记可供查考。查已出版的《周作人日记》(郑州，大象出版社，1996)，1921年1月“六日，晴，山本来诊”后有言：“以下因病未记，凡五个月，今撮要记之如左。”至6月前仅寥寥四则，自不会涉及为胡适删诗一类琐事。

③ 《鲁迅日记》1921年1月3日：“午后得胡适之信，即复。”见《鲁迅全集》第十四卷，407页，北京，人民文学出版社，1981。

④ 胡适：《〈尝试集〉自序》，见《尝试集》，上海，亚东图书馆，1920年3月。

⑤ 胡适：《〈尝试集〉再版自序》，见《尝试集》，上海，亚东图书馆，1920年9月。

⑥ 胡适：《〈尝试集〉四版自序》，见《尝试集》，上海，亚东图书馆，1922年10月。

史文献”的价值，《尝试集》根本用不着、也不应该一改再改。仔细品味，你会发现，适之先生表面上很谦卑，但一再修订旧作，而且邀请当世名家帮助“删诗”，实际上隐含了对于自家诗集的历史定位：不满足于“开创之功”，因而必须苦心经营其“经典之作”。

关于《尝试集》，胡适有过许多“戏台里喝彩”，从具体诗作的品鉴，到“个人主张文学革命的小史”的述说，再到“胡适之体”的阐释①。作为潜心“尝试”白话诗写作的适之先生，精益求精固然值得钦佩，有点功名心也完全可以理解。在此“制作经典”的过程中，最令人惊讶的举动，还是邀请五位当世名流为其“删诗”。

诗人有权随时随地修改自家的创作，至于请别人为一部已经名满天下的诗集“动手术”，则是另一回事。不管诗人态度如何谦虚，读者都会联想到对于中国人来说再熟悉不过的孔子删《诗》之说。据《史记·孔子世家》称，古者诗三千余篇，及至孔子，去其重，取可施于礼义者凡三百篇，孔子皆弦歌之，以求合《韶》《武》《雅》《颂》之音。孔子删《诗》的真伪与是非，后世不无争议，但毕竟以相信司马迁所言者为多。胡适并未做直接的比附，但潜意识里，“删诗”乃“确立经典”的必要程序，有“历史癖”的适之先生，应该明白此中奥妙。

20世纪20年代初的中国诗坛，开始白话诗评选，当即面临如何建立评选者权威的大问题。这时候，不约而同的，都想到了遥远的孔子删《诗》。先是1920年8月崇文书局推出许德邻所编《分类白话诗选》，节录刘半农半篇文章为序。刘文原题为《诗与小说精神上之革新》，刊《新青年》3卷5号，其中有云：

---

① 参见《尝试集》初版、再版和四版的自序，以及《谈谈“胡适之体”的诗》(《自由评论》12期，1936年2月)。

> 然而三千篇“诗”，被孔丘删剩了三百十一篇。其余二千六百八十九篇中，尽有绝妙的“国风”，这老头儿糊糊涂涂，用了那极不确当的“思无邪”的眼光，将他一概抹杀，简直是中国文学史上最大的罪人了。①

紧随其后，与胡适关系十分密切的上海亚东图书馆出版了《新诗年选》，北社同人在《新诗年选・弁言》中也提到了孔子删《诗》，不过态度与刘半农迥异：

> 自从孔子删《诗》，为诗选之祖，而我们得从二千年后，读其诗想见二千年前的社会情形。中国新文学自“五四”运动而大昌，凡一切制度文物都得要随世界潮流激变；今人要采风，后人要考古，都有赖乎征诗。②

不管是“分类”还是“年选”，既是筛选与淘汰，就不能不带有明显的“暴力倾向”。比附往昔孔圣人之删《诗》，无论其立论方式为赞赏抑或反驳，都是为了确立批评的标准与选本的权威。

与《分类白话诗选》和《新诗年选》的编者独掌生杀大权不同，胡适反而邀请众友人来为自家已经出版并广获好评的《尝试集》大动手术。此举之异乎常情，迫使你作多种方式的解读。诗人之所以如此独辟蹊

① 参见许德邻编《分类白话诗选》（武昌，崇文书局，1920）所收刘半农序言。

② 北社同人：《新诗年选・弁言》，见《新诗年选》，上海，亚东图书馆，1922。

径，到底是希望依靠友人的准确判断，为读者提供更加精粹的选本；还是希望借助友人的巨大声望，为读者提供更加权威的诗集？或者二者兼而有之？当事人的动机不必过于追究；需要关注的是，此举所达成的良好效果——即促成了该诗集经典地位的确立。

在“确立经典”这个意义上，“删诗”所涉及的，远不只是诗人本身，还包括第一代白话诗人的审美眼光、新诗发展的趋向、白话诗理论与实践之间的张力等饶有趣味的问题。解读此非同寻常的“删诗事件”，单靠《〈尝试集〉四版自序》的简要介绍，无论如何是不够的。因为这只是一面之词，胡适对他人意见的转述是否准确，有无隐瞒或曲解，还有，删改的理由何在，全都不得而知。

一个偶然的机缘——北京大学图书馆新发现一批胡适遗物，其中包括当年删诗的底本，以及周氏兄弟的来信——使得揭穿谜底成为可能。本文先对新发现的史料略做介绍，再从不同侧面逐一钩稽，力图较为全面地展现这一新诗经典产生的过程。

北大图书馆新发现的《尝试集》删改本，系以 1920 年 9 月再版本做底本，封面上有如下三处或红或黑的题签：

> “九，十二，廿四，用红笔删改一过。”
> “十，一，一，用墨笔又删去两首。”
> “叔永，莎菲，豫才，启明各删定一遍。”

数目字表示两次删改的时间，即民国九年(1920)十二月廿四日和民国十年(1921)一月一日。叔永等四人竖排并列，加一大括号，表明全都参与；本文改为横排，只好依适之先生习惯，添上三个逗号。其余的标点，均属原有。如此密集的逗号、句号，可见胡适“尝试”白话以及标点符号之信心是何等坚定。

目录页上，布满大大小小的红圈、黑圈，有代表胡适本人意见的，也有莎菲（陈衡哲）、叔永（任鸿隽）等的选择。如果众人判断分歧，胡适还会将各方意见逐一抄录，以供参考。如《蔚蓝的天上》后便有附注："豫才删，启明以为可存。莎菲删，叔永以为可删。"目录页后面，抄录了准备补进第四版的十五首新作的篇目。初版便有的钱玄同序和作者自序，则被用红笔一笔勾销。至于正文中的若干铅笔批注（据目录页上的说明，此乃陈衡哲的手笔），以及被红笔圈掉但又"失而复得"的篇作，将在具体论述时提及。

目录上，贴一小纸片，上写俞平伯的删改意见，系胡适的笔迹。估计俞氏只是口头表述，没有留下文字材料，故意见虽明确，但"不成体统"。归纳起来是，建议删去《虞美人》《江上》《寒江》《一念》《送叔永》《我的儿子》《蔚蓝的天上》；主张保留《鸽子》《看花》和《示威》。

最令人兴奋的是，目录页前，还粘贴着两封信，一署"树"，一署"周作人"。前者仅一纸，用的是"绍兴府中学堂试卷"纸，乃鲁迅笔迹无疑。后者共两页，系普通的八行笺，目前无法判断何人代笔①。

也就是说，应邀为胡适删诗的五位朋友②，都在此藏本上留下了深浅不同的痕迹。至于对胡适删诗有影响的，起码还得算上此前为其作序的钱玄同、大加讥讽的胡先骕，以及诸多书评的作者。所有这些，都为后人进一步的钩稽与阐发，提供了可能性。白话诗"奠基之作"的最终刊定，得到诸多时贤的襄助，这件事本身就耐人寻味。更

① 参见2000年第10期《鲁迅研究月刊》所刊鲁迅、周作人致胡适信手迹以及拙文《鲁迅为胡适删诗信件的发现》一文。

② 主动来信的康白情，虽不在"应邀"之列，其意见也受到胡适的充分重视，故一并论述。

何况“删诗”史料的发现，对于理解第一代白话诗人的趣味，是不可多得的机遇。因此，事虽不大，可说的话却不少。

大概是觉得白话诗的“尝试”已经过了争论期，以后当是如何“精益求精”的问题。定本《尝试集》删去颇有提倡之功的钱玄同序，对胡先骕的批评也只用戏谑的口吻轻松地打发。本文尊重胡适的选择，先围绕《〈尝试集〉四版自序》提及的任、陈、康、俞以及二周的意见展开论述，最后落实胡适的自我调整以及经典的形成过程时，方才牵涉钱玄同、胡先骕等人的褒贬文章。

二、老朋友的意见

增订四版《尝试集》前，冠有胡适 1916 年 8 月 4 日答叔永书。以早年书札作为“代序一”，这既体现适之先生“历史进化”的眼光，也可看出其对老朋友的尊重。因此，请留美时期的诗友、归国后仍过从甚密的任鸿隽、陈衡哲夫妇为其“删诗”，自在情理之中。

不必做复杂的历史考证，单是翻看《尝试集》，也能感觉到胡适与任、陈夫妇的交情非同一般。诗题中有《“赫贞旦”答叔永》《送叔永回四川》《将去绮色佳，叔永以诗赠别，作此奉和，即以留别》，还有副题“别叔永、杏佛、觐庄”的《文学篇》、副题“送叔永、莎菲到南京”的《晨星篇》，以及注明“赠任叔永与陈莎菲”的《我们三个朋友》。更直接的证据来自《文学篇》的“小序”：“若无叔永、杏佛，定无《去国集》。若无叔永、觐庄，定无《尝试集》。”

关于任鸿隽等人如何促成胡适的白话诗尝试，从 1919 年 8 月的

《我为什么要做白话诗——〈尝试集〉自序》①，到1933年底撰写的《逼上梁山——文学革命的开始》②，再到50年代的《胡适口述自传》③，经由胡适本人的再三追忆与阐发，连一般读者都已耳熟能详。值得注意的是，在白话诗写作的“尝试”中，任君所扮演的角色，并非“同志”，而是“论敌”。

正是绮色佳时代的诗友任叔永的反讽与戏拟，促使胡适发誓从三事入手进行“文学革命”，甚至填了那首气魄非凡的《沁园春·誓诗》：

> 文章革命何疑！且准备搴旗作健儿。要前空千古，下开百世，收他臭腐，还我神奇。为大中华，造新文学，此业吾曹欲让谁？诗材料，有簇新世界，供我驱驰。

至于“《尝试集》的近因”，据说也是由叔永的批评引起的。胡适在答书中称：“倘数年之后，竟能用文言白话作文作诗，无不随心所欲，岂非一大快事？我此时练习白话韵文，颇似新辟一文学殖民地。可惜须单身匹马前往，不能多得同志结伴而行。”④在胡适的眼中，老朋友任鸿隽的挑剔、反驳乃至讥笑，乃是其从事白话诗“实验”的一大动力。

---

① 胡适：《我为什么要做白话诗——〈尝试集〉自序》，载《新青年》，6卷5号，1919。

② 此文初刊《东方杂志》第31卷1期(1934)，后收入《中国新文学大系·建设理论集》(上海，良友图书公司，1935)，广为流传，对新文学史的编纂影响极大。

③ 参见唐德刚译：《胡适口述自传》，第七章“文学革命的结胎时期”，北京，华文出版社，1992。

④ 胡适：《〈尝试集〉自序》，见《尝试集》，上海，亚东图书馆，1920年3月。

这一“千里走单骑”的传奇故事，基本上出自胡适本人的自述。如此叙说，是否有贬低友人、拔高自己之嫌？看看任君的回应文字，不难明白。1919年10月30日，任鸿隽致信胡适，称其读了刊于《新青年》6卷5号上的《〈尝试集〉自序》后，“差不多要愧汗浃背了”：

> 我所愧的，并不是我和你那些议论，正是我那几首旧诗，因为我的诗原来是不敢拜客的。①

也就是说，任君不想附会时尚，对于自家当初之反对白话诗，并无丝毫悔改的意思。实际上，此前一年，任还在给胡的信中，挖苦《新青年》之所以刊载白话诗，乃是因制作方便，“在无诗可登时，可站在机器旁立刻作几十首”。至于让胡适大喜过望的支持其文学革命主张的表态，并不包括白话诗的尝试：

> 隽前书“大赞成”足下之建设的文学革命论者，乃系赞成作文之法及翻译外国文学名著等事，并非合白话诗文等而一并赞成之，望足下勿误会。②

如此决绝的口吻，加上两个月后再次来信，坚称“兄等的白话诗（无体无韵）绝不能称之为诗”③，可见任君立场之坚定。作为中国科学社的

① 《任鸿隽致胡适》，见《胡适来往书信选》上册，74～75页，北京，中华书局，1979。

② 同上书，14页。

③ 《任鸿隽致胡适》，见《胡适来往书信选》上册，16页，北京，中华书局，1979。

创始人、科学家兼教育家的任鸿隽，并不以文学为业，吟诗只是个人爱好。20年代的任君，仍不时给老朋友胡适寄赠诗词，但从不尝试那“无体无韵”的白话诗①。

至于陈衡哲，情况则大不一样。适之先生始终对莎菲女士很有好感，这点不必多言，此处单就“文章知己”立论②。1914年留美、1920年归国，任北大西洋史兼英语系教授的陈衡哲，日后主要以欧洲文艺复兴史研究知名，但对于早期新文学的贡献，也颇受文学史家关注。《〈尝试集〉自序》中有这么一句话：

> 这两年来，北京有我的朋友沈尹默，刘半农，周豫才，周启明，傅斯年，俞平伯，康白情诸位，美国有陈衡哲女士，都努力作白话诗。

从1918至1920年，那位远在大洋彼岸的陈衡哲女士，已经在《新青年》杂志上发表新诗《“人家说我发了痴”》《鸟》《散伍归来的吉普色》，以及短剧《老夫妻》、小说《小雨点》和《波儿》等“白话文学”。为其牵线

① 参见《陈衡哲致胡适》及《任鸿隽致胡适》，见《胡适来往书信选》上册，253页、273页、399页，北京，中华书局，1979。

② 唐德刚关于胡适《亡女》一诗以及夏志清关于陈衡哲小说《洛绮思的问题》的解读，均很有说服力。胡、陈二君，虽系“才子佳人，一拍皆合”，但借用唐德刚略带调侃的说法：“不幸他二人也因八字不合，而沟水东西!”参见唐德刚《胡适杂忆》(台北，传记文学出版社，1980)195～198页，以及夏志清为该书所撰的序。

搭桥的，应该是胡适①。因为据适之先生称，当初在美国尝试白话诗写作时，任鸿隽等老朋友一致反对，只有一位女士默默地注视并表示支持，那便是莎菲女士。

因胡适在谈论白话文学起源时的再三铺陈，世人对胡、任之间的争论多有了解；至于“我们三个朋友”中不太抛头露面的陈衡哲，其实并非与此毫无关涉。这一点，一直到1928年撰《〈小雨点〉序》时，胡适方才有所陈述：

> 民国五年(1926)七八月间，我同梅、任诸君讨论文学问题最多，又最激烈。莎菲那时在绮色佳过夏，故知道我们的辩论文字。她虽然没有加入讨论，她的同情却在我的主张的一面。不久，我为了一件公事就同她通第一次的信；以后我们便常常通信了。她不曾积极地加入这个笔战；但她对于我的主张的同情，给了我不少的安慰与鼓舞。她是我的一个最早的同志。②

在美的最后一年，胡适“和莎菲通了四五十次信”，其中不少涉及诗文创作。这种同道之间的互相支持，确实给正在从事“孤独的文学实验”的适之先生很大的安慰与鼓舞。可要进一步推断，将陈坐实为胡写作新诗的“烟丝批里纯”(Inspiration，即灵感)，而且断言，“所以新文

---

① 刘半农编《初期白话诗稿》(北平，星云堂影印，1932)中收录陈衡哲《“人家说我发了痴”》一诗的钢笔手稿，其中有若干毛笔添加的引号、问号等，而且将“他们便令我将他看护”改为“他们便叫我作他的看护妇”。单是添加的标点符号，无法判断何人所为；有了那几个汉字，不难断言出自胡适手笔。

② 胡适：《〈小雨点〉序》，见《胡适文存三集》，1096～1097页，上海，亚东图书馆，1930。

学、新诗、新文字，寻根究底，功在莎菲！”①则又未免言过其实。之所以不认同唐德刚的“大胆假设”，理由很简单，未同莎菲通讯之前，胡适已开始新诗的尝试。话题其实应该掉转过来，不是莎菲女士刺激了适之先生的写作灵感，而是胡、任之争以及胡适的大胆尝试勾起了莎菲的文学兴趣。“民国六年(1927)以后，莎菲也做了不少的白话诗”，其中好些还是寄给胡适并请其推荐给《新青年》或编入《努力周报》②。

莎菲女士并非一流诗人，只是修养甚佳，“作点文艺小品自遣”③，还是像模像样的。起码在我看来，其新诗创作并不比胡适逊色。在胡适1922年2月4日的日记中，粘附有陈衡哲的《适之回京后三日，作此诗送给他》，不妨将其与此前胡适本人的《我们三个朋友》对比，各取同样抒发依依惜别之情的最后一节为例。先看适之先生的：

别三年了，
又是一种山川了，——
依旧我们三个朋友。

① 参见唐德刚：《胡适杂忆》，196页，台北，传记文学出版社，1980。

② 参见《胡适文存三集》，1093～1097页(上海，亚东图书馆，1930)和《胡适来往书信选》上册，153页、156页、166页、193页(北京，中华书局，1979)。

③ 参见《陈衡哲致胡适》，见《胡适来往书信选》上册，166页，北京，中华书局，1979。胡适对于陈衡哲的学识与才情，似乎估计过高，因而也就期待太殷，对其因怀孕不能上课大发感慨，并追忆当初任、陈结婚时自己的贺联“无后为大，著书最佳”。最后的结论是：“但此事自是天然的一种缺陷，愧悔是无益的。”参见《胡适的日记》上册，211页，北京，中华书局，1985。

此景无双，
此日最难忘，——
让我的新诗祝你们长寿！

接下来再读莎菲女士的：

不能再续！
只有后来的追想，
像明珠一样，
永远在我们的心海里，
发出他的美丽的光亮。

二者都不算好诗，胡诗过于直白，陈诗的比喻则欠高明，但尚属平实妥帖。当然，早期白话诗的“尝试”之作，不必苛求。

一个坚持“无体无韵”的白话诗不是诗，一个则是胡适白话诗写作“最早的同志”，请这两位老朋友来帮助删诗，自是好主意。问题在于，胡适似乎更看重周氏兄弟的意见，未免有些怠慢了这对老朋友。因为，仔细比勘，不难发现一个有趣的现象，即任、陈的不少意见，实际上并没有被胡适采纳。

这当然不能全怪胡适，因其牵涉到刊行增订四版的目的：到底是为了“飞鸿踏雪泥”呢，还是诗史留印记。倘若像《蔚蓝的天上》那样，“豫才删，启明以为可存。莎菲删，叔永以为可删”，那很好办，三比一，删。可仔细品味，叔永、莎菲夫妇的意见中，有些不牵涉艺术鉴赏力之高低，而只是基于怀旧心理。如《虞美人·戏朱经农》“叔永以为可留”，《寒江》“莎菲拟存”，看中的未必是艺术，而很可能只是对于共同的留学生涯的怀念。《送叔永回四川》俞平伯以为可删，目录页以及正文也都已用红笔圈掉，可仍有莎菲用铅笔做的批注："A good historical record，keep? "("一份很好的历史记录，保存?")。以上三诗，最后都没能进入新版。显然，胡适之所以修订并重刊《尝试集》，主要目的不是纪念友情，而是为"文学革命"提供标本。

三、学生的建议

20年代初，当新诗运动由轰轰烈烈的争辩，转为更艰苦卓绝的创造时，第一代白话诗人对于什么是"新诗"以及新诗发展趋势的判断，开始出现分歧。如周作人在《谈新诗》中抱怨"现在的新诗坛，真可以说消沉极了"，老诗人不大做声，新进诗人也不见得有多大出息，"大家辛辛苦苦开辟出来的新诗田，却半途而废的荒芜了，让一班闲人拿去放牛"①。而胡适则在《尝试集》初版、二版、四版的自序中，对白话新诗的突飞猛进、尤其是年轻诗人的迅速成长大声喝彩："我现在看这些少年诗人的新诗，也很像那缠过脚的妇人，眼里看着这一班天足的女孩子们跳上跳下，心里好不妒羡。"②评价截然不同，但周、胡二君都以年轻诗人的创作占卜新诗的前途。

周作人不以新诗为主攻方向，不只对其现状表示失望，甚至逐渐关闭"文学店"，独自经营起"自己的园地"来，并最终以别具一格的散文随笔征服读者。至于自称"提倡有心，创造无力"的适之先生，"心里好不妒羡"的，到底是哪些年轻诗人？这些没有受过"缠足"束缚的

---

① 周作人：《谈新诗》，见《谈虎集》，上海，北新书局，1928。

② 胡适：《〈尝试集〉四版自序》，见《尝试集》，上海，亚东图书馆，1922年10月。

新一代诗人，又是如何看待如小脚放大般的《尝试集》？这是个有趣的话题。

1935年，胡适编纂《中国新文学大系·建设理论集》时，新诗理论方面，除自家文章，还收入了郭沫若的《论诗通信》、康白情的《新诗底我见》以及俞平伯的《社会上对于新诗的各种心理观》(还有周无的《诗的将来》，周无号太玄，专攻生物学，乃著名科学家兼教育家，后不以新诗名世，此处从略)。如此选择，恰好配合最早面世的四部新诗集：《尝试集》(1920年3月)、《女神》(1921年8月)、《草儿》(1922年3月)和《冬夜》(1922年3月)，可见其选文中隐含着历史及审美的判断。

尽管在日后的新文学史编纂中，郭沫若的《女神》被捧上云天，远离康白情的《草儿》和俞平伯的《冬夜》；可当初，《女神》并不被新诗的"掌门人"胡适看好。按理说，郭诗非常吻合适之先生关于"少年诗人"创作之想象："大胆的解放"与"新鲜的意味"。因此，胡适不可能完全漠视这一正声名鹊起的同道。查适之先生1921年8月9日日记，果然有会晤郭沫若后的感想：

> 沫若在日本九州学医，但他颇有文学的兴趣。他的新诗颇有才气，但思想不大清楚，工力也不好。①

激情澎湃的《女神》与清新平淡的《尝试集》，二者在艺术风格上可谓天差地别；而泛神论的主张，在信仰实验主义的胡适看来，起码是无法"拿证据来"。单就文学趣味而言，胡、郭之不能互相欣赏，是再自然

① 《胡适的日记》上册，180页，北京，中华书局，1985。

不过的了。至于晚年胡适的转而欣赏“郭沫若早期的新诗”①，如果不是别有寄托，便是事过境迁后的自我调整。

那么，让适之先生“心里好不妒羡”的，应该就是康白情和俞平伯了。《〈尝试集〉自序》中提到的近两年“都努力作白话诗”的友人，属于学生辈的有傅斯年、俞平伯、康白情三位。而傅很快转向学术研究，不再继续新诗的尝试；只有俞、康二君确实可做早期白话诗人的代表。

《胡适文存二集》中，有《评新诗集》一文，乃是集合两则书评而成：一说《草儿》，一评《冬夜》。扬康而抑俞，在书评中可谓表露无遗。如此说来，那“使我一头高兴，一头又很惭愧”的少年诗人，应该就是康白情。这一点，几乎可以板上钉钉。因为，就在写作《〈尝试集〉四版自序》的当天晚上（1922 年 3 月 10 日），胡适在日记中写下这么一段富于感情色彩的话：

> 康白情的《草儿》诗集出版了。近来诗界确有大进步，使我惭愧，又使我欢喜。白情的诗，富于创作力，富于新鲜味儿，很可爱的。《草儿》附有他的旧诗，几乎没有一首好的。这可见诗体解

---

① 唐德刚《胡适杂忆》（台北，传记文学出版社，1980）81 页称：“胡先生也常向我说：‘郭沫若早期的新诗很不错！’他并且告诉我一个故事：有一次在一个宴会上他称赞了郭沫若几句。郭氏在另外一桌上听到了，特地走了过来在胡氏脸上 kiss 了一下以表谢意。”此事胡适 1923 年 10 月 13 日的日记（见《胡适的日记》（手稿本）第四册，台北，远流出版公司，1990）有记载：“是夜沫若，志摩，田汉都醉了。我说起我从前要评《女神》，曾取《女神》读了五日。沫若大喜，竟抱住我，和我接吻。”胡颂平编《胡适之先生晚年谈话录》（北京，中国友谊出版公司，1993）72 页关于此事的叙述多有失误，除事隔多年，更因其过于强调“郭沫若这个人反复善变，我是一向不佩服的”。

放的重要。①

在半年后写作的书评中，胡适将这意思发挥得淋漓尽致。看来，胡适真的很欣赏康诗，以至突破一贯的稳重与矜持，说了不少过头话。如称“白情的《草儿》在中国文学史的最大贡献，在于他的纪游诗”；“占《草儿》八十四页的《庐山纪游》三十七首，自然是中国诗史上一件很伟大的作物了”②。

胡适看中的是康白情之“自由吐出心里的东西”，以及语言的清新活泼，这确实很符合适之先生对于新诗出路的想象。可照康白情的自述，“我不过剪裁时代的东西，表个人的冲动罢了”③。这里所说的“冲动”，主要指向瞬间的情绪与感悟，而不是胡适所欣赏的“思想清楚”。康君所谓“诗是主情的文学。没有情绪不能作诗；有而不丰也不能作好”的说法④，远离胡适明白晓畅的诗歌理念，与郭沫若开列的关于“诗”的公式更有缘分：“诗＝（直觉×情调×想象）×（适当的文字）”⑤。更有意思的是，康文引述“我的畏友宗白华”的话，强调诗意诗境得益于直接的观察、体悟与感兴；而郭文本身就是写给宗白华的信。

其时已留学美国的康白情，“从三万里外来信，替我加上了一个

① 《胡适的日记》上册，282页，北京，中华书局，1985。

② 《评新诗集·康白情的〈草儿〉》，《胡适文存二集》卷四，274、277页，上海，亚东图书馆，1924。

③ 康白情：《〈草儿〉自序》，见《草儿》，上海，亚东图书馆，1923。

④ 康白情：《新诗底我见》，《中国新文学大系·建设理论集》，329页，上海，良友图书印刷公司，1935。

⑤ 郭沫若：《论诗通信》，《中国新文学大系·建设理论集》，348页，上海，良友图书印刷公司，1935。

‘了’字，方才合白话的文法”，胡适是用很赞赏的口吻提及此事的。而且，还做了借题发挥：“做白话的人，若不讲究这种似微细而实重要的地方，便不配做白话，更不配做白话诗。”可恰恰是胡诗中这几乎无所不在的“了”字，日后备受诗人和史家的讥笑。朱湘称《尝试集》中只有十七首是真正意义上的新诗，可“这十七首诗里面，竟用了三十三个‘了’字的韵尾(有一处是三个‘了’字成一联)”。在讲究音律的诗人朱湘看来，如此重叠使用“刺耳”的“了”字韵，“未免令人发生一种作者艺术力的薄弱的感觉了”①。将近半个世纪后，史家周策纵在《论胡适的诗》中旧事重提，批评胡诗“最大一个毛病或痼疾，就是用‘了’字结句的停身韵太多了”。周氏甚至下工夫做了一番认真的统计，连《尝试集》带《尝试后集》《后集未收诗稿》，“总计新体诗(旧体诗词不算)共六十八题，有‘了’结的诗行共一百零一条好汉，平均几乎每诗快到两行，不为不多‘了’”②。在白话诗提倡者适之先生眼中，首先应该关注的，是“白话”而不是“诗”。为了突出“白话的文法”，而相对割舍音律、意境以及想象力，在胡适看来，很可能是“必要的丧失”。因此，我宁肯从“性情执着”而不是“才情枯竭”的角度，来理解胡适这一不近情理的追求。

欣赏康白情的三万里外来信，“替我加上了一个‘了’字”，与不太喜欢俞平伯的凝炼与幽深，二者互为表里。就在撰写《〈尝试集〉四版自序》五天后，胡适读到俞平伯刚出版的新诗集《冬夜》，在日记中写下这么一段话：

---

① 朱湘：《新诗评(一)·〈尝试集〉》，1926年4月1日《晨报副刊》。

② 周策纵：《论胡适的诗》，见唐德刚著：《胡适杂忆》，附录，232页、235页，台北，传记文学出版社，1980。

> 俞平伯的《冬夜》诗集出来了。平伯的诗不如白情的诗；但他得力于旧诗词的地方却不少。他的诗不很好懂，也许因为他太琢炼的原故，也许是因为我们不能细心体会的原故。①

俞平伯的诗"不很好懂"，这不是胡适一个人的意见。诗集尚未出版，已经有不少这样的批评，以至朱自清必须在序言中预先澄清：

> 平伯底诗，有些人以为艰深难解，有些人以为神秘；我却不曾觉得这些。……或者因他的诗艺术精炼些，表现得经济些，有弹性些，匆匆看去，不容易领解，便有人觉得如此么？那至多也只能说是"艰深难解"罢了。但平伯底诗果然"艰深难解"么？据我的经验，只要沉心研索，似也容易了然；作者底"艰深"，或竟由于读者底疏忽哩。②

最后一句对适之先生颇有刺激，以至日后撰文时还专门予以引述与辩解③。日记中之所以在批评俞诗"太琢炼"的同时，又留下"也许是因为我们不能细心体会的原故"这样的活口，也可见适之先生立论的谨慎。对照俞氏"努力创造民众化的诗"之主张，胡适提及这位得意门生理论与实践之间的巨大矛盾："平伯自有他的好诗"，却是新诗人中

① 《胡适的日记》，上册，287页，北京，中华书局，1985。

② 朱自清：《〈冬夜〉序》，见《冬夜》，上海，亚东图书馆，1922。

③ 《评新诗集·俞平伯的〈冬夜〉》，《胡适文存二集》卷四，282～283页，上海，亚东图书馆，1924。

“最不能‘民众化’的”①。

俞诗之旖旎缠绵，可谓一目了然，确实不大具有五四时期所推崇的“平民风格”。照康白情的说法，这既得益于古诗词的修养，也与其天生的“诗人性”有关：

> 俞平伯的诗旖旎缠绵，大概得力于词。天生就他的诗人性，随时从句子里浸出来。做诗最怕做不出诗味。所谓“就是那土和泥，也有些土气息、泥滋味”，深可发明。所以古人说：“不是诗人莫做诗”。若平伯呢，只怕虽欲不做诗而不可得了。②

就个人气质而言，俞氏很可能是尝试白话诗写作的年轻诗人中“文人结习”最深、最不具有“平民风格”的。胡适的批评，让俞平伯猛醒过来，开始顺应自家的天性，不再强求诗歌之“民众化”。

在《〈冬夜〉自序》中，俞平伯还在认真地自我检讨：“我虽主张努力创造民众化的诗，在实际上做诗，还不免沾染贵族的习气；这使我惭愧而不安的。”③而胡适关于《冬夜》的书评发表后，俞平伯当即开始调整思路。先是借为康白情的《草儿》做序，称新诗初期将“平民的”误会成“通俗的”，实在不应该；后又以《致汪君原放书》作为再版本《冬夜》的“代序”，强调“平民贵族这类形况于我久失却了它们底意义，在

① 参见俞平伯：《诗底进化的还原论》(《诗》1卷1期，1922年1月)、《〈冬夜〉自序》和胡适的《评新诗集·俞平伯的〈冬夜〉》。

② 上海亚东图书馆1922年版《新诗年选》中愚庵关于俞平伯语，据胡适和朱自清推断，应属康白情的手笔，参见胡适《评新诗集》和朱自清《中国新文学大系·诗集·诗话》(上海，良友图书公司，1935)。

③ 俞平伯：《〈冬夜〉自序》，《冬夜》，上海，亚东图书馆，1922。

此短札中更不想引起令人厌而笑的纠纷”①。在趣味和口号不太统一的情况下，俞氏忠实于自己的文学感觉，而扬弃先前的激进主张。至于“作诗不是求人解，亦非求人不解；能解固然可喜，不能解又岂作者所能为力”②，明显是在回应胡适的批评。而以下这段话，更具有积极进取的意味：

> 笼统迷离的空气自然是不妙；不过包含隐曲却未尝和这个有同一的意义。一览无余的文字，在散文尚且不可，何况于诗？③

此后，无论吟诗作文，俞平伯不再偏离这一方向，始终以“曲折幽深”而不是“一览无余”为主导风格。

在早期白话诗中，俞诗之所以显得精练、幽深，“有‘不可把捉的风韵’”，与其讲求音律有关。而照朱自清的说法：“平伯这种音律底艺术，大概从旧诗和词曲中得来。……我们现在要建设新诗底音律，固然应该参考外国诗歌，却更不能丢了旧诗，词，曲。”④闻一多大致认同朱自清的见解，在《〈冬夜〉评论》中，虽对俞诗“幻想之空疏庸俗”等有所批评，但也承认“凝炼，绵密，婉细是他的音节特色”，“关于这点，当代诸作家，没有能同俞君比的。这也是俞君对新诗的一个贡

---

① 参见俞平伯的《〈草儿〉序》(见《草儿》，上海，亚东图书馆，1923)和《致汪君原放书(代序)》(见《冬夜》再版本，上海，亚东图书馆，1923)。

② 俞平伯：《致汪君原放书(代序)》，见《冬夜》再版本，上海，亚东图书馆，1923。

③ 俞平伯：《〈草儿〉序》，见《草儿》，上海，亚东图书馆，1923。

④ 朱自清：《〈冬夜〉序》，见《冬夜》，上海，亚东图书馆，1922。

献”。并且断言：“这种艺术本是从旧诗和词曲里蜕化出来的。”①问题正在这里，俞诗中古典诗词的印记格外醒目，而这在正热心提倡白话诗写作的胡适看来，无疑是一大缺陷。

其实，俞平伯本人并非没有意识到这点。在《做诗的一点经验》中，俞氏庆幸自己欣逢诗歌变革的关头，“使我能离开一切拘牵，赤裸显出诗中的自我”，可又坦承“其中或还不免有旧诗词底作风。这是流露于不自觉的，我承认我自己底无力”②。而在《社会上对于新诗的各种心理观》中，俞氏提出关于新诗写作的四条具体见解，最关键的是“限制文言的使用”，即竭力与旧诗划清界线。擅长旧体诗词的俞平伯，“时时感用现今白话做诗的苦痛”，故慨叹：“说白话诗容易做的，都是没有尝试过的外行话。依我的经验，白话诗的难处，正在他的自由上面。”③

应该说，俞平伯早年关于白话诗的见解，大体不出胡适论述的范围，只是以自家创作经验来予以证实。尽管从一开始胡、俞二君的诗文趣味就不太一致，但在体味白话诗写作的艰难与利弊得失方面，师生二人颇多共同语言。比如，俞平伯撰《白话诗的三大条件》，称诗乃

---

① 闻一多：《〈冬夜〉评论》，见《俞平伯研究资料》213～249页，天津人民出版社，1986。闻一多还将胡适与俞平伯关于新诗音节的见解相对比，批评胡适自序再版《尝试集》时自鸣得意的纯粹的“自由诗”音节，称“所谓‘自然音节’最多不过是散文的音节。散文的音节当然没有诗的音节那样完美。俞君能熔铸词曲的音节于其诗中，这是一件极合艺术原则的事，也是一件极自然的事，用的是中国的文字，作的是诗，并且存心要作好诗，声调铿锵的诗，怎能不收那样的成效呢？我们若根本地不承认带词曲气味的音节为美，我们只有两条路可走，甘心作坏诗——没有音节的诗，或用别国的文字作诗。”

② 俞平伯：《做诗的一点经验》，载《新青年》，8卷4期，1920。

③ 俞平伯：《社会上对于新诗的各种心理观》，载《新潮》，2卷1期，1919。

"发抒美感的文章"，"用白话做诗，发挥人生的美，虽用不着雕琢，终与开口直说不同"①。此文刊于《新青年》6卷3号时，胡适加一按语，对俞所举三条建议极表赞成，尤其欣赏"雕琢是陈腐的，修饰是新鲜的"的提法。

正因为师生之间颇为相知，胡适的批评带有自省的成分。白话诗是否需要如此"艰深难懂"，趣味不同，只好各说各的。至于新诗需要具体性，而不应该沉湎于哲理的陈述，其实也是胡适本人所面对的难题。俞诗"很有意味"，而且"长于描写"，只是喜欢说理这一点，让胡适无法接受：

> 平伯最长于描写，但他偏喜欢说理；他本可以作好诗，只因为他想兼作哲学家，所以越说越不明白，反叫他的好诗被他的哲理埋没了。

紧接下来，胡适马上补充一句："这不是讥讽平伯，这是我细心读平伯的诗得来的教训。"②在我看来，这不完全是客套话。在《谈新诗》中"戏台里喝采"，介绍做诗该如何"抽象的题目用具体的写法"③，以及针对鲁迅建议删去《礼！》一诗的辩解——"他虽是发议论而不陷于抽象说理"④，都显示了抵抗抽象说理对于白话新诗严重的危害性。五四

---

① 俞平伯：《白话诗的三大条件》，载《新青年》，6卷3期，1919。

② 《评新诗集·俞平伯的〈冬夜〉》，见《胡适文存二集》卷四，288页，上海，亚东图书馆，1924。

③ 胡适：《谈新诗》，见《胡适文存》卷一，254页，上海，亚东图书馆，1921。

④ 参见拙文《鲁迅为胡适删诗信件的发现》，载《鲁迅研究月刊》，2000年第10期。

“新青年”之喜欢说理，与其单独归功于泰戈尔哲理诗的影响，还不如承认大转折时代追问人生意义以及重建价值观念的迫切性。

应邀为老师删诗的俞平伯，只留下一增删篇目，而未见具体阐释。不过，仔细寻觅，还是能发现若干蛛丝马迹。建议删去《江上》，这与鲁迅的意见相同；保留《鸽子》的主张，则又与周作人的看法暗合。前者之不被接纳，出于主人的个人偏好：“我因为当时的印象太深了，舍不得删去。”[①]至于《鸽子》，原已被作者用红笔圈掉，纯粹是因周、俞的大力保荐，才得以存留。此前两年撰《谈新诗》，胡适曾做自我检讨：“我自己的新诗，词调很多，这是不用讳饰的”，举的例子就包括这首《鸽子》[②]。而周、俞二君明知故犯，不因《鸽子》“带着词调”而嫌弃，其对于新诗的预想目标，显然与胡适颇有距离。这涉及新诗与旧诗的界限，以及白话诗中能否采用文言、借鉴词曲，真正将此话题挑开的，并非作为学生的俞平伯，而是更具理论自觉的周作人。

四、二周的眼光

任、陈夫妇乃留美及归国后多有交往的老友，俞、康为北大任教时的学生，至于周氏兄弟，则是新文化运动中的同道与相知——如此不同视角交叉使用，可见胡适的请人删诗，计划是相当周详的。虽是六人三组，着眼点不同，各有其功用；但相对而言，胡适最看重的，无疑是周氏兄弟的意见。而实际上周氏兄弟也不负所托，提供的建议

---

① 胡适：《〈尝试集〉四版自序》，见《尝试集》，上海，亚东图书馆，1922年10月。

② 胡适：《谈新诗》，见《胡适文存》卷一，236页，上海，亚东图书馆，1921。

最为详尽，且十分得体。

不妨先看看此次新发现的周氏兄弟致胡适的信，再做进一步的分析。1921 年 1 月 15 日鲁迅致胡适信全文如下：

适之先生：

今天收到你的来信。《尝试集》也看过了。

我的意见是这样：

《江上》可删。

《我的儿子》全篇可删。

《周岁》可删；这也只是《寿诗》之类。

《蔚蓝的天上》可删。

《例外》可以不要。

《礼！》可删；与其存《礼！》，不如存《失望》。

我的意见就只是如此。

启明生病，医生说是肋膜炎，不许他动。他对我说，“《去国集》是旧式的诗，也可以不要了。”但我细看，以为内中确有许多好的，所以附着也好。

我不知道启明是否要有代笔的信给你，或者只是如此。但我先写我的。

我觉得近作中的《十一月二十四夜》实在好。

树　　一月十五日夜

三天后(即 1921 年 1 月 18 日)，病中的周作人还是请人代笔，给胡适去信，表明其对于“删诗”一事的重视。信件全文如下：

适之兄：

你的信和诗稿都已收到了；但因生病，不能细看，所以也无甚意见可说。我当初以为这册诗集既纯是白话诗，《去国集》似可不必附在一起；然而豫才的意思，则以为《去国集》也很可留存，可不必删去。

集中《鸽子》与《蔚蓝的天上》等叙景的各一篇，我以为都可留存；只有说理，似乎与诗不大相宜，所以如《我的儿子》等删去了也好。

关于形式上，我也有一点意见，我想这回印起来可以考究一点，本文可以用五号字排；又书页可以用统的，不必一页隔为上下两半。书形也不必定用长方形，即方的或横方的也都无不可。

你近作的诗很好，我最喜欢最近所作的两首。

一月十八日　　周作人

在具体论说前，请注意周作人关于书籍“形式”的建议。开本改方或横，或许是不够庄重，或许是制作困难，反正没被采纳；但书页用统的，不必隔为上下两半，这点实现了。病中的周作人，为何特别提醒“这回印起来可以考究一点”，是否意识到这将是“定本”，甚至可能是传世的“经典”？事后证明，周作人确实有先见之明：一直到1940年印行第十六版，1982年上海书店刊行影印本，以至今日学界普遍引用的，都是此经由众时贤参与删定的“增订四版”。

胡适对周氏兄弟的意见，可说是“分外重视”。查《胡适来往书信选》，1921年2月14日，胡适曾致信周作人，转达燕京大学的邀请，后有一“附启”：

你们两位对于我的诗的选择去取，我都极赞成。只有《礼!》一首，我觉得他虽是发议论而不陷于抽象说理，且言语也还干净，似尚有可存的价值。其余的我都依了你们的去取。①

其实，胡适不曾接纳鲁迅意见的，不只是《礼!》，还有一首《江上》。在《〈尝试集〉四版自序》中，有如下的说明：

他们删过之后，我自己又仔细看了好几遍，又删去了几首，同时却也保留了一两首他们主张删去的。例如《江上》，"鲁迅"与平伯都主张删，我因为当时的印象太深了，舍不得删去。又如《礼!》一首(初版再版皆无)，"鲁迅"主张删去，我因为这诗虽是发议论，却不是抽象的发议论，所以把他保留了。②

诗人当然有理由坚持自己的独立判断，周氏兄弟等人的意见也只"仅供参考"。必须在书信及序言中再三解释为何没有接纳鲁迅的意见，本身就说明后者在诗人心目中的分量非同一般。

五四时期的周氏兄弟与胡适，乃互相支持的"同道"，但很难说是心心相印的"密友"。知识背景不同(二三十年代的中国学界，留学欧美的与留学日本的学者之间，不无隔阂)，个人气质迥异(周氏兄弟偏于怀疑，而胡适则是无可救药的乐观主义者)，再加上年龄的差异(1921年的胡适，刚届而立，已是名满天下；相对而言，四十岁的鲁

① 《胡适致周作人》，见《胡适来往书信选》，上册，124页，北京，中华书局，1979。

② 胡适：《〈尝试集〉四版自序》，见《尝试集》，上海，亚东图书馆，1922年10月。

迅与三十六岁的周作人，反不及前者“风光”），胡与二周不可能“亲密无间”。这还不涉及《新青年》该往何处去，哪一种“主义”更适合于当下的中国等大大小小的争论。

胡适与二周的关系前后有别，对于这一点，学界的看法基本一致。问题是，在描述前期的“合作”与后期的“矛盾”时，论者往往基于自身言说的需要而夸大其辞。五四新文化运动时期，二周与胡适确有许多精彩的合作，比如《新青年》的编纂、北大课程的改革、新文学的提倡、小说史的研究，乃至白话诗的尝试等。在好交朋友且待人宽厚、性情平和的适之先生心目中，周氏兄弟当然是他“志同道合”的好朋友。而周氏兄弟则未必这么看待：书札往来，彬彬有礼，加上专业上的互相支持，这还不是真正意义上的“知交”。

1929 年 8 月 30 日，周作人给远在上海的胡适去信，劝其不要留恋那里的“便利与繁华”，也不必“说闲话惹祸祟”，还是回萧条的北平“教书做书”，以便“在冷静寂寞中产生出丰富的工作”。周自称写这信时，不是没有顾虑：“我自已觉得有点踌躇，这未免有交浅言深之嫌吧？”①胡适接获此信，大为感动；只是对最后一句，颇表惊诧：

> 你信上提起“交浅言深”的话，使我有点感触。生平对于君家昆弟，只有最诚意的敬爱，种种疏隔和人事变迁，此意始终不减分毫。相去虽远，相期至深。此次来书情意殷厚，果符平日的愿望，欢喜之至，至于悲酸。此是真情，想能见信。②

---

① 《周作人致胡适》，见《胡适来往书信选》，上册，539 页，北京，中华书局，1979。

② 《胡适致周作人》，《胡适来往书信选》，上册，542 页，北京，中华书局，1979。

并非近期“种种疏隔和人事变迁”才导致二周和胡适的“交浅”，这点，是少年得志、朋友遍天下的适之先生所难以领悟的。胡信中所表达的对于周氏兄弟“最诚意的敬爱”，我相信是真的；可反过来，不能要求二周也如此“相去虽远，相期至深”。这涉及各自为人处世的原则，不必强分轩轾。

进入30年代，鲁迅、胡适的政治立场日渐对立，以至前者在杂文中对后者颇多讥讽。可即便如此，据胡思杜告诉罗尔纲，1932年11月鲁迅因母病重返北平时，还专门“到胡适家探访，在将进书房时边笑边说：‘卷土重来了！’”①此事鲁迅日记中没有记载，也与鲁迅学界的叙述大相径庭②，但以胡思杜对鲁迅的崇拜以及罗尔纲治学之严谨，不太可能伪造此史料。而鲁迅去世后，苏雪林给备受鲁迅讥讽的胡博士去信，表白自己“向鲁党挑战”的决心，希望胡适支持其发起对于“廿五史儒林传所无之奸恶小人”鲁迅的总攻击③，胡适却在回信中表彰鲁迅的功绩：

---

① 参见罗尔纲：《师门五年记·胡适琐记》(增补本)，144页，北京，三联书店，1998。

② 鲁迅博物馆和鲁迅研究室合编的《鲁迅年谱》增订本(北京，人民文学出版社，2000)第三册是这样叙述鲁迅的北上的：“左翼文化人士和青年学生大受鼓舞，而反动派则如临大敌，买办文人借机攻击鲁迅‘卷土重来了’”(351页)。“在同来访者谈话中，鲁迅幽默地说：‘我这次一来，便有很多的人放冷箭，说我是来抢他们的饭碗，说我是卷土重来。何苦叫这些人不放心，倒不如赶快卷土重去。’这是对胡适等人的顺便一刺。”(355页)

③ 参见苏雪林致胡适、致蔡元培信，载《胡适来往书信选》，中册，325～334页，北京，中华书局，1979。

> 凡论一人，总须持平。爱而知其恶，恶而知其美，方是持平。鲁迅自有他的长处。如他的早年文学作品，如他的小说史研究，皆是上等工作。通伯先生当日误信一个小人张凤举之言，说鲁迅之小说史是抄袭盐谷温的，就使鲁迅终身不忘此仇恨！现今盐谷温的文学史已由孙俍工译出了，其书是未见我和鲁迅之小说研究以前的作品，其考据部分浅陋可笑。说鲁迅抄盐谷温，真是万分的冤枉。盐谷一案，我们应该为鲁迅洗刷明白。最好是由通伯先生写一篇短文，此是“gentlemen 的臭架子”，值得摆的。如此立论，然后能使敌党俯首心服。①

鲁迅的“深刻”与胡适的“宽容”，二者其实均有不可及处②。放开一点历史视野，未见得不能同时欣赏。当初之立场不同且性格迥异，尚且不一定是“你死我活”；后世论者在褒贬抑扬时，更应该多点“理解之同情”。

30 年代同在北大任教的周作人与胡适，倒是相处得不错。最明显的例证是，1934 年初，针对周作人发表引起很大争议的《五十自寿诗》，胡适连续写了《戏和周启明打油诗》《再和苦茶先生打油诗》《苦茶先生又寄打油诗来，再叠答之》，第二年底、第三年初又有《和周启明贺年诗》《和周启明“二十五年贺年”打油诗》。而 1938 年在伦敦写的

① 《胡适来往书信选》，中册，339 页，北京，中华书局，1979。

② 千家驹《海纳百川，有容乃大》中有这么一句话：“在当代学人中，我最佩服的两位—— 一位是鲁迅，一位是胡适。他们两人性格刚好相反，鲁迅的褊狭，胡适的豁达，适成鲜明的对照。”这里所说的鲁迅性格“褊狭”，并不是讥讽之语，因是指向“观察问题之深刻”与“文笔之犀利”。见罗尔纲《师门五年记·胡适琐记》(增补本)的附录，北京，三联书店，1998。

《寄给在北平的一个朋友》(又名《寄苦雨庵》)，更因其寄托遥深而被广泛征引。周作人晚年撰写回忆录，由于时局的关系，不愿多提与胡适的交谊，但对当初远在英国的适之先生专门写诗劝“苦雨庵中吃茶的老僧”南下，以及自家之“多谢藏晖居士的问讯”①，还是很肯花笔墨的。而胡适晚年着意收集周作人的著述，遥想五四时之并肩作战，感慨今日老友之落寞②，人所共有的怀旧心理外，也可见适之先生性情之淳厚。

回到删诗事件。胡适之所以格外看重周氏兄弟的意见，因其认定二周的文学才华在自己之上。在五四时期影响极大的理论表述《谈新诗》中，胡适称道周作人的《小河》：“这首诗是新诗中的第一首杰作，但是那样细密的观察，那样曲折的理想，决不是那旧式的诗体词调所能达得出的。”③而讨论过新诗写作的诸多困难，表白自己以及众新秀如何未能写出真正的新诗，接下来就是：

> 我所知道的“新诗人”，除了会稽周氏兄弟之外，大都是从旧式诗、词、曲里脱胎出来的。④

特别表彰周氏兄弟的新诗，强调其不受旧诗词的牵制，不能说胡适没有眼光。鲁迅 1918 年在《新青年》上发表的《梦》《爱之神》《桃花》《他们

---

① 参见《周作人回忆录》，471～473 页，长沙，湖南人民出版社，1982。

② 《胡适致杨联陞》，见《论学谈诗二十年》，289 页，台北，联经出版公司，1998。

③ 胡适：《谈新诗》，见《胡适文存》卷一，228 页，上海，亚东图书馆，1921。

④ 同上书，235 页。

的花园》《人与时》等新诗，拒绝直白的说理，追求意境的幽深，其象征手法的娴熟，以及驾驭白话的能力，确非同期半词半曲的“放大的小脚”可比。如果再考虑1919年陆续发表总题为《自言自语》的散文诗，称道鲁迅的“诗才”，不是没道理的。至于将《小河》断为早期新诗的代表作，胡适的这一观点，现已被许多文学史家所接受。

但周氏兄弟之尝试新诗写作，基本上只是“客串”，所谓“打打边鼓，凑些热闹”①，日后主要文学成就在小说与散文。即便吟诗，周氏兄弟更擅长的还是旧体。鲁迅旧诗写得好早有定评，周作人的“儿童杂事诗”，其实也颇可观。自称对于新诗“提倡有心，创造无力”的胡适，显然是在与周氏兄弟的接触中，意识到自己的局限。1922年3月4日的日记中，胡适记下鲁迅的期待以及自己的反省：“豫才深感现在创作文学的人太少，劝我多作文学。我没有文学的野心，只有偶然的文学冲动。”②六天后，《〈尝试集〉四版自序》脱稿，其中多处提及鲁迅的判断。将近半年后，胡适又在日记中写下这么一段对于周氏兄弟文学才华的由衷赞赏：

> 周氏兄弟最可爱，他们的天才都很高。豫才兼有赏鉴力与创作力，而启明的赏鉴力虽佳，创作较少。③

---

① 鲁迅在《〈集外集〉序言》中称：“只因为那时诗坛寂寞，所以打打边鼓，凑些热闹；待到称为诗人的一出现，就洗手不作了。”（《鲁迅全集》第七卷，4页，北京，人民文学出版社，1981）。1926年周作人撰《〈扬鞭集〉序》，也有类似的说法：“我对于中国新诗曾摇旗呐喊过，不过自己一无成就，近年早已歇业，不再动笔了。”

② 《胡适的日记》上册，276页，北京，中华书局，1985。

③ 同上书，424页。

事后证明，胡适的直觉相当准确，这段话几乎可以不做修改就“进入文学史”。

胡适对于二周删诗的建议，无论接纳与否，都经由一番认真的思考。比如，《礼!》以叙事的口吻，对世俗之以礼责人大加嘲讽，所谓“你们串的是什么丑戏，/ 也配抬出‘礼’字的大帽子！/ 你们也不想想，/ 究竟死的是谁的老子”，在胡适，肯定是有感而发。可鲁迅出于对诗歌特性的理解，不主张将此诗收入。对此，胡适不以为然，在《〈尝试集〉四版自序》中略做辩解。而为祝贺《晨报》一周年而作的《周岁》，虽是“白话”，却很难说是“诗”①。更重要的是，鲁迅对刚诞生的白话诗有可能成为新的应酬工具，保持高度的警惕，故特别点出此乃源远流长的“寿诗”传统②。听从鲁迅的意见，胡适最终还是“忍痛割爱”。之所以这么说，是因为此前两年，在《〈尝试集〉再版自序》中，胡适怕被误读，“因此，我老着面孔，自己指出那几首诗是旧诗的变相，那几首诗是词曲的变相，那几首是纯粹的白话新诗”③。他所郑重推荐的十四首“真正白话的新诗”，在增订四版中，除《周岁》外，全都赫然在目。这自然是鲁迅的意见起了作用。

周氏兄弟的删改，固然让胡适感动；而周氏兄弟的表彰，肯定更让胡适欢欣。鲁迅肯说出“我觉得近作中的《十一月二十四夜》实在好”

---

① 《周岁》共三节，请看最后一节：“我再贺你一杯酒，/ 祝你奋斗到底；/ 你要不能战胜病魔，/ 病魔会战胜了你！”

② 吟过《周岁》的第二年，胡适真的为陈仲骧父亲七十大寿撰一《寿诗》，只是没入集而已（见耿云志主编：《胡适遗稿及秘藏书信》第11册，合肥，黄山书社，1994）。假如不是鲁迅的提醒，以胡适喜交游的性格，真不知日后诗集中该有多少此类纯粹应酬之作。

③ 胡适：《〈尝试集〉再版自序》，见《尝试集》，上海，亚东图书馆，1920年9月。

这样的话，实在不容易。更何况周作人的信中也有类似的表述："你近作的诗很好，我最喜欢最近所作的两首。"1921年1月1日出版的《新青年》8卷5号，刊有胡适写于1920年10月10日的《梦与诗》和写于1920年11月25日的《礼!》和《十一月二十四夜》。所谓"最近所作的两首"，当系《礼!》和《十一月二十四夜》无疑。这么说来，胡适之所以坚持保存《礼!》，或许还基于周氏兄弟意见并不一致的缘故。

比起具体篇目的增删，更重要的是对于"新诗"定义的重新调整。《尝试集》自初版起，便附有旧体诗词《去国集》。至于白话诗集中为何夹杂旧体诗词，胡适在《〈去国集〉自序》中有所交代：

> 胡适既已自誓将致力于其所谓"活文学"者，乃删定其六年以来所为文言之诗词，写而存之，遂成此集。名之曰"去国"，断自庚戌也。昔者谭嗣同自名其诗文集曰"三十以前旧学第几种"。今余此集，亦可谓之六年以来所作"死文学"之一种耳。集中诗词，一以年月编纂，欲稍存文字进退及思想变迁之迹焉尔。①

依此序所言，之所以保存《去国集》，纯粹是为了记录当初学步的蹒跚足迹，同时以"死文学"来反衬"活文学"的无穷魅力。为了第一部"白话诗集"体例的统一，周作人一开始建议删除《去国集》；后又转而接受兄长的意见，"以为《去国集》也很可留存"。

为什么《去国集》可以留存？周作人并没做进一步的说明。读了鲁迅的意见，你会明白，同样主张保留《去国集》，周氏兄弟与胡适的思

① 《〈去国集〉自序》，见《尝试集》增订四版，125页，上海，亚东图书馆，1922年10月。

路，真是相差十万八千里。简单说，胡适关注的是“白话”，周氏兄弟看重的是“诗”，故鲁迅才会对被判为“死文学”的《去国集》另眼相看：“但我细看，以为内中确有许多好的，所以附着也好。”不以“文白”定“死生”，二周的文学趣味，显然与胡适之一味强调白话诗该如何脱离词曲的羁绊大有差别。

回过头来，再仔细品味那首已经被胡适本人删去、可又被周作人和俞平伯抢救回来的《鸽子》：

> 云淡天高，好一片晚秋天气！
> 有一群鸽子，在天空中游戏。
> 看他们三三两两，
> 回环来往，
> 夷犹如意，——
> 忽地里，翻身映日，白羽衬青天，十分艳丽！

确实像胡适原先自暴短处时所说的，此诗明显受词调的影响。问题在于，旧诗修养颇深的周、俞二君，不是不明白这一点，可还是不理会胡适的解释，建议重新收录。或许，在周作人看来，诗歌只问好坏，而不必强分新旧。

这么说，不是毫无根据的猜测。两年后，即1923年4月，周作人为刘大白新诗集《旧梦》做序，专门针对时人之过于强调如何“摆脱旧诗词的情趣”，表示不同意见：

> 虽然他自己说诗里仍多传统的气味，我却觉得并不这样。据我看来，至少在《旧梦》部分内，他竭力的摆脱旧诗词的情趣，倘

若容我的异说，还似乎摆脱太多，使诗味未免清淡一点——虽然这或者由于哲理入诗的缘故。现在的新诗人往往喜学做旧体，表示多能，可谓好奇之过，大白先生富有旧诗词的蕴蓄，却不尽量的利用，也是可惜。我不很喜欢乐府调词曲调的新诗，但是那些圆熟的字句在新诗正是必要，只须适当的运用就好。因为诗并不专重意义，而白话也终是汉语。①

从综论性质的《谈新诗》，到自我定位的《尝试集》各版自序，再到谈论康、俞的《评新诗集》，胡适论述白话诗之演进，基本上就是一个标准：即如何摆脱旧诗以及词曲的束缚。不要说五言七言的整齐句法不能用，“想用双声叠韵的法子来帮助音节的谐婉”，也是不可取的。“真正白话的新诗”，其音节应是“近于自然”。意识到自家“旧文学的习惯太深，故不容易打破旧诗词的圈套”②，胡适于是更多强调与词曲传统之决裂，这自然有其合理性。可作为理论表述与运动纲领，不讲个人才性，也不利用丰富的传统资源，而只是一味逃避旧诗词那几乎无所不在的影响，其实是有欠缺的。

又过了三年，周作人为刘半农的《扬鞭集》作序，提及《新青年》时期的白话诗人，是这样评说的：“那时做新诗的人实在不少，但据我看来，容我不客气地说，只有两个人具有诗人的天分，一个是尹默，一个就是半农。”前者驾驭得住文言，后者则尤擅口语，各自发挥所

① 周作人：《〈旧梦〉序》，见《旧梦》，上海，商务印书馆，1923。

② 胡适：《〈尝试集〉再版自序》，见《尝试集》，上海，亚东图书馆，1920年9月。

长，故皆有所得①。在这里，周作人偏偏不提白话诗的倡导者胡适，大概是觉得适之先生缺乏“诗人的天分”。下面这两段话，更是有感而发：

> 新诗的手法我不很佩服白描，也不喜欢唠叨的叙事，不必说唠叨的说理，我只认抒情是诗的本分，而写法则觉得所谓“兴”最有意思，用新名词来讲或可以说是象征。……中国的文学革命是古典主义(不是拟古主义)的影响，一切作品都象是一个玻璃球，晶莹透彻得太厉害了，没有一点儿朦胧，因此也似乎缺少了一种余香与回味。正当的道路恐怕还是浪漫主义——凡诗差不多无不是浪漫主义的，而象征实在是其精意。②

相信“新诗总是要发达下去的”的周作人，欣赏新诗因模仿而获得的“自由与豪华”，但强调“自由之中自有节制，豪华之中实含清涩，把中国文学固有的特质因了外来影响而益美化，不可只披上一件呢外套就了事”。这里将新诗之缺乏“余香与回味”，归结为语言表述上的“唠叨”，而骨子里则是没有节制的“自由”。

1926年的诗坛，早已不是胡适们的天下。远比俞平伯“艰深难解”的新诗正迅速崛起，诗坛上也不再只是传统与欧化之争；而且，“象征”之取代“白描”，已成了实实在在的大趋势。周作人之批评新诗“晶莹透彻得太厉害了”，主要针对的不是闻一多、徐志摩为代表的新

---

① 这一表述风格，很像章太炎《与人论文书》中的“并世所见，王闿运能尽雅，其次吴汝纶以下，有桐城马其昶为能尽俗。”见《章太炎全集》第四卷，168页，上海人民出版社，1985。

② 周作人：《〈扬鞭集〉序》，见《扬鞭集》，北京，北新书局，1926。

月派所标榜的“理性节制情感”原则以及“新诗格律化”追求，不是王独清之突出“感觉”与穆木天之主张“纯诗”，更不是正逐渐浮出海面的象征派诗人李金发、戴望舒。这与其说是在展望新诗的未来，不如说是为包括自己在内的五四一代新诗人撰写“墓志铭”。而这中间，最值得深刻反省的，当是曾领尽风骚的适之先生。

五、胡适的自我调整

如果说周氏兄弟可以先讲“诗”，而后才是“白话”；作为白话诗最早的积极倡导者(这比“新诗老祖宗”之类文学性表述更为恰当)，胡适则只能先讲“白话”，而后才是“诗”。这可是时势逼出来的，由不得个人做主——谁让胡适必须时刻扛着“文学革命”的大旗。所谓“文章革命何疑！且准备搴旗作健儿”，开始只是表示一种义无反顾的决心与志气；可一旦文学革命已成燎原之势，作为最早的提倡者，胡适因而暴得大名，很难再有修正自家主张的机会。

就个人气质而言，胡适更像个温文尔雅的学者，而不是刚毅果断的革命家。在 30 年代撰写《四十自述》以及 50 年代口述自传时，胡适都曾提及陈独秀和钱玄同的鼎力支持乃文学革命成功的基本保证。单是书斋里的“刍议”，再精彩也不可能有多大的影响力；正是由于“三大主义”、“十八妖魔”、“桐城谬种，选学妖孽”等充满火药味的口号，以及“必不容反对者有讨论之余地”的武断，方才激起轩然大波，也因此推动文学革命迅速展开①。有陈、钱这样“坚强的革命家做宣传者，做推行者”，当然是胡适的幸运。考虑到群众的麻木以及对抗中必不

① 参见胡适：《逼上梁山》和《胡适口述自传》第七章，北京，华文出版社，1992。

可少的损耗，革命家往往语不惊人死不休，故意将问题推到极端，既便于警醒公众，又保留折中回旋的余地。在《无声的中国》中，鲁迅曾论及这种革命家的思维方式：

> 中国人的性情是总喜欢调和，折中的。譬如你说，这屋子太暗，须在这里开一个窗，大家一定不允许的。但如果你主张拆掉屋顶，他们就会来调和，愿意开窗了。没有更激烈的主张，他们总连平和的改革也不肯行。那时白话文之得以通行，就因为有废掉中国字而用罗马字母的议论的缘故。①

这废掉汉字的“极端言论”，正是出于思想“偏激”、“所主张常涉两极端”，说话“必说到十二分”的钱玄同先生②。作为一种运动策略，极端思维自有其好处。但另一方面，过于讲求“策略性”，追求最大限度的“现场效果”，未免相对忽视了理论的自恰与完整。假如革命不成功，这种“决绝的姿态”，具有很高的审美价值；但万一革命成功，如何真正履行当初的诺言，将是一件十分困难的事。聪明者随着运动的深入而移步变形，逐渐修正姿态，转换角色，尚能在新一轮建设中发挥作用；至于立场坚定者，死守当初带有策略性的宣言，不肯做必要的妥协与调整，虽能博得“首尾一致”的赞赏，却很难再有进一步突破

---

① 《无声的中国》，见《鲁迅全集》，第四卷，13～14页，北京，人民文学出版社，1981。

② 周作人：《钱玄同的复古与反复古》(《文史资料选辑》第94辑，北京，文史资料出版社，1984)提及“玄同所主张常涉两极端”，而且这种思想“偏激”，“是他自己所承认的”。据黎锦熙先生在《钱玄同先生传》(载曹述敬《钱玄同年谱》，147～202页，济南，齐鲁书社，1986)中追忆，“从前鲁迅批评他：十分话最多只需说到八分，而玄同则必须说到十二分。”(见曹书173页)

的可能。

胡适以文言白话断文学之死活，作为文学革命口号，简单明了，十分有效。可如此粗陋且武断的理论设计，本身存在许多问题，胡适不是不知道，也做过几番自我修正的努力，比如不断扩大“白话”的含义等①，但始终不敢模糊“斗争的大方向”。听适之先生谈论白话诗文，你会感慨其几十年没有大的变化，基本上保持少年时代的理想，这点颇令人惊讶。可仔细分辨，你还是可以发现，适之先生偶尔也会出现动摇，只不过由于更具革命家气质的钱玄同从旁提醒，于是继续前行。

针对胡适新作显示出的某种倒退的迹象，钱玄同 1917 年 10 月 31 日去信，语重心长地强调：“现在我们着手改革的初期，应该尽量用白话去作，才是。倘使稍怀顾忌，对于‘文’的一部分不能完全舍去，那么，便不免存留旧污，于进行方面，很有阻碍。”胡适得信，幡然悔悟，于是在 11 月 20 日作复，表白自己的惶惑与苦恼：

> 先生论吾所作白话诗，以为“未能脱尽文言窠臼”。此等诤言，最不易得。吾于去年(1916 年)夏秋初作白话诗之时，实力屏文言，不杂一字。如《朋友》，《他》，《尝试篇》之类皆是。其后忽变易宗旨，以为文言中有许多字尽可输入白话诗中。故今年所作诗词，往往不避文言。……但是先生十月三十一日来书所言，

① 参见 1917 年 11 月 20 日的《答钱玄同书》(见《胡适文存》卷一，上海，亚东图书馆，1921)以及 1928 年 6 月的《〈白话文学史〉自序》(见《白话文学史》，上海，新月书店，1928)。

也极有道理。……所以我在北京所作的白话诗，都不用文言了。①

由"力屏文言"到"不避文言"，再到"都不用文言了"，经过这一番曲折，胡适坚定了纯用白话写作的宗旨。即便如此，在为《尝试集》撰写序言时，钱玄同还是很不客气地批评胡适仍受旧诗词的牵制：

不过我对于适之的诗，也有小小不满意的地方：就是其中有几首还是用"词"的句调；有几首诗因为被"五言"的字数所拘，似乎不能和语言恰合；至于所用的文字，有几处似乎还嫌太文。②

对于朋友如此严苛的挑剔，胡适心悦诚服，在《尝试集》初版自序中专门提及此事，并作了认真的自我批评，称自己所作新诗半新不旧："这些诗的大缺点就是仍旧用五言七言的句法。句法太整齐了，就不合语言的自然，不能不有截长补短的毛病，不能不时时牺牲白话的字和白话的文法，来牵(迁)就五七言的句法。"接下来关于诗体大解放的论述，在新诗创立期影响极大，值得认真对待：

因此，我到北京以后所做的诗，认定一个主义：若要做真正的白话诗，若要充分采用白话的字，白话的文法，和白话的自然音节，非做长短不一的白话诗不可。这种主张，可叫做"诗体的

① 《答钱玄同书》，见《胡适文存》卷一，54～55页，上海，亚东图书馆，1921。

② 钱玄同：《〈尝试集〉序》，见初版本《尝试集》。

> 大解放”。诗体的大解放就是把从前一切束缚自由的枷锁镣铐，一切打破：有什么话，说什么话；话怎么说，就怎么说。这样方才可有真正白话诗，方才可以表现白话的文学可能性。①

话说得何等痛快淋漓，可流弊也就在这里。稍有文学常识的人都知道，散文尚且不可“话怎么说，就怎么说”，更何况历来以语言精粹著称的诗歌。

沉醉于“大解放”的幸福感，再加上本就不太具备“诗人的天性”，胡适于是抓住是否摆脱传统诗词束缚作为新诗的唯一标准。1919 年撰《谈新诗》，提及“此外新潮社的几个新诗人——傅斯年、俞平伯、康白情——也都是从词曲里变化出来的，故他们初做的新诗都带着词或曲的意味音节”②，显然感觉不无遗憾。到了 1922 年，胡适为三本新诗集撰写序言或书评，进一步阐述其理想中的新诗。基本思路是“诗体的大解放”，即如何摆脱旧诗词的影响，即便因此而失之于幼稚、直白、浅露，也都无所谓。以此标准衡量，康白情高于俞平伯，而后起的汪静之更是百尺竿头更进一步。理由很简单，“白情受旧诗的影响不多，故中毒也不深”；汪静之等少年诗人更上一层楼，因“他们受的旧诗词的影响更薄弱了，故他们的解放也更彻底”③。以是否摆脱“旧诗词的鬼影”作为评价新诗好坏的唯一指标，在后世的诗人及

---

① 胡适：《〈尝试集〉自序》，见《尝试集》，上海，亚东图书馆，1920 年 3 月。

② 胡适：《谈新诗》，见《胡适文存》卷一，238 页，上海，亚东图书馆，1921。

③ 参见《评新诗集》和《〈蕙的风〉序》，见《胡适文存二集》卷四，269～288 页。295～308 页，上海，亚东图书馆，1924。

史家看来，或许有点荒谬；可对于更多关注新诗出路的适之先生来说，关键在于"白话"还是"文言"，故"稚气究竟远胜于暮气"、"太露究竟远胜于晦涩"①。

过于执着"诗体的大解放"，再加上笃信"文学进化观念"，使得在小说研究方面颇有定见的适之先生，评价新诗时，常把握不住。有艺术判断力的问题，但也与胡适尝试新诗，很大程度不是基于诗神驱使，而是服务于自觉的文学主张有关：

> 我私心以为文言决不足为吾国将来文学之利器。施耐庵、曹雪芹诸人已实地证明小说之利器在于白话。今尚需人实地试验白话是否可为韵文之利器耳。②

基于白话必为将来文学之利器这一信仰，胡适"单枪匹马"前去"新辟一文学殖民地"，其再三强调写诗只是"实验"，并非故作谦虚。从这个角度看，只要白话文运动成功，即便《尝试集》因缺乏"诗性"而被遗弃，对于胡适来说，也没有太大的遗憾。正因为入手处是"文"，着眼点是"白话"，"白话诗"只是有待征服的最后一块阵地，很长时间里，胡适的兴奋点集中在如何摆脱"文言"以及"旧诗词"，而不太追问是否具有诗的"意境"——直到 1924 年《〈胡思永的遗诗〉序》和 1936 年的《谈谈"胡适之体"的诗》，才将语言表达与意境营造结合起来。而一旦"白话"不是评判新诗好坏的唯一标准，根基深厚的传统诗词之影响必

① 胡适：《〈蕙的风〉序》，见《胡适文存二集》卷四，295～308 页，上海，亚东图书馆，1924。

② 《胡适留学日记》第四册，996 页，上海，商务印书馆，1947。

将浮出海面。在这中间，与周氏兄弟以及梁启超的书信往来，对胡适重新反省关于“新诗”的想象，很可能起关键作用。

鲁迅称《去国集》中“确有许多好的”，周作人批评传统根基深厚的刘大白“竭力的摆脱旧诗词的情趣”，这些“异议”，对于一直检讨自家白话诗中残留词调的胡适来说，应该说颇有触动。而与梁启超关于白话诗的争辩，以及借鉴小令写作新诗之可能性的探讨，对于胡适的调整思路，当也不无关系。

在白话诗问题上，梁启超与胡适意见不一致，并且有过直接的争论，可惜相关史料大多缺失，故史家语焉不详①。1920 年 10 月 18 日梁启超致信胡适，希望胡评阅《清代学术概论》，并称自己准备撰文讨论《中国哲学史大纲》，另外，还有“超对于白话诗问题，稍有意见，顷正作一文，二三日内可成，亦欲与公上下其议论”②。《胡适来往书信选》上册收有一大约写于 1920 年底或 1921 年初的《胡适致陈独秀》，其中也涉及此事：

> 梁任公有一篇大驳白话诗的文章，尚未发表，曾把稿子给我看，我逐条驳了，送还他，告诉他，“这些问题我们这三年都讨论过了。我很不愿意他来旧事重提，势必又引起我们许多无谓的

---

① 张朋园：《胡适与梁启超——两代知识分子的亲和与排拒》(见李又宁主编、纽约天外出版社 1990 年 12 月印行的《胡适与他的朋友》第一集)着重讨论梁、胡政治上的接触、学术上的见解、彼此的友谊三方面，其中涉及关于白话诗的争论，可参考。

② 梁启超致胡适信，见丁文江、赵丰田编：《梁启超年谱长编》，922 页，上海人民出版社，1983。

笔墨官司”，他才不发表了。①

以梁启超之“为人最和蔼可爱，全无城府，一团孩子气”，见胡适暴得大名，竟“有时稍露一点点争胜之意”②，如此性情，不大可能因后辈的反驳而隐匿自己的意见。查《张元济日记》，1920年10月21日张氏往访梁启超时，梁“言有论本朝诗学一稿，亦即可交稿”③。据夏晓虹考证，梁氏信函与张氏日记所述，应同指一文，即梁启超为选编金和与黄遵宪二家诗所写之序。书未编成，序也未定稿，可这则收入《饮冰室合集》的《晚清两大家诗钞题辞》④，对于理解这场隐匿在历史深处的争论，还是很有帮助的。

梁启超的基本观点是，“因为诗是一种技术，而且是一种美的技术”，故“格律是可以不讲的，修辞和音节却要十分注意”。自称“并不反对白话诗”的任公先生，在批评守旧的“老先生”不该蔑视文学史上早已“粲然可观”的白话诗的同时，顺带扫了一下完全排斥文言的“偏激之论”：

> 至于有一派新进青年，主张白话为唯一的新文学，极端排斥文言，这种偏激之论，也和那些老先生不相上下。就实质方面论，若真有好意境好资料，用白话也做得出好诗，用文言也做得

① 《胡适致陈独秀》，见《胡适来往书信选》，上册，119～120页，北京，中华书局，1979。

② 参见1929年1月20日胡适参加梁启超大殓归来所写的日记，《胡适的日记》(手稿本)第八卷。

③ 《张元济日记》下册，771页，北京，商务印书馆，1981。

④ 参见夏晓虹：《诗骚传统与文学改良》，293页，杭州，浙江文艺出版社，1998。

出好诗。如其不然，文言诚属可厌，白话还加倍可厌。

这种各打五十大板的论调，当然是胡适等新派人士所不愿接纳的。说梁启超因胡适的反驳而不愿发表此文，目前尚无确凿证据；但梁氏此文迟迟未能定稿，起码是知道其立说关系重大，需要从容斟酌。白话缺乏锤炼，表达复杂的情感与思绪有困难，这是五四时期反对废除文言者常持的见解，梁启超不过是将其限制在新诗写作："我觉得极端的'纯白话诗'，事实上算是不可能；若必勉强提倡，恐怕把将来的文学，反趋到笼统浅薄的方向，殊非佳兆。"以上的说法还偏于防守，接下来任公先生开始主动出击了：

我也曾读过胡适之的《尝试集》，大端很是不错。但我觉得他依着词家旧调谱下来的小令，格外好些。为什么呢？因为五代两宋的大词家，大半都懂音乐，他们所创的调，都是拿乐器按拍出来。我们依着他填，只要意境字句都新，自然韵味双美。我们自创新音，何尝不能？可惜我们不懂音乐，只成个"有志未逮"。而纯白话体有最容易犯的一件毛病，就是枝词太多，动辄伤气。试看文言的诗词，"之乎者也"，几乎绝对的不用。为什么呢？就因为他伤气，有碍音节。如今做白话诗的人，满纸"的么了哩"，试问从那里得好音节来？……字句既不修饰，加上许多滥调的语助辞，真成了诗的"新八股腔"了。①

① 《晚清两大家诗钞题辞》，见《饮冰室合集·文集》之四十三，上海，中华书局，1936。

批评“满纸‘的么了哩’”的新诗，直接指向已经名满天下的“尝试”，如此刻薄的评价，自然不可能为胡适所接受。至于表彰《尝试集》中“依着词家旧调谱下来的小令，格外好些”，估计也不会让胡适高兴。因为，未能完全摆脱词调的影响，这正是他在《尝试集》的三则序言中所再三检讨的。

而在梁启超，如此立说，绝无挖苦讽刺的意味。日后，梁氏甚至受胡适成功“尝试”的引诱，写作起分行加标点的小词来。即所谓“近忽发词兴”，“日来颇为小词消遣”，并相信“此间可辟出新国土也”①。1925 年 6 月 22 日，梁启超致信胡适，附一小词，且称“即用公写法录一通奉阅，请一评，谓尚要得否?”同月 26 日，又寄上《好事近》和《西江月》各一首②。大概是胡适回赠两诗，7 月 3 日复信中，梁启超除再次附词三首外，还对胡诗略加点评：

两诗妙绝，可算“自由的词”。石湖诗书后那首若能第一句与第三句为韵——第一句仄，第三句平，——则更妙矣。

去年八月那首“月”字和“夜”字用北京话读来算有韵，南边话便不叶了(广东话更远)。念起来总觉不顺嘴。所以拆开都是好句，合诵便觉情味减。这是个人感觉如此，不知对不对?

我虽不敢说无韵的诗绝对不能成立，但终觉其不能移我情。韵固不必拘定什么《佩文斋诗韵》《词林正韵》等，但取用普通话念去合腔便好。句中插韵固然更好，但句末总须有韵(自然非句句

① 参见梁启超致林志钧及梁启勋书，见丁文江、赵丰田编：《梁启超年谱长编》，1042～1043 页，上海人民出版社，1983。

② 参见丁文江、赵丰田编：《梁启超年谱长编》，1038～1041 页，上海人民出版社，1983。

之末，隔三几句不妨）。若句末为语助词，则韵挪上一字（如匪报也，永以为好也）。我总盼望新诗在这种形式下发展。

拙作《沁园春》过拍处试如尊论（犯复），俟有兴，当更改之，但已颇觉不易。又有寄儿曹三词写出呈教（乞赐评）。公勿笑其舔犊否？①

强调新诗必须讲究音节，而且最好有韵，这点与章太炎、鲁迅师徒的意见大致相同②。新诗在寻求突破的过程中，“以解放相号召”，唯恐受制于旧诗词曲。可30年后，朱自清发现，新诗独独接收了“韵脚”这一宗遗产，“足见中国诗还在需要韵，而且可以说中国诗总在需要韵”③。此说并未为所有诗人及史家所接受，新诗是否需要押韵，始终是个争议很大的问题。至于称入《尝试后集》的《瓶花》和胡适生前未曾入集的《八月四夜》“两诗妙绝”，实在很有眼光。这可是以理智冷静著称的适之先生平生少有的好情诗，后者以周邦彦《关河令》一词的

① 丁文江、赵丰田编：《梁启超年谱长编》，1044～1045页，上海人民出版社，1983。其中若干错漏，据台北世界书局1959年版《梁任公先生年谱长编》校改。又，1961年9月20日胡适与秘书谈话时，特别提到梁启超“他给我的信很多，有封很长的谈词的信”，指的应该就是这一则（见《胡适之先生晚年谈话录》，220页，北京，中国友谊出版公司，1993）。

② 据曹聚仁：《关于章太炎先生的回忆》（见《文思》，北新书局，1937），章太炎认为：“凡称之为诗，都要有韵，有韵方能传达情感；现在白话诗不用韵，即使也有美感，只应归入散文，不必算诗。”鲁迅则在《致窦隐夫》（《鲁迅全集》第十二卷，556页，北京，人民文学出版社，1981）中称：“我以为内容且不说，新诗先要有节调，押大致相近的韵，给大家容易记，又顺口，唱得出来。”

③ 《新诗杂话·诗韵》，见《朱自清全集》第二卷，402页，南京，江苏教育出版社，1988。

“酒已都醒，如何消夜永?”作结，乃巧妙的文体挪用[①]；前者以范成大《瓶花》作引子，也明白无误地标示其诗学渊源。二诗都是白话，但传统的印记十分清晰，故梁启超一针见血地指认其为“自由的词”。

若是早年，对于如此评价，胡适可能很不高兴。可现在不一样，经由二周以及梁启超的提示，加上自家撰写《白话文学史》和编选《词选》的体会，胡适对于“白话诗”之夹杂“词调”，有了全新的认识。1928 年 6 月的《〈白话文学史〉自序》重提他所理解的白话“有三个意思”[②]，故“白话文学”应该“包括旧文学中那些明白清楚近于说话的作品”。这样一来，不只《史记》《汉书》里有许多白话，乐府歌辞、佛书译本基本上是白话，“唐人的诗歌——尤其是乐府绝句——也有很多的白话作品”。词呢，尤其是东坡、稼轩的小词，不也符合“说得出，听得懂”、“不加粉饰”、“明白晓畅”这白话三大特征吗？当然也该算

---

① 初刊《现代评论》2 卷 46 期(1925 年 10 月)的《八月四夜》全诗如下：

我指望一夜的大雨
把天上的星和月都遮了；
我指望今夜喝得烂醉，
把记忆和相思都灭了。

人都静了，
夜已深了，
云也散干净了，——
仍旧是凄清的明月照我归去，——
而我的酒又早已全醒了。
　酒已都醒，
　　如何消夜永?

② 在 1917 年 11 月 20 日的《答钱玄同书》中，胡适为反驳对手的批评，曾大为扩展“白话”的含义。

是“白话文学”了。

作为定本的《白话文学史》只论述到唐代，此前的《国语文学史》，则有专门讨论两宋的“白话词”的第三编第四、第五两章。“这种词用的当日小百姓的言语，写的是当日的感情生活，所以他们是宋代白话文学的代表。”基于这一判断，胡适极为赞赏欧阳修、柳永、李清照、辛弃疾、陆游等人的“白话小词”，称其创作“真是绝妙的文字”，与吴文英那样“古典文学的下下品”不可同日而语①。

1927 年，上海商务印书馆出版胡适编选的《词选》②，前有一胡适撰写的自序，将词史分成三段：“苏东坡以前，是教坊乐工与娼家妓女歌唱的词；东坡到稼轩、后村，是诗人的词；白石以后，直到宋末元初，是词匠的词。”对“诗人的词”，胡适最为欣赏：“这些作者都是有天才的诗人；他们不管能歌不能歌，也不管协律不协律；他们只是用词体作新诗。这种‘诗人的词’，起于荆公、东坡，至稼轩而大成。”在叙述词的演变历史时，胡适强调的是“词的用处推广了，词的内容变复杂了，词人的个性也更显出了”，故特别喜欢表彰“绝好的小词”③。比如谈论辛弃疾，便是：“他的小令最多绝妙之作；言情，写景，述怀，达意，无不佳妙。辛词的精彩，辛词的永久价值，都在这里。”④

胡适本人对于白居易的诗以及辛弃疾的小词早有兴趣，《胡适留

---

① 参见《国语文学史》，见《胡适文集》(北京大学出版社，1998)第八册，92～115 页。

② 1958 年台北读者书店重印此书时，改题《白话词选》。改题不见得是胡适本人的主意，但起码胡适的论述，容易给人这种印象。

③ 《〈词选〉自序》，见《胡适文存三集》，卷八，997～1005 页，上海，亚东图书馆，1930。

④ 参见胡适编选《词选》中论辛弃疾则，上海，商务印书馆，1927。

学日记》中不乏记载，《四十自述》中也有所交代。只是由于提倡白话诗的需要，胡适方才压抑这一趣味，竭力摆脱“旧诗词”的影响。以“删诗事件”作为标志，胡适开始调整自己的阅读与写作姿态。一方面是白话诗已基本站稳脚跟，不必再刻意回避文言或词调的渗透；另一方面也是因教学需要以及个人兴趣转移，胡适开始选读“旧诗词”。对于如此转折，二周信件到底起多大作用，尚难断言。但写于 1928 年 3 月 9 日的《读〈双辛夷楼词〉致李拔可》，希望对方注意自己的小诗“不知颇有词的意味否”，抄录的正是被梁启超断为“自由的词”的《瓶花》，可见梁氏意见受到尊重。这与前几年的不断检讨无法摆脱词调的影响，真有天渊之别。更重要的是以下这段话：

> 近年因选词之故，手写口诵，受影响不少，故作白话诗，多作词调，但于音节上也有益处，故也不勉强求摆脱。①

我想补充的是，促使其作白话诗时“多作词调”的，远不只是“因选词之故”。

1935 年 12 月，文学史家陈子展发表《略论“胡适之体”》，分析胡适新作《飞行小赞》之不同于《尝试集》：

> 老路没有脱去模仿旧诗词的痕迹，真是好像包细过的脚放大的。新路是只接受了旧诗词的影响，或者说从诗词蜕化出来，好像蚕子已经变成了蛾。即如《飞行小赞》一诗，它的音节好像辛稼

① 《读〈双辛夷楼词〉致李拔可》，载《东方杂志》25 卷 6 号，1928。

轩的一阕小令，却又不像是有意模仿出来的。①

两个月后，胡适撰《谈谈“胡适之体”的诗》作答，公开亮明其借鉴词调写作新诗的经验。而且强调这不是“新路”，而是自己驾轻就熟早已“走惯了的一条‘老路’”。对于如何借变换韵脚、松动平仄、调整句式来获得写作的自由，没有比这段自述说得更明白的了：

其实《飞行小赞》也是用“好事近”词调写的，不过词的规矩是上下两半同韵，我却换了韵脚。我近年爱用这个调子写小诗，因为这个调子最不整齐，颇近于说话的自然；又因为这个调子很简短，必须要最简练的句子，不许有一点杂凑堆砌，所以是做诗的最好训练。我向来喜欢这个调子，偶然用它的格局做我的小诗组织的架子，平仄也不拘，韵脚也可换可不换，句子长短也有时不拘，所以我觉得自由得很。至少我觉得这比勉强凑成一首十四行的“桑籁体”要自由得多了！②

至此，作为新诗人的适之先生，总算完成了艰难的自我调整，直面所谓的“胡适之体”的生机与缺陷，坦然宣布“我近年只做我自己的诗”，而不再力不从心地扮演什么“领路人”的角色。

作为白话诗的提倡者，胡适始终坚守文言/白话这个边界，此乃其安身立命的根基，故矢志不移，这点很好理解。在保卫自己的学术

① 陈子展：《略论“胡适之体”》，载《申报·文艺周刊》第6期，1935年12月6日。

② 《谈谈“胡适之体”的诗》，载《自由评论》第12期，1936。

贡献方面，胡适有充分的自觉。从早年的《〈尝试集〉自序》，到晚年的《胡适口述自传》，凡提及新诗，胡适总是死死咬住两个关键词：“白话”与“实验”。至于早年很计较的摆脱词调的影响，20年代中期开始逐渐松动。到了自己出场介绍如何借鉴小令创作新诗时，我们对“胡适之体”的特色以及走向，便都心中有数了。胡适从来不是大诗人，《尝试集》的价值主要在于“尝试”；但除此之外，语言的清通，意境的平实，还有上接中国诗歌史上的元白诗或苏辛小词，仍然自有一番天地，不该被后来者一笔抹杀①。

六、经典地位的确立

作为现代文学史上的“经典之作”，横空出世的《尝试集》，一开始辉煌夺目，但很快就遭遇各种严峻的挑战；几经沉浮，历尽沧桑，方才战胜各种巨大的障碍——从艺术趣味到意识形态——最终屹立在世纪末的文学领奖台上(假如“百年百种优秀中国文学图书”也算一种奖的话)。这对于本不具有艺术天赋的适之先生来说，实在是个奇迹。

想当初，即便是好朋友，比如陈西滢，也都对胡适的白话诗不太恭维。在《新文学运动以来的十部著作》中，陈源推举的是《胡适文存》，而不是《尝试集》，理由是：

---

① 胡适晚年的诗友周策纵在《论胡适的诗》(见《胡适杂忆》附录，台北，传记文学出版社，1980)中称胡适欣赏元、白与袁枚，喜欢看小说，“他早期新诗的试作，往往脱不了浅显绝句、歌行、小令、苏、辛所喜用的中调，以至打油诗等的气氛，不为无故也。”“我以为胡适的诗较好的一面是文字流利，清浅而时露智慧。最好的几首往往有逸趣或韵致。……梁启超说他特别喜欢的还是胡的小词，可说很有道理。”

> 我不举《尝试集》是因为我不信胡先生是天生的诗人，虽然他有些小诗极可爱。我们只要看他说的："文中有三个条件：第一要明白清楚，第二要有力能动人，第三要美"，和"美就是'懂得性'(明白)与'逼人性'(有力)二者加起来自然发生的结果"，就可以知道他的诗不能成家的缘故，同时也可以了解他的说理考据文字的特长了。①

被认为不是"天生的诗人"的胡适，竟凭借一部只有若干"极可爱"的"小诗"的《尝试集》，闯入"经典作家"的行列，确实是不可思议。

可细细寻觅，你还是能发现《尝试集》之走向成功，并非纯属偶然。这里包括20年代之经由"删诗"而产生"定本"，30代的经由"辨体"而凝结"风格"，50年代至70年代的经由"批判—平反"而形成"经典"。在这中间，作品本身的潜能以及时代思潮的激荡，固然是主要因素；但周氏兄弟的推波助澜，也起了不小的积极作用。

《尝试集》初版时，为其大力鼓吹的，是刚结识不久的好友钱玄同。在《〈尝试集〉序》中，擅长"疑古"的玄同先生，对这第一部个人撰写的新诗集褒奖有加：

> 适之这本《尝试集》第一集里的白话诗，就是用现代的白话达适之自己的思想和情感，不用古语，不抄袭前人诗里说过的话。我以为的确当得起"新文学"这个名词。②

---

① 陈西滢：《西滢闲话》第3版，335页，上海，新月书店，1931。

② 钱玄同：《〈尝试集〉序》，见初版本《尝试集》。

不愧是目光如炬的史家，专门在“用现代的白话达适之自己的思想和情感”上做文章，钱氏此说，即便到了今日，也还站得住脚。

正因为是“第一部”，《尝试集》的出版，招来不少批评。其中三胡的争论，最为引人注目。先是自称“这二十多年里头，几乎没有一年不在诗里讨生活”的胡怀琛，站出来大批《尝试集》，而且自告奋勇，替胡适改写诗句。在他看来，胡适这一派新诗“根本的缺点”在于：

> (一)不能唱。只算白话文，不能算诗。
>
> (二)纤巧。只算词曲，不能算新诗。①

如此批评，火气太盛，毫无善意可言，颇有将白话诗一棍子打死的架势。不过一年后上海泰东书局出版此君所编《〈尝试集〉的批评与讨论》，辑录不少相关论述，与后世的“批判集”还是大有差别。其中收有朱执信的《诗的音节》和《答胡怀琛函》，二文初刊《星期评论》第51、52号，着重反驳胡怀琛《读胡适之〈尝试集〉》对新诗音节的批评，强调“一切文章都要使所用字的高下长短，跟着意思的转折来变换”，“音节决不是就这样可以有刻板的规则定出来的”②。朱文反过来嘲笑胡怀琛根本不懂新诗的音节，并且逐一批驳其为《尝试集》所做的修改。

如果说胡怀琛的缺点是“食古不化”，那么，胡先骕的毛病则是“食洋不化”。刊于《学衡》第1、2期的《评〈尝试集〉》，洋洋洒洒两万

---

① 胡怀琛：《胡适之派新诗根本的缺点》，载《时事新报·学灯》，1921年1月11日。

② 朱执信：《诗的音节》，载《星期评论》第51号，1920年5月23日。

余言，大量引用西儒语录，且夹杂不少英文单词，最后只是想说明“《尝试集》之价值与效用，为负性的”，即让人明白“此路不通”。具体论述时，批评胡诗乃“枯燥无味之教训主义”、“肤浅之征象主义”、“纤巧之浪漫主义”、“肉体之印象主义”，所言多大而无当；至于称集中最佳之诗作为《新婚杂诗》《送叔永回四川》，则更让人摸不着头脑①。如此文风，自然招来读者的反唇相讥。式芬刊于《晨报副镌》的《〈评尝试集〉匡谬》，即以其人之道还治其人之身，故意挑出胡文关于外国文学的四点谬误“略加匡正”，进而指责其“不合于‘学者之精神’”②。

至于胡适本人，对胡怀琛“这种不收学费的改诗先生”只是觉得好笑，并没有认真对待。1920 年 5 月和 9 月的《时事新报·学灯》上，分别刊有胡适致张东荪和胡怀琛的信，对此略加辩驳。称“我很希望大家切实批评我的诗，但我不希望别人替我改诗”③，还是比较客气的；下面这段话，可就有点居高临下了：

> 我在我的《尝试集》再版自序(已付印)里，对于先生最初评《尝试集》的几段意见——胡适之上了钱玄同的当，别人又上了胡适之的当——略有几句评论，因为我认那个意思还有讨论的价值，至于先生后来“正谬”的四条，恕不答辩了。④

不屑与胡怀琛争论的适之先生，在《〈尝试集〉再版自序》中，只是以

① 胡先骕：《评〈尝试集〉》，载《学衡》第 1、2 期，1922 年 1、2 月。

② 式芬：《〈评尝试集〉匡谬》，载《晨报副镌》，1922 年 2 月 4 日。

③ 胡适：《致张东荪》，载上海《时事新报·学灯》，1920 年 5 月 12 日。

④ 胡适：《答胡怀琛》，载上海《时事新报·学灯》，1920 年 9 月 12 日。

“守旧的批评家”轻轻打发，甚至不提论敌的姓名。相对而言，胡适还是比较在意喝过洋墨水的胡先骕的批评的。《〈尝试集〉四版自序》并没有直接回应《评〈尝试集〉》的具体观点，而是避实就虚，以“胡先骕教授居然很大度的请陀司妥夫士忌来陪我同死同朽，这更是过誉了，我更不敢当了”作结，虽则俏皮，却未免过于轻巧。或许，两年中销售一万部，而且得到周氏兄弟等“天才都很高”的朋友诸多好评，让胡适有点飘飘然。

虽然胡适颇为谦恭地称自家诗集之所以值得再版，只是“可以使人知道缠脚的人放脚的痛苦”；但广泛征求朋友意见，大规模地增删修订，还是有艺术上的追求。甚至可以说，适之先生其实是踌躇满志，对《尝试集》很有信心，希望其流传久远，这才需要如此精雕细磨。就在撰写《〈尝试集〉四版自序》的前几天，胡适完成了《五十年来中国之文学》，其中述及文学革命时有言：

> 我可以大胆说，文学革命已过了讨论的时期，反对党已破产了。从此以后，完全是新文学的创造时期。①

正是基于这一判断，胡适不屑与胡怀琛争论，对胡先骕的批评也没有认真回应。可“白话诗”的“反对党”破产了，不等于《尝试集》可以免受批评。接下来，原本处于同一阵营的新诗人的批评，更使胡适难堪。

1923年的中国诗坛，出现两则“横扫千军如卷席”的雄文，一是周灵均的《删诗》，将胡适《尝试集》、郭沫若《女神》、康白情《草儿》、

---

① 胡适：《五十年来中国之文学》，《胡适文存二集》卷二，211页，上海，亚东图书馆，1924。

俞平伯《冬夜》等八部新诗集分别以“不是诗”、“未成熟的作品”等罪名大加讨伐[①]。对批评家之为了一己“快意”，“提起一支屠城的笔，扫荡了文坛上一切野草”的做法，鲁迅甚为不满[②]。相对来说，成仿吾的《诗之防御战》更具理论意义。也是拿《尝试集》《草儿》《冬夜》等开刀，语气也很激烈，可还是讲道理的。此文发在《创造周报》第1号，批评对象减去郭沫若，添上周作人，颇有“党同伐异”的嫌疑。但指出早期新诗“摆脱了词调”、“洒脱了白话”以后，所选择的“小诗”以及“哲理诗”方向存在很大偏差[③]，还是颇有见地的。

笼统地批评白话诗，不管语气如何刻薄，对胡适来说都无伤大雅。到了1926年，才气横溢的新诗人朱湘登场，形势为之一变。在《评闻君一多的诗》中，朱湘称为避免朋友间互相标榜，“越熟的人越在学问上彼此激励”，为自己立下这么一个批评准则：

> 宁可失之酷，不可失之过誉。

其实，不只评闻诗，评胡适、康白情、徐志摩、郭沫若等人的诗集，朱君都取此策略。如欣赏郭沫若的浪漫激情与雄奇想象，可批评其“对于艺术是很忽略的，诚然免不了‘粗’字之讥”；轮到康白情，更是不客气，称其取“反抗的精神与单调的字句”的努力，“完全失败了”；批评康君时，顺带连“与康君同行的”俞平伯也一起嘲笑一番。至于徐志摩，朱湘的评价更加刻毒：

---

① 周灵均：《删诗》，载《文学周刊》17号，1923年12月。

② 《“说不出”》，见《鲁迅全集》第七卷，39页，北京，人民文学出版社，1981。

③ 成仿吾：《诗之防御战》，载《创造周报》第1号，1923年5月。

徐君没有汪静之的灵感，没有郭沫若的奔放，没有闻一多的幽玄，没有刘梦苇的清秀，徐君只有——借用徐君朋友批评徐君的话——浮浅。①

如此脾性，如此眼光，落在《尝试集》上，当然不会特别宽容。刊于1926年4月1日《晨报副刊》上的《新诗评(一)·〈尝试集〉》，以这么一句全称判断结尾：

“内容粗浅，艺术幼稚”，这是我试加在《尝试集》上的八个字。

如此“盖棺论定”，乃基于以下几个判断：《尝试集》中真正的新诗不多，倒是旧诗或旧诗的变体占优势；在诗歌中谈主义本就是笑话，“胡君居然以诗的经验主义相号召”；“胡君的诗没有一首不是平庸的”；“胡君‘了’字的‘韵尾’用得那么多”，起码证明作者艺术力的薄弱②。朱氏的批评，虽稍嫌刻薄，却不无洞见，因而颇受关注。朱自清讲授“新文学研究”课程时，专门引述其批评《尝试集》“‘了’字的‘韵尾’用得太多”③；而草川未雨《中国新诗坛的昨日今日和明日》之谈及《尝试集》，“没有一首能称得起完全的新诗体，也就没有一首使人满

---

① 参见朱湘：《中书集》，328页、376页、379页、382页、397页，上海，生活书店，1934。

② 朱湘：《新诗评(一)·〈尝试集〉》，载《晨报副刊》，1926年4月1日。

③ 参见《朱自清全集》第八卷，88页，南京，江苏教育出版社，1993。

意的”[①]，基本上是抄袭朱湘的意见。

朱湘横刀立马的英姿，预示着新一代诗人的崛起。此后十年，作为新诗人的胡适，基本上隐入历史深处。不只胡适一人，早期白话诗的提倡者，此时已大都归隐山林，很少在诗坛抛头露面了。以至1932年底刘半农编印《初期白话诗稿》时，感慨文艺界的变动“把我们这班当初努力于文艺革新的人，一挤挤成了三代以上的古人”[②]。假如不是文学史家陈子展关于“胡适之体”的提法引起争议，胡适与后起的新诗人，很可能就此相忘于江湖。

1935年12月6日《申报·文艺周刊》第6期发表陈子展的《略论“胡适之体”》，谈及“新诗运动隔成功之日还远，到新诗的路决不止一条，不妨‘殊途而同归’”。其中称“胡适之体”也是新诗发展的一条新路[③]，引起很大争议。一个月后，还是在《申报·文艺周刊》上，子模发表《新诗的出路与“胡适之体”》，批评胡诗在“旧诗词的骨架中翻筋斗”，体现“有闲阶级的‘闲适的’意态”，并断言“放脚似的‘胡适之体’的时代早已过去了”，新诗出路，在于充实的社会内容以及熟练的口语。文章的结论很明确：“在这个时候还把‘胡适之体’特别提出来，认为新诗的一条路，结果只有‘此路不通’吧。”[④]

在这场争论中，“有赞成的，有反对的，听说是反对的居多”，这

---

① 参见草川未雨：《中国新诗坛的昨日今日和明日》，51页，北平，海音书局，1929。

② 刘半农：《〈初期白话诗稿〉序目》，见《初期白话诗稿》，北平，星云堂书店影印，1933。

③ 陈子展：《略论“胡适之体”》，载《申报·文艺周刊》第6期，1935年12月6日。

④ 子模：《新诗的出路与“胡适之体”》，载《申报·文艺周刊》第11期，1936年1月17日。

并不出乎胡适意料之外。倒是陈子展的殷切期待①，很让胡适感动，于是以《谈谈“胡适之体”的诗》作答，顺便表白自己做诗的三条戒约，连带对批评家之忽略《尝试集》中真正的好诗表示惋惜。

这起码是胡适第三次谈论自己作为早期新诗代表人物的“体”与“派”了。只不过前两回发言不甚要紧，也不被关注；这回可不一样，乃生死攸关。1920 年为《老树行》作跋，胡适提及 1915 年在美国留学时撰写此诗，如何惹来朋友的嘲笑，以至“他们都戏学‘胡适之体’，用作笑柄”②。1924 年为《胡思永的遗诗》写序，其中有云：“他的诗，第一是明白清楚，第二是注重意境，第三是能剪裁，第四是有组织，有格式。如果新诗中真有胡适之派，这是胡适之的嫡派。”③轮到《谈谈“胡适之体”的诗》，主要是表白“我做诗的戒约至少有这几条”：“第一，说话要明白清楚”；“第二，用材料要有剪裁”；“第三，意境要平实”。梁实秋称这三条中，“惟独胡先生所标榜的‘明白清楚’是不可不特别注意的”，并进而大谈“‘白话诗’亦可释为‘明白清楚的诗’，所以‘明白清楚’应为一切白话诗的共有的特点，不应为‘胡适之体’独有的特点”之类，实在是不得要领，只能理解为梁氏在“借题发挥”④。胡

① 陈子展的《略论“胡适之体”》是这样结尾的：“胡先生呵！你不要说‘提倡有心，创造无力’。我很希望你仍旧拿出先驱者的精神，在新诗上创造一种‘胡适之体’。”

② 《跋“老树行”》，见增订四版《尝试集》，171 页，上海，亚东图书馆，1922 年 10 月。

③ 胡适：《〈胡思永的遗诗〉序》，见《胡思永的遗诗》，上海，亚东图书馆，1924。

④ 梁文着重强调：“近年来新诗有很大一部分日趋于晦涩”，原因是“模仿一部分堕落的外国文学，尤其是模仿所谓‘象征主义’的诗”。见《我也谈谈“胡适之体”的诗》，载《自由评论》12 期，1936 年 2 月。

适倒是很清醒，再三强调这三大戒约只适应“我自己的诗”，并不具有普遍性与绝对性。

适之先生此文的新意与重点，在于将文体上的“明白清楚”与意境上的“平实淡远”二者有机结合起来，总算较好地为“胡适之体”做了定位。“在诗的各种意境之中，我自己总觉得‘平实’，‘含蓄’，‘淡远’的境界是最禁得起咀嚼欣赏的。”回首平生，最能代表这一方向、也最值得向读者推荐的，是那首写于1920年11月25日、刊于《新青年》8卷5号的《十一月二十四夜》：

老槐树的影子，
在月光的地上微晃；
枣树上还有几个干叶，
时时做出一种没气力的声响。
西山的秋色几回招我，
不幸我被我的病拖住了。
现在他们说我快要好了。
那幽艳的秋天早已过去了。

引录完全诗后，胡适感叹：“这诗的意境颇近于我自己欣羡的平实淡远的意境。十五年来，这种境界似乎还不曾得着一般文艺批评家的赏识。”[1]这里所说的“一般文艺批评家”，当不包括周氏兄弟。因为这首《十一月二十四夜》，正是当初鲁迅和周作人为删诗事复信时所着力表扬的。

① 胡适：《谈谈“胡适之体”的诗》，载《自由评论》第12期，1936年2月。

经由这一番自我调整与自我表彰，“胡适之体”定位明确了；但其历史意义之得以凸显，还有赖于现代教育制度以及文学史著述的形成。新文化运动的积极成果，除“德”、“赛”先生的普及等外，还包括大学课程的巨大变化：此前不登大雅之堂的“小说”、“戏曲”成了必修课；一改中国人的崇古倾向，将“近世文学”纳入考察视野；注重“欧洲文学”的讲授等①。刚刚过去的“文学革命”，在胡适撰于1922年的《五十年来中国之文学》中，还只是个“光明的尾巴”；而1929年朱自清在清华大学讲授“中国新文学研究 ”，则已“登堂入室”。一旦“新文学”的历史成为大学乃至中学课堂讲授的对象，有开创之功的《尝试集》必定优先进入新一代读书人的视野。与之相关的文学史著述，在为“新文学”追根溯源时，也都不可能遗漏胡适的贡献。“中国新文学”课程及著述，作为一种知识传授，首先强调作品的“历史意义”，其次才是已经变化了的“审美标准”。读者不再单独面对具体诗作，而是更多地从整体上思考新文学的历史发展轨迹，这使得本已“退居二线”的《尝试集》重新焕发了“青春”。

对早期白话诗评价不太高的朱自清②，编选《中国新文学大系·诗集》时，似乎故意冷落开创者胡适——仅入选9首，与闻一多的29首、徐志摩的26首、郭沫若的25首，实在不成比例。以篇数计，排在胡适前面的，依次还有李金发、冰心、俞平伯、刘大白、汪静之、

① 参见拙文《新教育与新文学》，见《北大精神及其他》，246～277页，上海文艺出版社，2000。

② 在《选诗杂记》(见《中国新文学大系·诗集》，上海，良友图书印刷公司，1935)中，朱自清称：“我们现在编选第一期的诗，大半由于历史的兴趣：我们要看看我们启蒙期诗人努力的痕迹。他们怎样从旧镣铐里解放出来，怎样学习新语言，怎样寻找新世界。”“只是‘历史的兴趣’而已，说不上什么榜样了。”

康白情、朱自清、何植三、冯至、潘谟华、朱湘、徐玉诺、蓬子等。可讲授"中国新文学研究"课程时，却不能不在"初期的诗论"以及"初期的创作"两节中，将胡适排在第一位①。与此相类似，王哲甫所撰《中国新文学运动史》，认定胡适"在新诗的创作上并不算是成功"，可还是承认"他在新诗坛上实地试验，为提倡新诗的急先锋，其功绩不可谓不大"②。而表扬"胡适之体"的陈子展，在《最近三十年中国文学史》中，也给予胡诗恰当的评价："其实《尝试集》的真价值，不在建立新诗的轨范，不在与人以陶醉于其欣赏里的快感，而在与人以放胆创造的勇气。"③

应该说，到了抗战前夕，对于诗人胡适的历史定位，学界的意见已渐趋一致。如果不是50年代疾风骤雨的批胡运动，此故事本该告一段落。可说来有趣，正是这风云突变，以及随之而来的长达二十多年的"冷冻"，使《尝试集》赚够了大批正直学者的同情，以至在70年代末"重现江湖"时，当即获得不少不虞之誉。甚至可以说，当20世纪末中国学者投票选举"百年百种优秀中国文学图书"时，《尝试集》之所以能够顺利入围，与这被打入冷宫二十多年的"苦难的历程"不无关系。

新中国成立后，为统一思想、规范课程而设计的《中国新文学史》教学大纲，其第一讲第一章第二节"文学革命的理论及其斗争"，本该

① 参见《朱自清全集》第八卷，85～88页，南京，江苏教育出版社，1993。

② 王哲甫：《中国新文学运动史》，100页，北平，杰成印书局，1933。

③ 陈子展：《最近三十年中国文学史》，227页，上海，太平洋书店，1937。

是胡适最有可能露脸的地方，可开篇竟是“胡适主张的批判”[①]，这几乎预示着此后三十年胡适在大陆学界的命运。1951 年出版的王瑶所撰《中国新文学史稿》，虽也批评胡适在五四时期“形式主义的态度”，但毕竟在第二章“觉醒了的歌唱”中开篇明义：“胡适的《尝试集》出版在 1920 年，是中国的第一部新诗集。”随着政治局势日益紧张，胡适在新文学史上的地位也岌岌可危，越来越趋向于扮演反面角色。1955 年，作家出版社刊行丁易著《中国现代文学史略》，因作者去世，没来得及修改，还在欣赏胡适的《人力车夫》“表示对劳动者的同情”[②]。紧接其后出版的张毕来著《新文学史纲》和刘绶松著《中国新文学史初稿》，都称《尝试集》“不但思想感情不是新的，连表现方法也几乎完全没有新的因素”；至于胡适参加新文化运动，那是因“作为美帝国主义的代言人，企图投机取巧，以达到其个人野心和反动的政治目的”[③]。有趣的是，在 1955 年那场席卷全国的“胡适思想批判”运动中，《尝试集》领受的炮弹其实是最少的[④]，专门的批判文章只有林彦刊于《西南文艺》1955 年 2 月号的《胡适的〈尝试集〉批判》。这场批判运动，主要针对的是胡适的“反动政治思想”，而不是什么诗才之高低，故林文也努力在胡诗如何“直接为资产阶级、为帝国主义服务”上做文章。如此

① 老舍、蔡仪、王瑶、李何林：《〈中国新文学史〉教学大纲》，载《新建设》4 卷 4 期，1951 年 7 月。

② 见该书 249 页。顺便说一句，胡适发表在《新青年》4 卷 1 号上的这首《人力车夫》，因朱自清在《〈中国新文学大系·诗集〉导言》中给予表彰，而后又被各种现代文学史所引录，影响极大；其实，这并非胡适的“代表作”，刊行增订四版《尝试集》时，胡适已将此诗删去，鲁迅等人也未表示异议。

③ 参见张毕来《新文学史纲》第一卷，86 页（北京，作家出版社，1955）和刘绶松《中国新文学史初稿》上卷 41 页（北京，作家出版社，1956）。

④ 参见北京三联书店 1955～1956 年刊行的八辑《胡适思想批判》。

偏颇的视角，给日后的平反留下很大的空间——只要政治形势变迁，《尝试集》就可以毫不费力地重返文学史。

接下来的故事很具戏剧性，中国共产党十一届三中全会确定改革开放路线后，“忽如一夜春风来”，正面评价胡适的论文大量出现在大陆报刊上——此前二十多年，只有中国台湾、中国香港地区和日本有过若干像样的研究论著。而最早集中出现“平反”声音的，莫过于《尝试集》研究。单是1979年，就先后有蓝棣之、秦家琪、文振庭、龚济民、周晓明、朱德发、亦坚等分别撰文“重新评价”《尝试集》①，这还不包括若干讨论五四文学革命或新文化运动中的胡适的文章。最后提及的亦坚之作，题为《从鲁迅为胡适删诗说起》，是一则不到五百字的短文，但很值得玩味。该文借用胡适《〈尝试集〉四版自序》的叙述，指出，“单是五四时期鲁迅为胡适删诗一事”，就足以说明鲁迅与胡适的关系非同一般。以鲁迅的崇高地位，来为胡适的重新出场提供合法性，实在是妙不可言。另外几篇论文，也都在论述中提及此充满玄机的逸事。

此后二十年，随着中国现代文学史的讲授与著述日趋成熟，作为

① 参见刊于《四川师院学报》1979年第2期的《中国新诗的开步——重评胡适的〈尝试集〉和他的诗论》（蓝棣之）、《南京师院学报》1979年第3期的《重评胡适的〈尝试集〉》（秦家琪）、《江汉论坛》1979年第3期的《胡适〈尝试集〉重议》（文振庭）、《辽宁大学学报》1979年第3期的《评胡适的〈尝试集〉》（龚济民）、《破与立》1979年第5期的《重新评价胡适的〈尝试集〉》（周晓明）、《山东师院学报》1979年第5期的《论胡适早期的白话诗主张与写作》（朱德发）和《上海师大学报》1979年第2期的《从鲁迅为胡适删诗说起》（亦坚）。

新诗开创者之一，胡适的贡献得到了充分肯定[①]，《尝试集》也就成了每个受过高等教育的人所必须知道的“文学常识”。只要白话诗的路子不被完全否定，这所谓的“新诗的老祖宗”就不可能被一笔抹杀。许多比胡适更有天赋的诗人，比如朱湘，也不可能取而代之。在这个意义上，《尝试集》确实成了“经典之作”。

诗人兼批评家艾略特(T. S. Eliot)在《什么是经典作品》中，曾区分绝对的与相对的两种不同的经典作品，主要着眼点在作品的魅力与生存时空。“其一是普遍的经典作品”，不受时间与地域的限制，永久地为全人类所欣赏；“其二是那些相对于本国语言中其他文学而言的经典作品，或者是按照某一特定时期的人生观而言的经典作品”。除了个人才华，“普遍的经典作品”之得以产生，还有赖于某一文明、语言、文学乃至心智与习俗的“成熟”[②]。在这一论述框架中，经典的产生明显受制于政治生态及文化霸权。比如，在欧美文化占据主导地位的19世纪、20世纪，中国作家的想象与表述，便因与之密不可分的文明、语言、心智、习俗的“不成熟”，而在很多论者看来不可能具有“普遍性”。美国学者布鲁姆(H. Bloom)所设想的走向经典之路——与

① 进入九十年代，胡适作品大量刊行，最有影响的当属(北京)中华书局陆续推出的《胡适学术文集》、(合肥)黄山书社1994年版《胡适遗稿及秘藏书信》(42册)、北京大学出版社1996年版《胡适书信集》(3册)、北京大学出版社1998年版《胡适文集》(12册)、(北京)光明日报出版社1998年版《胡适精品集》(16册)、(北京)人民文学出版社1998年版《胡适文集》(7册)和(合肥)安徽教育出版社1999年版《胡适著译精品选》(19册)。

② 参见艾略特《什么是经典作品》，王恩衷编译《艾略特诗学文集》，188～205页，北京，国际文化出版公司，1989。

政治利益无涉，乃纯粹的美学竞争[1]，起码在东西文化、南北经济尚存在巨大落差的今日，是不太现实的。

即便将论题局限在同一文化传统，经典的推举，也不可能完全摆脱政治权力的渗透与时代思潮的激荡。尤其是当世人谈论“经典”时，实际上是将“阅读趣味”与“文化记忆”混合起来。许多耳熟能详的作家与作品，并没有真正进入当代人的阅读视野；而不少当代读者欣赏的作品，又未能登大雅之堂。这种“历史的”与“审美的”视角之相对分离，在某种意义上说是合理的，因其所设想的目标并不相同。必须经由很长时间的对话与磨合，两条视线才有可能基本重叠——到那时候，专家与公众的趣味依然有异，那是另一个问题。在此之前，作品距离我们太近，其流风余韵依旧影响着今日的文学创作，论者在为某一文学现象、流派、风格、文体追根溯源时，很容易将其作为“鼻祖”或“祸首”来褒贬抑扬。再加上文学史家的推波助澜，我们所面对的，其实并非素面的，而是经由多重化装，因而有着巨大的光环或阴影的作品。

正如本文所着力阐发的，《尝试集》之所以成为现代中国文学史上声名显赫的“经典之作”，主要不系于胡适本人的才情，很大程度是“革新与守旧”、“文言与白话”、“诗歌与社会”等冲突与对话的产物。在史家眼中，与文学生产同样重要的，是文学接受的历史。而制约着公众趣味与作品前程的，包括若干强有力者的独立判断与积极引导(比如周氏兄弟之应邀删诗)，以及作为知识传播的大学体制(比如“中

---

① 参阅 Harold Bloom，*The Western Canon*，pp. 15～41，New York：Harcourt Brace & Company，1993.

国新文学"课程的开设)①。至于因意识形态纷争而导致某部作品"突然死亡"或"迅速解冻",使得20世纪中国的文学接受史显得扑朔迷离,因而也更具戏剧性,更值得追踪与玩味。

除此之外,还有一点同样值得我们深思:在经典形成的过程中,作者并非毫无可为。像胡适那样借助于自我完善(不断修订自家作品)、自我阐释(撰写《尝试集》三序)以及自我定位(关于"胡适之体"的论述),有效地影响读者的阅读与史家的评价,这在文学史上既非前无古人,也不是后无来者。因此,在讨论文学生产、文学接受以及文本阐释时,我们会惊讶地发现,已被"杀死"了好多次的"作者"依旧顽强地活着,并迫使史家无法完全漠视其存在。

2000年10月初至2001年1月底,撰于北京—海德堡—东京

① 参见John Guillory, "Canon", *Critical Terms for Literary Study* (Edited by Frank Lentricchia and Thomas Mc Laughlin, Chicago: The University of Chicago Press, 1995) 233~249页,中译本见《文学批评术语》(张京媛等译,香港,牛津大学出版社,1994)319~340页。

中国戏剧研究的三种路向*

——《作为学科的文学史》第九章

从学术史角度，反省20世纪中国的"戏剧研究"，最近20年取得了不俗的成绩①。学者们不仅埋头拉车，而且抬头看路，通过评说诸多前辈的足迹，或继承，或质疑，或反叛，不乏开拓与创新。作为"戏剧研究"的圈外人，我之

---

* 本文原题《中国戏剧研究的三种路向》，初刊《中山大学学报》2010年第3期(5月)，收入《作为学科的文学史》(北京大学出版社，2011)。

① 关于20世纪中国戏剧史研究的基本状况，参见周华斌《20世纪的中国戏剧史研究》(胡忌主编：《戏史辨》，284～308页，北京，中国戏剧出版社，1999)、解玉峰：《20世纪元曲研究刍议》(《戏史辨》，309～325页)、刘祯《20世纪中国戏剧史学与民间戏剧研究》(胡忌主编：《戏史辨》，第二辑，238～258页，北京，中国戏剧出版社，2001)、康保成《五十年的追问：什么是戏剧？什么是中国戏剧史？》(《文艺研究》，2009(5))，以及吴国钦等编：《元杂剧研究》(武汉，湖北教育出版社，2003)、徐朔方等编：《南戏与传奇研究》(武汉，湖北教育出版社，2004)、解玉峰著《20世纪中国戏剧学史研究》(北京，中华书局，2006)、张大新著：《二十世纪元代杂剧研究》(北京，人民文学出版社，2007)等。

介入此话题，最初是基于“中国文学研究百年”的思路[①]，将“戏剧”与“小说”、“诗歌”、“散文”等并列，作为一种文学样式来讨论。这就决定了，在兼及案头与剧场这方面，我与戏剧史专家接近；但在注重学术体制与学科建构方面，我又与戏剧史专家分离。如此兼及内外的论述策略，有所得，也有所失。

谈到中国戏剧研究，论者必定大力表彰王国维的划时代贡献。对于这一中外学界的共识，我大致认同，但希望略有补正。戏剧不同于诗文小说，其兼及文学与艺术的特性，使得研究者必须有更为开阔的视野。王国维所开启的以治经治子治史的方法“治曲”，对于20世纪的中国学界来说，既是巨大的福音，也留下了不小的遗憾。因为，从此以后，戏剧的“文学性”研究一枝独秀。至于谈论中国戏曲的音乐性或舞台性，不是没有名家，只是相对来说落寞多了。这个问题，很早就有人意识到，比如，半个多世纪前，浦江清谈及“静安先生在历史考证方面，开戏曲史研究之先路。但在戏曲本身之研究，还当推瞿安先生独步”；[②] 而董每戡则称：“在剧史家，与其重视其文学性，不如

① 笔者曾在北京大学（1996年秋、2000年春）及台湾大学（2002年秋）为研究生开设专题课“中国文学研究百年”，其中包括“二十世纪中国的戏剧研究”；此讲还先后在台北艺术大学（2002年12月6日）、华东师范大学（2004年6月18日）、浙江大学（2004年6月22日）演述。后经过一番调整与充实，改题《中国戏剧研究的三种路向》，又在中山大学八十周年校庆论坛“文明的对话”上作过专题演讲（2004年11月11日）；之所以刻意选择在中大谈“戏剧研究”，主要是为了向王季思、董每戡两位先生致敬。读书时修过王先生的课，毕业后曾多次拜访，虽不做戏曲史研究，同样从他那里学到很多东西。1979年5月，董先生因“落实政策”重返中大校园，可惜未来得及重登讲台，半年后即去世了。不敢谬称弟子，但看过他那“百衲衣般”的文稿，印象极深。

② 浦江清：《悼吴瞿安先生》，初刊《戏曲》1卷3辑，1942年3月，见王卫民编：《吴梅和他的世界》，61～63页，石家庄，河北教育出版社，2002。

重视其演剧性，这是戏剧家的本分，也就是剧史家与词曲家不相同的一点。”①

“横看成岭侧成峰，远近高低各不同”，作为一种文学/艺术形式，戏剧研究确实可以、而且必须有多种路向。问题在于，为何王国维的道路成为主流，而且对其他选择造成巨大的压抑？今日中国学界的自我反省，到底能走多远？这才是本文所要努力探讨的。在这里，学者的个人选择、学科的发展前景、研究的内在动力、大学的评价机制，以及读者（受众）的欣赏趣味等，诸多因素互相纠结，错综复杂，远非一句“拨乱反正”所能涵盖。

一、文字之美与考证之功——王国维的披荆斩棘及其学术转向

谈论王国维（1877—1927）的《宋元戏曲考》及其戏剧研究的思路、方法与业绩，首先必须明白：第一，王国维不是戏迷，也没有任何舞台经验；第二，王国维治学的入手处，是哲学而非文学；第三，与诸多专门家之锲而不舍专攻一业不同，王国维的学术道路充满变数，转向时极为果敢、决绝；第四，戏剧研究只是王国维波澜壮阔的学术生涯的一站，开创新局面后，即迅速撤离。理解这么一位不世出的大学者，与其将目光集中在某具体著述，还不如关注其从哲学到文学到考古学及上古史，再到边疆史地研究的连续急转弯，到底蕴含何种学术理念，是什么缘故导致其对戏曲研究采取“始乱终弃”的策略，这一转向是慢慢酝酿、还是突然变卦，何者为决定命运的“关键时刻”？

① 董每戡：《中国戏剧简史·前言》，见《中国戏剧简史》，上海，商务印书馆，1949。

王国维三十年的求学及著述，借用陈寅恪《王静安先生遗书序》的精彩总结①，大致可分为兼及学术内容、治学方法与生命历程的三个阶段：第一阶段(1898—1912)，在上海及北京汲取新学，“取外来之观念，与固有之材料互相参证”；第二阶段(1912—1923)，在京都及上海从事考古学及上古史研究，“取地下之实物与纸上之遗文互相释证”；第三阶段(1923—1927)，在北京研究辽金元史及边疆地理，“取异族之故书与吾国之旧籍互相补正”。说到“取外来之观念”，陈寅恪称：“凡属于文艺批评及小说戏曲之作，如《红楼梦评论》及《宋元戏曲考》《唐大曲考》等是也。”②其实，同样属于文艺研究，《红楼梦评论》(1904)、《人间词话》(1908—1910)与《宋元戏曲考》(1913)三者，在研究方法上大异其趣。除了小说、词学、戏曲等文类差别，还有对西方理论的依赖程度，以及是否以“考证之眼”阅读小说戏曲③，都大相径庭。

《宋元戏曲考·自序》开篇就是：“凡一代有一代之文学：楚之骚、汉之赋、六代之骈语、唐之诗、宋之词、元之曲，皆所谓一代之文学，而后世莫能继焉者也。”④这话留给读者的印象实在太深了，以至后世论者多从“元剧之文章”角度思考问题。除了《自序》所称：“往者读元人杂剧而善之；以为能道人情，状物态，词采俊拔，而出乎自

① 陈寅恪：《王静安先生遗书序》，见《金明馆丛稿二编》，219～220页，上海古籍出版社，1980。

② 同上书，219页。

③ 《红楼梦评论》批评“自我朝考证之学盛行，而读小说者，亦以考证之眼读之”(见《静庵文集·红楼梦评论》58页上，《王国维遗书》，第五卷，上海古籍书店，1983)；而《宋元戏曲考》的成功，恰好正是以“考证之眼”读戏曲。

④ 王国维：《宋元戏曲考·自序》，见《宋元戏曲考》，《王国维遗书》，第十五卷，上海古籍书店，1983。

然，盖古所未有，而后人所不能仿佛也。”[①]还有第十二章“元剧之文章”的论断：“元曲之佳处何在？一言以蔽之，曰：自然而已矣。古今之大文学，无不以自然胜，而莫著于元曲”；“然元剧最佳之处，不在其思想结构，而在其文章。其文章之妙，亦一言以蔽之，曰，有意境而已矣”[②]。这里的“意境”说，上连诗词，下挂元曲，明显得益于此前的《人间词话》[③]。而所谓“明以后，传奇无非喜剧，而元则有悲剧在其中”，以及称颂关汉卿《窦娥冤》和纪君祥《赵氏孤儿》“即列之于世界大悲剧中，亦无愧色也”，此类论述，在文学观念上，乃《红楼梦评论》的回响[④]。

换句话说，从“意境”和“悲剧”角度谈论宋元戏曲，虽也有大贡献，却基本上承袭《红楼梦评论》和《人间词话》的思路；更要紧的是，此类精彩论述，多集中在第十二章“元剧之文章”。也就是说，作者是

---

① 王国维：《宋元戏曲考·自序》，见《宋元戏曲考》，《王国维遗书》，第十五卷，上海古籍书店，1983。

② 王国维：《宋元戏曲考》，第十二章“元剧之文章”，见《宋元戏曲考》，73页下、74页上，《王国维遗书》，第十五卷，上海古籍书店，1983。

③ 王国维：“词以境界为最上。有境界则自成高格，自有名句。五代、北宋之词所以独绝者在此。”见《人间词话》，1页上，《王国维遗书》，第十五卷；“何以谓之有意境？曰：写情则沁人心脾，写景则在人耳目，述事则如其口出是也。古诗词之佳者无不如是，元曲亦然。”见《宋元戏曲考》，74页上，《王国维遗书》，第十五卷，上海古籍书店，1983。

④ 王国维：《宋元戏曲考》，第十二章“元剧之文章”，见《宋元戏曲考》，73页下、74页上，《王国维遗书》，第十五卷；另，《红楼梦评论》谈及“《红楼梦》之美学上之价值 ”时称：“故曰《红楼梦》一书，彻头彻尾的悲剧也。由叔本华之说，悲剧之中又有三种之别。……若《红楼梦》，则正第三种之悲剧也。……由此观之，《红楼梦》者，可谓悲剧中之悲剧也。”见《静庵文集》，50页下～51页下，《王国维遗书》，第五卷，上海古籍书店，1983。

从“文章”而非“戏剧”的立场，来鉴赏、评判宋元戏曲的①。而实际上，此书的最大贡献，不在“重写文学史”，而在一举奠定了中国戏剧史研究的基本格局。若第七章“古剧之结构”的结尾，那才是大家手笔：

> 综上所述者观之，则唐代仅有歌舞剧及滑稽剧，至宋金二代而始有纯粹演故事之剧。故虽谓真正之戏剧起于宋代，无不可也。然宋金演剧之结构，虽略如上，而其本则无一存。故当日已有代言体之戏曲否，已不可知。而论真正之戏曲，不能不从元杂剧始也。②

日后无数称誉与争议，不在具体枝节，而在此史家的大判断。

按作者自序，如此大书，撰写时间只有三个月，这实在不可思议。原因很简单，此前作者已有诸多著述，如《宋元戏曲考·自序》提及的《曲录》(1908)、《戏曲考原》(1909)、《唐宋大曲考》(1909)、《优语录》(1909)、《古剧脚色考》(1911)、《曲调源流表》(未刊，已散佚)等；此外，还有《录曲余谈》(1910)和《录鬼簿校注》(1909)。如此长期

① 徐中舒：《王静安先生传》(载《东方杂志》24卷13号，1927年7月)称，王国维31至36岁(即1908～1912年)“专治词曲，标自然、意境二义，其说极透彻精辟。在我国文学史认识通俗文学之价值，当自先生始。”如此立说，无意中暴露其短处——即以“文学”为中心展开其戏剧研究。

② 王国维：《宋元戏曲考》，第七章“古剧之结构”，见《宋元戏曲考》，49页下，《王国维遗书》，第十五卷，上海古籍书店，1983。

积累，方才有 1913 年《宋元戏曲史》之一锤定音①。戏曲史专家曾永义曾以《宋元戏曲史》各章比附其他九书内容②，印证王国维“自序”所说的“从事既久，续有所得，颇觉昔人之说，与自己之书，罅漏日多，而手所疏记，与心所领会者，亦日有增益”。对于王国维来说，该书既是总结性著作，也是“告别演出”。此前，王国维多以“序言”或“小引”，表达自己的学术志向，如“国维雅好声诗，粗谙流别，痛往籍之日丧，惧来者之无征，是用博稽故简，撰为总目……非徒为考镜之资，亦欲作搜讨之助。补三朝之志，所不敢言，成一家之书，请俟异日”；“是录之辑，岂徒足以考古，亦以存唐宋之戏曲也。若其囿于闻见，不偏不赅，则俟他日补之”；“今就唐宋迄今剧中之角色，考其渊源变化，并附以私见，但资他日之研究，不敢视为定论也”③。自 1913 年春写定《宋元戏曲考》后，王国维基本上不再碰戏曲问题，只

① 王著初刊时题为《宋元戏曲史》(上海，商务印书馆，1915)，后改《宋元戏曲考》。王国维 1912 年 12 月 26 日致信铃木虎雄，称“近因起草《宋元戏曲史》”而需借书若干；1913 年 1 月 5 日致信缪荃孙，讲述此书的来龙去脉：“近为商务印书馆作《宋元戏曲史》，将近脱稿，共分十六章。润笔每千字三元，共五万余字，不过得二百元。但四五年中研究所得，手所疏记心所储藏者，借此得编成一书，否则荏苒不能刻期告成。惟其中材料皆一手蒐集，说解亦皆自己所发明。将来仍拟改易书名，编定卷数，另行自刻也。”(参见吴泽主编：《王国维全集·书信》，33～34 页，北京，中华书局，1984)。

② 参见曾永义：《静安先生曲学述评》，见王国维著、曾永义导读：《宋元戏曲史》，20～22 页，台北，台湾古籍出版有限公司，2003。

③ 参见《王国维遗书》第十六卷(上海古籍书店，1983)之《曲录序》(见《曲录》)；《优语录》，1 页上；《古剧角色考》，1 页下。

是偶尔做点版本校订工作①。

告别曾朝夕相处的某种学问，学者们一般都会余波荡漾，不绝如缕，王国维为何如此决绝？这就涉及王国维的性格——做事特别执着与专注，拿得起，放得下，当初全力以赴，一旦离开，再不回头。早年沉湎西洋哲学的王国维，在京都与狩野直喜聊天时，“偶尔提到西洋哲学，王君苦笑说他不懂，总是逃避这个话题”②。1922 年，北京大学研究所国学门请王国维指导研究生，王提出四个研究题目：“《诗》《书》中成语之研究”“古字母之研究”“古文学中联绵字之研究”“共和以前年代之研究”，并对此四题的范围及思路作详细说明③。日后出任清华学校研究院国学门导师，同样闭口不谈文学④。1913 年以后的王国维，绝口不谈叔本华、不谈《红楼梦》，也不谈宋元戏曲。对于后者，日本学者青木正儿的解释广被接纳。

---

① 如 1915 年 10 月撰《元刊杂剧三十种序录》，称：“此本虽出坊间，多讹别之字，而元剧之真面目，独赖是以见，诚可谓惊人秘笈矣。原书本无次第及作者姓氏，曩曾为之厘定时代，考订撰人，录目如左，世之君子以览观焉。”(见《观堂别集》，卷三，19 页下，《王国维遗书》，第四卷)

② 狩野直喜：《回忆王静安君》，见陈平原、王风编：《追忆王国维》(增订本)，294 页，北京，三联书店，2009。

③ 参见王国维 1922 年 12 月 8 日《致沈兼士》及附录的《研究发题》，见吴泽主编：《王国维全集·书信》，332～336 页，北京，中华书局，1984。

④ 1925 年 9 月 11 日《清华周刊》“教职员介绍栏”：“王国维，静庵先生，浙江海宁人，初学哲学，通俗文学，于《宋元戏曲史》见其大凡矣。先生今年来清华，以经史、小学、考古教研究院。”同年 9 月 8 日，清华研究院举行第一次教务会议，会上公布各教授所开课程及指导研究范围，王国维任经史小学导师，讲授“古史新证”、《尚书》《说文》练习；指导学生研究范围有：《尚书》本经之比较研究、诗中状词之研究，古礼器之研究、说文部首之研究、卜辞及金文中地名或制度之研究、诸史中外国传之研究、元史中蒙古色目人名之划一研究、慧琳《一切经音义》之反切与切韵反切之比较研究。

1925年，当青木正儿以后学身份拜谒王国维，表示愿承其余绪专攻明清戏曲时，王的回答是："明以后无足取，元曲为活文学，明清之曲，死文学也。"青木则辩解："况今歌场中，元曲既灭，明清之曲尚行，则元曲为死剧，而明清为活剧也。"①研究者一般都以青木的追忆为据，论定王国维之所以中断戏剧研究。可这仅仅是青木的一面之词，难成定谳。王国维不谈明清戏曲是真，但"死文学"云云，则有点可疑。不是说"必合言语、动作、歌唱以演一故事，而后戏剧之意义始全"吗②，怎么能将戏剧仅仅局限在"文学"之死活？即便因个人趣味，对剧场始终隔膜，以"文学家之眼光"看明清戏剧，汤显祖的"临川四梦"以及孔尚任的《桃花扇》、洪昇的《长生殿》，难道全都不值一提？《宋元戏曲考》第十六章"余论"中，确实提及"汤氏才思，诚一时之隽；然较之元人，显有人工与自然之别"③，可《红楼梦评论》在谈及中国人缺乏悲剧精神时，称"故吾国之文学中，其具厌世解脱之精神者，仅有《桃花扇》与《红楼梦》耳"④，评价不可谓不高。

其实，即便在全神贯注撰写《宋元戏曲考》时，王国维注重的，依旧是"史学"而非"艺术"。青木正儿曾追忆与王国维初次会面："我问起中国戏剧，他的意思似乎是他一向不喜欢观看。"谈到音乐，他说自己不懂；邀请他看日本的戏剧演出，他也不感兴趣。对于"王先生只

① 青木正儿著、王古鲁译：《中国近世戏曲史·序》，见《中国近世戏曲史》，北京，作家出版社，1958。

② 王国维：《宋元戏曲考》，第四章"宋之乐曲"，见《宋元戏曲考》，26页上，《王国维遗书》，第十五卷，上海古籍书店，1983。

③ 王国维：《宋元戏曲考》，第十六章"余论"，见《宋元戏曲考》，96页下，《王国维遗书》，第十五卷，上海古籍书店，1983。

④ 王国维：《红楼梦评论》，见《静庵文集》，49页下，《王国维遗书》，第五卷，上海古籍书店，1983。

顾学问，没有艺术美感”①，年少气盛的青木不太以为然。类似的印象，“京都支那学”的开创者狩野直喜也有，不过，却从另外的角度解读：“我觉得来京都以后，王君的学问有一些变化。也就是说，他好像重新转向研究中国的经学，要树立新的见地。”因此，撰写日后成为一代名著的《宋元戏曲史》，对他来说，“完全属于消遣”②。寓居京都时期，作为学问家的王国维，在学术对象及研究方法上有翻天覆地的变化，这一点，王国维自己也承认③。问题在于，如此突变，有何因缘？“寓居京都”是否决定性因素？

清华国学院及门弟子吴其昌，称宣统元年在王国维治学生涯中有特殊的意义：“因为先生治学的兴趣，在这一年完全改变了”④。为什么定在1909年，而不是东渡之后？就因为这一年，罗振玉北上任学部参事，王国维随行，在撰写《戏曲考源》等的同时，因罗振玉而拜会法国学者伯希和，得见敦煌石室唐人写本；翻译斯坦因《中亚细亚探险记》；结识专治《元史》的柯劭忞以及精金石及目录学的缪荃孙⑤。所有这些，都是极为重要的学问种子，虽然其发芽乃至开花结果，是

---

① 青木正儿：《追忆与王静庵先生的初次会面》，见陈平原、王风编：《追忆王国维》(增订本)，323页，北京，三联书店，2009。

② 狩野直喜：《回忆王静安君》，见陈平原、王风编：《追忆王国维》(增订本)，294页，北京，三联书店，2009。

③ 1916年2月王国维《丙辰日记》：“自辛亥十月寓京都，至是已五度岁，实计在京都已四岁余。此四年中生活，在一生中最为简单，惟学问则变化滋甚。”转引自袁英光、刘寅生：《王国维年谱长编》，140页，天津人民出版社，1996。

④ 吴其昌：《王国维先生生平及其学说》，见陈平原、王风编：《追忆王国维》(增订本)，216页，北京，三联书店，2009。

⑤ 参见袁英光、刘寅生：《王国维年谱长编》，53～62页，天津人民出版社，1996。

到了京都以及重回上海以后。王国维刚刚去世，清华国学院同学刊行的《国学月报》上，载有殷南《我所知道的王静安先生》一文，谈及王国维之所以由哲学、文学而转向考古学，“是完全因为材料见得多，引起他研究的兴味”；而这中间，起决定性影响的是罗振玉。因为，那时的中国，博物馆及公共图书馆还处在萌芽阶段，资料极少，远不及私人收藏家。而罗振玉不仅“收藏古器物碑版及各种书籍拓本非常之多”，更重要的是，那几种考古学资料的大发现，都与他相关，王国维因而得以参与整理和研究，“于是这垦荒的事业就引起他特别的兴趣，到后来竟有很大的收获了”。① 如此论述，知根知柢，难怪学界断言，此自称跟王国维相识三十年的“殷南”即北大教授马衡。

毫无疑问，罗振玉对于王国维的学术转向起很大作用。这一点，罗振玉本人有详细的叙述：如何为王国维讲述有清一代学术源流，如何劝王国维专研国学，如何先于小学、训诂植其基，然后“尽出大云书库藏书五十万卷、古器物铭识拓本数千通、古彝器及他古器物千余品，恣公搜讨”，而王国维则“居海东，既尽弃所学，乃寝馈于往岁予所赠诸家之书”，“每著一书，必就予商体例、衡得失”②。这些我都相信，唯一不以为然的是，罗振玉此文撰于王国维身后，刻意渲染自家之谆谆教诲，并讥讽王早年“从藤田博士治欧文及西洋哲学、文学、美术”。其实，王国维早年之研习泰西哲学，了解世界学术潮流及文化发展大势，对其日后转治传统中国学问大有裨益。弟子徐中舒的《王静安先生传》也称，移居京都以后，王国维学术上进展神速，“故

① 参阅殷南：《我所知道的王静安先生》，见陈平原、王风编：《追忆王国维》(增订本)，104～106 页，北京，三联书店，2009。

② 罗振玉：《海宁王忠悫公传》，见陈平原、王风编：《追忆王国维》(增订本)，7 页，北京，三联书店，2009。

虽由西洋学说以返求于我国经典，而卒能不为经典所束缚”①。正因为有此前研习“西洋学说”垫底，才有日后的“不为经典所束缚”。恰如狩野直喜说的：“他对西洋科学研究法理解很深，并把它利用来研究中国的学问，这是作为学者的王君的卓越之处。”②

作为学者，王国维的志向十分远大。这一点，看他如何谈古论今，便不难明白。刊于1914年的《二牖轩随录》中，有一则“古今最大著述”：

> 余尝数古今最大著述，不过五六种。汉则司马迁之《史记》，许慎之《说文解字》，六朝则郦道元之《水经注》，唐则杜佑之《通典》，宋则沈括之《梦溪笔谈》，皆一空倚傍，自创新体。后人著书，不过赓续之，摹拟之，注释之，改正之而已。③

这段话，与前几则杂记相关，重点在表彰沈括，称《梦溪笔谈》“其精到之处，乃万劫不可磨灭，后人每无能继之者，可谓豪杰之士矣”。如此立论，可见其学术标准之高。而对于王国维的学问，遗民学术圈的极力称许自不必说④，就连新文化人，也都赞叹不已。鲁迅1922年11月6日在《晨报副刊》上发表《不懂的音译》：“中国有一部《流沙

---

① 徐中舒：《王静安先生传》，见陈平原、王风编：《追忆王国维》(增订本)，167页，北京，三联书店，2009。

② 狩野直喜：《回忆王静安君》，见陈平原、王风编：《追忆王国维》(增订本)，295页，北京，三联书店，2009。

③ 王国维：《二牖轩随录》，卷一“古今最大著述”则，见赵利栋辑校：《王国维学术随笔》，128页，北京，社会科学文献出版社，2000。

④ 参见王风：《〈追忆王国维〉后记》，见陈平原、王风编：《追忆王国维》(增订本)，485～503页，北京，三联书店，2009。

坠简》，印了将有十年了。要谈国学，那才可以算一种研究国学的书。开首有一篇长序，是王国维先生做的，要谈国学，他才可以算一个研究国学的人物。”①同年 8 月 28 日，胡适在日记中写道：“现今的中国学术界真凋敝零落极了。旧式学者只剩王国维、罗振玉、叶德辉、章炳麟四人；其次则半新半旧的过渡学者，也只有梁启超和我们几个人。内中章炳麟是在学术上已半僵了，罗与叶没有条理系统，只有王国维最有希望。”②对于政治立场迥异的王国维，新文化人鲁迅、胡适竟给予如此高的评价，实在不容易。

志向远大与视野开阔，二者往往相辅相成。1919 年王国维撰《沈乙庵先生七十寿序》，称：“我朝三百年间，学术三变：国初一变也，乾嘉一变也，道咸以降一变也”；“国初之学大，乾嘉之学精，道咸以降之学新”③。具体到对于沈曾植学问境界及研究业绩的表彰④，怎么看都好像是在为自己树立学问的标杆，或者说是一种自我期许。而对于清学三变的表述，此前几年已经出现。1913 年 7 月至 1914 年 5 月连载于《盛京日报》的《东山杂记》，其卷二有“国朝学术”则：

① 鲁迅：《热风·不懂的音译》，《鲁迅全集》，第一卷，398 页，北京，人民文学出版社，1981。

② 《胡适的日记》，下册，440 页，北京，中华书局，1985。

③ 王国维：《沈乙庵先生七十寿序》，见《观堂集林》，卷二十三，25 页下、26 页上，《王国维遗书》，第四卷，上海古籍书店，1983。

④ 《沈乙庵先生七十寿序》：“先生少年固已尽通国初及乾嘉诸家之说；中年治辽金元史、治四裔地理，又为道咸以降诸家之学。然一秉先正成法，无或逾越。其于人心世道之污隆、政事之利病，必穷其源委，似国初诸老。其视经史为独立之学，而益探其奥窔，拓其区宇，不让乾嘉诸先生。至于综揽百家，旁及二氏，一以治经史之法治之，则又为自来学者所未及。”

大抵国初诸老，根柢本深，规模亦大，而粗疏在所不免；乾嘉诸儒，亦有根柢，有规模，而加之以专，行之以密，故所得独多；嘉道以后，经则主今文，史则主辽金元，地理则攻西北，此数者亦学者所当有事，诸儒所攻，究不为无功，然于根柢规模，逊于前人远矣。①

在我看来，明确的学术史意识，正是王国维学术转型的关键。

就在与青木正儿谈明清戏曲的1925年，任教清华研究院的王国维，暑假中应学生会邀请，作题为《最近二三十年中中国新发见之学问》的专题演讲(初刊《学衡》45期，1925年9月)。讲演开门见山，断言“古来新学问起，大都由于新发见”。接下来便是：

自汉以来，中国学问上之最大发现有三：一为孔子壁中书，二为汲冢书，三则今之殷虚甲骨文字、敦煌塞上及西域各处之汉晋木简、敦煌千佛洞之六朝及唐人写本书卷、内阁大库之元明以来书籍档册，此四者之一，已足当孔壁汲冢所出，而各地零星发见之金石书籍，于学术有大关系者尚不与焉。故今日之时代，可谓之发见时代，自来未有能比者也。②

这则讲演，不说是学者王国维的“夫子自道”，起码也让我们对其学术转向有了十分清晰的理解。因为，19世纪末到20世纪初中国学术界

① 王国维：《东山杂记》，卷二“国朝学术”则，见赵利栋辑校：《王国维学术随笔》，103页，北京，社会科学文献出版社，2000。

② 《最近二三十年中中国新发见之学问》，见《静庵文集续编》，65页上～65页下，《王国维遗书》，第五卷，上海古籍书店，1983。

在资料上的四项“最大发现”，都与罗振玉有直接或间接的联系。而“近水楼台先得月”的王国维，很早就意识到其学术价值。

王国维1913年7月至1914年5月连载于《盛京日报》的《东山杂记》，若卷一中的“内阁大库书之发见”“斯坦因所得长城故址汉简”“斯坦因三访古”“敦煌石室古写本书”“简牍出土之事”等①，都让你感觉到作者压抑不住的兴奋。尤其是屡次提及晋太康中汲冢所出书，远比不上今日敦煌的发现：“数百年来争重宋元刊本，今日得见六朝唐人写本书，又得读种种佚书，不可谓非艺林一大快事也”②；“今则简牍西去，印本东来，其可读可释，可久可传，怠无异于原物。此今日艺术之进步，而为古人所不可遇者也”③；“汉人墨迹，自六朝之末至于唐宋久已无存，《淳化阁帖》所刻张芝等书，实为几经传摹之本。吾侪生千载后，反得见汉人手迹，不可谓非奇遇也”④。值得注意的是，“斯坦因三访古”则在赞扬斯坦因三次新疆访古，“益于世界学术者必非浅鲜”的同时，称“我国学者亦可以兴起矣”⑤。此后不久，王国维与罗振玉合作完成《流沙坠简》，很是得意，于1914年7月17日致信缪荃孙：“考释虽草草具稿，自谓于地理上裨益最多，其余关于制度

---

① 参见赵利栋辑校：《王国维学术随笔》，40～46页，北京，社会科学文献出版社，2000。

② 王国维：《东山杂记》，卷一“敦煌石室古写本书”则，见赵利栋辑校：《王国维学术随笔》，45页，北京，社会科学文献出版社，2000。

③ 王国维：《东山杂记》，卷一“简牍出土之事”则，见赵利栋辑校：《王国维学术随笔》，46页，北京，社会科学文献出版社，2000。

④ 王国维：《东山杂记》，卷一“简中书体”则，见赵利栋辑校：《王国维学术随笔》，47页，北京，社会科学文献出版社，2000。

⑤ 王国维：《东山杂记》，卷一“斯坦因三访古”则，见赵利栋辑校：《王国维学术随笔》，43页，北京，社会科学文献出版社，2000。

名物者亦颇有创获，使竹汀先生辈操觚，恐亦不过如是。"接下来称"比年以来拟专治三代之学"，因"此事自宋迄近数十年无甚进步"，直到罗振玉得益于甲骨文的启发，方才有大突破。自信《流沙坠简》一书除小学上的发见，"此外有裨于国邑、姓氏、制度、文物之学者，不胜枚举；其有益于释经，固不下木简之有益于史也"①。

王国维的挚友陈寅恪，曾在《陈垣敦煌劫馀录序》中，谈论学者之"预流"与"未入流"，关键就在于对"新材料与新问题"有无足够的敏感：

> 一时代之学术，必有其新材料与新问题。取用此材料，以研求问题，则为此时代学术之新潮流。治学之士，得预于此潮流者，谓之预流（借用佛教初果之名）。其未得预者，谓之未入流。此古今学术史之通义，非彼闭门造车之徒，所能同喻者也。②

20世纪上半叶中国文史学界的四大发现，甲骨文、敦煌遗书、居延竹简、大内档案，让对学术发展方向极为敏感的王国维"目不暇接"，经过一番艰难的选择，深感"时不我待"，只好将已渐入佳境的戏剧研究尽早结束。接下来的几年，王国维学术上大有创获，如1917年撰成《殷卜辞中所见先公先王考》《殷卜辞中所见先公先王续考》《殷周制

---

① 吴泽主编：《王国维全集·书信》，40～41页，北京，中华书局，1984。

② 陈寅恪：《陈垣敦煌劫馀录序》，见《金明馆丛稿二编》，236页，上海古籍出版社，1980。

度论》等宏文，开辟了以甲骨文考证上古史的新天地①。设想若非及时转向，焉能有如此成绩！这中间，除了对甲骨文认识逐步深入，还有就是学术取舍上的当机立断。

在撰于1905年的《自序二》中，王国维自称其嗜好“渐由哲学而移于文学，而欲于其中求直接之慰藉者也”；同时又称“因词之成功，而有志于戏曲，此亦近日之奢愿也”。前一转向很快实现，后一转向则不无波折——所谓“有志于戏曲者”，原本设想的是继承元杂剧及明清传奇的事业，其工作目标是创作可与“西洋之名剧”比肩的中国戏剧。“此余所以自忘其不敏，而独有志乎是也。”②可在实际操作中，竟一转而成了戏剧史研究。严格说来，《宋元戏曲考》属于“史学”而非“文学”，转型已经发生。在这个意义上，1913年之放弃“戏曲”而转治“古史”，研究的对象变了，学问的方法及趣味却依旧。

在“诗”与“史”的碰撞中，王国维最终选择了后者，这与其精神气质有很大关系。古今文人之“为赋新诗强说愁”，本当不得真；可王国维不一样，日后的投湖自尽，从早年的诗句可看出端倪。吟成于“甲辰”(1904)的《病中即事》有曰：“因病废书增寂寞，强颜入世苦支

① 1903年因罗振玉助刘鹗校印《铁云藏龟》，王国维得以初见甲骨文字，但最初并未将其作为主攻方向。《最近二三十年中中国新发见之学问》中有曰：“光绪壬寅，刘氏选千余片影印传世，所谓《铁云藏龟》是也。”(见《静庵文集续编》，66页上，《王国维遗书》，第五卷，上海古籍书店，1983)。

② 王国维：《自序二》，见《静庵文集续编》，21页上～22页上，《王国维遗书》，第五卷，上海古籍书店，1983。

离。"①"体素羸弱，性复忧郁，人生之问题，日往复于吾前"的王国维②，其精神气质使得"读叔本华之书而大好之"，格外欣赏"其观察之精锐与议论之犀利"③。在我看来，王国维之从"哲学"逃向"文学"，又从"文学"逃向"史学"，一步步地，都是在与其忧郁气质与悲观情怀抗争。以尽可能冷峻、客观、平和的心态，从事艰深的学术研究，对于格外敏感的王国维来说，更容易"安身立命"。否则，整日沉湎在悲观主义的哲学或文学里，自杀悲剧很可能提早发生。

王国维1913年后尽弃旧业，不再从事戏剧史研究，此举与其理解为蔑视明清传奇，不如从"学术转向"立论——其中有生命体验，有学术史意识，最重要的还是千载难逢的资料大发现。郭沫若曾对比王国维和鲁迅："王国维的《宋元戏曲史》和鲁迅的《中国小说史略》，毫无疑问，是中国文艺史研究上的双璧；不仅是拓荒的工作，前无古人，而且是权威的成就，一直领导着百代的后学。"④有趣的是，王国维治戏曲史六年(1908—1913)，鲁迅治小说史五年(1920—1924)，二者都是扎硬寨打死仗，取得后人难以企及的业绩；然后又都突然撒手，从此不再重理旧业。后人或许感叹嘘唏，但对于当事人来说，大局已定，日后只是补苴罅漏，没有多大的意思，及时撤退，实乃明智

① 王国维：《病中即事》，见《静庵文集·静庵诗稿附》，114页下，《王国维遗书》，第五卷，上海古籍书店，1983。

② 王国维：《自序》，见《静庵文集续编》，20页上，《王国维遗书》，第五卷，上海古籍书店，1983。

③ 王国维：《静庵文集·自序》，见《静庵文集》，《王国维遗书》，第五卷，上海古籍书店，1983。

④ 郭沫若：《鲁迅和王国维》，初刊《文艺复兴》3卷2期，1946年10月，引文见《郭沫若全集》，文学编第二十卷，306页，北京，人民文学出版社，1992。

之举。

鲁迅对于自家著作颇为自得，《中国小说史略》的《序言》劈头就是："中国之小说自来无史"；后人恰如其分地添上一句："有史自鲁迅始"。鲁迅自称治小说史，每一部分"我都有我独立的准备"①。将《古小说钩沉》《唐宋传奇集》《小说旧闻钞》三书，与《中国小说史略》相对照，不难发现鲁迅著述之严谨②。至于王国维，《宋元戏曲考·自序》有云："凡诸材料，皆余所蒐集；其所说明，亦大抵余之所创获也。世之为此学者自余始，其所贡于此学者亦以此书为多，非吾辈才力过于古人，实以古人未尝为此学故也。"③既然如此，开天辟地的工作已经完成，发凡起例也早就做好，志向远大的学者，当然有理由打点行装，重新出发。

二、声韵之美与体味之深——吴梅对于戏曲研究的贡献

谈论20世纪的中国戏剧史研究，吴梅(1884—1939)往往与王国维并列，合称两大奠基者。前者提出"以歌舞演故事"的戏剧概念，擅长历史文献的考证以及文学意境的品鉴，其著作形式是从"曲录"到"考原"再到"专史"；后者乃全才的曲学家：收藏、考订、制作、歌唱

① 鲁迅：《中国小说史略·序言》，《鲁迅全集》，第九卷，4页；《华盖集续编·不是信》，《鲁迅全集》，第三卷，229页，北京，人民文学出版社，1981。

② 参见陈平原：《作为文学史家的鲁迅》，见《学人》，第四辑，南京，江苏文艺出版社，1993。

③ 王国维：《宋元戏曲考·自序》，见《宋元戏曲考》，《王国维遗书》，第十五卷，上海古籍书店，1983。

无所不精，文辞，音律、家数、掌故无所不能，著作形式是从“曲话”、“序跋”起步，专注于“作法”及“通论”。一句话，前者重“史”，后者重“艺”。就曲学而言，王国维之“博雅”与吴梅之“专精”，可谓相映成趣。

吴梅《中国戏曲概论》卷上之“金元总论”有曰：“余尝谓天下文字，惟曲最真，以无利禄之见，存于胸臆也。”①这与王国维赞赏“元剧之文章”颇为相似②，可此书卷中及卷下对明清两代的杂剧、传奇与散曲，同样多有表彰，可见吴梅并不独尊“元剧”。更重要的是，王国维从文学史的角度，即所谓“一代有一代之文学”，为“元人之曲”打抱不平；吴梅的兴趣则是读曲、唱曲、制曲。1917—1922 年，作为国立北京大学中国文学系教授的吴梅，在最高学府讲授原本不登大雅之堂的“曲学”，曾引起很大争议。立场迥异的论者，着眼的多为“文章”或“道德”，而吴梅本人更看重的却是“音律”。按照学校的规定，讲授“戏曲”及“戏曲史”等课程的吴梅，曾给修课学生发放《词馀讲义》，此讲义 1932 年改题《曲学通论》，由商务印书馆刊行。在该书的“自叙”中，作者阐明工作目标：

> 丁巳之秋，余承乏国学，与诸生讲习斯艺，深惜元明时作者辈出，而明示条例，成一家之言，为学子导先路者，卒不多见。又自逊清咸同以来，歌者不知律，文人不知音，作家不知谱，正

① 吴梅：《中国戏曲概论》，卷上“一、金元总论”，见《吴梅戏曲论文集》，117 页，北京，中国戏剧出版社，1983。

② “盖元剧之作者，其人均非有名位学问也；其作剧也，非有藏之名山传之其人之意也。彼以意兴之所至为之，以自娱娱人。”见王国维：《宋元戏曲考》，73 页下，《王国维遗书》，第十五卷，上海古籍书店，1983。

始日远，牙旷难期，亟欲荟萃众说，别写一书。①

如此“自叙”，可见作者的兴趣始终在剧曲之制作，且重在声律，而非日后学界通行的“戏剧史”。单看章节，从“调名”“平仄”“阴阳”“论韵”，到“正讹”“务头”“十知”“家数”，全都属于广义的“作法”，而非史学研究。

这与吴梅的学术经历有直接的关系。在就任北大教授之前，吴梅并未受过正规的学术训练，走的是传统文人科考、游幕、诗酒酬唱的道路，虽曾短期任教于东吴大学堂(1905)、南京第四师范(1912)、上海民立中学(1913)等，但主要还是因《风洞山》传奇(1904)以及《奢摩他室曲话》(1907)、《顾曲麈谈》(1914)等刊行，而被刚刚上任的北大校长蔡元培看中。在《顾曲麈谈》第一章“原曲”的卷首，有一段自述学曲经历的文字，值得征引：

余十八九岁时，始喜读曲，苦无良师以为教导，心辄怏怏。继思欲明曲理，须先唱曲，《隋书》所谓“弹曲多则能造曲”是也。乃从里老之善此技者，详细问业，往往瞠目不能答一语……余愤甚，遂取古今杂剧传奇，博览而详核之……余乃独行其是，置流俗毁誉于不顾，以迄今日，虽有一知半解，亦扣槃扪烛之谈也。用贡诸世，以饷同嗜者。②

① 吴梅：《曲学通论·自叙》，见《吴梅戏曲论文集》，259页，北京，中国戏剧出版社，1983。

② 吴梅：《顾曲麈谈》，第一章“原曲”，见《吴梅戏曲论文集》，3页，北京，中国戏剧出版社，1983。

有此发愤学曲的经历，日后吴梅在南北各大学教书，均以讲授制作技巧而非史学研究见长。只是因大学课程的设计，才勉为其难地讲讲“戏曲史”。

学界虽表彰吴梅所涉曲学门类广博，但大都着重在其独步一时的曲律研究。若西南联大中文系教授浦江清称：“海内固不乏专家，但求如吴先生之于制曲、谱曲、度曲、校订曲本、审定曲律均臻绝顶之一位大师，则难有其人，此天下之公论也。”①王卫民撰《吴梅评传》，其第三章开篇就是：“在戏曲理论方面，吴梅既研究曲律，也研究曲史，还写了不少剧本评论。其中以曲律研究的成就最为突出。时人之所以称他为曲学大师、曲学祭酒，主要原因也在于此。”②江巨荣为上海古籍出版社新刊《顾曲麈谈·中国戏曲概论》撰写“导读”，表面上平分秋色，实则轻重有别：“吴梅曲学研究的重点分两个方面：一是以考述曲的特性、构成、演唱为中心的戏曲本体论，二是描述宋金元直至明清时期，包括散曲、戏曲在内的‘曲’的发展史。”③从 1942 年 3 月浦江清在《戏曲》上撰文，借凭吊先辈之机，专门评述吴梅的曲学贡献，一直到今天，半个多世纪的中国学界，大都注重这位“曲学全才”在制作、歌唱、吹奏、搬演方面的“真本事”，而相对忽略其戏剧史研究能力。

1916 年商务印书馆初刊的《顾曲麈谈》，话题比较全面，兼及创作论与戏剧史；日后的著述，逐渐分道扬镳。若注重“曲律”的《曲学

① 浦江清：《悼吴瞿安先生》，见王卫民编：《吴梅和他的世界》，63 页，石家庄，河北教育出版社，2002。

② 王卫民：《吴梅评传》，101 页，石家庄，河北教育出版社，2002。

③ 江巨荣：《〈顾曲麈谈〉〈中国戏曲概论〉导读》，见吴梅：《顾曲麈谈·中国戏曲概论》，3 页，上海古籍出版社，2000。

通论》《南北词简谱》，以及倾向于“剧史”的《中国戏曲概论》《元杂剧研究》，二者趣味迥异。至于在北京大学讲授“中国文学史”课程，以及编写《中国文学史》讲义，因作者并不看重，暂时忽略不计①。专讲曲律的著作，固然多谈各种“作法”，即便撰写“戏剧史”或“文学史”，吴梅仍主要以是否“合律”作为评价标准。

从“曲律”角度读曲、说曲乃至构建“曲史”，必须面对一个挑战：文人学者擅长或喜欢“作曲”的时代已经过去了，这个时候，曲律还有用吗？对此，浦江清的辩解恰逢其时：

> 或谓曲律者为作曲而设，作曲之时代如过去，则曲律之书，殆将覆瓿。不知戏曲在文学之美以外，尚有声律，吾人即仅有志于读曲，欲衡量古人之剧本，而知其得失，曲律研究终不可废也。②

话是这么说，可王国维谈“元剧之文章”广为传颂，而吴梅之“论南北曲作法”则应者寥寥。原因是，后者不仅技术性强，学习难度大，而且不太符合“时代潮流”。在《评王著〈元词斠律〉》中，浦江清专门就此作了论述：

> 今日治国文学者，对于戏曲文学莫不感浓厚的兴味，但或者偏在文学欣赏上，历史考证上，版本目录上，对于曲律研究感到

① 参见陈平原：《不该被遗忘的“文学史”——关于法兰西学院汉学研究所藏吴梅〈中国文学史〉》，载《北京大学学报》，2005(1)。

② 浦江清：《悼吴瞿安先生》，见王卫民编：《吴梅和他的世界》，62页，石家庄，河北教育出版社，2002。

兴味的人不多，一则畏其难，二则疑其无用。一般的新文学家，既否定今日词曲创作的价值，同时也不能同情于推敲词律曲律的人了。①

曲者本皆乐歌，必须合于工尺谱，故不得不有律，不得不有许多牌子，“即使单以戏曲当文学作品读，对于律的常识仍须具有，犹之读西洋诗，不能不知道西洋诗律”。在这个意义上，曲律乃治文学者必备的常识。对于南北曲律，古来并没有很好的整理与研究，“直到吴瞿安先生的《南北词简谱》方始用科学方法研究曲律”②。这本来很重要，可实际上，晚清以降西洋的“文学”概念引进，读者的欣赏趣味及评价尺度发生很大变化，学者们不太考虑诗词曲赋小说戏剧等不同体裁的特点，一律着眼于“文字之美”。如此一来，谈论宋元杂剧及明清传奇时，自觉不自觉地，对“音律”与“剧场”多有贬抑(关于“剧场”，先按下不表)。这就能解释为何王、吴合称，但后者的学术影响力，根本无法与前者相提并论。

当然，不是所有学人都这么看，也有认定吴梅的学术贡献在王国维之上的，比如钱基博。在《现代中国文学史》中，钱从“古文学”的角度论述晚清的文、诗、词、曲的成就，在这个论述框架中，吴梅的地位明显高于王国维：

特是曲学之兴，国维治之三年，未若吴梅之劬以毕生；国维

① 浦江清：《评王著〈元词斠律〉》，见《浦江清文录》，171页，北京，人民文学出版社，1989。

② 同上书，172页。

限于元曲，未若吴梅之集其大成；国维详其历史，未若吴梅之发其条例；国维赏其文学，未若吴梅之析其声律。而论曲学者，并世要推吴梅为大师云。①

从业时间长短、研究范围大小，这都可以忽略；甚至连“文学”与“声律”的辨析，也都不是关键；最最要紧的还是，一个“详其历史”，另一个“发其条例”。换句话说，王国维的研究属于“学问”，而吴梅则直接对文人的“创作”有贡献。

现代中国的“曲学”，到底偏于“文艺”，还是从属“史学”，这一认知的差异，决定了学界对于吴梅工作的不同评价。浦江清在谈及吴梅的贡献时称：

虽然，处明清之际，一般文人才子皆能言曲，处三百年后，欲振拾坠绪，钩稽玄微，不但尽古人之所长，且有以胜之者，则非大学者不办，此所以先生之地位尤高也。②

这一褒扬背后，等于承认吴梅的业绩在“承前”而不是“启后”。吴梅的入室弟子唐圭璋，1950 年代撰《回忆吴瞿安先生》，刻意强调吴梅“集三百年来研究曲学的大成”：

在清末曲学极衰微的时期，先生以毕生精力从文学、音乐、

① 钱基博：《现代中国文学史》，313 页，长沙，岳麓书社，1986。

② 浦江清：《悼吴瞿安先生》，见王卫民编：《吴梅和他的世界》，62 页，石家庄，河北教育出版社，2002。

戏剧各方面研究曲学，集三百年来研究曲学的大成，开近代研究曲学的风气，先生的功绩是永不磨灭的。[①]

这里的“集大成”，更多体现传统文人的雅趣，即兼及曲学的方方面面，尤其关注曲辞和声律。从这一角度考量，王国维确实不及吴梅。可也正是这种“振拾坠绪”的努力，使得吴梅的工作“继承”多于“发展”，整体上看缺乏时代感和创新意识，更像是在延续传统曲学，而不是在西学大潮冲击这一大背景下展开的“戏剧研究”[②]。

与王国维之注重史料、擅长考证相反，吴梅的著述“不屑屑于考据”，立论时以我为主，任意驰驱。谈及汤显祖的“临川四梦”时，吴梅以鬼、侠、仙、佛相比附，称“《还魂》，鬼也；《紫钗》，侠也；《邯郸》，仙也；《南柯》，佛也”，这明显是借用明人王思任《〈批点玉茗堂牡丹亭〉叙》的说法[③]，好在吴梅还有“盖前四人为场中之傀儡，而后四人则提掇线索者也”等进一步的发挥[④]。而《顾曲麈谈》第四章“谈曲”，论及汤显祖、沈璟之争，有曰：“余谓二公譬如狂狷，天壤间应

① 唐圭璋：《回忆吴瞿安先生》，见王卫民编：《吴梅和他的世界》，88页，石家庄，河北教育出版社，2002。

② 康保成称：“王国维的同辈吴梅是固守曲本位的最后一位大家。他对传统曲学的总结和梳理无疑是有意义的，然而，从戏剧学的角度看，过分地强调曲辞和声律，则与已被理论界认同和接收的新的戏剧观念背道而驰。”见《傩戏艺术源流》，2页，广州，广东高等教育出版社，1999。

③ 谑庵居士(王思任)《〈批点玉茗堂牡丹亭〉叙》云：“《邯郸》仙也，《南柯》佛也，《紫钗》侠也，《牡丹亭》情也。若士以为情不可以论理，死不足以尽情，百千情事，一死而止，则情莫有深于阿丽者矣。”见蔡毅编：《中国古典戏曲序跋汇编》，第二册，1228页，济南，齐鲁书社，1989。

④ 吴梅：《中国戏曲概论》，卷中，见《吴梅戏曲论文集》，159页，北京，中国戏剧出版社，1983。

有两项人物，倘能守词隐先生之矩矱，而运以清远道人之才情，岂非合之两美乎？”[①]这话很精彩，可惜来自晚明戏曲理论家吕天成的《曲品》[②]，只不过中间略为删节。

吴梅著述中常有这种情况，将前人的话捏合成文，还“余谓”云云，明显与现代学术规范不合。若抄得好，也还说得过去(因那时“学术规范”刚刚建立，老一辈学者不太适应)，最怕的是以讹传讹。在《王实甫〈西厢记〉》中，吴梅称：“元人科白，俱有定则，而皆不甚注意，不过应接场面，以便驱使曲文而已。”[③]这个说法，同样渊源有自，明人臧晋叔《元曲选序》已着先鞭[④]。日后的戏剧史家，多对此说表示怀疑：20世纪30年代，周贻白撰《中国剧场史》，便称：“且戏剧之为戏剧，全仗曲、白相互为用，宾白在戏剧里所占的地位，其重要并不亚于曲子。”[⑤]而董每戡论《西厢记》时，也涉及此话题。分析“赖婚”一折时，作者甚至只引宾白而不录曲词：

> 《西厢五剧》的“曲词”和“宾白”血脉相通，一气呵成，甚之，像我在前面所引的，也前后贯串，人物内心和外表所应有的戏都

---

① 吴梅：《顾曲麈谈》，第四章“谈曲”，见《吴梅戏曲论文集》，105页，北京，中国戏剧出版社，1983。

② 参见吕天成《曲品》，卷上，见《中国古典戏曲论著集成》，第六册，213页，北京，中国戏剧出版社，1959。

③ 吴梅：《王实甫〈西厢记〉》，见《吴梅戏曲论文集》，495页，北京，中国戏剧出版社，1983。

④ 臧懋循《〈元曲选〉自序一》云：“或又谓主司所定题目外，止曲名及韵耳，其宾白则演剧时伶人自为之，故多鄙俚蹈袭之语。”见蔡毅编：《中国古典戏曲序跋汇编》，第一册，438页。

⑤ 周贻白：《中国剧场史》，102～103页，上海，商务印书馆，1936。

> 可以在这些“白口”中找得到，几乎没有一句话不是作者依据“规定情境”和客观存在的人物性格而推敲琢磨出来的，决非演员可以随便地临时凑成的。这既可证明曲论家们的臆说之不可靠，也可以证明曲论家们只钻研“曲子”而忽视“宾白”的不合理，更可说明论一个剧本非从舞台演出角度来论不可。“戏曲”压根儿不只是“曲”，而是“戏”，综合艺术的戏。①

重“曲词”而轻“宾白”，这是吴梅作为曲学家的趣味使然；但论述时多袭旧说，直接化用明清两代曲论家的结论，使得其著述不无瑕疵。

20世纪40年代，正当学界忙于缅怀去世不久的吴梅先生时，叶德均(1911—1956)在《风雨谈》发表《跋〈霜崖曲跋〉》，对吴梅“治学方法的随意和考证的疏忽”以及论述“多半以曲文合谱合律为主”提出严厉的批评：

> 从上面许多违失、错误诸点看来，不仅态度失宜，治学方法苟简；即所谓“不屑屑于考据”，也还不至于有这么多的错误，有时简直丝毫不加考察就随便下断语。其原因当为吴氏写跋文时，亦与往日传统文人作序跋相同，是漫不经心随意一挥而就的。自然专门学者的著述，并不是毫无错失，然而总不会像吴氏这样信笔而写。如果不细细比勘，谁也不会相信这些论曲的跋文，竟如此令人失望！②

---

① 董每戡：《五大名剧论·〈西厢记〉论》，见《董每戡文集》，中卷，160～161页，广州，广东高等教育出版社，1999。

② 叶德均：《跋〈霜崖曲跋〉》，原刊《风雨谈》9期，1944年2月；引文见《戏曲小说丛考》，494页，北京，中华书局，1979。

最后一句，“如此令人失望”的，原本是“一代曲学大师论曲的跋文”；入集时改为“这些论曲的跋文”，口气已经缓和多了。叶德均长于书籍版本及人物事迹的辨析，其批评本身可以成立；可仅仅针对吴梅去世后弟子们辑录的《霜厓曲跋》做文章，有失公道。

谈及吴梅著作中“涉及戏曲史和考证”的部分“显然的错误、遗失之处也颇不少”，叶德均称“赵景深先生在《读曲随笔》中已列举其误”。作为戏曲史家的赵景深，撰有《沈璟》《谈昆剧》《中国古典戏曲理论》等长文[①]，总的来说，多关注作家轶闻，也稽查戏曲文献，但缺乏总体论述框架，著述比较琐碎。这与其涉猎甚广，除戏曲外，兼及童话研究、民间文学整理、欧洲文学介绍等，且主要在报纸而非专业杂志上发文章，有直接的关系[②]。赵景深1940年撰《吴梅纪念》，格外表彰吴梅传奇里的民族思想，而对其学术论著则持保留态度：“此处不预备评价他的曲学论著，因为新材料的发现很多，因此他的论著可增补的地方也就不少”；“学院式的探讨姑俟他日，现在所要说的，只是他的作品与时代的关系”[③]。赵景深的《读吴梅曲论》撰于1934年，指出《词馀讲义》《元剧研究ABC》和《中国戏曲概论》的三处小疵，虽有道

---

① 赵景深：《沈璟》，载《读曲随笔》，135～156页，上海，北新书局，1936；《谈昆剧》，载《戏曲笔谈》，173～207页，上海古籍出版社，1980；《中国古典戏曲理论》，载《曲论新探》，上海文艺出版社，1980。

② 论者表彰其博学，称“赵先生对于所有的文艺样式几乎都涉猎过，许多方面都有专著”(参见雷群明《赵景深与戏曲研究》，见赵景深：《中国戏曲丛谈》，343～361页，济南，齐鲁书社，1986)；殊不知，这正是赵书所论多粗浅的缘故。

③ 赵景深：《吴梅纪念》，见《中国戏曲丛谈》，240～241页，济南，齐鲁书社，1986。

理，但无关大局①。

叶德均的《跋〈霜崖曲跋〉》本是一则旧文，影响甚微；1979 年中华书局刊行《戏曲小说丛考》，将此文收录其中，这才激起辑录《霜厓曲跋》的任讷（任中敏）的强烈反弹。在《回忆瞿庵夫子》一文中，任中敏除了极力表彰师尊，更专门批驳“妄人无知”的叶德均，还加了个注：“叶德均于 1957 年自杀，赵景深代编《戏曲小说丛考》一书，不知何故，对外隐瞒其自杀。”接下来引周恩来总理如何表扬昆剧，可见昆剧绝非“残骸”；然后反唇相讥，你不是“残骸”，为何还自杀②。“残骸”云云，是针对叶文中的一段话：“现代人自有现代的歌曲戏剧可供歌唱、制谱、表演乃至创作，不必再去迷恋昆曲的残骸。”叶氏认定凭借个人努力（如编《南北词简谱》）以达成一个“曲学昌明”的时代，已经不可能了，故“吴氏殆为最后一位结束南北曲的制作、歌唱的学者”③。如此立说，不太谨严；但任中敏的反批评，含沙射影其有政治问题，也实在不厚道④。

不仅仅着眼学术功力，更兼及艺术修养，这样来谈吴梅，方有通达的见解。比较王、吴学问，称一注重历史考证，一擅长戏曲艺术，这么说，大家都能接受。作为再传弟子，邓乔彬显然觉得有义务为师祖争一口气，其《吴梅研究》第三章专论“吴梅的戏曲史观与戏曲批

① 参见赵景深：《读吴梅曲论》，见《中国戏曲初探》，23～25 页，郑州，中州书画社，1983。

② 任中敏：《回忆瞿庵夫子》，见王卫民编：《吴梅和他的世界》，102～105 页，石家庄，河北教育出版社，2002。

③ 叶德均：《跋〈霜崖曲跋〉》，见《戏曲小说丛考》，484～485 页，北京，中华书局，1979。

④ 1956 年 7 月 6 日，叶德均在云南大学教授任上，因遭诽谤而自杀；任文称其自杀于 1957 年，对当代中国史略有了解者，会马上联想到反右运动。

评”，明里暗里都是吴王比较，如批评后者不擅长曲律且全盘否定明人杂剧传奇、强调“这一时期戏曲批评的成就主要是吴梅所作出的”“在戏曲史观上，吴梅却有不少高于王国维之处”等①。反而是邓的指导教师万云骏说话比较有分寸：“由于吴先生兼有学人与才人之长，集作曲、论曲于一身，且精通曲律，长于文词，所论、所作自不同于他人，对曲学的个中三昧自有独得之秘。”②世人多从“学人”的角度来评说吴梅，忽略其“才人”的一面，明显有偏差。当年吴梅刚去世，弟子万云骏(1910—1994)即撰写《悼瞿安师》，其中有一段话，我以为深得乃师神韵：

> 他当了二十多年的教授，从他学词曲的大学生也不在少数，但是他们大多重理论而轻实际，好考据而少写作。瞿安师在醉后常常说：“一个人文学的理论无论谈得如何天花乱坠，我不会相信，他如能当场写一篇出来，我便佩服了。”③

显然，在吴梅心目中，“创作”高于“研究”。这一点，从去世前几个月给弟子卢前(1905—1951)写信，作身后之托，可以看得很清楚：

> 计生平撰述，约告吾弟，身后之托，如是而已。《霜厓文录》二卷未誊清，《霜厓诗录》四卷已成清本，《霜厓词录》一卷已成清

---

① 邓乔彬：《吴梅研究》，68～109页、80页、87页、92页、91页，上海，华东师范大学出版社，1990。

② 万云骏：《〈吴梅研究〉序》，见邓乔彬《吴梅研究》。

③ 万云骏：《悼瞿安师》，初刊1939年5月8日《大美报》，见王卫民编：《吴梅和他的世界》，50页，石家庄，河北教育出版社，2002。

> 本，《霜厓曲录》二卷已刻，《霜厓三剧》三种附谱已刻。此外如《顾曲麈谈》《中国戏曲史》《辽金元文学史》，则皆坊间出版，听其自生自灭可也。惟《南北词简谱》十卷，已成清本，为治曲者必需之书，此则必待付刻，与前五种同此行世。①

回首平生，清点著述时，吴梅耿耿于怀的是自家创作的“文录”“诗录”“词录”“曲录”以及“霜厓三剧”，至于那些已刊史著，“听其自生自灭可也”。为何专门提及《南北词简谱》？那也是因其有利于创作。可见，吴梅骨子里是“文人”，而非“学者”。

有感于“歌者不知律，文人不知音，作家不知谱”，吴梅长期投身于戏曲的教学与研究，除了从一开始就以音律为中心，再就是格外看重研究者的创作才能。著名报人张友鸾在《卢冀野怀念师尊》中，曾比较吴梅的两个弟子：

> 吴瞿安(梅)授元曲南高师时，有两个得意弟子，一是卢冀野(前)，一是任二北(中敏)。大体说来，卢较有才情，任却肯下苦工。在写作方面，任不如卢；在研究方面，卢却逊任一筹。②

那位深得吴梅欣赏、作身后之托的弟子卢前，曾“兹放(仿)前人论诗、

① 吴梅：《与卢前书》，见《吴梅全集·理论卷》，1135页，石家庄，河北教育出版社，2002。

② 张友鸾：《卢冀野怀念师尊》，见《卢前曲学四种》，265页，北京，中华书局，2006。

论词之例，成论曲绝句四十首”[①]，以马致远开篇，以自家殿后。如此逞才使气，当然很可爱，但与现代学术相去甚远。卢前也曾提及从小爱读王国维的《宋元戏曲史》，“欲踵斯作，拾其遗阙”，最终编成总共七章的《明清戏曲史》。要说“使学者知元后未尝无曲”[②]，这目的是达到了，因该书开列不少剧目曲目；但论述过于粗糙，比起“自序”中提及的“东友青木正儿”，差距实在太大了。论个人才华或精神气质，卢前明显更得师长神韵；但在学术史上的贡献，卢远不及“肯下苦工”的任中敏。这一对得意门生的差异，正好凸显了吴梅“曲学”的缝隙——在“文”与“学”的巨大张力中，到底该如何立足？

三、剧场之美与实践之力——齐如山、周贻白、董每戡的戏剧史建构

王国维注重史实考证，吴梅强调戏曲唱腔，还有剧场艺术呢？在这方面，作出较大贡献的是齐如山（1875—1962）、周贻白（1900—1977）以及董每戡（1907—1980）。这三位戏剧研究者的共同特点是，强调戏剧应该活在舞台上，而不应以书斋自限；而且，三人都有投身戏剧创作或演出的经历，其戏剧史建构因而别具慧心，呈现出迥异于王、吴的新面目。

戏曲理论家齐如山，河北高阳人，早年就读京师大学堂，1912年起给梅兰芳出谋划策，甚至直接为其编剧。“我自民国四年（1915）起，到十七年（1928）止，连编新的，带改旧的，共有四十多出，这不

① 卢前：《论曲杂句》，见《卢前曲学四种》，242页，北京，中华书局，2006。

② 卢前：《明清戏曲史·自序》，见《卢前曲学四种》，5页，北京，中华书局，2006。

但是我编戏最勤的时候，而且别人也没有在这样短时间，编成过这么多戏。”原因是梅兰芳常到上海演出，每回都得有新戏；再就是齐如山从欧洲归国，碰上世界大战，无法回去，干脆专心编戏。“因为我编戏，把大家的兴趣也提起来”，一时间竟形成了文人参与编戏的热潮①。

几乎从一开始参加京剧活动，齐如山就是兼及编戏与研究。除了初试锋芒的《说戏》(北京：京华书局，1912)，1920—1930年，齐如山还以北平国剧学会的名义刊行了“齐如山剧学丛书”，包括《中国剧之组织》《京剧之变迁》《脚色名词考》《国剧身段谱》《上下场》《戏中之建筑物》《脸谱》《戏班》《行头盔头》《简要图案》等。与学院派之考辨精细不同，齐著的好处是活色生香，且多有自家见解。1931年，齐如山与梅兰芳、余叔岩等组成北平国剧学会，建立国剧传习所，编辑出版《戏剧丛刊》《国剧画报》等。20世纪50年代，年事已高的齐如山生活在台北，晚年所撰《齐如山回忆录》及《国剧艺术汇考》，乃总结性的著述。

原国民党宣传部长张道藩为齐如山《国剧概论》作序，称：“齐先生积一生研究国剧的心得，运用于剧本创作上；复累积一生创作的经验，完成他国剧理论的建立。”②此说在理。在我看来，齐如山在戏剧史及戏剧理论方面的贡献，远超过其戏剧创作——但前者之所以成绩斐然，又与后者的千锤百炼有关。

齐如山谈京剧，最大特点是充满自信。京师同文馆出身的齐如

---

① 齐如山：《五十年来的国剧》，85～87页，台北，正中书局，1980。

② 张道藩：《〈国剧概论〉序》，见齐如山《国剧概论》，台北，文艺创作出版社，1953。

山，其回忆录第六章开头就是“我到欧洲去了几次，在德法英奥比等国很看过些戏”；另外，在“往欧洲”“看戏的由来”等节，也谈及其“西洋看戏的故事”①。如此执着的戏迷，投身到京剧改革热潮中，通过帮助梅兰芳走向世界②，让“中国剧”的魅力广为人知。作为“齐如山剧学丛书之一”的《中国剧之组织》，书名由梅兰芳题签，《凡例》云：“此编初意备译为西文，俾外宾知中剧之途径，皆简单言之，其详容俟异日”；“此编所云中国剧，大致以北京现风行皮黄为本位”③。全书共八章，分别介绍唱白、动作、衣服、盔帽靴鞋、胡须、脸谱、切末物件、音乐。着眼于外宾的阅读与欣赏，希望全方位地介绍中国剧，故绕开具体的剧本(那反而比较好办，只要提供译文或剧情梗概即可)，形成了新的研究格局。此书最大特点，在于对京剧的现状及未来充满信心，不断强调这是“中国剧特别的组织”，作为外国观众，你必须努力理解，而不是怀疑乃至批评。如介绍过“背供”，接下来的评点是：

按背供一事，亦为中国剧之特点，东西洋各国戏剧皆无之，亦为研究西洋剧者所不满。惟鄙人则以为当年研究发明出此种办法来，实为中国剧特优之点。何也？因戏剧一有背供，则省却无

① 参见《齐如山回忆录》，101页、73页、86页，北京，宝文堂书店，1989。

② 《齐如山回忆录》第七章结尾(155页)：“他的名气，固然我帮助的力量不小，但我的名乃是由他带起来。他的名气到什么地方，我的名也就被彼处的人知道了。几十年来，知道梅的人，往往就提到我，由这种地方看，岂非他帮助了我呢？”

③ 齐如山：《中国剧之组织·凡例》，见《中国剧之组织》，北平，北华印刷局，1928。

数笔墨，省却无数烘托，而添出许多情趣。再者，西洋剧，亦有一人在场上，自言一二语之时，而真人亦恒有自言自语之时。其背供之来源，大致即由于此。况西洋歌剧，往往一人在台上自歌自唱，试问此系对何人说话？亦不过背供之义耳。[①]

“背供”如此，“歌舞”更是“不能与西剧之说白相提并论也”：“又按中国剧，乃由古时歌舞嬗变而来，故可以歌舞二字概之。出场后一切举动，皆为舞，一切开口发声音，皆为歌。”[②]这一论述，日后概括为四句话，即齐氏的“国剧原理”：有声必歌，无动不舞，不许真物器上台，不许写实[③]。至于“背供”的妙处，日后在《国剧艺术汇考》中也有进一步的阐发[④]。与同时代诸多以西学为标杆的论述迥异，齐如山的《中国剧之组织》等，出现中西戏剧比较时，总说国剧如何如何好。学德文出身，对西方戏剧多有了解，正因此学术背景，齐如山不怕人家嘲笑他“闭塞”。

早年在北平创办国剧学会，齐如山发明“国剧”这个词，指的是“中国戏剧”：“说皮簧是国剧，当然不能算错，但它不过是国剧的一种，若以为国剧就是皮簧，那是不对的，可是皮簧剧界中人，或能唱皮簧的票界诸君，往往有这种思想。”[⑤]直至今天，齐如山的此番苦心，还是不太被接受，提奖“国剧”者，大都有唯我独尊的意思。说京剧是中国戏剧的主要代表，这没问题；你硬要说粤剧、潮剧也是“国

① 齐如山：《中国剧之组织》，12～13页，北平，北华印刷局，1928。
② 同上书，19页。
③ 齐如山：《国剧艺术汇考》，3页，沈阳，辽宁教育出版社，1998。
④ 同上书，77～79页。
⑤ 同上书，94页。

剧”，一般不被接纳。

作为一种戏剧史研究，齐如山的特殊贡献在于其类似田野调查的研究方法。现代中国学术史上，王国维注重史实考证，吴梅强调戏曲唱腔，齐如山则关注戏剧舞台。《齐如山回忆录》中，有两个互相矛盾的陈述：一是“胡君适之，一生治学，最讲多找证据，我极佩服”；二是“吾国大学问家著书，向来只引证经史，不管社会中实在的情形”①。敬佩胡适的治学严谨，而鄙视只会“引证经史”的学问家，殊不知胡适的“拿证据来”，基本上局限于传世文献。《国剧艺术汇考》之《自序》及《凡例》，有两段话说得很痛快：

> 这本书虽然是我写的，可是所有的规矩名词等等，都是问询得来，没有一点是我创造的。固然其中的名词，也有我代为斟酌者，但也都经过许多老脚同意，方算规定。
>
> 研究国剧，以往没有一本书，可以作为参考的，全靠访问老脚，方才得到一些线索门径，此层在书中已详言之。然吾国著书的习惯，总要参考旧籍方能算是凭证，故此书虽说是全靠访问得来，但旧籍中，果有可供参考者亦极力搜罗，多方引证，所引用之书虽不多，而亦有几百种。②

可见此书的最大长处在调查访问，至于引证旧籍，那只是为了适应“吾国著书的习惯”。台静农在《读〈国剧艺术汇考〉的感想》中，曾一语

---

① 参见《齐如山回忆录》，第五章、第十一章，引文见98页、259页，北京，宝文堂书店，1989。

② 齐如山：《国剧艺术汇考·自序》及《国剧艺术汇考·凡例》，见《国剧艺术汇考》，沈阳，辽宁教育出版社，1998。

道破此书特色："如山先生所用的方法，全靠访问老脚，然后归纳整理，得一结论。有如科学家，亲身采辑，然后分析实验，才能得到结果一样。"①

另外，齐如山的戏剧研究，基本上不讲剧本，讲的是"作为一种表演"的戏剧。不讲剧本，转而讲动作，讲歌唱，讲行头，讲脸谱，讲戏台，讲上下场等，这点日后颇有追随者(如周贻白著《中国剧场史》)，但很难超越。齐如山关于京剧的研究，注重舞台实践，强调有系统的记录，所论多可在舞台上得到印证，有时甚至兼及艺术指导。当然，这么一来，必定考证不够精确，所论偏于琐碎，与王国维等专精著述大相径庭②。注重记录与整理，而不是稽考与阐释，单就研究方法而言，接近于文化人类学。举个例子，谈及"行头"时，齐书有"行头单子""关于图画的""关于记载的""关于行头单子""关于实有的行头""关于管箱人所谈""整份戏箱"等节③，单看题目，确实很像调查报告。

《国剧艺术汇考·凡例》曾解释为何"此书只谈舞台艺术，不谈剧本"，原因是"数百年来谈者已多，故暂从略"。第一章"前言"更提及有人研究剧本之来源，有人探讨曲子之优劣，还有人争论曲子是否可唱，但研究的范围多局限于以往的杂剧传奇，跟现今舞台上的演出关

---

① 台静农：《读〈国剧艺术汇考〉的感想》，见《龙坡杂文》，150页，台北，洪范书店，1988。

② 清华大学中文系教授兼系主任朱自清在1934年3月16日的日记中称："齐如山来讲演，首论衣服、道具、胡子，次论咳嗽、指、台步、亮相，语甚精而有趣，唯其人只能分类而说明，理论不足，又于昆曲多外行话也。"(见《朱自清全集》，第九卷，285页，南京，江苏教育出版社，1997)

③ 参见齐如山：《国剧艺术汇考》，124～134页，沈阳，辽宁教育出版社，1998。

系不大。即便偶尔涉及昆曲、京剧或各地方戏曲，“大半是专靠书籍记载，缺少实地调查的工作，所以说的话有许多不十分可靠，也可以说错处极多”①。有感于书上记载“国剧”不多，尤其是“对于台上戏剧之组织，绝对没有人谈及”，齐如山就从这个薄弱环节入手：

> 好在我认识的戏界人多，逢人便问，每到戏馆子后台，见好脚就问，后来又知道，光问好脚还不够，于是连跑龙套，甚至管行头，管水锅等人，也都要问，后来又到各脚家中，问了一年有余，才感觉是越老的脚，知道的越多，他虽不能详知，更不能具体的告知，但谈的多了，往往就找出些道理来。问了回来，就写在本子上，前后问了二三十年，写了有五六十本，后来才由这里头找材料，把他们所说的话，都各归了类，再由这里头，找理论找原理之所在，找到原理之后，还不敢自信，再去请问各位老名脚，他们都同意之后，才算规定。全部大体上归纳的都有了眉目，才入手编纂，想着把它写成一部有系统的记录，写了有二十几种，统名曰《齐如山剧学丛书》。②

接下来，齐简要介绍自家所著《中国剧之组织》《京剧之变迁》等十书。而《国剧艺术汇考》的性质，恰好就是“集大成”——在旧作基础上加以整理，且有不少修正与发挥。

举个例子，《国剧艺术汇考》第六章“行头”最为精彩，将后台的戏箱娓娓道来，说得那么精致，实在难得。如宋元明清舞衣的变化，各

---

① 齐如山：《国剧艺术汇考》，1～2页，沈阳，辽宁教育出版社，1998。

② 同上书，3～4页。

种戏剧服装的功能，老脚为何强调“宁穿破不穿错”，尤其是解说为何“戏箱中第一件行头为富贵衣，次才为蟒”，这涉及中国戏曲的虚拟性及审美观：

> 富贵衣乃落魄文人之衣服，当然是很污秽褴褛的，但穿的太破烂喽，则不但不美观，且于舞态大有妨害，所以特创了这样一种，在青褶子上缀上十几块各色绸子，以便表现破烂，且于舞态动作无妨，这种情形，不但在外国没有，就是在中国，在别的场合中，也没有与此类似的规定。①

类似的说法，在《中国剧之组织》中已出现，如第三章“衣服”总论开篇：“中国剧脚色所穿之衣服，名曰行头。其样式制法，乃斟酌唐宋元明，数朝衣服之样式，特别规定而成者。故剧中无论何等人，穿何种衣服，均有特定规矩。不分朝代，不分地带，不分时季，均照此穿法。”②第一“蟒”、第二“官衣”、第三“帔”、第四“褶子”、第五“太监衣”、第六“玉带”、第七“裙”……在“褶子”部分，齐如山方才提及黑褶子上缀若干杂色绸子的“富贵衣”③。那时对于“富贵衣”的理解，显然还不太深入，没像日后将其提到“戏箱中第一件行头”的地位。

可以说，王国维让我们关注元杂剧，吴梅及青木正儿让我们了解明清传奇，而齐如山则让我们洞悉活跃在当代舞台上的京剧(平剧)。

---

① 齐如山：《国剧艺术汇考》，132页，沈阳，辽宁教育出版社，1998。

② 齐如山：《中国剧之组织》，43页，北平，北华印刷局，1928。

③ “因剧中穿此衣之人，虽一时穷困，然尽系有志之正人，将来结局，一定富贵，所以名曰‘富贵衣’。”(见齐如山：《中国剧之组织》，46页，北平，北华印刷局，1928)。

单是这一点，就值得我们再三赞叹。

只有初中文化程度的周贻白，艺人出身，曾浪迹江湖，写过小说、诗词、曲艺、京剧、话剧、电影和各种考证文章，日后成为现代中国屈指可数的戏剧史专家①。不同于大学教授吴梅之书斋读曲，也不同于游历欧洲归来的齐如山之指点艺人，周贻白起步很低，可进展神速，从1930年代至1960年代，四十年间，七次撰写中国戏剧史，先后出版了《中国戏剧史略》（商务印书馆，1936）、《中国剧场史》（商务印书馆，1936）、《中国戏剧小史》（永祥书局，1940）、《中国戏剧史》（中华书局，1953）、《中国戏剧史讲座》（中国戏剧出版社，1958）、《中国戏剧史长编》（人民文学出版社，1960）、《中国戏剧发展史纲要》（上海古籍出版社，1979）等七部戏剧史专著。全史在胸，注重学科建设，强调综合性与演出性，加上持之以恒的探索，此乃戏剧史家周贻白的最大长处。20世纪50年代后，周贻白出任中国戏剧学院（而不是综合大学中文系）教授，成为该专业的权威学者，如此重任，使得其不断“重写戏剧史”——其学术上的得失，俱缘于此。

1936年，周贻白在商务印书馆同时推出《中国剧场史》和《中国戏剧史略》二书，此举可见其学术气魄；更值得注意的是，书中表达了兼及声律、才情与剧场的学术理想。沈璟与汤显祖之争，实在太有名了，写戏剧史的都绕不开。周贻白引述晚明戏曲理论家吕天成《曲品》“合之双美”的说法，而后称：“不过守矩矱可以尽力做到；而才情属之秉赋，却不能勉强得来。”此说明显偏向于汤显祖；至于努力的方向，则另有目标：“在明代末年，便出了一位冯梦龙。他便是实行着

① 参见周华斌：《周贻白传略》，见周贻白：《中国戏剧史长编》，642～662页，上海书店出版社，2004。

‘守矩矱，发才情’的主张，似乎还曾兼顾到排场或关目。”[①]实际上，冯梦龙并没有达到如此境界，不过，此表述透露了周贻白的戏剧理想：守矩矱，发才情，重剧场。

周著《中国剧场史》也引王国维、吴梅、欧阳予倩等人论述，但最主要的参考书，当属齐如山的《中国剧之组织》。请看此书结构：第一章“戏剧的形式”(含“剧场”“舞台”“上下场门”“后台”四节)、第二章“剧团的组织”(含“剧团”“脚色”“装扮”“砌末”“音乐”五节)、第三章“戏剧的出演”(含“唱词”“说白”“表情”“武技”“开场与散场”五节)，对照齐如山此前的著述，可见其整体思路上的影响，而不仅仅是若干直接引述[②]。

从1957年中国戏剧家协会举办“中国戏剧史”讲座(讲稿第二年公开刊行)，到1959年春天为中央戏剧学院的编导班授课，再到1960年秋季上海戏剧学院系列演讲，再到1961年承接高教部编写高等艺术院校教材任务，如此逐步修订成书，决定了周著《中国戏曲发展史纲要》深受时代思潮影响，如努力学习马列主义和毛泽东理论，刻意凸显民间和宫廷两条道路的斗争等。但大致说来，此书的学术质量还是不错。如《中国戏剧史讲座》第十讲“京剧及各地方剧种”中，提及近代汪笑侬的“改良新剧”，虽篇幅很小，但颇有新意[③]。1979年作为遗著刊行的《中国戏曲发展史纲要》，除了“花雅两部的分野”(23章)、

---

① 周贻白：《中国戏剧史略》，82～84页，上海，商务印书馆，1936。

② 周著谈“中国戏剧的行头，虽号称古装，实无朝代可分”，以及关于“砌末”的讨论，均大段引述《中国剧之组织》。见周贻白：《中国剧场史》，62页、86页，上海，商务印书馆，1936。

③ 参见周贻白：《中国戏剧史讲座》，261～262页，北京，中国戏剧出版社，1958。

“四大徽班与皮黄”(24 章)、“京剧与各地方剧种”(25 章)等章很有特色，最精彩的还属第二十六章“辛亥革命前后的各地方戏曲”①。这一部分论述，属于作者首创，格外值得关注。

体现周贻白戏剧史著之包罗万象，除了《中国戏曲发展史纲要》关注近代地方戏剧，还有《中国戏剧史长编》之谈论宋元南戏。作者感慨“在中国戏剧历史上极有地位的南戏(即戏文)，为了元代杂剧过分兴盛的缘故，反致湮没无闻”②，因而设专章论述，这点明显超越王国维。当然，周贻白之所以能这么做，那是因为有此前诸多学者的艰苦蒐集与专深探索，如钱南扬《宋元南戏百一录》(北平：哈佛燕京学社，1934)、赵景深《宋元戏文本事》(上海：北新书局，1934)、陆侃如与冯沅君《南戏拾遗》(北平：哈佛燕京学社，1936)、钱南扬《宋元戏文辑佚》(上海：古典文学出版社，1956)、赵景深《元明南戏考略》(北京：作家出版社，1958)等。虽非自出机杼，但能及时将学界成果吸纳，不断更新知识，完善自家学术体系③，也是难得的本事。至于精细的文本分析，似乎并非周贻白的长项。如《中国戏剧史讲座》谈及王实甫《西厢记》如何革新、完善了董解元《西厢记诸宫调》，立意甚好，可惜论述不够精细④；到了《中国戏曲发展史纲要》，虽增加了若干引

① 参见周贻白：《中国戏曲发展史纲要》，434～563 页，上海古籍出版社，1979。

② 周贻白：《中国戏剧史长编》，119 页，上海书店出版社，2004。

③ 同上书，119～163 页。

④ “在全剧中写得最成功的人物，便是红娘”；至于惠明和尚“人物性格写得这样好的，实不多见”。这两个人物都是王实甫的创造，“是董氏‘诸宫调’所涉想不到的”。(参见周贻白：《中国戏剧史讲座》，98～100 页)

文，还是没能进一步深入开掘①。

这是因为，周贻白的最大长处不在案头读戏，而是一再强调戏剧本为演出而设，必须将其还原到剧场。也就是《中国戏剧史·凡例》所表述的：

中国戏曲史之作，不一其书，但皆注重剧本之编撰，或臧否文辞，或陈述梗概。本书则于文辞声律之外，兼及各代戏剧扮演情形。盖戏剧本为登场而设，若徒纪其剧本，则为案头之剧，而非场上之剧矣。②

作为“文学”的戏剧与作为“舞台”的戏剧，二者之间有很大区隔。周贻白特别强调后者，有其合理性。在现代的学科分类中，戏剧本就兼有文学与艺术双重功能，如只谈“文字”或“音律”，戏剧的独特魅力及完整性必定大受影响。1953年，上海中华书局推出周著上中下三册《中国戏剧史》，此书“计自属稿至今，共凡十年。中经敌伪搜查，几被抄没”，能公开出版，周贻白自是十分兴奋，其撰于1950年11月10日的《自序》称：

盖戏剧本为上演而设，非奏之场上不为功，不比其他文体，仅供案头欣赏而已足。是则场上重于案头，不言可喻。设徒根据剧本以辨源流，终属偏颇。往者，予曾以不多篇幅，著为《中国

① 参见周贻白：《中国戏曲发展史纲要》，176～181页，上海古籍出版社，1979。

② 周贻白：《中国戏剧史·凡例》，《中国戏剧史》，上册，上海，中华书局，1953。

> 戏剧史略》一书。因感于场上情形，所叙过简，复另撰《中国剧场史》一种，藉资补救。两书虽能并行，然已离案头与场上为二。昧厥初心，不无耿耿。当时即萌改编之念，而苦无余暑。抗战军兴，潜居多暇，乃以年余之力，从事撰作。初稿既成，较前两书扩充不止十倍。①

从分别撰写“戏剧史”与“剧场史”，到合“案头”与“场上”为一，再到兼及近代各地方戏曲，周贻白的戏剧史著述规模宏大，而其立足点，就像冯其庸说的，“他是联系舞台演出来讲戏曲发展的”②。

周贻白出身贫寒，但进入大学教书后，著述尽可能规范化。其征引古书及近人著述，大都注明出处，这点与吴梅、齐如山不同。或许是性格倔强，周贻白喜欢与人争辩，如与王国维论元剧和科举之关系，与齐如山谈行头，与孙楷第争傀儡戏③，与任中敏辩唐代戏剧④。有些论辩关系大局，很精彩；但也有一些不太必要。如《中国戏剧史长编》谈及元代杂剧的思想性与文词结构时，引入王国维的《宋元戏曲考》。王称元杂剧之所以兴盛，与元初废科举有直接的关系；周辨正：“王氏此说，虽不为无见，但元剧之兴，主要原因当与元代的社会背

① 周贻白：《中国戏剧史·自序》，《中国戏剧史》，上册，上海，中华书局，1953。

② 冯其庸《〈中国戏曲发展史纲要〉序》表彰周贻白治戏曲史的鲜明特点：“从唐宋以来的各种戏剧演出形式(包括音乐、表演、服装、化装)，都有所探讨和论述。”(见周贻白：《中国戏曲发展史纲要》，卷首)。

③ 参见《中国戏剧与傀儡戏影戏——对孙楷第先生〈傀儡戏考原〉一书之商榷》，见周贻白：《中国戏曲论集》，49～94页，北京，中国戏剧出版社，1960。

④ 参见《唐代的乐舞与杂戏——关于〈唐戏弄〉一书的正谬》，见周贻白：《中国戏曲论集》，433～465页，北京，中国戏剧出版社，1960。

景和当时一般人民的遭遇具有密切关系。”[①]什么“密切关系”？也就是元蒙压迫，人民痛苦，需要用杂剧来借题发挥或意存希望。这样的论述，说了等于没说。该书第三十节“剧场的沿革与扮演”，大都采用旧作《中国剧场史》，只是略加修订；论及服饰、衣箱及各色须髯，明明引用齐如山文字和绘图，也非要批评几句[②]。至于收入1960年中国戏剧出版社版《中国戏曲论集》的长文《唐代的乐舞与杂戏》，正文中添加副题“关于《唐戏弄》一书的正谬”。此文开篇，即称此书弊病很多：“如‘论多于述’，则因先有论点，然后以所述资料作为印证……由是证明以往治中国戏曲史的人都错了，而他才是百分之百的正确。”[③]周文对任书的批评不无偏见，只能说是体现了作者的学术观念：即“论从史出”，学者须尊重史料，且对前贤著作保持温情与敬意。有一点周贻白大概没想到，稳坐高位的“权威学者”，与身处边缘的“挑战者”，其学术立场、著述体例以及文章风格，都可能有很大的差异。

原中山大学中文系教授董每戡的戏剧研究，同样集中在书斋与剧场的对话。1951年，北京群众书店刊行董著《戏剧的欣赏和创作》，劈头就问“怎样读剧”。除了引用美国学者韩德(T. W. Hunt)的话，称

① 周贻白：《中国戏剧史长编》，182页，上海书店出版社，2004。

② 同上书，587～590页。

③ 参见周贻白：《中国戏曲论集》，433页，北京，中国戏剧出版社，1960。

“理想的戏剧是同时可以表演，也能符合最好文学的模范的”①，董每戡强调，对于剧作家来说，舞台知识与文学修养两者兼备，方能垂之久远。剧作家如此，研究者何尝例外：“一个读剧本的人，首先须懂得这个基本的道理，那么读起剧本来才不会偏嗜，评判起所读的剧本的价值来也不致欠公正。”②

长期从事戏剧活动的董每戡，1949年在商务印书馆同时推出《中国戏剧简史》和《西洋戏剧简史》。如此左右开弓的“亮相”，很像十三年前的周贻白。不同的是，周强调案头与场上合一，董则突出中西戏剧对话。这本《西洋戏剧简史》，总共才179页，从古希腊戏剧一直说到20世纪美国剧作家奥尼尔，你不能期待它有什么了不起的阐述；但如此写作姿态，凸显作者早年的趣味和修养——不是“国剧”，而是戏剧；不仅研究，而且创作。当然，相对而言，《中国戏剧简史》更能显示作者学术上的锐气。此书的“前言”引入王国维《宋元戏曲考》和青木正儿《中国近世戏曲史》这两部名著，称后来的戏剧史大都“不免作文抄公”，这是他所不屑为的。既然前人“对于元明两代作家的时地，剧曲的文章、故事、版本等都详述过了，用不着我再来噜苏，于是也

① 《中国戏剧简史》(1949)也引这句话，以及下面提到的“所谓戏剧的和演剧的这两个名称之间”云云，但都没有注明出处。这两段话出自美国学者T. W. Hunt所著*Literature：It's ptinciples and problems*。虽然董每戡在同年所撰《〈说“傀儡”〉补说》(见董每戡：《说剧》，北京，人民文学出版社，1983)中引了许多英文书，且提及十多年前如何在东京帝国图书馆阅读英文著作，但我认为作者这回读的是傅东华译本《文学概论》。(上海，商务印书馆，1935)此译本第二编第九章“文学上的未决问题一”之“戏剧和舞台的关系”中，有这两段话(见傅东华译：《文学概论》，427页、428页)，只是标点符号略有变动。

② 董每戡：《戏剧的欣赏和创作》，见《董每戡文集》，上卷，4页、6页，广州，广东高等教育出版社，1999。

就换个方向，说些和演剧有关的事”。至于如此立说的依据，来自美国学者韩德：

> 所谓戏剧的(文学性)和演剧的(演剧性)这两个名称之间，确有一种正当的差别，前者指诗歌的内在品性，后者指是否适于上演。①

最好当然是鱼与熊掌兼得，万一做不到，非有所割舍不可，怎么办？作为有长期舞台经验的教授，董每戡的态度很明确：

> 戏剧本来就具备着两重性，它既具有文学性(Dramatic)，更具有演剧性(Theatrical)，不能独夸这一面而抹煞那一面的，评价戏剧应两面兼重，万一不可能，不能不舍弃一方时，在剧史家，与其重视其文学性，不如重视其演剧性，这时戏剧家的本分，也就是剧史家与词曲家不相同的一点。②

以“剧史家”自命的董每戡，其《中国戏剧简史》篇幅不大，但贯通古今，自成格局。全书共七章(考原、巫舞、百戏、杂剧、剧曲、花部、话剧)，分别论述从史前时期到民国年间的演剧活动。“考原”部分引入格罗塞《艺术的起源》等国外学者的著述，此乃当年时尚，也可见作者的趣味；最具特色的，还是第六章“花部(满清时期)”。此章提及田际云的“旧戏革新”以及王钟声的新剧编演，至于结束语，更见其学术

---

① 董每戡：《中国戏剧简史·前言》，见《中国戏剧简史》。

② 同上。

立场："民国以来，诸腔又走进了没落期，艺术价值日低，在内容上说，封建意识太浓，不合时代的需要，为时代所扬弃。现在是在挣扎之中，究其前途如何？未可卜知。"①如此立论，接近五四新文化人的立场，难怪其意犹未尽，甚至专设第七章"话剧（民国时期）"，从春柳社一直讲到抗战中的戏剧运动。如此看重西洋传入的话剧，在专研传统戏曲的学者中，持此文化立场的极少。这当然与其长期从事戏剧活动——起步是剧作家，而后是导演，最后才走到戏剧研究——密不可分。因此，谈论董每戡的学术著作，不能不从其早年的戏剧创作说起。

上海戏剧文化出版社1932年出版的《C夫人肖像》，1933年再版时，董每戡撰有"再版自序"："事先，我并没有计划写这样的一个三幕剧，美专剧团的同志们逼促我写，才于三个晚上被压榨出这一个脚本。"②1938年，董又撰《我怎样写〈敌〉》："'一致剧社'要我在穷忙中抽片刻闲暇为他们写一个三幕剧。我答应了，而且花不了二十个小时就把它写成，总算没有误了他们的公演。"③1941年，由成都空军出版社刊行的"三幕一景防空剧"《天罗地网》，其《自序》中有云："总是以

① 参见《中国戏剧简史》，第六章，见《董每戡文集》，上卷，252页，广州，广东高等教育出版社，1999。另，在《中国戏剧简史·后语》中，作者称："旧戏为时代所扬弃，但它的生命还有一丝延续的希望。我个人的看法，认为这希望虽可由改良其剧本内容及演出方法达到，不过所达到的恐仍止于延续其已趋没落的生命而已，倘企图使它回复到隆盛期那样压倒一切是不大可能的。"（见《董每戡文集》，上卷，265～266页，广州，广东高等教育出版社，1999）。

② 董每戡：《C夫人肖像·再版自序》，见《董每戡文集》，下卷，75页，广州，广东高等教育出版社，1999。

③ 董每戡：《我怎样写〈敌〉》，见《董每戡文集》，下卷，112页，广州，广东高等教育出版社，1999。

极短促的时间，在极忙乱的环境中创作被人规定了主题的作品，所以从没有产生一个优秀的东西，这自是意中之事。”①一开始作者或许很得意，创作多幕话剧时，往往“一挥而就”；后来逐渐清醒，反省时人以及自己因应时势的“急就章”：“在目前的刊物上及舞台上所看到的脚本似乎公式化了，如此，要其作品伟大，决不是有望的”；“归根结底地说还是我们自己的作剧技术和演剧技术不好，并不是有了抗战意义就行了”②。综观董每戡整个创作历程，确实多为服务抗战而作。没能留下经典剧目，这当然很遗憾；但由此锻炼了作者的写作及舞台经验，对日后的研究亦有助益。1947年初，董每戡撰《漫谈戏剧批评》，提及：“写一般的批评文章难，写戏剧批评的文章更不易”，因为戏剧是综合艺术，故戏剧批评家除一般的客观、科学等原则外，还“至少须兼有理解文学和演剧的两方面的才能”③。这段话，或许正是作者由剧作家转为研究者的关键。

拥有如此丰富的剧场经验，日后转入戏剧史研究，自然对“表演”及“剧场”有特殊的感受。在《五大名剧论·自序》中，董每戡称：

> 我过去认为、现在还认为“戏曲”主要是“戏”，不只是“曲”。“声律”“词藻”和“思想”都必要予以考究，尤其重要的是人物形象和情节结构所体现的思想性和艺术性，它是必须由演员扮演于舞

① 董每戡：《天罗地网·自序》，见《董每戡文集》，下卷，207页，广州，广东高等教育出版社，1999。

② 参见董每戡《起来，剧作家们!》，见《董每戡文集》，下卷，583页，广州，广东高等教育出版社，1999；《现在为什么演剧》，见《董每戡文集》，下卷，594页，广州，广东高等教育出版社，1999。

③ 参见《漫谈戏剧批评》，初刊《温州日报·戏剧》，第5期，1947年2月2日；见《董每戡文集》，下卷，628页，广州，广东高等教育出版社，1999。

台之上、观众之前的东西。①

在董每戡看来，文史家和曲论家或拘泥于法、或计较于词，极少从舞台艺术的演出角度，“依然以案头读物对待”，这将使研究走入死胡同。同样的意思，在《说剧》中表达得更为真切：“构成戏剧的东西，‘舞’是主要的，‘歌’是次要的”；过去的曲论家，“不知道‘戏曲’是‘戏’，只知道它是‘曲’，尽在词曲的声律和辞藻上面兜圈子，兜来兜去，结果取消了‘戏’”，殊为可惜②。这一批评，不管有心无心，都是直接针对吴梅的。在董每戡进入学界的那个时代，各大学中文系教“戏曲”或“中国戏剧史”的，多为吴梅的弟子。可董不一样，1926年毕业于左派人士占主导地位的上海大学，而后曾短暂东渡日本，在日本大学文学院攻读戏剧；不久就以编剧的身份投身戏剧运动，直到1943年秋应邀出任内迁到四川三台的东北大学教授，方才由“作家”转为“学者”③。这一经历，使得董每戡的“说剧”没有直接的师承，可以放言无忌；加上日后受政治迫害，长期远离学界，思想上特立独行，不太受时代思潮的牵制。

1965年冬，董每戡曾引江湖艺人的话：“光说不练嘴把戏，光练不说傻把戏，说着练着真把戏。”怎么练呢？反右运动后被迫离开中山大学回长沙居住的董每戡，从1959年秋起，立志撰写《中国戏剧发展

① 董每戡：《五大名剧论·自序》，见《董每戡文集》，中卷，97页，广州，广东高等教育出版社，1999。

② 董每戡：《说“歌”“舞”“剧”》，见《说剧》，11页，北京，人民文学出版社，1983。

③ 参见黄天骥：《〈董每戡文集〉前记》，第一、二节，见《董每戡文集》，上卷，广州，广东高等教育出版社，1999。

史》《笠翁曲话论释》《五大名剧论》等。作者设想，这三书有点有面，互相配合，足可打一场大仗。对此，作者信心满满：“咬文嚼字不为功，空谈概说欠具体，就戏论戏才成，我就这样练起来了。”[①]很可惜，三书中，真正完成且正式出版的，仅有评说《西厢记》《琵琶记》《还魂记》《长生殿》《桃花扇》的《五大名剧论》。

《五大名剧论》的特点很明显，极少版本稽考，不做宏观论述，而是侧重精细的文本分析：“像是老导演在红氍毹上给演出者一出一出地说戏，让人们‘看’到舞台上角色的来往冲突，感觉到生、旦、净、末如在目前。”[②]你可以说，这种类似导演“说戏”的论述方式，是因为僻居长沙，缺乏图书资料；但我认为更重要的，还是作者希望最大限度地发挥自家熟悉剧场这一特长。作者自称：

> 之外，每论一剧的情节结构时，常对剧中某些场子认为应删或可并的意见，甚而有对某一角色的性格应怎样体会怎样掌握和表现之类的话，不消说是我个人粗浅且未必正确的看法，原只想供今后的改编者、导演和演员作参考，假使它同样给欣赏古典舞台剧的诸君有少许帮助，那便是我意外的收获。[③]

技痒难熬，论述中不时跳出来给古人挑刺，甚至为其改文章，这明显

---

① 董每戡：《五大名剧论·自序》，见《董每戡文集》，中卷，95～97页，广州，广东高等教育出版社，1999。

② 参见黄天骥：《董每戡先生的古代戏曲研究》，见《黄天骥自选集》，395页，广州，广东高等教育出版社，2003。

③ 董每戡：《五大名剧论·自序》，见《董每戡文集》，中卷，98页，广州，广东高等教育出版社，1999。

不是史家立场。但正因为放开手脚，不受学院规矩束缚，时有惊人之论。在论及《西厢记》时，董每戡曾称：“明袁中郎说：‘《西厢》开锦绣，《水浒》藏雷电。’我则以为《西厢五剧》被锦绣而内藏雷电，才令人屡读不厌，累演不衰。”[1]其实，读董每戡的《五大名剧论》，也时常有“被锦绣而内藏雷电”的感觉。

从 1929 年创作剧本并积极参加左翼戏剧运动，到 1943 年转向学术研究，中间有十四年的舞台生涯；这样的知识结构，本是可以大展宏图的[2]。可惜好景不长，1957 年被打成“右派”后，董每戡的命运极为坎坷。1978 年终获“摘帽”，1979 年 5 月落实政策并被接回广州中山大学，可还没来得及重登讲台，便于 1980 年 2 月 13 日病逝。真应了杜甫的诗句：“出师未捷身先死，长使英雄泪满襟。”人民文学出版社 1983 年版《说剧》的《编后记》，引录了董每戡之子的来信，讲述董先生 1957 年被打成“右派”后，如何到长沙自谋生路，1965 年后又如何被取消生活费，最为惨痛的，莫过于“文革”中两度被抄家：

> 父亲最痛心的是被抄走了《中国戏剧发展史》《明清传奇选论》《三国演义试论》等手稿和十箱书籍、资料。《五大名剧论》由于藏在地板底下(已被老鼠咬掉一半)，《说剧》因寄给洛阳的三叔审阅，所以幸免遭劫。从六六年起一直到七九年四月，他面壁斗室，一面修改、补充这两部手稿，一面继续写能回忆起来的稿

① 董每戡：《五大名剧论·〈西厢记〉论》，见《董每戡文集》，中卷，142 页，广州，广东高等教育出版社，1999。

② 董每戡：《说剧·序》称：“抗日战争期中——一九四三年，我结束了戏剧编导工作，恢复教学，想下工夫摸索一下，然自知固陋、必徒劳无功，因而，先用‘各个击破’的办法，一点一滴地作些专题研究试试看。”

子。当时手头资料全无，只好托人借书参阅。

对董先生窘迫的生存处境，《编后记》作了如下补充："董每戡当时穷得买不起稿纸，甚至连亲友来信中的信纸空白部分都要裁下来，粘在一起当稿纸用。"①

即便如此，身处"诂戏小舍"的董每戡②，依旧借修订《说剧》，不断与当代学界对话③。董著《说剧》，1950 年上海文光书店初刊，收文五篇；1983 年人民文学出版社推出增订版，收文三十篇。此书论及各种戏剧形态，如傀儡、角抵、武戏、影戏、滑稽戏，还有脸谱、行头、布景等。在"文革"疯狂的日子里，作者依旧笔耕不辍，如《说"傀儡"》一文，1944 年初稿于四川，1968 年添注，1976 年整补于长沙，文中引用 1971 年《安阳后岗发掘简报》以及 1973 年 2 期《文物》文章；而《说"戏文"》则引 1973 年《文物》杂志上赵景深的《明成化本南戏〈白兔记〉的新发现》④。如了解作者的生存境地，不能不佩服其治学的坚韧不拔。1959 年国庆前夕，作者完成了《中国戏剧发展史》初稿，1964 年此书定稿，得六十万言，于是吟诗志喜：

① 参见人民文学出版社编辑部：《〈说剧〉编后记》，见董每戡：《说剧》，412～415 页，北京，人民文学出版社，1983。

② 《说剧·序》的落款格外引人注目："1976 年冬于长沙赐闲湖畔诂戏小舍，1979 年夏整补于中山大学之三馀斋。"

③ 如与钱南扬、周贻白商榷宋元南戏，与路工、黄紫冈、周贻白辨析昆山腔，或与冯沅君、孙楷第讨论"戏衣"等，参见《说剧》，202～210 页、266～271 页、354 页、369 页，北京，人民文学出版社，1983。

④ 参见董每戡：《说"傀儡"》和《说"戏文"》二文，见《说剧》，19～41 页、193～213 页，北京，人民文学出版社，1983。

戏考宋元止两章，来龙去脉未能详；
不才试为通今古，谬妄尚期硕学商。
（发展史起上古迄于民初，故云）

王氏开山数十年，多人继武缺犹然；
尊今也得先知古，待续新华铺绣篇。[1]

可正是这部凝聚作者毕生心血的《中国戏剧发展史》，日后竟被抄家没收，从此杳无音信。后人面对此《定稿志喜》，不能不感慨万千。

谈及戏剧史，董每戡几乎是独尊王国维，而对孙楷第、周贻白、王季思等当世学者，则不太客气[2]。著书立说时，也会引经据典[3]，但更多的时候，作者凭借的是丰富的舞台经验。如《〈西厢记〉论》中辨析张生那句“我吃甚么来!”正如作者说的，这种“道地的性格语言，绝好的戏剧语言”，“曲论家们都不会重视它，而懂得戏剧之为艺术的人都会欣赏它”。正是有感于明清曲论家过分关注“词采”而轻视“说白”，作者坚称：

---

① 董每戡：《定稿志喜》，见《董每戡文集》，下卷，733页，广州，广东高等教育出版社，1999。

② 以《五大名剧论·〈西厢记〉论》及《海沫集》为例，作者多次正面引述王国维，偶有补正，也不忘表彰其“独具只眼”（参见《董每戡文集》，中卷，105页、989页、992页、1019～1020页，广州，广东高等教育出版社，1999）；提及同时代诸戏剧史专家，则多为辩驳，如103页和128～129页驳王季思、119～121页和1039～1041页讥孙楷第，960页、970～971页及1078～1079页则专门批评周贻白的《中国戏剧史讲座》。

③ 如《海沫集》中论李笠翁二文，引述亚里斯多德、狄德罗、黑格尔、别林斯基，还有马克思、列宁、高尔基等，见《董每戡文集》，中卷，940～985页，广州，广东高等教育出版社，1999。

> 戏，就是这样的，不是文章，往往一个字，一句话，胜过千言万语，因为真正的“戏剧语言”不是文章，而正是王实甫所写在台本上的这种“动作的语言”，是动的而不是僵化干瘪、无生命的语言；一个字，一句话，都蕴藏着无限丰富的内心动作、无数句的“潜台词”，都是人物的灵魂在说无声的话语。①

这样的“神来之笔”，在《五大名剧论》中常能碰到。

除了基于舞台经验的文本分析极为精彩，董每戡的戏剧论著，最让人惊讶的是不太受政治潮流的影响。戏剧史研究技术性较强，无论齐如山还是周贻白，比起同时代的哲学史或文学史家来，受意识形态污染较轻，这是事实②。而远在江湖的董每戡，更是不受此等束缚，其论文风格，不太像是产生于“阶级斗争的弦”绷得越来越紧的年代。如《〈西厢记〉论》写于 1965 年，别人都在说阶级斗争如何不可调和，董先生则要我们“暂时放弃自己的思想方式，设身处地去体味”，不仅“这个‘团圆’结局是合往日观众脾胃的”，连老夫人三次赖婚，也都因

---

① 《五大名剧论·〈西厢记〉论》，见《董每戡文集》，中卷，166～167 页，广州，广东高等教育出版社，1999。

② 齐如山《论宣传宜利用国剧》称，“在我国千百年以来，人民的思想是完全被戏剧控制着”，故“要想教育十分普及，那最好是戏剧，而小说次之，教科书更次之”。(见《国剧概论》，2 页，台北，文艺创作出版社，1953)说完国剧的娱乐、筹款、思想教育等功能，很快转入国剧动作起源，以及国剧如何舞蹈化、美术化、科学化、如意化、通俗化、经济化等。齐如山几十年间撰述，多围绕京剧剧场展开，没有多少意识形态偏见，这在海峡两岸严重敌对的年代，很不容易。

唐人“恃其族望耻与他姓为婚”这一时代痼疾而变得可以谅解①。“文革”中评法批儒，曹操被谥为法家，身处逆境的董每戡，修订《〈三国演义〉试论》时，拒绝为曹操翻案②。1975 年夏，董撰《〈琵琶记〉论》，专门批驳 1975 年 4 月 30 日《文汇报》上奚闻的《围绕〈琵琶记〉展开的一场儒法斗争》。奚文称高则诚乃“反动统治阶级的爪牙”，曾参与镇压农民起义，“双手沾满了革命人民的鲜血”；董据理力争，说你证据不可靠，如此“含血喷人”，“会令人心寒齿冷”的③。时过境迁，后人不明就里，或许觉得这些说法很平常；殊不知在那个特殊年代，如此坚持自己的学术立场，是需要有很大的勇气。

四、“文学性”与“演剧性”之张力

作为专业领域的戏曲研究，最值得关注的，是“文学性”与“演剧性”之间的巨大张力。讨论这个问题，最好能引入学院体制。同样是中国戏曲史研究的奠基者，王国维与吴梅命运迥异，后者的学术影响力远不及前者。你可以抱怨，说这不太合理，但其实有必然性——那就是，戏剧史研究中，“文学性”始终占据主流；而“演剧性”则受到很多客观条件上的限制，难以充分展开。表面上看，吴梅弟子多，而王国维的嫡传弟子主要集中在古史或古文字研究方面；可实际上，戏剧史的主流是王国维开启的实证研究。

---

① 《五大名剧论·〈西厢记〉论》，见《董每戡文集》，中卷，310～311 页，广州，广东高等教育出版社，1999。

② 参见董每戡：《〈三国演义〉试论》(增改本)，第三部分“通过主要人物形象看三国”第一节“曹操”，及朱树人《整理后记》，见《〈三国演义〉试论》(增改本)，64～92 页、236～240 页，长沙，岳麓书社，1994。

③ 《五大名剧论·〈琵琶记〉论》，见《董每戡文集》，中卷，364 页，广州，广东高等教育出版社，1999。

吴梅长期在大学教书，而且教的就是曲学，受业弟子自然不少。郑振铎《记吴瞿安先生》即称许："他教了二十五年的书，把一生的精力全都用在教书上面。他所教的东西乃是前人所不曾注意到的。他专心一志的教词，教曲，而于曲，尤为前无古人，后鲜来者。他的门生弟子满天下。现在在各大学教词曲的人，有许多都是受过他的熏陶的。"①1950年代，唐圭璋撰《回忆吴瞿安先生》，除强调吴梅的学术著述，更着重表彰其培养了一批戏曲研究人才，如许之衡、任中敏、卢冀野等都得到其悉心指教，"此外，如钱南扬之辑南戏，王季思之注《西厢》都是循着先生的指示而努力进行的"②。而王季思本人，20世纪80年代曾这样谈论师长："不仅在昆曲唱腔上辅导过著名艺人韩世昌、白云生以及'传'字辈青年演员，还在大学讲台上，建立了词曲方面的学科，培养了不少研究词曲的人才。他善于发现人才，乐于接待后学，勤于批改作业的良好作风，在先生离开我们近半个世纪的今天，我们一些老同学偶然谈起，还感到十分亲切。"③

问题在于，这么多吴梅弟子，为何日后走的多是王国维的路，纷纷转向"剧史"而不是"戏曲"研究。在《唐戏弄》中处处挑战王国维的任

① 郑振铎：《记吴瞿安先生》，原刊《国文月刊》，1942(42)，见《吴梅和他的世界》，67～68页，石家庄，河北教育出版社，2002。

② 唐圭璋：《回忆吴瞿安先生》，见《吴梅和他的世界》，86页，石家庄，河北教育出版社，2002。此外，王卫民在《吴梅评传》第八章"一代师表，桃李满天下"中，刻意表彰"他第一个把戏曲搬上大学讲堂并勤勤恳恳、任劳任怨地教授了二十余年，为我国培养了一大批国内外知名的词曲专家"。还专门介绍了吴梅的及门弟子王玉章、任中敏、钱南扬、唐圭璋、卢冀野、王季思、万云骏、汪经昌等。(参见王卫民：《吴梅评传》，225～237页)

③ 王季思：《吴瞿安先生〈诗词戏曲集〉读后记》，见《玉轮轩曲论三编》，194页，北京，中国戏剧出版社，1988。

中敏[①]，其研究路数也最像王国维。之所以真正继承吴梅学术衣钵的不多，“读曲难”是一个原因；但不全是。并非吴梅教学不好，老师带进门，修行看个人，弟子们日后怎么发展，要看各人的天分及机遇。青木正儿在《中国近世戏曲史》的序言中，明白无误地表明其步武王国维《宋元戏曲史》的志向，之所以放弃《明清戏曲史》原题，纯粹是为了便于读者理解。此书基本格局及研究思路深受王国维影响，不同之处在于文学趣味。即便后世学者将目光从文本转为歌场，不再以剧本为中心，但在文献方面穷搜冥索、精雕细刻，仍是必不可少的基本功。在这方面，王国维无疑树立了极好的榜样。1960年代初，周贻白撰写自我批评，其中有句话值得深思：“我虽然在剧本联系舞台这一方面，力矫王国维之失，而我的治学方法，却不免受有王氏的影响”[②]。

按理说，作为戏剧史家的王国维，其“软肋”十分明显，那就是对于剧场的漠视。日后的挑战，确实多从此角度入手。如主编《戏史辨》的胡忌，在“代前言”的《我编〈戏史辨〉的一些想法》中，批评王国维《宋元戏曲史》“基本上也是以文体和文学为研究对象”，而“我们的着眼点必需放在场上(并不局限于舞台)的演出”，故“现在‘戏史辨’的主旨可概括地说，是把‘文体’和‘文学’改成‘戏剧体’和‘戏剧学’”[③]。

---

① 参见任半塘：《唐戏弄·弁言》及第一章第二节“去蔽”，见《唐戏弄》，25～100页，上海古籍出版社，1984。

② 周贻白：《编写〈中国戏剧史〉的管见》，见《周贻白戏剧论文选》，5页，长沙，湖南人民出版社，1982。

③ 胡忌：《我编戏史辨的一些想法》，见《戏史辨》，北京，中国戏剧出版社，1999。著有《宋金杂剧考》《昆剧演出史稿》的戏剧史家胡忌(1931～2005)，1999年起与洛地、陈多、王兆乾等自称“非主流派”学者共同发起创办民间学术刊物《戏史辨》(共四辑，刊行于1999～2004年)，其主要意旨在对当下戏曲研究的主要思路、主流观念提出质疑。

道理上是对的，可为何难以超越王国维？除了个人才华等，更重要的是学术体制问题。构成戏剧史/戏曲史研究主体的，是中文系教授，而不是戏剧学院或艺术研究院的学者。相对而言，中央戏剧学院的周贻白或中国艺术研究院的张庚(1911—2003)，确实比吴梅的弟子、原扬州师院教授任中敏(1897—1991)、南京大学教授钱南扬(1899—1987)、南京师大教授唐圭璋(1901—1990)、中山大学教授王季思(1906—1996)等，更能体会“剧场艺术”。而其中一个重要原因是，后四位均任教于大学中文系。对于中文系教授来说，即便没有任何舞台经验，甚至连“戏迷”都算不上，也并不妨碍其成为出色的“戏曲学者”。如果再加上冯沅君(1900—1974)、谭正璧(1901—1991)、严敦易(1905—1962)、傅惜华(1907—1970)、戴不凡(1922—1980)等，很容易发现，绝大多数戏剧研究者，其实“私淑”的是王国维，即以治经治子治史之法“治曲”。

戏剧学院数量少，在中国学界的影响，远不及大学中文系；这一结构性特点，使得王国维的历史考证与文学批评，更容易获得知音。吴梅的课堂唱曲，偶尔还有遥远的回声；但绝大部分讲授元杂剧或明清传奇的教授，都是只说不唱。复旦大学教授赵景深(1902—1985)和南京大学教授陈中凡(1888—1982)的“逸事”之所以广为传诵，就因为“难得”。配合戏剧史讲授而登台唱曲，确实能更好地引领学生深入剧场，体味各剧种的声韵之美与舞台之美。吴中杰提及：“赵先生主讲古典戏曲，能唱很多曲种。他喜欢唱，不但晚会上唱，上课时教到什么曲种时也会来上一段。有一次他还带领家属在登辉堂粉墨登场，演出《长生殿》中的折子戏——赵先生自己演唐明皇，赵师母演杨贵妃，两个侄女演宫女。"①董健则称："陈老讲课十分认真，讲到得意处，手舞足蹈。听老班同学讲，他有一次讲《西厢记》，唱起'佳期'一折的'彩云开，月明如水浸楼台'一段，运腔吐字用力过大，以致把一口假牙全喷出，但他从满是粉笔灰的讲台上拾起假牙，用手帕轻轻一擦，装进嘴里继续唱，引起哄堂大笑。"②毫无疑问，这样的课堂讲授，学生记忆特别深刻，几十年后还念念不忘。可"个人体味"如何有效地转化为"学术著述"，是个难题。就以陈中凡为例："他认识到戏曲是综合艺术，只有懂得它的音律声腔，掌握剧种的特点，才能深入研究。"此一以贯之的教学主张，使得他1920年代到东南大学担任中文系主任时，请吴梅来主讲戏曲；1930年代任暨南大学文学院长时，请俞振飞讲授昆曲；1950年代更是请老曲师来南大开设昆曲课。至于自家研究及指导研究生，更是"熔王国维之考证与吴梅的声律于一炉，并大有创新"。可回过头看，陈先生撰写《中国戏曲史》、探究中外戏剧理论以及考释戏曲俗语的宏愿，一样也没有落实，世人只能以"文学批评史家"来谈论其学术贡献③。

如此尴尬局面，与百余年来中国大学的文学教育，逐渐形成重"科研"而轻"教学"、重"考证"而轻"欣赏"、重"功力"而轻"才情"的传统，有密切的关联。"提倡'拿证据来'的科学方法，虽然只是胡适个人的表述，但1920年代的中国学界，对考据的推崇乃至迷信，直接

① 吴中杰：《应世尚需演戏才——记赵景深先生》，见李平、胡忌编：《赵景深印象》，109页，上海，学林出版社，2002。

② 董健：《陈中凡先生逸事》，见吴新雷编：《学林清晖——文学史家陈中凡》，73页，南京大学出版社，2003。

③ 参阅吴新雷：《陈中凡先生学行记盛》(见吴新雷编：《学林清晖——文学史家陈中凡》，36页)，以及吴新雷《悼念戏曲史导师陈中凡教授》，《剧影月报》，1982年第11期。

导致了知识类型的转化，那就是诗学的衰落与史学的兴起。毫无疑问，任何学问都需要‘高远的想象力’，但‘整理国故’作为一种思潮，对新史学的崛起，是个很好的契机；而对于正在转型中的‘文学教育’，则造成不小的冲击。”①现代大学的定型、学科等级的划分、课程体系的完善以及学问标准的确立，使得人们怀念吴梅之兼及创作与研究，也传诵赵景深、陈中凡等风趣的课堂，但不再讲究“沉潜把玩”，而是追求“著作等身”。这一知识类型之转化，使得整个中国戏剧史研究，大都趋向于实证。在这个意义上，“王国维道路”成为主流，是很正常的。

晚清以降，伴随着现代中国大学的逐渐成型，中文系的课程设计，“文学史”乃重中之重；作为强势学科，其理论预设及研究方法具有“溢出效应”，影响其他相关学科。结果便是，“文学史”作为一种知识体系，有效地“引导”乃至“规训”了学者们的“戏剧研究”。在各大学中文系，“中国文学史”是必修课，且占据很大的份额；而“戏曲研究”或“戏剧史”则不是每所大学都开，即便开设，也多属于选修课。必修与选修、经常开设与偶尔开设，这一选择，直接涉及教师数量、资源配置等。在大学里，占主导地位的课程，必定获得更多资源，吸引更多优秀学生，其学术影响力也更大。其他学科的课程及著述，若想引起学界关注，自觉不自觉地，都会向其靠拢。这里仅以吴梅入室弟子、中山大学教授王季思，以及近乎“再传弟子”的杭州大学教授徐朔

① 参见陈平原：《知识、技能与情怀——新文化运动时期北大国文系的文学教育(上)》，《北京大学学报》，2009年第6期。

方(1923—2007)为例[①]，说明现代大学的学术体制如何制约着中国戏曲研究的发展方向。

王季思曾“夫子自道”，谈及其如何研究《西厢记》：“第一阶段，是对方言俗语的考证，用前人治经的方法来考证戏曲小说。我采用这种方法决不是偶然的。首先是受清末著名学者孙诒让的影响。”“第二阶段，是对故事源流的探索，可以说是用前人治史的方法来研究戏曲小说。这方面直接指导我的是东南大学教戏曲的吴梅先生，同时还受王国维先生《宋元戏曲史》等著作的影响。”第三阶段，注重思想评价，从推崇自由恋爱逐渐转向学习马列主义。第一点带有偶然性，因同为温州人，且有亲戚关系，王季思曾住孙家并得以阅读其部分手稿，故“后来我对元人杂剧的校勘和考证，如果说态度还比较认真的话，就是受这位前辈学者影响的结果”。但即便如此，不治经学或史学，转而研究戏曲，就像王先生说的，“这又与‘五四’时期提倡平民文学有关”[②]。

王季思晚年主编《中国十大古典悲剧集》和《中国十大古典喜剧集》(上海文艺出版社，1982)，虽说市场及社会效应都很好，但那不是他的拿手好戏。以“注经”的态度和方法来“注曲”，成名作《西厢五剧注》方才是他的特长。注曲的难处，不在文人熟悉的典故或制度，而在元代的方言俗语，还有舞台提示语等。在《如何打通古典戏曲语言这一关》中，王先生提及宋元杂剧、戏文产生与流传的大致经过：民间艺

---

① 徐朔方：《晚明曲家年谱·自序》(见《徐朔方集》，第二卷，20页，杭州，浙江古籍出版社，1993)称：“王季思先生在通信中对我的谆谆善诱可说是我英国语言文学系毕业后补修的中国戏曲史选课。”另外，此书由王季思题写书名及题辞。

② 王季思：《我怎样研究〈西厢记〉》，见《玉轮轩曲论三编》，111～114页。

人的底本、书会才人的加工、书坊刻印时的删改、后人的整理润色四阶段，而语言文字的异变，使得后人阅读倍感困难，研究者就该从此入手："闻一多先生研究《诗经》《楚辞》，从古文字学入手；任半塘先生研究敦煌文学，从曲辞的校订入手；钱南扬先生为了研究南戏，对温州方言作了调查。他们取得的成绩不是偶然的。"反过来，对于当代著名思想史家侯外庐所撰《论汤显祖剧作四种》(1963)，王季思十分不以为然，"认为这是学风的问题，因此写文章与他争论"。原因在于，在王看来，侯对汤的诗文及剧作还没读通，就开始乱说，故"未免主观臆断"①。认定只有从字义训诂、名物制度的考释着手，读通古书，而后才谈得上理解"圣人之道"，这确实是清儒的思路。

除了"用前人治经的方法来考证戏曲"，王季思的戏剧史论著，最有创意的是20世纪50年代的《从〈莺莺传〉到〈西厢记〉》，以及80年代的《从〈昭君怨〉到〈汉宫秋〉》和《从〈凤求凰〉到〈西厢记〉》②，具体论述有变化，但研究思路一致，那就是借鉴"主题学"方法，凭借其对文献资料的熟悉，追根溯源，描述同一题材的作品在不同时代的变异，从中勾勒时代、社会及艺术的嬗变。《从〈莺莺传〉到〈西厢记〉》第六章"小结"，专门批判胡适"过分夸大各种外来的影响"③。其实，"从元微之的《莺莺传》到王实甫的《西厢记》杂剧，这五百年的长时间内，是我国反映市民阶层思想意识的平民文学从萌芽到成熟的时期"，这么

① 王季思：《如何打通古典戏曲语言这一关》，见《玉轮轩曲论三编》，139页、135页。

② 第一篇有单行本；后二文见《玉轮轩曲论新编》，1～15页、16～37页，北京，中国戏剧出版社，1983。

③ 王季思：《从〈莺莺传〉到〈西厢记〉》，69页，上海，古典文学出版社，1955。

一种研究框架，不正是借鉴胡适的“历史演进法”[①]？“王实甫之于《西厢记》杂剧，正如施耐庵之于《水浒传》，他是许多作者里最重要的一个，而不是唯一的一个”，这么一种理论假设，以及努力钩稽《西厢记》杂剧产生之前流传的各种有关崔、张故事的诗文、唱本与剧本等[②]，确实很像胡适的“中国章回小说考证”。

徐朔方的代表作《晚明曲家年谱》涉及曲家三十有九，包含各家的引论及年谱，此书乃1958年版《汤显祖年谱》的扩大，既是研究汤显祖必须掌握的背景资料，又可看作为一个时代的文化群像。具体论述中，时有精彩的论断，如称“汤沈之争并不如人们所想象的那样是文采派和格律派(或本色派)之争，同他们政见的进步和保守也没有太大关系，争论在于唱腔和格律的差异”；“汤沈之争的焦点在于汤显祖坚持南戏曲律的民间传统，而沈璟则在于将民间南戏的一个分支昆腔加以进一步规范化，以期有助于昆腔的兴旺发达”[③]。但更重要的是，为那些没有功名的曲家作年谱，难度很大。其“自序”称，选择这一论述策略，是受英国莎士比亚专家谦勃士(E. K. Chambers)《伊利莎白时代的英国戏剧》的影响[④]。

谈论中国戏曲，徐朔方是少数几位有理论兴趣、不满足于资料考辨的学者之一。对比王国维与孙楷第的著述，徐颇为感慨：“平心而论，《元曲家考略》所下的功夫绝不下于《宋元戏曲考》，而成就大非昔

① 参见陈平原：《假设与求证——胡适的文学史研究》，《学人》，第五辑，南京，江苏文艺出版社，1994。

② 王季思：《从〈莺莺传〉到〈西厢记〉》，66页、40页。

③ 徐朔方：《晚明曲家年谱·自序》，见《徐朔方集》，第二卷，4～5页。

④ 谦勃士之所以论述伊利莎白时代的英国戏剧，“这是他为莎士比亚研究所作的横向延伸，而他的英国中世纪戏剧著作则是他的纵深探索”。(参见徐朔方：《晚明曲家年谱·自序》，见《徐朔方集》，第二卷，21页)

比，这是值得令人深思的。”①正是有感于此，徐朔方孜孜以求，努力更新中国戏曲的阐释系统。在徐看来，胡适以历史演进法研究中国章回小说，很有成就；而戏曲史上，也有世代累积型的集体创作，只不过不像《三国演义》《水浒传》等章回小说那么醒目而已②。徐朔方关于金元杂剧在总体上乃世代累积型集体创作的论述思路，最早见于20世纪50年代的《金元杂剧读后》，20年后，在《臧懋循和他的〈元曲选〉》以及《莎士比亚和中国戏曲》中，有进一步的发展，最后“正式地系统地作出论证”，则是撰写于1990年的《金元杂剧的再认识》③。后者称：“近十年来，一个想法终于在我的学术思想中由朦胧而变得明朗。”这个想法就是，中国小说戏曲史上许多作品是“在书会才人、说唱艺人和民间无名作家在世代流传以后才加以编著写定”，故研究不能把它们作为个人创作看待。小说如此，戏曲也不例外。“南戏之所以成为南戏，首先因为它是世代累积型集体创作的戏曲……南戏和金元杂剧都是同一类型的世代累积型集体创作，虽然杂剧的完工程度大大超过除《琵琶记》之外的所有南戏。正因为如此，试图采取研究诗文(个人创作)的传统手法来研究它们，如果不是南辕北辙，至少也是隔靴搔痒。”④徐氏此说很有创意，在学界引起极大争议，至今仍余波荡漾。我关注的是，无论王季思还是徐朔方，当他们撇开具体考证，进行“宏大叙事”时，往往借鉴文学史家的思路。

---

① 徐朔方：《金元杂剧的再认识》，见《徐朔方集》，第一卷，109页。

② 徐朔方：《徐朔方集·自序》，见《徐朔方集》，第一卷，2～7页。

③ 徐朔方：《金元杂剧读后》《臧懋循和他的〈元曲选〉》《莎士比亚和中国戏曲》《金元杂剧的再认识》，见《徐朔方集》，第一卷，173～197页、3～64页、65～89页、90～129页。

④ 徐朔方：《金元杂剧的再认识》，见《徐朔方集》，第一卷，108～109页。

在“案头”与“剧场”的对立中，当代中国的戏剧研究，经历一番颇为壮观的左冲右突，终于逐渐走出“剧本中心”。今日学界，论及中国戏剧史，更为关注的是“演剧性”。这一“华丽转身”，借用康保成的描述：“除了以往的作家作品研究、戏曲文献研究之外，宋元之前的古剧研究、近代以来的地方剧种研究、戏曲声腔和音乐研究、少数民族戏剧研究、戏曲文物与剧场史研究、戏曲民俗研究、古典戏剧美学与戏剧理论研究、古代表导演研究、优伶与戏班史研究、戏剧观众学研究、戏剧脸谱与化妆服饰研究、傩戏、目连戏、皮影戏、傀儡戏研究……都被纳入到中国戏剧史的研究范围之中，不但弥补了《宋元戏曲史》的欠缺，也大大拓展了任中敏所描述的中国戏剧史的外延。”①

不过，回到韩德的追问，既然“理想的戏剧是同时可以表演，也能符合最好文学的模范的”，那么，关注戏剧的“文学性”，其实也是题中应有之义②。“案头阅读”不受时空限制，字斟句酌，体味更为真切，视野更为开阔，也自有其好处。尤其是专业以外的读者，很可能更喜欢王国维的《宋元戏曲考》或董每戡的《〈西厢记〉论》，因其牵涉文本阅读与审美批评，而不是专业性很强的唱腔设计与表演程式。倘若

① 康保成：《五十年的追问：什么是戏剧？什么是中国戏剧史？》，《文艺研究》2009年第5期。

② 不能想象谈论“中国古代文学史”，而完全撇开戏曲。反过来，撰写“中国现代文学史”，话剧占很大篇幅，戏曲则很难入围。学者们论及齐如山、欧阳予倩或西安易俗社时，多从演剧史或文化史角度着眼，就因其剧本相对缺乏“文学性”。不满足于一时一地舞台上的成功，而追求像莎士比亚剧作那样，经得起超越时空的阅读与品鉴，这才有可能创造出新时代的《牡丹亭》与《桃花扇》。没有好剧本，中国戏曲将成为“古董”，无法介入当代人的精神生活。单靠“青春版”或“厅堂版”《牡丹亭》，票房再好，当代中国戏曲也是危机重重。在我看来，剧本好坏仍是成败的关键；过分强调剧场效果，很容易一如当代中国电影，为寻求独立而刻意摆脱文学性，最后走向玩弄镜头和特技。

戏剧史研究只讲“剧场及其周边”，满足于堆砌文献史料及调查报告，而完全不管剧本好坏，这又走到了另一个极端。文学性的阐释，关乎个人的心境、悟性与才情，或许不够严谨，但仍有其独特魅力。当然，我所说的“文学取向”的阅读，不局限在“词采”与“声律”，而是兼及文学研究的一整套技术及思路。从文本细读到文化研究，当下流行的各种文学批评策略，都可作为戏剧研究的借鉴。

五四新文化运动时期，戏曲开始进入大学课堂。在这一过程中，同时存在两种推力，一是提倡“平民文学”，以俗为雅，将“戏曲”纳入新兴的文学史论述框架；二是引进外国话剧，以西例中，改造中国人的欣赏趣味。具体到“中国戏剧史”写作，有两种策略，一是只讲到晚清，不涉及话剧兴起后的中国剧场；二是贯通古今，兼及20世纪的中国剧场。若是后者，如何评论当代中国戏曲与话剧之间的对峙与争锋？“话剧为另一系统，近年虽颇呈兴盛，但于中国戏剧，无所渊源。本书不以列入，庶免另出线索，自乱其例。”①周贻白以“另一系统”为由，采取回避策略。徐慕云(1900—1974)则希望直接面对，其初刊于1938年的《中国戏剧史》注重舞台实践，基本上不谈剧本；在卷二“各地各类剧曲史”中带进了话剧问题，可惜没协调好。此书资料多但考证少，著述体例有点杂乱，但提出了很多有趣的新问题，如国家戏院、故都名伶、戏曲学校等②。

---

① 周贻白：《中国戏剧史·凡例》，见《中国戏剧史》，上册，上海，中华书局，1953。

② 徐慕云：《中国戏剧史》(上海古籍出版社，2001)卷一“古今优伶剧曲史”，从周秦一直讲到当下；卷二“各地各类剧曲史”，兼及秦腔、昆曲、高弋、汉剧、粤剧、川剧、越剧、山西梆子、河南梆子、皮黄剧和话剧，共十一种。卷三“戏剧之组合”，卷四“脸谱服装在剧中之特殊作业”，卷五“戏剧之评价与其艺术之研究”，一直讲到国家戏院之创建、故都名伶概述，还有北平戏曲学校史略等。

撰写“中国戏剧史”，到底要不要涉及话剧，取决于论述的时段，并无一定之规。若是专论“20世纪中国戏剧”，则必须兼及话剧与戏曲；而且，不是平分秋色，而是直面其冲突与对话、竞争与互补。如胡星亮谈论戏剧创作如何汲取戏曲的精华，全书的立足点在话剧①。而谢柏梁则旗帜鲜明地捍卫戏曲，“认为正是在20世纪中以戏曲为主体的中国戏剧达到了其有史以来的最好时期”②。很可惜，胡、谢二书各有侧重，未能将戏曲史与话剧史真正熔为一炉，在双峰对峙中展开深入的思考。其实，即便个案研究，如早期文明戏与时事新剧之关系、西安易俗社之兴衰、欧阳予倩或梅兰芳研究，也都牵涉戏曲与话剧之对话与竞争。

所谓“戏曲”与“话剧”之争，背后是怎样理解“现代性”，以及如何阐释整个中国现代化进程。从陈独秀1904年以“三爱”为笔名在《安徽俗话报》第11期上发表《论戏曲》，到《新青年》上关于中国戏剧的论争，到左翼戏剧家联盟，再到“革命样板戏”的荣耀，不管持何种立场，你都必须承认，将其封闭在剧场的有限空间是说不清楚的。因为，无论“文革”前的《十五贯》《谢瑶环》《海瑞罢官》，还是“文革”中的《红灯记》《沙家浜》《智取威虎山》都或主动或被动地介入了当代中国政治。谈论“现代京剧”或“革命样板戏”，作为艺术与作为政治，如何区别看待，其中的分寸感很重要。如何有效地激活戏曲的创造力，而又不沦为政治斗争的工具，这不是一个简单的对错问题。

中国戏曲如何兴衰、怎样转型，不仅仅是由舞台决定的。舞台小

---

① 胡星亮：《中国话剧与中国戏曲》(上海，学林出版社，2000)上篇“理论探索与戏剧思潮”、下篇“戏剧创作于舞台实践”。

② 参见谢柏梁：《中国当代戏曲文学史》，416～418页，北京，高等教育出版社，2006。

世界，折射出整个中国社会转型，也受制于一时代的思想潮流，单是欣赏创作技巧，无法深入理解并阐述诸如晚清的“曲界革命”或“文革”中的“革命样板戏”这样的重大问题。其实，大众传媒的推波助澜，明星制的崛起，政治家的染指，新技术(如广播电视)的勃兴、社会需求的变更等，都直接影响乃至决定了中国戏曲的命运。

文字之美、声韵之美、剧场之美，各有各的独得之秘，能兼得当然最好；万一做不到，不妨“花开两朵，各表一枝”。而一旦将戏剧从书斋解放出来，牵涉历史场景、社会生活、文化传统、传播途径、宗教精神等，单是“文学性”与“演剧性”的纠葛还不够，还必须添上政治史、思想史及社会史的视野，方才使得作为学术领域的“中国戏剧研究”，充满各种变数，孕育着无限生机。

假如没有“文学史”……*

——《假如没有“文学史”……》之一

在我看来，“文学史”是一门既可爱又可疑的学问。为此，我写过不少文章，质疑国人根深蒂固的“文学史”情结。从1988年追随王瑶先生思考“中国文学研究现代化进程”算起，我之关注兼及大学课程、著述体例、研究思路、知识体系以及文化商品的“文学史”，至今已有二十年历史。期间，除了先后在北京大学、台湾大学、华东师范大学讲授“中国文学研究百年”专题课，先后出版编著《小说史：理论与实践》《文学史的形成与建构》《中国文学研究现代化进程二编》《早期北大文学史讲义三种》《学术史：课程与作业——以“中国现代文学学科史”为例》等①，还曾和友人合

* 本文原题《假如没有“文学史”……》，初刊《读书》2009年第1期，收入《假如没有“文学史”……》(北京，三联书店，2011年)

① 参见《小说史：理论与实践》，北京大学出版社，1993；《文学史的形成与建构》，南宁，广西教育出版社，1999；《中国文学研究现代化进程二编》，北京大学出版社，2002；《早期北大文学史讲义三种》，北京大学出版社，2005；《学术史：课程与作业——以“中国现代文学学科史”为例》，合肥，安徽教育出版社，2007。

编《文学史》集刊①。总括起来，不外是在学术史与教育史的夹缝中，认真思考“文学史”的生存处境及发展前景。

八十年前，郑振铎反省中国的文学研究，撰写《研究中国文学的新途径》，批评以往中国人的研究从没上过“研究的正轨”；提倡系统的、科学的、“统括全部历史”的文学史著述②。宋人说，“天不生仲尼，万古长如夜”（朱熹的《朱子语类》卷九十三）；如此夸张而蹩脚的吹捧，今天不可能被接受，更遑论区区“文学史”？反省这种“文学史”迷思，并非基于民族自信心，也不是套用后现代论述，而是教育史与学术史的巨大张力，促使我直面如何有效地进行“文学教育”这一难题。说到底，有关“文学史”的课程及著述，只是我们进行文学教育的拐杖，并借以逐步进入文学殿堂。如今，教材俨然学问，丫鬟变成了小姐，真是有点伺候不起了。我的目的是，以教学实践为杠杆，撬开大门，从缝隙中窥探文学史建构中的若干问题，反省、质疑、重构世人所熟悉的文学史图像。这里所说的“文学史”，不仅仅是具体作家作品的评价，甚至也不只是学术思路或文化立场，还包含课程与著述、阅读与训练、学术研究与意识形态、校园与市场等。如此立说，即便建树无多，起码提醒学生们，作为课程的“文学史”，其实没有想象中的那么神圣。

那么，反过来想，假如没有文学史，我们该如何思考、教学、著述？依我猜测，最直接的效果，很可能是如下几点：

第一，知识破碎，不成体统。不仅具体大学的老师、学生，整个

---

① 参见陈平原、陈国球主编：《文学史》，第一、第二、第三辑，北京大学出版社，1993、1995、1996。

② 参见郑振铎：《研究中国文学的新途径》，见《中国文学研究》，4页，上海，商务印书馆，1927。

社会的知识结构都如此。唐诗过后是宋词，李杜光芒万丈长，《金瓶梅》影响了《红楼梦》等，这是常识；周氏兄弟思想及文章的差异，古风及律诗的审美特征，这些也都明白。差别在于：世人可能关注作家风格及文章体式，但不太熟悉也不太在意所谓的“时代风貌”——比如明代文学的整体特征或20世纪30年代中国文坛的各个侧面。今天中文系学生的“文学史常识”(即便不含外国文学)，很可能比清代的博学鸿儒都丰富。可是，扪心自问，我们真能“全史在胸”，纵论古今，从屈原一直讲到鲁迅？请记得陈寅恪在《冯友兰中国哲学史上册审查报告》的提醒：“其言论愈有条理统系，则去古人学说之真相愈远。”①

第二，阅读优先，经典第一。从四书五经、《史记》《文选》，一直到《唐诗三百首》《古文辞类纂》等，这是以经典及选本为中心的文学教育。这当然很不民主，“赢者通吃”，许多作家作品被遗忘了，文学的复杂性及多样性也因此无法呈现。这还不算确定经典及编辑选本时可能存在巨大的“利益”与“偏见”。以经典为中心组织阅读，可能导致后人的偏食，以及对整体历史进程的无知。重“讲授”还是重“细读”，形成了不同的知识结构。因印刷便利以及学术风气转移，今人说出来及写下来的，比他们的实际水平高；古人则反之。如果说过去是以阅读/理解/承传为中心，现在则以写作/表述/创新为中心。原中山大学中文系教授黄家教曾感叹：“父亲生我们七个儿子，每个孩子学一门专业，都不及父亲的学问好。真是一代不如一代哦。”②黄教授的父亲黄际遇先生，抗战中任中山大学数学天文系主任，可他同时在中文系

① 陈寅恪：《冯友兰中国哲学史上册审查报告》，见《金明馆丛稿二编》，247页，上海古籍出版社，1980。

② 参见林伦伦：《〈黄际遇先生纪念文集〉序言》，见陈景熙、林伦伦编：《黄际遇先生纪念文集》，汕头大学出版社，2008。

讲授《历代骈文》课程。这样的奇才，现在不可能出现。可另一方面，学问很好的黄际遇先生，留下来的作品并不多。这就是时代风气的差异。

第三，攻其一点，不及其余。因为没有清晰的文学史线索，不晓得或不屑于了解何为“整体”、怎么“演进”，哪些是必不可少的“转折”，反而获得了极大的阅读自由。不读汉赋，照样欣赏元曲；不了解《西厢记》，同样喜欢《牡丹亭》，对于非专业的读者来说，尽可全凭兴趣，选着听，跳着读。至于专业研究者，因“术业有专攻”，不能不有很多舍弃。我常感慨，海外汉学家的著述很有深度，但他们对研究范围之外的东西，竟然如此“无知”。这就是差异——同样是博士资格考试，人家要求视野开阔，注重知识间的联系；我们要求常识丰富，不能千里走单骑。单就文学阅读以及学术探索而言，“个人性”与“片断化”，或许更可行。过分注重“系统性”，必定导致不懂装懂，还有就是以“综述”代替“研究”。

第四，不循常规，误入“歧途”。这里所说的“歧途”，不含褒贬意味，只是脱离了原有的规范以及原定的发展方向。那样的话，有意无意地，全凭个人兴趣，不时“越界操作”。但这并非就是坏事。最典型的，莫过于《红楼梦》研究；胡适曾讥笑蔡元培校长为代表的索隐派乃“猜笨谜”，可人家乐此不疲，且代有传人。即便在专业范围内，也有很多“明修栈道，暗度陈仓”的。遵从文学史的嘱咐，步步为营地展开阅读，这就好比修好了渠道再放水，不浪费，少走弯路，但也因此缺少奇思妙想，很难有意外的惊喜。

第五，讲课时注重个人体悟，随意发挥。从晚清到20世纪30年代，各大学乃至中学，多要求教师自己编写文学史教材，如最近岳麓书社刊行来裕恂先生1909年稿本《中国文学史稿》，那是他在浙江海宁中学堂教书时所撰的。现在讲求规模化、集约化、标准化，倾向于在某个层次上实现“统编”。这里有意识形态以及商业利益方面的考量，还有就是课堂教学本身的特点。虽有各式教科书，但好大学里的好老师，大都灵活掌握，还能有别具一格的讲授；随着教育部逐步推行硕士生入学“统一考试”，从教材到讲授，各种个性化的表述，将越来越难有立锥之地。因此，得提醒学生，那些面面俱到、八面玲珑的文学史(作为教材只能如此)，只是入门的拐杖，并非“文学教育”最佳、更不要说唯一的途径。

第六，著述时固执己见，罔顾学界共识。作为教材的文学史，说到底是个人趣味屈服于集体意志。这里所说的“集体意志”，包括学界共识、听众需求以及商业利益。太个性化的表述，只能局限在特定校园，无法广泛流通。假如你希望教育部推荐以及学界同人认可，那你只能妥协——包括《中国现代文学三十年》(钱理群等)、《中国当代文学史》(洪子诚)等非常成功的教材，都是如此。这一点，只要对比他们的个人著述，你就明白其中的差距。陈西滢嘲笑英国人附庸风雅，没人敢公开说自己不喜欢莎士比亚①；如果你编文学史教材，确实没有特立独行的权利。你敢说《红楼梦》写得不怎么样，或者说鲁迅不如胡适伟大？反过来，不编教材，你完全可以固执己见，撰写“有特色”且“充满偏见”的个人著述——只要能自圆其说就行了。

当然，这只是假设而已。今日中国学界，不可能退回到诗话、词话、文话的时代。1903 年引进的作为教学及著述体系的“文学史”，还将继续引领风骚，只是其光环在逐渐退去，功能也在逐渐转变，学

---

① 参见陈西滢：《听琴》，见《凌叔华、陈西滢散文》，257 页，北京，中国广播电视出版社，1992。

者们在腾挪趋避之中，积累了越来越多的经验与教训、体味与反省。不说遥远的王国维、刘师培、鲁迅、胡适，或者国外的勃兰兑斯等，就从我们的老师说起。近日拜读北大出版社刊行的《回顾一次写作——〈新式发展概况〉的前前后后》以及相关笔谈[①]，还有《文艺研究》所刊王水照教授的访谈录等[②]，对上一代学者从事"文学史"的研习、教学、撰述的追忆与反省，可谓感同身受。

受此鼓舞，也想野叟献曝，谈谈我对文学史教学及著述的几点意见。

第一，人文学关注的重点，本来就应该是心灵，可现在我们跟着社会科学跑，越来越关注外在的世界。萨义德晚年写了一篇文章，题目叫《回到语文学》。大意是说，现在流行的读书策略有问题，从一些很粗浅的文本阅读，迅速上升到庞大的权力结构论述，他对这个趋向非常担忧。他认为，这么做，相当于"放弃所有人文主义实践的永恒的基础"[③]。也就是说，人文学者的实践，最关键的是语文学。所谓语文学，就是对言词、对修辞的一种耐心的详细的审查，一种终其一生的关注。这是人文学的根基所在。你现在把这个根基丢了，拼命往外在的世界跑，找了很多很多材料，表面上很宏阔，但品味没了，这是今天人文学的困境。对于人文学者来说，保持对文辞的强烈关注，

---

① 参见谢冕等著：《回顾一次写作——〈新诗发展概况〉的前前后后》，北京大学出版社，2007；《文艺争鸣》2008 年第 2 期上赵园、孙绍振、钱理群、刘复生、孙玉石、姜涛、冷霜、洪子诚等人的笔谈。

② 参见侯体健：《为问少年心在否，一篇珠玉是生涯——王水照教授访谈录》，载《文艺研究》，2008 年第 6 期。

③ 参见萨义德：《回到语文学》，见爱德华·W·萨义德著：《人文主义与民主批评》，朱生坚译，71～72 页，北京，新星出版社，2006。

既是基本训练，也是安身立命的根基①。

第二，在我看来，中国的“文学教育”，主要问题出在以“文学史”为中心的教学体系(背后确有配合国家意识形态及思想道德教育的意味，此处不赘)，窒息了学生的阅读快感、审美趣味与思维能力。文学教育的关键，在“读本”而不在“教科书”，是在导师引导下的阅读、讨论、探究，而不是看老师在课堂上如何表演——教科书及老师的表演越精彩，越容易被记忆与模仿，对于学生来说，这是一种限制(从思考、提问到表达)。背教科书长大的一代，学术上很难自立。到过欧美的，都惊叹其中小学乃至大学教育之“放任自流”，可人家照样出人才。像咱们这么苦读，还不怎么“伟大”，实在有点冤。我再三强调，对于中文系学生来说，课堂及教科书远不是全部；课余的自由阅读及独立思考，方才是养成人材的关键。

第三，读惯/写惯文学史的学者们，一出手就是居高临下的“教训”——以传授知识为己任，而很少平心静气地探讨问题。其实，提倡“以问题为导向”的分析史学，有个意料不到的好处——那就是超越“抄袭”或“变相抄袭”这一可能存在的陷阱。时下流行且容易获奖的通史类写作，或成于众人之手，属于拼盘性质；或学力不足，只好多有借鉴。而作为教材的文学史，不便处处加注，一不小心，就是学术犯规。今天监管不严格，大家习以为常；日后回过头来看，很多大部头的书，都有此类问题。之所以主张专题研究，某种意义上，也是为了“趋避”，免得他日后悔莫及。

第四，区分课堂讲授与书斋阅读，也区分教科书编写与专业著

① 参见陈平原：《人文学的困境、魅力及出路》，《现代中国》，第九辑，北京大学出版社，2007。

述——目前的状态是该深的深不了，该浅的浅不下去。深入浅出，很不容易，我推崇朱自清的《经典常谈》，三联书店的“三联精选”以及北京出版社的“大家小书”，那都是前辈学者所为，今天的教授，能做得到吗？至于专业著述，需要“彻底解决”的意志与能力。这是我主编英文版《文学研究前沿》（每年大约选文 30 篇）时的最大感触。尤其是中国现当代文学研究，思想极为活跃，著述相当丰富，但让人拍案叫绝的好论文并不多。不全是数字化管理的压力，还有本学科的特点：过于鲜明的启蒙意识与社会感慨，立意高而规范少，缺乏就某一话题深入研究，以求“彻底解决”的意志与能力。当然，追踪当代文学进程的批评家，与关注历史演进的史学家之间，本就应该有区隔；我说的主要是后者。

第五，成功的文学史研究，必须兼及技术含量、劳动强度、个人趣味、精神境界。这四者，在我看来，缺一不可。“个人趣味”与“精神境界”，意思显豁，学者多有体会，不必多言。反而是前两者，必须说两句。“技术含量”指的是专业技能，那是入门手艺，业余爱好者也有贡献（如报纸上的专栏文章及电视上的百家讲坛），但不可同日而语。为何连“劳动强度”也算在内？你用什么资料，花多少力气，下多大功夫，内行一眼就能看得出来。劳动量大的，不一定是好论文；但没有一定的劳动强度，凭小聪明写出来的，不会有大的贡献。

（此乃作者 2008 年 10 月 14 日在河北大学召开的“新形势下中国现代文学的研究格局与教学问题”研讨会上的专题发言）

第三辑

大 学 史

北大校庆：为何改期？*

——《老北大的故事》之一

北京大学最大的"身世之谜"，除了戊戌年间的创立，当属校庆的改期。前者因年代久远，资料匮乏，难以辨证尚在情理之中；后者近在咫尺，其时北大早已名扬四海，档案制度也相当完备，居然也会"失考"，大大出乎我意料。考过北大的诞辰，① 连带讨论一下校庆的改期，本以为乃举手之劳，没想到竟"马失前蹄"。

依照常规，第一步的工作，便是了解当事人的意见。即当初将北大的校庆纪念日，从沿用多年的12月17日改为5月4日，理由何在。可就是这第一步，已经让我"大跌眼镜"。好几回峰回路转，答案似乎就在眼前，转眼间，又消失在云雾山中。直到落笔为文的今日，也只是依据蛛丝马迹略作推断，不敢说已得确解。真希望掌握此中奥秘的

---

* 本文原题《北大校庆：为何改期——老北大的故事之五》，初刊《读书》1998年第3期，收入《老北大的故事》(江苏文艺出版社，1998年；增订本，北京大学出版社，2009年)。

① 参见陈平原：《北京大学，从何说起》，载《读书》，1998年第1期。

朋友，能够公开发言。在我看来，此乃了解 50 年代以后北大命运的一把钥匙，不可掉以轻心。

关注北大校庆改期的，我肯定不是第一个——起码校史专家就无法回避。因而，不妨先倾听专家们的意见。可惜的是，80 年代出版的《北京大学校史》，只叙述到 1949 年为止；其他涉及 50 年代以后北大命运的出版物，也不屑于纠缠此等“小事”。好不容易在《今日北大》中，找到了如下含糊其辞的描述：

> 1949 年 5 月 4 日，即“五四”运动三十周年时，北大成立了由教授、教师和学生代表共 23 人组成的校务委员会，著名哲学家、教育家汤用彤教授任主任。为继承和发扬“五四”光荣传统，此后，北京大学将每年的 5 月 4 日作为校庆日。①

这段话给人的印象是：北大校庆的改期，是在 1949 或 1950 年。遍查这两年的《人民日报》以及《北大周刊》，有校务委员会成立的详细报道，却未见改变校庆纪念日的只言片语。相反，第 21 期《北大周刊》(1949 年 12 月 16 日)刊出汤用彤、罗常培纪念校庆五十一周年文章；第 22～23 期《北大周刊》(1950 年 2 月 1 日)报道北大师生举行校庆纪念集会，马叙伦、徐特立发表讲话。另外，第 62 期《北大周刊》(1950 年 12 月 16 日)上，也有校庆五十二周年活动的预告。也就是说，起码在这两年内，北大仍坚持在 12 月 17 日举行校庆纪念。

1951 年 4 月 3 日，《北大周刊》改为《北大校刊》。同年 10 月 21 日出版的第 14 期《北大校刊》上，刊出《北京大学一九五一年度校历》，

---

① 参见《今日北大》编写组：《今日北大》，北京大学出版社，1988。

依然规定："十二月十七日，星期一，校庆放假一日。"按理说，此事再简单不过，继续追踪《北大校刊》就是了。可很快地，《北大校刊》停办。等到其后任《北京大学校刊》面世，已是1953年10月1日。正是在这一年多的"空白"里，北大完成了校庆的改期。持此说的理由是：1953年年底，没有关于校庆的报道；第二年5月3日出版的《北京大学校刊》15期上，通栏大标题为"纪念五四青年节，祝贺校庆五十六周年"。同年5月7日的《人民日报》上，也发表了题为《北京大学热烈庆祝五十六周年校庆》的新华社通讯，开篇便是："北京大学在'五四'运动三十五周年纪念日，隆重地庆祝五十六周年校庆。"

有了上下限时间，接下来的问题是，到底是何时、由何人提议、并以何种理由决定改变北大的校庆纪念日？翻遍这两三年的有关报刊，竟找不出任何痕迹，实在不可思议。原以为此举关系重大，定会引起热烈的争议；即使不允许讨论，也会由校方刊出公告，并略做解释。结果什么都没有，就这么"不明不白"地转变过来了。求助于北大档案馆，依然无济于事：在我所能查阅的范围内，未见蛛丝马迹。明知答案可能隐藏在学校党委的会议记录中，我也只好望洋兴叹。幸亏档案馆的馆长提醒，为此问题，北大党史校史研究室的专家已经调看了所有内部档案，不必再作徒劳的求索。依照她的指引，终于在北大内部发行的《高等教育论坛》1995年第3期上，找到了两年前便已完成的结论。由王学珍等先生撰写的《北京大学大事记》，在1951年12月7日那一天，记载了这么一件"大事"：

汤用彤副校长建议把北大校庆改为五月四日。他认为现在的校庆时间(12月17日)临近期末，师生都很紧张，不宜搞大的活动(这一建议当时虽未在一定会议上形成决议，但此后校庆的纪念活动实际上已逐渐改到五月四日）。①

这段话，可与流传在北大人口中的另一种解释相印证：十二月中旬的北京，已经进入冬季，天寒地冻，校友往返不方便，不若春暖花开的“五四”，返校、踏青两不误。这两种“说法”，一着眼于校内，一着眼于校外，都很有人情味，非常可爱。可二者都回避了一个基本事实，即校庆纪念不同于旅游度假，并非取决于天气或者闲暇。

不能随意更改的校庆，竟被如此轻而易举地更改了，其中必有奥秘。先不讨论结局是否合理，单是“大事记”中的这段话，便是个很大的悬念：如此大事，为何没有“形成决议”？没有正式决议，如何“逐渐改到五月四日”？“逐渐”二字，更是令人疑窦丛生：到底是哪一年开始使用新的校庆纪念日？是考证不出来呢，还是不便明言？

依我的浅见，并非当事人思虑不周，或校史专家笔力不济，而是别有苦衷。正是这无从定义、不容辩白的“醉眼朦胧”，最能体现此事之“妙不可言”。不管是校史专家，还是像我这样的业余爱好者，非要把此事的前因后果说得一清二楚，几乎不可能——均嫌“证据不足”。问题是，据我所知，北大档案馆“文革”中并没遭严重破坏，为何当初校方不曾留下足够的证据，以供后人审核稽查？

稽古时可以做到“每下一义，泰山不移”，察今反而只能“以意逆志”，“诗无达诂”，此举颇具“中国特色”。以笔者所关注的北京大学的“身世之谜”为例：前五十年生日失考，乃力所不及；后五十年校庆改期，则是主动出击。因而，前者只需考据，后者则必须兼及阐释。即：在钩稽有关史料的同时，努力恢复并理解上一代人的处境及

① 王学珍等：《北京大学大事记》，载《高等教育论坛》，1995年第3期。

思路。

先把“大事记”未曾言明的“逐渐改到五月四日”略作交代。因应“汤用彤副校长建议”，原定十天后举行的校庆五十三周年纪念活动取消。既然是“除旧布新”，照常理，新的校庆纪念日当即生效。可第二年的“五四”，北大学生举行隆重集会，纪念的是青年节，而非校庆。第一次大张旗鼓地将青年节与北大校庆捆绑在一起“隆重纪念”的，是在1954年。也就是说，旧校庆废于1951年；新校庆始于1954年。换一种表述方式：首先是旧历的不合时宜，而后才有新历的取而代之。

依我的浅见，“旧历”之不合时宜，并非有碍学生的复习考试，而是因其象征着旧的教育体制；“新历”之独具魅力，也并非时人贪图五月春光明媚，而是象征着与老北大传统的决裂。此举须与“时代潮流”相参证，方能明了其准确含义。就在北大决定取消旧校庆的前后几天，《人民日报》特辟“用批评和自我批评的方法开展思想改造运动”专栏，发表清华大学营造系主任梁思成《我为谁服务了二十余年》、北京大学文科研究所所长罗常培《我究竟站在什么立场为谁服务》、燕京大学历史系教授侯仁之《学习文件使我进一步端正了自己的学习态度》等一系列文章，共同谴责旧大学之违背人民立场。紧接着，汤副校长连续发表讲话，“发现过去的北大像衙门，资产阶级腐朽思想统治着北大，要把这些脏东西清除掉，必须把反贪污、反浪费、反官僚主义运动继续下去”；否则，“赶不上国家的需要，也对不起人民大众”。作为三反运动和忠诚老实运动的重要组成部分，北大校方成功地组织了对原法学院长周炳琳以及英语系教授朱光潜的连续批判，得到了毛泽东主席的赞扬。①

对于北京大学来说，1952年，确实是大转折的紧要关头：院系调整，迁居燕园，礼聘苏联专家，批判周、朱等，都预示着其发展方向，难怪时人津津乐道“新北大”。北大确实由此进入了一个新的时代，作为标志，改变校庆纪念日，似乎顺理成章——这才能解释汤副校长的提议如此迅速地付诸实施，且未见任何公开的异议。

提议改变校庆纪念日的是副校长汤用彤，可主张与老北大传统决裂的，却是属于那个时代追求进步的众多知识分子。改朝换代后的第一次校庆纪念，校务委员会主席汤用彤还只是批评老北大的“为学术而学术”，并力图重新阐释“兼容并包”口号；对北大传统深有体会的罗常培教授，更发表《祝北京大学的新生》，率先清算老北大的自由主义传统：

> 北大的思想自由传统在过去三十年是可以推动社会发展的，可是在新民主主义时代它却可以阻碍社会的发展。②

这种否定老北大，自觉“加紧思想改造的教育”的言论，在《北大周刊》上比比皆是。依罗先生的思路，“从一九四九年二月二十八日起，人民的北京大学方才举行了奠基礼”。如此说来，改变校庆纪念日，实在不值得大惊小怪。日后之不以共产党北平市军事管制委员会接管北大的二月二十八作为新的校庆日，已属思想落伍；倘若再坚持旧的校庆日，那更是冥顽不化。此后几年，北大人为了适应新时代的要求，

① 王学珍等：《北京大学大事记》，载《高等教育论坛》，1996年第1期。

② 罗常培：《祝北京大学的新生》，载《北大周刊》，第21期。

一方面加强自我清算，另一方面重新诠释北大传统——作为“除旧布新”的表征，便是此校庆纪念日的改期。

问题是，同处“思想改造”的大潮，为何只有北大必须改变校庆纪念日？老北大传统实在顽强，思想改造任务十分艰巨，非如此不足以消除隐患——这是一种假设；北大师生善于追赶时代潮流，总是能自己提出并解决问题，自觉顺应变革的需要——这又是一种假设。还有一种说法，或许更实在些：并非每所大学都有如此辉煌的传统——比如五四新文化运动——可供“开发利用”。以上诸说，均属宏大叙事，有道理，可又都难以实证。我只想补充一个小小的细节，希望有助于理解北大校庆的不得不改期。

就在解放军进城前夕，北大校长胡适乘蒋介石派来的飞机出走。这位被共产党公布为“战犯”的文化人，其生日恰好与北大校庆同一天。如此偶合，因胡适与北大渊源殊深，而显得格外醒目。本是“文人雅事”，只可作茶余饭后的谈资（在北大校庆二十五周年纪念会上，胡适发表演讲，便以此起兴），不该深文周纳。可事实上，这一偶合被赋予强烈的政治色彩。新政权建立后，朋友间打趣的话题，竟成了不同派别争斗的战场。1958 年，针对大陆的批胡运动，在台北大校友会大张旗鼓地为北大和胡适祝寿，① 其后出版的《国立北京大学成立六十周年纪念》称：

> 适之先生象征北大精神，所以我们为适之先生祝寿，也就是为北大精神祝寿。（《向胡校长祝寿献词》）

---

① 参见胡颂平：《胡适之先生年谱长编初稿》，2767～2776 页，台北，联经出版事业公司，1984。

北大校方组织撰写的《北京大学校史》，也认定这两个生日的重叠，大有深意在。比如，胡适之热衷于纪念校庆五十周年，便是“为了抬高自己”，蓄谋“以庆祝校庆来为自己做寿”。① 大规模的批胡运动，1954 年方才开始；可 1949 年 5 月《人民日报》发表陈垣《给胡适之的一封公开信》，第二年 9 月《文汇报》刊出胡思杜《对我父亲——胡适的批判》，大陆之“彻底清算胡适思想”，只是时间早晚的问题。面对此不可逆转的大趋势，与胡适关系最为密切的北京大学，不能不有所警觉。

当然，为了撇清与胡适的关系而修改校庆纪念日，未免显得太小气了点；可附着在“思想改造”这杆大旗上，可就理直气壮了。直到现在，我没有发现从“政治正确”角度阐述修改校庆纪念日的文字；即使有，估计也不会谈及胡适的生日问题。可这不便明言的“苦衷”，对当事人来说，或许并非无关紧要。

与老北大的失落相映成趣的，自然是新北大的崛起。新政权之力图清除旧教育制度的影响，以便迅速确立其意识形态的权威性，自在情理之中。改组学校领导、重新确定教育方针、增设马列课程等，此乃大势所趋；至于必须用改变校庆纪念日来表示进入新时代，则属于北京大学的创举。除了北大历来关注政治思潮的起伏，往往得风气之先，更与毛泽东本人的“引导”不无关系。

新政权建立之初，毛泽东与北京大学有过三次交往。② 1949 年 4

① 参见萧超然：《北京大学校史》，上海教育出版社，1981。

② 参见萧超然：《从图书馆助理员到共和国缔造者》，载《北京大学学报》，1997 年第 5 期。

月 30 日，毛泽东给“北京大学纪念五四筹备委员会”回信：

> 四月廿八日的信收到。感谢你们的邀请。因为工作的原故，我不能到你们的会，请予原谅。庆祝北大的进步。

同年 12 月，北大以全体师生的名义，再次给毛泽东主席写信，称为了庆祝五十一周年校庆，准备在十七日上午举行简单的仪式：

> 我们热烈地盼望您能在这一天，回到学校来，给我们一点指示！要是您有空，无论如何希望给我们写几句话，给一点指示！还有一件事要麻烦您，最近我们要制新的校徽，想请您给写“北京大学”四个字，希望您能答应我们。

这封信迟迟得不到回音，后来才知道，此前几天毛泽东赴苏联与斯大林谈判去了。回国后，毛泽东补写了校徽，对参加校庆一事未做任何评论。1950 年的五四前夕，“国立北京大学全体师生员工”再次上书，要求毛主席为即将举行的“与五四运动有关的史料展览”题字。收到信后第二天，毛泽东题词：

> 祝贺“五四”三十一周年
> 团结起来为建设新中国而奋斗

专家们从题写校徽，读出了毛泽东对北大的特别关怀。我则希望从另一个角度切入：毛主席对五四时期的北大甚有好感，而对 12 月 17 日的校庆相当冷淡。两次收到关于五四纪念活动的上书，均迅速答复；

至于北大校庆，则不置可否。

当然，这只是猜测。但这一猜测，可从另外的角度得到证实。就在毛主席无暇参加的北大校庆五十一周年纪念集会上，毛主席的老师徐特立应邀发表演讲：

> 北大是一个有伟大历史意义的学校，今天五十一周年纪念日值得纪念的，并不是它的前二十年，而是五四运动以来的后三十一周年，因为今天新民主主义革命成功是从五四运动开始的。

同时发表演讲的，还有教育部长马叙伦。《北大周刊》刊出这两篇演讲稿时，徐在上而马在下，这大概不能简单地理解为传统中国的“尊老敬贤”。

毛泽东对五四时期北大的好感，主要基于其理论体系，而不是在北大图书馆工作三四个月的个人经历。这一点，《新民主主义论》中早有充分的表述，徐特立的说法，不过是“活学活用”而已。新政权建立后，毛泽东对五四运动的高度评价，实际上成了北京大学寻求变革与发展的“护身符”。举个例子，平常每日四版的《人民日报》，专注国内外瞬息万变的局势，文化单位的消息绝少能挤上第一版。而北京大学竟数度获此殊荣，这全托“五四”的福。

1949年的5月4日，《人民日报》出版《五四运动三十周年纪念特刊》，头版头条是陈伯达的《五四运动与知识分子的道路》，4～6版则发表吴玉章、郭沫若、茅盾、黄炎培、胡风、周建人、杨振声、何干之、俞平伯、宋云彬、叶圣陶、何家槐、臧克家、王亚平、柏生等人纪念五四的文章。接下来的几天，连续报道全国青代会的开幕词、工作纲领、大会宣言等，也都强调如何继承五四的光荣传统。新政权对五四运动历史意义的突出渲染，无疑有利于北大的重新占据中心地位，并谋求进一步的发展。

第二年的“五四”，敏感的北京大学抓住机遇，大做文章。其顺应时代潮流的重大举措，得到新政权的大力支持。《人民日报》连续两天报道北大的纪念活动。5 月 3 日是《毛主席和先烈李大钊同志/五四时代的工作室/定五四举行揭幕礼》《北大纪念五四各项节目排定》；5 月 4 日则发表北京大学通讯组撰写的《毛主席和李大钊同志纪念馆介绍》，并附有上述毛主席应北大要求而写的题词。

“五四”的急剧升温，使得原先的北大校庆相形见绌。《北大周刊》第 63 期(1950 年 12 月 16 日)登出《本校五十二周年校庆将到，庆祝办法以举行展览为主》，宣布不另举行庆祝仪式，展览的重头节目则是“北大革命史料展览”。据校方称，“这虽是北大的校史展览，但也是中国新民主主义革命史的一幅缩影”。① 此说之得以成立，自是以毛主席对五四运动的高度评价为准的。依此思路铺排的校史，清末民初的北大，必然日渐隐入历史深处。三年间，北大对待校庆纪念活动的态度，发生了戏剧性的变化。第一年，邀请毛主席出席并讲话；第二年，改为举办以革命史料为主的展览；第三年，临时决定取消任何纪念活动。

假如当初毛主席出席五十一周年校庆纪念会，或者五四运动的光荣不属于北大，我很怀疑 12 月 17 日的校庆，是否还会因影响复习考试或天气寒冷而被取消。

对于大学来说，如何在历史转折关头，抓住机遇，站稳脚跟，为

---

① 参见《本校五十二周年校庆将到，庆祝办法以举行展览为主》，载《北大周刊》，第 63 期。

日后的发展打下有利的基础，无疑是至关重要的。50年代初北大校庆的改弦易辙，我以为乃出于深思熟虑的“高招”。若做如是观，对先辈爱护北大的心情，当有较为深入的体贴；对其不得不采取的策略，也会有较为通达的理解。实际上，50年代初“老北大”的日渐淡出，乃其时的“大气候”所决定，非关个别人的提议。

尽管如此，我对于赋予校庆纪念日以特殊意义，仍深感不安。生日本无可选择，像梁启超那样，非要借国际国内重大事件来渲染自己的出生，只能理解为“少年气盛”。北大溯源时之坚守戊戌，而拒绝同文馆，其实已有将自家生日与政治事件相联系的倾向。这一点，看看20年代以来众多有关校史的论述，便可一目了然。一所伟大的学校，必须在非同寻常的时刻诞生，这一思路，使得论者喜欢赋予生日以特殊意义。

校庆纪念以及校史的写作，表面上是指向过去，实际上是在确定未来的发展方向。这也是校庆之深受校方重视、而且也值得史家认真品读的原因。说低点，是在历史坐标中寻找自己的位置；说高些，则是在述说传统的同时，标举一种理想、一种精神。可有一点，常被世人所忽略：任何一所大学的优良传统，都是在历史进程中形成的，与具体的生日没有任何关系。在北大校庆五十一周年纪念集会上，教育部长马叙伦发表不同于徐特立的演讲，一是强调“时间是不可分割的”，一是称校庆“正像我们自己的生日”。“单就生日来说，平常得很，没有什么值得纪念的。”之所以生日吃长寿面，不外表示纪念和祝福，没必要将其神圣化(《北大周刊》22～23期，1950年2月1日)。一旦生日被赋予特殊意义，而且可由后人自由选择，那么，不确定的因素可就太多了。沧海桑田，一所历史悠久的大学，其校庆纪念日是否也需要不断变迁，以适应新时代的要求？答案若是肯定，将招来无数不必要的烦恼。

北大之修改校庆纪念日，固然有利于弘扬五四新文化运动，却开了个危险的先例。生日的确定，本来只是考据问题，一旦转化为价值判断，过分追求“思想深刻”，反而可能出现令人尴尬的局面。随着诠释框架的改变，倘若有一天，“五四”不吃香了，怎么办？难道说，另外选择一个光荣的时刻？若如是，必定是校园里众声喧哗，校园外难以认同。为北大的千秋基业计，还是“实事求是”好——生日就是生日，没什么特殊的意义。

以岁末（依我的考证，乃 12 月 30 日）作为校庆纪念日，不谈辞旧迎新之类的象征意义，只是回归“考据”。即便寒冬腊月，以目前的技术条件，举行庆典根本不成问题。况且，庆祝大典，不可能每年都搞；平常的校庆，不外放假一天，让学生调整一下心态，以便顺利地进入紧张的复习考试，这不也挺好吗？更重要的是，既然中国政府早已将“五四”确定为青年节，北大再挤进去一个校庆纪念日，“普天同庆”的鞭炮与掌声，必然淹没了自家的独特体验。就好像诞生于春节的朋友，没有自己的节日，其实是挺委屈的。

真希望，百年大庆后，北大人能以平常心对待自己辉煌的历史，以及没有特殊意义的生日，以实事求是的姿态，迎接新世纪的太阳。

1997 年 12 月 30 日于西三旗

传统书院的现代转型*

——《大学有精神》之一

在晚清学制改革大潮中，朝野间对于“开学堂，育人才”很快形成共识；分歧在于如何看待源远流长的书院。“时局多艰，需材尤急”，无法生产坚船利炮的书院，其教学宗旨及培养方案，非改不可。于是，出现了三种颇有差异的选择：一、整顿书院，增加西学课程（胡聘之等）；二、保留书院，另外创设讲求实学的新式书院或学堂（廖寿丰等）；三、请皇上发布诏书，“将公私现有之书院、义学、社学、学塾，皆改为兼习中西之学校”（康有为等）。取消书院，以便集中人力财力，发展新教育，这一“兴学至速之法”，从郑观应最早提出，迭经胡燏棻、李端棻、康有为等的一再奏请，终于成为最高统治者的谕令，通行全国。其

* 本文原题《传统书院的现代转型——以无锡国专为中心》，初刊《现代中国》第一辑（湖北教育出版社，2001），收入《大学有精神》（北京大学出版社，2009）。

间虽有反复，但秋风日紧，大树飘零已成定局①。

清末民初的教育改革家宁愿纵论缥缈含糊的“三代之学”，而不想涉及近在眼前的书院之利弊得失，可能有不得已的苦衷，比如，不愿意“穿新鞋走老路”，或者担心旧体制因而“藕断丝连”等。可这么一来，传统中国的教育精神，被高悬云端，无法介入20世纪初极富激情与想象力的制度创新。只是在新学制已经完全确立，书院基本上退出历史舞台，教育家们方才回过神来，对书院的黯然退场表示极大的遗憾。比如，以提倡新文化著称的胡适便大发感慨：“书院之废，实在是吾中国一大不幸事。一千年来学者自动的研究精神，将不复现于今日。”②

“此情可待成追忆，只是当时已惘然。”擅长“以史为鉴”的中国学人，在追怀日益远逝的书院的同时，开始“补偏救弊”。于是，为20世纪中国高等教育，提供了一道不太耀眼但也无法完全漠视的“风景线”。那便是：或借书院精神改造现代大学（如蔡元培、胡适），或尝试重建已经失落的书院（如章太炎、马一浮）③。在这其中，对传统书院大有好感，可又能顺从浩浩荡荡的世界潮流，与现代教育体制接轨的，当推唐文治（字颖侯，号蔚芝，别号茹经，1865—1954）创办的无

① 参见胡聘之等《请变通书院章程折》、廖寿丰《请专设书院兼课中西实学折》、张汝梅等《陕西创设格致实学书院折》、康有为《请饬各省改书院淫祠为学堂折》、郑观应《盛世危言·考试》、胡燏棻《变法自强疏》、李端棻《请推广学校折》及《清帝谕各省府厅州县改书院设学校》，分别见舒新城编《中国近代教育史资料》上、下册（北京，人民教育出版社，1961）和朱有瓛主编《中国近代学制史料》第一辑下册（上海，华东师范大学出版社，1986）。

② 胡适：《书院制史略》，载《东方杂志》，第21卷3期，1924年2月。

③ 参见陈平原：《大学之道——传统书院与二十世纪中国高等教育》，载《岭南学报》，新第一期，1999年10月。

锡国专。

这所“书院式的学校”①，创建于1920年，初名无锡国学专修馆，1927年改为无锡国学专门学院。励精图治十年，终于在1928年通过考核调查，被批准立案；1930年得教育部令，更名私立无锡国学专修学校。抗战中，在极端艰难困苦的条件下，无锡国专以不同形式分别在桂林、上海两地办学。1946年初春在无锡复校，1950年因经费支绌被合并，取消建制。三十年间，曾在无锡国专就读的校友约一千七八百，其中不乏文史研究方面的杰出人才，如早期学生王蘧常、唐兰、吴其昌、蒋天枢、钱仲联、魏建猷，后期学生马茂元、周振甫、冯其庸、汤志钧、朱星、王绍曾等。更重要的是，这所学校的课程设置及讲课方式，不同于一般大学的中文或历史系；其筹建及运营，更富有传奇色彩。而这背后，牵涉到现代化进程中传统文化及教育精神的延续与转型，值得认真研究。

一、从“救民命”到“正人心”

民国年间的大学校长，颇有一言九鼎，决定整所大学的风格与走向的，如国立大学的蔡元培、梅贻琦、私立大学的张伯苓、教会大学的司徒雷登等。但所有这些校长，就其与所主持的学校的亲密程度而言，均不若唐文治之于无锡国专。称唐校长乃无锡国专的灵魂，一点也不过分。不只是规划与创办，更包括日常的管理与讲授，唐先生几乎事必躬亲，尽管其眼睛已经基本失明。可以这么说，无锡国专的一举一动，都带着明显的唐文治个人色彩。这自然是因为学校规模小

① 参阅钱仲联：《无锡国专的教学特点》，见《文教资料》，1985年第2期。钱氏乃无锡国专早期毕业生，1934年回母校任教，其追忆与总结相当精彩。

(顶峰时期学生人数也不过三百人)，加上是私立，校长有权“说了算”。但更重要的是，如此兼及传统书院的山长与现代学堂的校长，正是唐文治的自我定位。故必须将唐先生本人的社会阅历、政治倾向、文化理念与学术追求考虑进来，方才可能解读这所风格独特的学校。

首先碰到的问题是，作为大名鼎鼎的交通部上海工业学校(即1896年由盛宣怀奏请筹设的南洋公学，1921年起改名交通大学)的校长，为何辞去现职，跑到无锡创办小小的国学专修馆？这一点，论者大都依据唐文治本人的自述：因目疾日深而辞职，因宗旨相近而办学。可这里有几个小问题，牵涉到日后无锡国专的发展方向，不能不详加辨析。

依《茹经先生自订年谱》“庚申(1920年)五十六岁”则，不顾交通部以及学校同人的再三挽留，十月初三日“余遂决计解职回锡”，同年十二月间方才应施肇曾邀请开办无锡国学专修馆。也就是说，辞职与开馆，二者之间没有必然联系。但此前半年，唐先生已经答应出任私立无锡中学的校长，并为其制定章程①。此前八年，原籍江苏太仓的唐文治，已经在无锡购地建屋，奉父徙居。回过头来，不难发现，五十六岁的唐文治之所以退隐无锡，并非一时心血来潮。早已将无锡作为终老之乡，这才能理解其宣布讲学宗旨时，突出“预储地方自治之才”。而所谓“惟冀有如罗忠节、曾文正、胡文忠其人者出于其间，他

① 据无锡市三中《深切怀念老校长唐文治先生》(见《唐文治先生逝世四十周年纪念文集》，油印本，江苏无锡，1994)称，唐日后还专门为无锡中学撰写校歌：“力拯水火济生民，即为邦国兴太平。”

日救吾国救吾民，是区区平日之志愿也”[①]，除豪杰崛起于乡间的传统想象外，还凸显了清末民初变革的新思路：权力下移，地方自治。

而这，正好对应了精研易经、洞明世事的唐文治一生的运动轨迹：京城为官（1892—1907），上海办学（1907—1920），无锡讲道（1920—1950）[②]。对于唐先生来说，真正的“节骨眼”，不在大清王朝的解体，而是自家的文化根基。抗战中坚持民族气节，拒绝出任伪职，这对于理学家来说，自在预料之中。曾任商部左侍郎、后又曾署理农工商部尚书的唐文治，辛亥革命后不只没有成为遗老，甚至在关键时刻，与伍廷芳等联名通电，要求清帝逊位。这显然得益于其尽早离开了污浊的京城，远走上海办学。

1907 年的远走上海，并不像自订年谱上说的，只是为了照顾“父亲年迈，思乡日切”；在我看来，主要还是官场失意：一直提携他的农工商部尚书载振被参劾辞职，唐因而前途渺茫。而同样是弃政从教，选择上海高等实业学堂，而不是北京实业学堂或北京贵胄学校，这倒是很能显示唐文治的见识。四年后，唐因上海高等实业学堂改南洋大学事上京，年谱里留下这么一句：“京师气象，腐败已极，余小住数日即回上海。”[③]十几年的京官，不能说对红顶子毫无留恋——自订年谱里再三出现蒙皇太后召见垂询云云，可见一斑。陈衍批评唐文

---

① 唐文治：《茹经先生自订年谱》，85 页，无锡国学专修学校学生会校印，1935。

② 抗战爆发后，年过七旬的唐文治主要活动在上海，但因仍在从事无锡国专未竟事业，故不加分别。至于同是一校之长，何来“办学”与“讲道”的区别？这涉及对于二校性质及宗旨之理解。

③ 参见唐文治：《茹经先生自订年谱》，71 页，无锡国学专修学校学生会校印，1935。

治“学问文章，皆有纱帽气”①，不无道理。可关键时刻，当机立断，告别无可作为的京城与官场，远走上海的唐文治，又投身于晚清另一热门事业：“教育救国”。

到任不久，唐文治上条陈，订章程，立宗旨。除了要求增加经费、扩充专科人数，更强调“严定章程，以道德端其模范，以规律束其身心，庶几教授管理有可措手，学生乃能有志上进，蔚为通才”。作为“实业学堂”，自是“大要在造就专门人才，尤以学成致用，振兴全国实业为主”。可监督(校长)唐文治，却还有培养通才以及整顿士风的愿望，于是在《咨呈重订章程和宗旨》中，不忘添上一句“并极意注重中文，以保国粹”②。这可不是可有可无的官样文章，讲求实业与保存国粹并重，正是唐先生一辈子奋斗的目标，也是其区别于一般的洋务官员或理学名臣之处。

曾两度跟随载振亲王出访英、法、美、日等国，再加上任职外务部和商部，唐文治对西方各国的政治、经济、文化略有了解，当然明白“实业救国”与“教育救国”二者交叉的分量。出长上海实业学堂后，强调“学堂异于科举，要以崇实为宗旨，使人人重于实学”。正是由于这种“尚实”的办学宗旨，加上上海的特殊地位，学校水平迅速提升，博得国外教育界的好评，毕业生甚至可以直接进入美国大学的研究院深造。以至唐先生不无得意地称：“余私心窃计，以为中国东南各省无大学，于此，盖始基之矣。”③

---

① 参见钱锺书：《石语》，43页，北京，中国社会科学出版社，1996。

② 参阅《条陈本学堂办法》和《咨呈重订章程和宗旨》，见刘露茜等编注：《唐文治教育文选》，西安交通大学出版社，1995。

③ 参见刘露茜等：《唐文治对近代高等工程教育的贡献》，见《唐文治教育文选》，320～342页，西安交通大学出版社，1995。

作为东南各省大学之翘楚的上海交通大学，1930 年举行第三十届毕业典礼，特邀请老校长前来训词。唐文治先是表白当初办学之“区区宏愿，尝欲兴办实业”，很快地话锋一转，引述诸多孔孟语录，论证“欲成第一等学问、事业、人才，当先砥砺第一等品行”①。确是理学家本色，时刻不忘教导学生如何做人。如此才性，出长“工业专门学堂”，其对于创办铁路或电机专科，改革土木及机械课程，到底能投入多大的热情，实在值得怀疑。不妨看看唐校长上海十四年间的著述：《国文大义》《古人论文大义》《人格》《国文阴阳刚柔大义》《论语大义》《孟子大义》《大学大义》《中庸大义》《工业专门学校国文课本》等。除了理学，就是文学，作为人文学者的唐文治，无可挑剔；可作为专门学堂的校长，唐先生明显对电机之类缺乏兴趣。

身为一校之长，唐文治更关心学生的“人格”，而不是具体的“学业”，这完全可以理解。可即便如此，我还是惊讶唐校长著述时之精力充沛。1912 年，“因胸中欲言者甚多”，唐校长将制定校训的计划，改成撰写《人格》一书：“是书宗旨，专在发明人道，示以当然之格。”②第二年，在致交通部的公函中，唐校长又强调：“居今世而言教育，惟有先以注重道德为要点。……道德并非空谈，唯以人格核之，而后事事乃归于实。”③同年，又将自编《高等国文讲义》八册函请交通部转送教育部审查，希望“以之饷大学生徒”。大概是意识到可能

① 参见《上海交通大学第三十届毕业典礼训词》，见《唐文治教育文选》，231～234 页，西安交通大学出版社，1995。

② 参见《人格》之“绪言”以及《茹经先生自订年谱》1912 年则，无锡国学专修学校学生会校印，1935。

③ 《致交通部公函商讨教育宗旨》，见《唐文治教育文选》，109 页，西安交通大学出版社，1995。

遭遇“不务正业”之讥，唐文治预先摆明“本校国文一课特加注意”的理由：“科学之进步尚不可知，而先淘汰本国之文化，深可痛也!”①

作为“工业专门学校”的校长，本该是引进“科学”的先驱，可唐文治却关心起汹涌澎湃的西学大潮对于本国文化的无情冲刷。这种思考，显然超越了具体校长的职权范围，更像个深谋远虑的教育家兼思想家。假如世道平静，唐校长一边推崇实学，一边讲求人格，二者互为补充，未尝不是好主意。可迅速崛起的五四新文化运动，对于唐校长以“人格”调节“实学”的计划，是个致命打击。原先赖以安身立命的孔孟学说，如今被北大的新秀们扫进了垃圾堆，这可是唐文治无论如何也不能接受的。问题在于，由“文学革命”而“政治革命”，五四新文化运动如飓风般迅速推进。上海自然也不例外，校园里，除了“科学进步”与“本国文化”之此起彼伏，如今又添上“新文化”与“旧文化”的猛烈碰撞。而这，对于唐校长之“决计解职回锡”，我相信有直接的影响。

《茹经先生自订年谱》1920年则在述及因目疾日深而自行解职时，还有这么一句：“自上年学潮后，学风愈觉不靖。”虽是寥寥十二字，却不可轻易放过，在我看来，这与唐之由大学校长转为“讲学家居”颇有关系。对于举世瞩目的五四运动，唐文治的态度值得玩味：既公开发表通电，要求政府谅解学生的“爱国热忱”，“勿加苛责”②；同时又

① 参见《函交通部致送高等国文讲义》，见《唐文治教育文选》，117～119页，西安交通大学出版社，1995。教育部的复函非常得体：因其只负责审查中学以下教材，“本书不在审定范围之内，应由编者自由出版，听各学校自由采用”。

② 《请顾教育大局电》，见《唐文治教育文选》，145页，西安交通大学出版社，1995。

对此后校园里难得平静不无忧虑——这其实也是蔡元培等大学校长以及社会名流的想法①。对于一个希望“严定章程”加强管理的校长来说，这绝对不是好兆头。

辞职之前，感叹“学风愈觉不靖”；辞职之后，当即开办国学专修馆，并宣布讲学宗旨：“吾国情势日益危殆，百姓困苦已极，此时为学，必当以正人心、救民命为惟一主旨。”②二者如此配合默契，不会是纯粹的巧合。考虑到此后唐文治越来越公开地批评新文化运动，有理由相信唐氏此举乃寄托遥深，是人生关口的一大转折。其重要性，一点不亚于1907年的弃官从教。

在参照朱熹《白鹿书院揭示》、高攀龙《东林会约》等而制订的《无锡国学专修馆学规》中，唐文治强调“吾馆为振起国学，修道立教而设”，故特别看重的是“检束身心，砥砺品行”。甩开“振兴实业”的口号，专注“维持人道”与“挽救世风”③，对于理学家唐文治来说，显然更为得心应手。从筹办洋务，到讲求实学，再到“修道立教”，唐文治的道路，在晚清新派学人中，很有代表性。

经过生光电化、坚船利炮的洗礼，清末民初的士大夫，已很难再只讲仁义、礼仪，而无视制度、物质的强大力量。只是有感于西学大潮使得传统中国风雅凋零，有违自己的良知与教养，方才挺身而出，救弊补阙。对此，有必要给予“同情之了解”。从早年的提倡洋务（“忠

---

① 参见陈平原、夏晓虹主编：《触摸历史——五四人物与现代中国》之“余论”以及有关蔡元培、章太炎、康有为、胡适等章节，广州出版社，1999。

② 参见唐文治：《茹经先生自订年谱》，84～85页，无锡国学专修学校学生会校印，1935。

③ 《无锡国学专修馆学规》，见《唐文治教育文选》，147～155页，西安交通大学出版社，1995。

臣孝子断不可不谈洋务”)，呼唤西学(“西学堂之不容不设”)①，到晚年的“振起国学，修道立教”，这一转折，有个人安身立命的考虑，但更多的是时世推移，而不得不做出的自我调整。对于积弱贫困的中国来说，“振兴实业”与“挽救世风”何者为重，很可能见仁见智。但若套用唐文治的讲学宗旨，无锡国专无疑着眼的是“正人心”，而不是真正意义上的“救民命”。

作为一名别有幽怀的理学家，由“振兴实业”转为“修道立教”，或者说由“救民命”转向“正人心”，自是本色当行，也自有其独立价值。问题是，晚清以降，有此情怀的不只唐文治一家，为何无锡国专能取得骄人的成绩，而康有为、章太炎、马一浮、梁漱溟等人之创办书院，便显得举步维艰？

二、另有渊源的“东南学术”

在教育史家眼中，晚清之书院改学堂，目的是使中国教育走上“与国际接轨”的康庄大道。故论及书院教育，基本上截止于“清末书院改革”，或者“书院制度的近代化进程”，偶尔顾及“近现代对书院精神的发扬”②，也都未能给予认真的清理与公正的评判。反而是思想史家，会对章太炎、马一浮等人的书院讲学感兴趣，因为这是一种有理想、有信念，象征意义远大于实际效果的可贵尝试。

---

① 在戊戌政变后一年的《与友人书》中，唐文治专门论证“西学堂之不容不设”，以及“忠臣孝子断不可不谈洋务”。参见《唐文治教育文选》，1～5页，西安交通大学出版社，1995。

② 参见李国钧主编《中国书院史》(长沙，湖南教育出版社，1994)第二十二章；陈谷嘉、邓洪波主编《中国书院史资料》(杭州，浙江教育出版社，1998)第六编。

20年代初，有感于“文学革命”与“整理国故”所向披靡，对“忠信笃行”等传统伦理道德造成极大冲击，南京高师(东南大学)的教授们借《学衡》杂志奋起反击，与新文化分庭抗礼，形成南北对峙局面①。撇开当初论战时的激愤之辞，大致而言，北方学者锐意革新，自是容易流于空疏；南方学者功力深厚，可又未免过于守旧。张其昀关于“世人多称南高学风偏于保守，这是一误解，与其称为保守，不如称为谨严，较近事实”的辩解②，在我看来，实属多余。因文化理念的“激进”/“保守”与治学态度之“空疏”/“谨严”，不是一个层面上的问题。而胡适所说的“南方史学勤苦而太信古，北方史学能疑古而学问太简陋。将来中国的新史学须有北方的疑古精神和南方的勤学工夫”③，虽是持平之论，却忘了南北学者治学态度的差异，其实隐含着政治立场与文化理想的冲突，很难靠学养或方法来调适。

在二三十年代的中国学界，与《学衡》杂志(1922—1933)文化理念相近的，除散落各地的专家学者，还包括若干很有特色的私人讲学机构。1918年筹备、1922年正式成立于南京的支那内学院，虽由沈曾植、陈散原、章太炎代为撰写“缘起”与“简章”，主持人欧阳竟无也有“须复宋明讲学精神之教育”的说法，但毕竟近于居士道场而不是传统

① 胡先骕：《朴学之精神》(载《国风》8卷1期，1936年10月)称：“五四以后江河日下之学风，至近年乃大有转变，未始非《学衡》杂志潜移默化之功也。”此乃个中人的自我表彰，不足为凭。但《学衡》诸君之力主“昌明国粹，融化新知”，确与五四新文化人态度迥异。进入九十年代，学衡派的文化保守主义立场，得到不少“了解之同情”。

② 张其昀：《南高的学风》，载《国风》7卷2期，1935年9月。

③ 《胡适的日记》，438页，北京，中华书局，1985。

书院[①]。倒是唐文治1920年创办于无锡的国学专修馆、康有为1926年创办于上海的天游学院、章太炎1935年创办于苏州的章氏国学讲习会，都以“国学”相号召，对抗其时已经如日中天的“新文化”。有趣的是，这些有影响的私人讲学，均集中在江苏一省(上海旧属江苏，二三十年代江苏省的教育、文化组织多仍在上海活动)。真应了那句名言：“东南学术，另有渊源。”

据张耀翔在《清代进士之地理的分布》一文所做的统计，清代一甲状元、榜眼、探花共342人，其中江苏就有119人，占34.8%，浙江81人，占23.7%，安徽18人，占5.2%。[②] 三者加起来，共218人，占63.7%。虽然科考功名并非人才的唯一指标，但据此可约略看出一地之教育及文化水准。故梁启超在《近代学风之地理的分布》所下的判断：“一代学术几为江浙皖三省所独占”[③]，还是大致可信的。

正因为文化积累深厚，在社会/学术转型中，东南士子自然不甘只是充当配角；更何况旧学根基深厚者，必定反感新学之“浮躁”，也有能力与之争锋。考虑到民初浙江学人大举进京，占据北大等重要位置，甚至有盘踞把持学界之嫌[④]；而早在晚清，“徽籍学者大量涌入

---

① 参见徐清祥、王国炎：《欧阳竟无传》，第七章，南昌，百花洲文艺出版社，1995。

② 转引自杨念群：《儒学地域化的近代形态》，270页，北京，三联书店，1997。

③ 梁启超：《近代学风之地理的分布》，见《饮冰室合集·文集》，第14册，上海，中华书局，1936。

④ 桑兵的《五四前后的北大新文化派》(打印稿)收集了不少被排斥者的怨言，值得参考。

江浙地区，造成了安徽书院的学术真空状态”，难以产生学术大师①。好不容易涌现出若干新锐(如陈独秀、胡适)，又都跑到北京兴风作浪去了。这样，二十年代中国，有资格也有能力代表传统文化与学术的，确实非江苏学人莫属。这就难怪南京学界自觉扮演主流之外“另一种声音”的代表。当然，考虑到晚清以降学者们大都四处求学，转益多师，原籍不再是决定性因素，故这里更看重讲学者的居住地。

一地学风与一地民风相勾连，无锡国专之得以成功，与当地士绅的财政支持，以及民间的文化需求大有关系。有意讲学的“当世大儒”，非只唐文治一家；借私人讲学弘扬国粹的，也非只无锡国专一处。但只有无锡国专能够获得足够的本地生源，以及相对充裕的办学经费。

1926年，康有为在上海创办“研究天地人物之理，为天下国家之用”的天游学院，原本准备办成正规大学，因经费无着，只好改在上海愚园路自家住宅设教。登报招生后，应者寥寥。好在“康圣人”豪气不减当年，做了非常精彩的自我辩解：“上海各大学人数动辄千百，我院只有二三十人并不为少。耶苏(稣)有门徒十二人，尚有一匪徒在内。今其教遍于天下，岂在多乎。”②可此一时彼一时，康有为晚年处境，不要说无法比拟耶稣传教，与早年万木草堂讲学相比，也已不可同日而语。

与康有为上海讲学之凄清截然相反，章太炎的苏州讲学则显得十

① 参见杨念群：《儒学地域化的近代形态》，478页，北京，三联书店，1997。

② 参见蒋贵麟：《追忆天游学院》和任启圣《康有为晚年讲学及其逝世之经过》，见夏晓虹编：《追忆康有为》，459～477页，北京，中国广播电视出版社，1997。

分热闹。1935年9月，太炎先生创办“以研究固有文化、造就国学人才为宗旨”的章氏国学讲习会①。因有众多政界闻人与学界名流捧场②，加上诸门人充任讲师协助教学③，创办之初的章氏国学讲习会，可称得上“盛况空前”④。可有一点不应该忘记，这笔数目不小的办学经费，乃蒋介石的“私人馈赠”。此“都下故人之情，有异官禄”，故不妨用以办学的万金⑤，一直支持学校的运转与《制言》杂志的出版，直到1941年太平洋战争爆发学校停办，方才“全部用罄”⑥。

其实，在20世纪中国，所有“大儒讲学”，都无法回避不太“优雅”的经费问题。独立于现代教育体制之外的“讲习会”或“专修馆”，没有功名引诱，也不教谋生手艺，可想而知，愿意付费问学者，数量不可能很多；因而，单靠学费，无法维持正常运转。既不像康有为那样捉襟见肘，也并非如章太炎依靠当局馈赠，唐文治的无锡讲学，靠的是民间赞助。自施肇曾投入第一笔经费(开办费八千，常年经费每年一万)起，无锡国专主要依靠地方士绅的捐赠，非但弦歌不辍，且日渐扩大规模，完善设施。关于无锡国专的经济状况，《茹经先生自

① 参见《章氏国学讲习会简章》，见《章太炎年谱长编》，960页，北京，中华书局，1979。

② 学会的发起人朱希祖、钱玄同、黄侃、汪东、吴承仕、马裕藻、潘承弼等，以及赞助人段祺瑞、宋哲元、马相伯、吴佩孚、李根源、冯玉祥、陈陶遗、黄炎培、蒋维乔等，均为政界闻人与学界名流，有很大的号召力。

③ 如朱希祖、汪东、孙世扬、诸祖耿、潘承弼、沈延国、徐复等。

④ 参见沈延国：《章太炎先生在苏州》和汤炳正《忆太炎先生》，见陈平原等编：《追忆章太炎》，北京，中国广播电视出版社，1997。

⑤ 章太炎：《与王宏先书》有云：“前月杪，丁君鼎丞又来致中央问疾之意，且以医药见惠，此既都下故人之情，有异官禄，故亦不复强辞；然无功受贶，终有不安。因去腊已在此间发起讲习会，即以此款移用，庶几人己两适。”

⑥ 参见《制言》63期所载收支账目。

订年谱》中颇多记载，总的来说运作良好，没有出现大的危机①。

自古富庶的江南，在晚清开始的以上海为中心的工业化浪潮中，“近水楼台先得月”。20年代的无锡，虽也同样遭受战火蹂躏，毕竟工商业发达，经济实力雄厚。更重要的是，这里的士绅受传统中国文化影响，热心于赞助教育事业。远在戊戌变法之前，无锡就开始创办新式学校，而且均为民间私立。钱穆对其家乡人“重名犹过于重利”的习性，有相当精彩的描述：“凡属无锡人，在上海设厂，经营获利，必在其本乡设立一私立学校，以助地方教育之发展。”②《师友杂忆》举的例子，还包括无锡巨商荣德生之创办江南大学，以及“无锡巨商唐家，请太仓唐蔚芝来无锡创办一国学专修馆”。后说不准确：最早动议并出资兴办国学专修馆的，是钱塘人施肇曾；只是后来跟进的，确以无锡士绅为主③。正因有此传统，无锡一县，在教育方面，往往开风气之先。二三十年代影响深远的社会教育运动，江苏是领头羊，而无锡又是“江苏社会教育的策源地”，这也可见当地民众及政府对普及

① 唐文治：《茹经先生自订年谱》84～85页、88页、108页等分别记载了大笔的捐赠。而102页、118页提及因学校扩充或校董捐款停滞而造成的困难，笔锋一转，又大谈学校如何发展。1933年新校舍落成，同时完工的还有忠义孝悌祠的改建，后者的费用由唐文治和钱基博承担，见《茹经先生自订年谱》120页，无锡国学专修学校学生会校印，1935。

② 钱穆：《八十忆双亲·师友杂忆》，232页，长沙，岳麓书社，1986。

③ 据1991年刊行的《无锡国学专修学校校友录》所收《无锡国专校董名录》，28名董事中，浙江3名，上海2名，余者均为江苏人士。而江苏籍董事中，无锡又独占16席。

教育的重视①。

除了无锡地方乡绅的教育理念，还必须考虑唐文治的文化理想与个人魅力。应该说是二者一拍即合，天衣无缝，否则，无锡人何必恭请原籍太仓的唐文治？曾为京官的唐文治，自1907年激流勇退，赴上海办学以后，便十分热心江苏的地方事业。先后出任江苏教育总会会长(1908)、江苏地方自治总理(1910)以及各种同乡会、赈灾会的会长。当会长不只是满足虚荣心，还要出钱出力——尤其是赈灾的时候。读《茹经先生自订年谱》及各种回忆文章，不难发现唐文治对于地方教育及慈善事业的投入。这与早年之坚信“天下惟能爱其乡土者，然后能爱其国家”，故“欲上下数千年”“纵横亿万里”者，“当自乡土始”②，可说是一脉相传。而这，其实正是传统中国政治的游戏规则：“从来名宦大臣，退老居乡，多知恭敬桑梓，敬宗恤族，于地方有贡献。”③只是由于现代都市的兴起，使得城乡之间的物质、文化水平以及医疗条件迅速拉开距离，以后的“名宦大臣”，“退老”但不“居乡”，更别说服务桑梓，于地方有所贡献了。

---

① 《无锡教育周刊·社会教育专号》(1934年8月)对其时无锡的人口、职业、识字率(66%)、社会教育设施及经费等，有认真的统计。若此统计材料属实，则臧佛根为此专号所作《序言》以及华晋吉《无锡社会教育史略》所说的无锡为江苏乃至全国社会教育的策源地，大致可信。另据同专号转载的《全国民教馆统计》，其时全国共有民众教育馆728处，而江苏一省占了225处，将近三分之一。

② 《汇刻太仓旧志五种序》，见《唐文治教育文选》，23～25页，西安交通大学出版社，1995。

③ 钱穆：《八十忆双亲·师友杂忆》，235页，长沙，岳麓书社，1986。

三、“东林”抑或“南菁”

虽曾随使出访日本及英、法、比、美诸国，参观过牛津大学等著名学府，协助撰写“欧美风教，沿途景物，详载靡遗”的《英轺日记》①，再加上执掌上海工业专门学校达十四年之久，唐文治对西学其实没有多少了解，也缺乏起码的兴趣。故其主持无锡国专，所倚赖的，只能是本土的学术资源。

早年就读清代四大书院之一的南菁书院，先后受业于黄以周、王先谦等经学大师；独立办学时，选择的又是有东林书院“光荣传统”的无锡。依常理推测，唐文治办学的主要灵感，应来自这两所同样声名显赫但风格迥异的书院。既然是风格迥异，就很难简单叠加，而必须有所选择。对于东林、南菁的褒贬，涉及无锡国专的发展方向，不可掉以轻心。

主张“实事求是，莫作调人”的南菁书院，“其自修与研究之精神，实在令人佩服”；至于“明朝太监专政，乃有无锡东林书院学者出而干涉，鼓吹建议，声势极张……前者死后者继，其制造舆论，干涉朝政”②，更是令胡适等后世学人感慨不已。顾宪成、高攀龙诸君之讲学，本来自有主张，可后人大都只记得其关心国事，无意中遗忘了其理学方面的思考与著述。从黄宗羲之赞叹“一堂师友，冷风热血，洗

① 1903年上海文明书局刊行的载振《英轺日记》，唐文治到底起多大作用，是代笔，还是编纂，目前学界尚无定论。尽管有载振儿子溥铨关于其父只是粗通文墨不擅写作的回忆（参见《无锡国专在广西》，46页，非卖品，1993），我还是倾向于维持《茹经先生自订年谱》的说法：“公务之暇为载大臣编《英轺日记》成”，而不为唐争“著作权”。

② 胡适：《书院制史略》，载《东方杂志》第21卷3期，1924年2月。

涤乾坤”①，到张君劢之表彰其“不但讲学，而且论政”②，虽然时世迁移，读书人对东林书院的想象没有改变。

既然在无锡讲学，很自然地，人们会以历史上曾名满天下且至今仍有流风余韵的东林书院作为尺度，对之比照衡量。1933 年 3 月 14 日，章太炎在无锡国专作题为《国学之统宗》的演讲，称“今欲改良社会，不宜单讲理学，坐而言，要在起而能行”，具体的榜样就是“无锡乡贤，首推顾、高”。同年 10 月 22 日，章又再次莅临演讲，这回更是直截了当地强调“无锡本东林学派发源之地”，并叹惜“东林之学，至清中叶而阒焉无闻”③。推崇顾、高二君之气节，这与唐文治没有差异；可要说无锡国专的当务之急是恢复东林书院传统，则非唐先生所能认同。

1920 年作《无锡国学专修馆学规》，提及高攀龙的《东林会约》，注重的是“检束身心，砥砺品行”④；1930 撰《国专学生自治会季刊题辞》，称“惟相与考德问业，砥砺修名，如高景逸之《东林会约》”⑤。再加上 1926 年出资刻印《高忠宪公别集》，1933 年新校舍落成，“布置膳堂，悬王文成、高忠宪、顾亭林、陆桴亭四先生遗像”，应该说唐

① 《明儒学案》，卷五八《东林学案》，见《黄宗羲全集》，第八册，727 页，杭州，浙江古籍出版社，1992。

② 张君劢：《书院制度之精神与学海书院之设立》，载《新民月刊》1 卷 7～8 期，1935 年 12 月。

③ 参见章太炎的《国学之统宗》和《适宜于今日之理学》，载《制言》54 期、57 期。

④ 《无锡国学专修馆学规》，见《唐文治教育文选》，147 页，西安交通大学出版社，1995。

⑤ 唐文治：《国专学生自治会季刊题辞》，载《国专学生自治会季刊》，1930 年 12 月。

文治对高攀龙是推崇备至的。可到具体评论时，或称赏“论学精粹处极多”，或表彰高风亮节，就是从不直接提及“东林党人”的政治抗争①。

为《国学专修馆十五周年纪念刊》作序，应该说是建立自家学术传统的最佳时机，唐先生还是小心翼翼地回避近在咫尺的东林书院：“则夫开鹿洞、表鹅湖、绍龙场之心传，与夫正人心、救民命之事业，当吾校三十周年纪念，必有发扬光大之者。”②为什么？不妨先看看他在《无锡国学专修馆学规》中对孟子“自任以天下之重”和顾亭林“天下兴亡，匹夫有责”的解说：“谓学者当任天下之重，研究天下之务，非谓干涉天下之事。人人能各安其本分，各勤其职业，斯天下治。”③如此立说，与唐先生曾立朝为官有关，即深知此中厉害，不愿引起当局的猜忌。这很容易招来“巴结权贵”“奴颜媚骨”之类的讥讽。可批评新文化，提倡儒家学说，不见得就是有意附和国家的主流意识形态；抵制党化教育，代之以儒家伦理，讲气节，求忠义，也不见得一无是处。

无锡国专的校友津津乐道于唐先生处理危机时之灵活机动④，这一点，显然不同于章太炎、马一浮的名士派头：一言不合，拂袖而

---

① 参见《茹经先生自订年谱》100页、120页、26页，无锡国学专修学校学生会校印，1935。

② 《国学专修馆十五周年纪念刊序》，见《唐文治教育文选》，271页，西安交通大学出版社，1995。

③ 《无锡国学专修馆学规》，见《唐文治教育文选》，155页，西安交通大学出版社，1995。

④ 黄汉文：《记唐文治先生》关于“验印风波”的描述，最为精彩，见苏州大学(原无锡国专)广西校友会主编：《无锡国专在广西》，76～77页，非卖品，1993。

去。章、马保持了学者的尊严，值得称道；可真要办教育，无法不跟官僚打交道，也不能不有所妥协。“识时务”的唐先生，极力表彰高攀龙的气节，但却不愿意给人追摹东林书院的印象。因为，执政者永远不希望书院成为“讽议朝政，裁量人物”的场所——无论过去，还是未来。

当然，还必须考虑南菁书院的传统。世人之称道“清代四大书院”，注重的是其学术上的成就，而不是政治上的抗争。甚至可以这么说，清代办得好的书院，都在抵制科考制艺的同时，刻意回避东林书院的议政传统。作为南菁书院的主讲，黄以周强调“专肄经史辞赋，一洗旧习”，选编课艺时，看重的是“深训诂、精考据、明义理之作”①。而弟子缪荃孙为黄以周撰墓志铭，更是如此着墨：“先生教以博文约礼，实事求是。道高而不立门户，常语门弟子曰：前代之党祸可鉴也。”②

这里所说的“前代之党祸”，指的正是东林党人之“讲学兼议政”。办教育不同于立学说，需要持之以恒的努力，不但无法意气用事，有时还不免委曲求全。作为前朝高官，唐文治深知世道艰难；为保存学校而小心翼翼，其实无可厚非。可这么一来，出现一有趣的局面：饭厅里悬挂杨继盛的联语“铁肩担道义，辣手著文章”，但落实到具体的办学方向，无锡国专追摹的，其实是唐先生早年就读的南菁书院。

四、“国学”作为专科

传统中国推崇的是“通人之学”。历代书院中，也有侧重专科训练

---

① 黄以周：《南菁讲舍文集序》，见《南菁讲舍文集》，光绪十五年刊本。

② 缪荃孙：《中书衔处州府学教授黄先生墓志铭》，见《续碑传集》，卷七十五，上海古籍出版社，1987。

的(如医学、术数、军事、工艺等)，但此乃“边缘性知识”，不是读书人心目中的正途。读书人钻研的是作为国家意识形态的儒家学说，其目的是通过科举考试，成为国家管理机器的一部分，实现“治国平天下”的理想。

晚清开始出现专攻西学的书院(从“方言”到“格致”)。而废除科举考试后，西式学堂成为大势所趋。张之洞之创建“存古学堂”①，将“国学”作为“专门”来修习，预示着世人政治立场及文化心态的大转移。已经从“半部《论语》治天下”，大踏步后退为“保国粹，存书种”。即张之洞《奏设存古学堂折》(1907)所说的：“列朝子史，事理博赅，各体词章，军国资用，亦皆文化之辅翼，宇宙之精华，岂可听其衰微，渐归泯灭!”②

曾经是读书人命脉的孔门学说，如今成了专修课程。强调“客观研究”的同时，实际上已经将其从日常生活中剥离出来。新文化人之从“文学革命”迅速转为“整理国故”，并没有使“国粹”摆脱日渐边缘化的窘迫境地。1918年北京大学筹设研究所(1922年研究所国学门方才有效运作)③，1925年清华学校创建研究院国学门，再加上从20年代中期起，教会大学(如燕京大学、辅仁大学、金陵大学、齐鲁大学、

① 《中国近代学制史料》第二辑下册(上海，华东师范大学出版社，1989)收有一辑关于各地“存古学堂”的文章，其中包括《学部修订存古学堂章程》，可见当年清政府及士大夫为“保存国粹”所做的努力。

② 张之洞：《奏设存古学堂折》，见《中国近代学制史料》，第二辑，下册，503页，上海，华东师范大学出版社，1986。

③ 参见陈平原：《老北大的故事》，85～94页，南京，江苏文艺出版社，1998。

岭南大学等)也都先后设立了研究国学的专门机构①。一时间，谈论国学成为风尚，大有将其作为评判大学研究水准的意味。实际上，只要在中国办学，就必须贴近本土的文化学术与社会生活；而且，比起根基尚浅的“西学”来，20年代的中国学界，“国学”明显容易出成绩。

就学校规模、研究经费、社会知名度而言，在20年代的“国学热”中，无锡国专毫无优势可言。但有一点，师生们强烈的文化认同感——即依旧生活在“传统”之中，这是其他大学的师生所不具备的。接受教育部考察并改名“无锡国学专门学校”后，办学宗旨略有改变，不再提“正人心，救民命”，而是：“研究本国历代文化，明体达用，发扬光大，期于世界文化有所贡献。”即便如此，无锡国专的师生依旧是“别有幽怀”，不希望只是从事卓有成效的“客观研究”。

唐文治特别喜欢引证1931年国联教育科代表唐克尔·培根参观无锡国专后所发的感慨：“我们来中国看过很多学校，读的是洋装书，用的是洋笔，充满洋气。这里才看到纯粹中国文化的学校，才看到线装书和毛笔杆。”②在1933年出版的《国专季刊》上，对此事有比较详细的报道。培根除谈及国学的重要性，更宣称：“贵校为研究‘国学’之最高学府，负有保存固有文化之责，与普通学校之使命不同。”③这

① 参见陶飞亚、吴梓明：《基督教大学与国学研究》，第六章“三十年代教会大学的国学热”，福州，福建教育出版社，1998。

② 参见《文教资料》1982年7～8期上“唐文治与无锡国专资料”所收金易占、杨廷福等二文。另外，黄汉文《缅怀唐文治先生》(载《文教资料》，1985(2))提到一趣事：“学校检查听讲笔记，我因‘横行、用钢笔写，不记分’(陆先生的批语如此)。”所谓“不记分”，即“作零分计”。如此规定，可见主事者眼中“毛笔”之地位。

③ 健实：《国联教育考察团莅锡来校演讲志略》，载《国专季刊》，1933年5月。

话肯定说到了无锡国专师生的心坎上——尽管北大等名校的学者们不见得认可。

在无锡国专，无论讲学的“大儒”，还是莘莘学子，都有一共识：以“继绝学”自命。这种精神状态，相当感人。老师“痛旧道德之沦丧，新文化之似是而非”，“深愿以淑人心扶世道救中国”①；学生则谴责新学之士“见异思迁，抛荒古训”，接下来就是：“于戏！学之不讲，先圣有忧，继绝振微，当仁不让！”②而所有这些论说，都直接针对北大为代表的新文化。

魏建猷之推崇王国维，批评疑古派乃“过渡时期一种破坏工作，未足以语建设”，还主要是学术方法之争③；高君仁引申发挥钱基博的《今日之国学论》，着力驳斥胡适“扩大研究的范围”“注意系统的整理”“博采参考比较的资料”这国学研究三大主张，认定此乃文献之路，不解决根本问题。因为，“研究国学者，所负之使命，在恢复中华民族创造文化的能力与精神”，而这种德性之路，需要体贴与领悟，更需要同情与信仰。结论是：“当此时也，奋臂一呼，振起绝学，岂非吾辈之责乎！”④

值得注意的是，无锡国专师生的这种文化追求，得到了东南诸多学界名流的大力支持。《无锡国专第十届毕业刊》上，刊有章太炎、蒋维乔、陈三立、柳诒徵、李根源、陈衍、吴梅、姚永朴、胡朴安、陈钟凡、陈柱等人的贺词⑤。至于具体内容，不外乎“含英咀华”“温故

① 唐文治：《广思辨录序》，载《国专月刊》1卷4号，1935年6月。
② 《发刊词》，载《国专学自治生会季刊》，1930年12月。
③ 魏建猷：《中国古史研究之将来》，载《无锡国专年刊》，1931年上册。
④ 高君仁：《研究国学者所负之使命》，载《无锡国专年刊》，1931年上册。
⑤ 《无锡国专第十届毕业刊》(非卖品)，1933年5月。

知新”“修己治人”等，虽说不出更高明的理论，可这毕竟表明了一种情绪与倾向：即对抗新文化，反对割裂传统，强调“国学”研究还包含“检束身心，砥砺品行”，以及“正人心，救民命”的特殊功能。

五、以“文章”为中心

作为理学家的唐文治，虽然著述甚多，且曾经声名显赫，其实缺乏独立的理论思考，只能说是“躬行君子”；因而，在现代中国思想史上，远不及章太炎、马一浮重要。所谓“其治经汉、宋兼采，合考据、义理而一之”①，基本上是客套话；倒是晚年的讲学实践，更值得称道。

没有多少精彩理论表述的唐文治，极为关注学生的人格培养与道德熏陶，因“学问之道，首重品行”。据唐先生称，其以“检束身心，砥砺品行”为讲学宗旨，并非始于无锡国专；出长上海工业专门学堂时，便“每于星期日集诸生讲经并修身立品大要”②。如此以孔门学说为根基，以宋明大儒为榜样，几十年“传道授业解惑”，本来应该大有成效，可令人困惑的是：千余学生中，“文史方面有成就的固然不少，但竟举不出一位研究宋学而有成就的校友”③。跟这直接相关的，还有另外一段话：“为什么国专出来的学生，一般还能写写文章，这和唐先生的熏陶有关。”④换句话说，一个修养很深的理学家，竟教出一批能文章的文史专才。

---

① 陈衍：《茹经堂文集三编序》，见《茹经堂文集三编》，1938。

② 《上海交通大学文治堂行奠基礼记》，见《唐文治教育文选》，297～299页，西安交通大学出版社，1995

③ 黄汉文：《记唐文治先生》，见《无锡国专在广西》，非卖品，1993。

④ 杨廷福、陈左高：《无锡国专杂忆》，载《文教资料》，1982年第7～8期。

如此局面，除了时世迁移，理学之接受与传播大受限制，还与唐文治的教学宗旨与方法大有关联。《茹经先生自订年谱》有云：“余向主道德教育，迨阅历世变，始悟性情教育为尤急。”如何实现“性情教育”？唐先生的思路颇为奇特，即借助于文章的阅读与写作，完成学生的人格塑造：“居今之世，教授国学，必须选择文章之可歌可泣足以感发人之性情者，方有益于世道也。”①

几乎所有的老校友，回忆起无锡国专来，都会集中在如下四点：修心养性，专书教学，书声朗朗，作文比赛。以“文章”（而非一般意义上的“国学”）为中心，借助“熟读精审，循序渐进，虚心涵咏，切己体察”的“十六字诀”，既实现“性情教育”，又完成学业训练。这与现代大学分门别类的课堂讲授，自是大有差异。

所谓“学者欲穷理以究万事，必读文以求万法”②；或者“读文一事，虽属小道，实可以涵养性情，激励气节”③，单是追究其与程朱理学的离合，在我看来，还远远不够。因唐文治如此立说的深层原因，乃直接针对五四新文化人之排斥文言写作。无锡国专要求学生在抑扬顿挫、缓急轻重的诵读中，玩味文章的起承转合，以及文气的阴阳清浊，长久地沉浸于诗文的境界中，而后豁然开朗，一通百通。如此教学，从内容到方式，都与桐城文派大有关联。实际上，唐文治的诵读与作文，受晚期桐城大家吴汝纶的影响很深，这一点，《茹经先生自订年谱》中有明确的表述。

---

① 《茹经先生自订年谱》，98 页，无锡国学专修学校学生会校印，1935。

② 《国文经纬贯通大义自叙》，见《唐文治教育文选》，188 页，西安交通大学出版社，1995。

③ 《无锡国专校友会春季大会训词》，见《唐文治教育文选》，313 页，西安交通大学出版社，1995。

无锡国专的教授，颇有以能文著称的(如陈衍)；至于唐文治本人的文章，倒不见得十分精彩。钱基博为唐文治《茹经堂外集》作序，称自从参加无锡国专事业，“乃得时时亲接其言论，然后知先生躬行君子，不徒沾沾词章记诵之末”①。以“躬行君子”相许，自然是极高的评价；可其中似乎还蕴含着另一层意思，即对唐文评价不高。1932年无锡国专学生集资铅印钱基博的讲稿《现代中国文学史长编》，1936年上海世界书局出版增订本时“材料增十之四，改窜及十之五”②，可二书均只字未提唐文治的文章。这与同在无锡国专任教的陈柱撰写《中国散文史》时，专门表彰“吾师唐蔚芝先生”之“以古文为天下倡，性情文章，均近欧阳修”③，形成极为鲜明的对照。

与钱基博态度相近的，还可举出被唐文治奉为上宾、高价聘请的陈衍。在《茹经堂文集三编序》中，陈衍大力称许唐文治“晚讲学乡邦，于举世不悦学之日，独以通经致用为根本要图”，并提及“其作为文章，于平日读书见事所得力，遇题而左右逢源”。不说才情与学识，而突出“益以数十年宦海世途之阅历”④，其实也是对唐的文章不太以为然。钱锺书《石语》中记录下陈衍这么一段话，可以帮助我们了解时人的真实想法：“唐蔚芝学问文章，皆有纱帽气，须人为之打锣喝道。余作《茹经堂》三集序驳姚惜抱考订义理词章三分之说，而别出事功一类，即不以文学归之也。”⑤

---

① 钱基博：《茹经堂外集序》，见《中国现代学术经典·钱基博卷》，930页，石家庄，河北教育出版社，1996。

② 参见钱基博：《现代中国文学史》，509页，长沙，岳麓书社，1986。

③ 陈柱：《中国散文史》，310页，上海，商务印书馆，1937。

④ 陈衍：《茹经堂文集三编序》。

⑤ 钱锺书：《石语》，43页，北京，中国社会科学出版社，1996。

理学不如马一浮，朴学不如章太炎，就连文章也都不被陈衍等文坛宿将看好的唐文治，其主要贡献在教育。作为教育家，唐文治有眼光，有胆识，有恒心，其独力支撑很不时尚的无锡国专，为20世纪中国高等教育留下另一种可能性，值得尊敬与同情。

对于20世纪中国教育来说，1950年是个关键的年头，不只无锡国专消逝了，无数个性鲜明的私人学校都不复存在。这一年，梁漱溟曾上书中央，建议设立民间的中国文化研究所①，熊十力则曾希望恢复三个私人讲学机关：欧阳竟无创设的支那内学院、马一浮主持的智林图书馆，以及梁漱溟执掌的勉仁书院，目的是“存旧学一线之延”②。如此低调的申辩，仍未能获得谅解。

此后的很长时间里，私学被彻底取缔，思想大一统的局面日益僵硬。

进入80年代后，私人办学逐渐放开，可步履十分艰难。比如，中国文化书院至今未能正规办学，筹划已久的无锡国专复校，看来也希望渺茫。表面上各种民办高校迅速发展，学生数量激增，但缺了唐文治当年孜孜以求的“正人心，救民命”，毕竟是一种很大的遗憾。

退一步说，即便做不到“正人心”，也无法“救民命”，若能在“继绝学”方面有所贡献，也都值得尝试与鼓励。

2000年6月27日于北京西三旗

---

① 《一九五〇年向领导党建议研究中国文化，设置中国文化研究所之草案》，见《梁漱溟全集》，第六卷，济南，山东人民出版社，1993。

② 参见熊十力《论六经》之“结语”，上海，大众书局，1951。

永远的“筘吹弦诵”*

——《读书的“风景”》之一

“七七”事变爆发，平津很快陷落。1937年8月，奉部令，国立北京大学、国立清华大学和私立南开大学在长沙组成国立长沙临时大学；1938年2月西迁入滇，4月抵昆明后，更名国立西南联合大学；抗战胜利，1946年7月31日联大结束，三校各自返回平津。据西南联合大学北京校友会编《国立西南联合大学校史》称：“9年之中，先后在联大执教的教授290余人，副教授48人。前后在校学生约8000人，毕业生有3800人。”①日后，这些教授与学生中英才辈出，这所大学因而永垂不朽。

借助于报纸公告、电台广播、私人通信等，获得信息的三校学生纷纷历尽艰险，赶往长沙报到。1937年11月1

* 本文原题《永远的“筘吹弦诵”——关于西南联大的历史、追忆及阐释》，初刊(台湾)《政大中文学报》第16期(2011)，收入《读书的“风景”——大学生活之春花秋月》(北京大学出版社，2012)。

① 西南联合大学北京校友会编：《国立西南联合大学校史》，2页，北京大学出版社，1996。

日，学校正式上课。上午九点，响起了空袭警报，师生并未逃避，校史上加了个括号“实在也无处可躲”①。作者的本意是，当时尚未来得及挖防空洞；我则理解为，已经没有退路了，故师生们置生死于度外，大义凛然地走进教室。此举颇具象征意义，就在这连天炮火中，大幕徐徐拉开——“万里长征，辞却了五史宫阙，暂驻足衡山湘水，又成别离，绝徼移栽桢干质，九州遍洒黎元血。尽笳吹弦诵在春城，情弥切。”②

一、战火摧不垮的中国大学

八年抗战，中国大学不仅没被战火摧毁，还发展壮大，这实在是个奇迹。据史家称，1937 年，抗战爆发前夕，全国专科以上学校(含国立、省市立、私立)108 所，教员 7560 人，职员 4290 人，学生 41992 人；1945 年，抗战胜利时，专科以上学校(含国立、省市立、私立)141 所，教员 11183 人，职员 7257 人，学生 83498 人③。具体到某著名大学，情况尤其明显。比如，浙江大学 1936 年有教授、副教授 70 人，在校生 512 人；到 1946 年复员返杭时，教授、副教授达到 201 人，在校生 2171 人④。中央大学 1937 年度有在校生 1072 人，教授、副教授 133 人，全校教师 290 人；到抗战结束前的 1944 年度，

---

① 参见西南联合大学北京校友会编：《国立西南联合大学校史》，21～22 页，北京大学出版社，1996。

② 西南联大北京校友会刊行纪念文集《笳吹弦诵在春城》(1986)、《笳吹弦诵情弥切》(1988)，都是借用此罗庸词、张清常曲《西南联合大学校歌》。

③ 参见曲士培：《中国大学教育发展史》，522～523 页、530～531 页，太原，山西教育出版社，1993。

④ 参见顾建民等：《浙大西迁——抗战期间中国高校西迁的缩影》，载李曙白等编著：《西迁浙大》，238 页，杭州，浙江大学出版社，2007。

在校生 3837 人，全校教师 590 名，其中教授、副教授 290 名①。唯独声名最为显赫的西南联大，因系三校合一，发展规模受到很大限制。同样以 1944 年度为例，西南联大各类学生加起来，不过 2058 名，至于教职员 382 名，其中教授、副教授 179 名，数量上远不及中央大学②。也就是说，作为整体的西南联大，其办学规模约略等于中央大学的 2/3。考虑到中央大学和西南联大均为国立大学，其经费来源一样，单看这两组数字，便能明白国民政府的态度③。对于大学来说，规模不等于水平，更不等于贡献；但无论如何，中国的高等教育没有被战火摧毁，反而越战越强，这点很让人欣慰。

在大部分国土相继沦陷的状态下，为了保存“读书种子”，也为日后建国大业储备人才，不甘附逆的中国大学，在国民政府的统筹下，纷纷内迁。最早关注这一重大现象并作出详细调查的，是 1941 年 10 月 25 日《解放日报》所刊《抗战后专科以上学校集中区域》：

> 成都(川西)区(学生约 6500 人)：武汉大学、四川大学、东北大学、中央大学医学院、中央技艺专校、西康技艺专校(以上

① 参见龚放等编著：《南京大学》，66～67 页，长沙，湖南教育出版社，1995。

② 参见《国立西南联合大学历年在校学生人数统计表》《国立西南联合大学三十三年度教员名册》及《国立西南联合大学三十三年度教授、副教授名单》，见北京大学等编：《国立西南联合大学史料》，第五册，3～4 页，第四册，156～176 页，326～328 页，昆明，云南教育出版社，1998。

③ 在《首都的迁徙与大学的命运——民国年间的北京大学与中央大学》(《文史知识》，2002(5))中，我曾提及：“西南联大在现代中国教育史上名声显赫，至今仍‘笳吹弦诵情弥切’，但很少有人追究这一光荣背后的阴影。不管国民政府是否有意，将北方三大名校合成一‘名师荟萃’的西南联大，其实是矮化北大而拔高中大。”

国立），金陵大学、金陵女院、朝阳学院、光华大学、齐鲁大学、华西大学（以上私立）；重庆（川东）区（学生约7000人）：中央大学、女子师范学院、药学专校（以上国立），重庆大学、四川教育学院（以上省立），复旦大学（筹改国立）、私立中华大学等；昆明（云南）区（学生约4500人）：西南联大、同济大学、云南大学、中正医学院、艺术专校、国术体育专校等（均国立）；贵阳（贵州）区（学生约4000人）：浙江大学、唐山工程学院、贵阳医学院（以上国立），湘雅医学院、大夏大学（私立）等；西北区（学生约5000人）：西北大学、西北工学院、西北农学院、西北医学院、西北师范学院、西北技艺专校（以上国立），山西大学（省立）等；两广区（学生约4000人）：中山大学、广西大学（以上国立），江苏教育学院、广东文理学院（以上省立），华中大学、国民大学、广州大学、勷勤学院（以上私立）等；湘西区（学生约1100人）：湖南大学、师范学院、商业专校（以上国立），民国学院（私立）；上海区（学生约7400人，注：伪校不在内）：交通大学、暨南大学、上海医学院、上海商学院（以上国立），沪江大学、光华大学（分校）、震旦大学、东吴大学、大同大学、上海法政、上海美专、南通学院等，以及抗战后新成立之太炎文学院、达仁学院、新中国大学等十余校（均私立）；北平区（学生约2500人，注：伪校不在内）：燕京大学、辅仁大学、中国大学、协和医学院、铁路专校（以上私立），中法大学（中法合办）。其他地区（学生约3000人）：如分散在福建之国立厦门大学、私立协和学院、华南女子文理学院；浙江之国立英士大学、省立医专；江西之国立中正大学、苏皖政治学院；河南之省立河南大学等。

附注：一、各地区主要专科以上学校均已列入。有“等”字者

即尚有少数未列入。

二、陕甘宁边区及敌后各抗日根据地不在内。[①]

这一统计，包含了迁入租界的若干国立及私立大学，但排除了日本人控制的"伪校"(如"伪北京大学""伪中央大学")。1941年12月7日日军偷袭珍珠港，太平洋战争爆发，北平及上海等地又有不少高校停办(协和医学院、沪江大学)或内迁(燕京大学迁成都、交通大学迁重庆)。中国人民政治协商会议西南地区文史资料协作会议编《抗战时期内迁西南的高等院校》，其中收录《抗日战争时期内迁西南的高等院校情况一览表》，记载抗战期间迁往西南的高校56所，未见上表的有36所。因统计时间不同，有统计时已迁走的(如国立中山大学)，也有统计时尚未迁入的(如国立交通大学)；但除掉这些，还是有不少重要的遗漏，如1937年由青岛迁四川万县的山东大学、1938年由青岛迁四川万县的山东医学专科学校、1939年由南京迁四川江安的国立戏剧专科学校、1939年由上海迁重庆的国立音乐学院、1938年由南京迁重庆的国立中央工业专科学校等[②]。最近十几年，随着学界对于

① 《抗战后专科以上学校集中区域》，载延安《解放日报》，1941年10月25日，第3版，原为表格，分作"区域""学校""学生数"三栏。

② 参见《抗日战争时期内迁西南的高等院校情况一览表》，见《抗战时期内迁西南的高等院校》，352～356页，贵阳，贵州民族出版社，1988。

抗战中大学内迁的研究日益精细，这个数字还在不断增加①。

抗战中，大批中国大学内迁，其意义怎么估计也不过分——保存学术实力，赓续文化命脉，培养急需人才，开拓内陆空间，更重要的是表达一种民族精神及抗战的坚强意志。而绝大多数大学的迁徙过程，并不是事先设计好的，而是迫于战火临近，不得不一再搬迁。像西南联大那样暂住长沙，而后迁往昆明，已经算是很幸运的了。创建于1907的国立同济大学，校址原在上海吴淞镇北，抗战八年间，辗转内迁六次：一迁上海市区，二迁浙江金华，三迁江西赣州，四迁广西八步，五迁云南昆明，六迁四川李庄②。而国立浙江大学同样历尽艰辛——"经过四次大的搬迁，行程2600余公里，足迹遍及浙、赣、湘、桂、闽、粤、黔七省，于1940年1月到达黔北，在遵义、湄潭、永兴等地坚持办学，直至抗战胜利，于1946年5月返回杭州。"③大学内迁的特点在于，不是简单的逃难，而是在战火中坚持教学与科研。如浙大三迁广西宜山，"宜山县城，虽不甚大，而街市整洁，浙大校舍，以文庙标营为中心，又在标营，新建草棚，作临时教室，师生于此，安心教学者，计一年又两阅月之久"。"1939年2月5日，敌人派

① 参见余子侠：《抗战时期高校内迁及其历史意义》(《近代史研究》，1995(6))、徐国利《关于抗战时期高校内迁的几个问题》(《抗日战争研究》，1998(2))、夏绍先《抗战时期云南的教育——内迁院校与云南教育的发展》(《云南师范大学学报》，2002(6))、张成明与张国镛《抗战时期迁渝高等院校的考证》(《抗日战争研究》，2005(1))、胡瑛《抗战时期的高校内迁及其意义》(《文史杂志》，2005(4))。

② 参见李法天、李奇谟：《抗战期间同济大学内迁回忆片断》，见《抗战时期内迁西南的高等院校》，71～77页，贵阳，贵州民族出版社，1988。

③ 参见李曙白等：《〈西迁浙大〉序》，见《西迁浙大》。另《国立浙江大学》(台北，国立浙江大学校友会编印，1985)，第四辑"西迁纪实"，收文27篇，385～545页。

18架飞机，来浙大上空，轰炸三次，标营校舍，计投下爆炸燃烧弹121枚。"①即便如此，浙大师生依旧坚持，一直到1939年南宁失守，宜山告急，才迫不得已北迁。在遵义、湄潭等地办学的浙大，据中国核武器研制的主要奠基人之一王淦昌回忆："虽然条件艰苦，生活清贫，但我们朝气蓬勃，精神愉快，学术风气很浓，有'东方剑桥'的雅称。同事之间，同学之间，师生之间团结友爱，亲密无间，平等相待。"②正因此，浙大人对于贵州心存感激，南归之前，专门以校长竺可桢名义立碑纪念③。

当然，抗战中内迁大学之立碑纪念，最著名的，还属冯友兰撰文、闻一多篆额、罗庸书丹的《国立西南联合大学纪念碑》。具体谈论的是西南联大，但碑文所表达的情感，尤其是南渡而能北归的欢欣与赞叹④，属于全体内迁高校的师生。

中国大学如此大规模内迁，且坚持到最后胜利，这确实是个奇

---

① 参见祝文白：《抗日期间的浙江大学》，见《抗战时期内迁西南的高等院校》，118～123页，贵阳，贵州民族出版社，1988。

② 参见王淦昌：《难于忘怀的五年》，见贵州省遵义地区地方志编纂委员会编：《浙江大学在遵义》，155～156页，杭州，浙江大学出版社，1990。

③ 竺可桢：《国立浙江大学黔省校舍记》："军兴以来，初徙建德，再徙泰和，三迁宜山，而留贵州最久，不可以毋记也；故记之以谂后之人。"见《浙江大学在遵义》，797页，杭州，浙江大学出版社，1990。

④ 冯友兰：《国立西南联合大学纪念碑文》："稽之往史，我民族若不能立足于中原，偏安江表，称曰南渡。南渡之人，未有能北返者。晋人南渡其例一也，宋人南渡其例二也，明人南渡其例三也。风景不殊，晋人之深悲；还我河山，宋人之虚愿。吾人为第四次之南渡，乃能于不十年间收恢复之全功，庾信不哀江南，杜甫喜收蓟北，此其可纪念者四也。"见西南联合大学北京校友会编：《笳吹弦诵情弥切——国立西南联合大学五十周年纪念文集》，2页，北京，中国文史出版社，1988。

迹。二战中其他国家的大学，也都面临各种危机，但唯一差可比拟的，是苏联的诸多学校。康斯坦丁诺夫等编《苏联教育史》称："历史上前所未有的伟大卫国战争形势，不能不影响到国民教育和苏维埃学校活动。成千上万高年级学生、教师和大学生，满怀强烈的爱国主义激情，离校参加了民兵、红军和游击队。"①为了保护儿童，政府将靠近前线的幼儿园和小学撤退到后方；至于学校课堂"讲授的内容具有更大的实用性"，"同生活建立了更密切的联系，并设立了战时防御题目的讲授"②。毫无疑问，高等院校与卫国战争的关系更为密切："为了抢救高等学校的物质、文化财富，高等学校的全体师生员工进行了奋不顾身的斗争，把 147 所高等院校的教学实验设备、图书馆、珍贵陈列品，撤退到国家的后方。"而斯大林格勒战役获胜后的第八天，一批苏联大学教授来到这个被彻底破坏的城市，重建医学院，第二年便恢复了正常的教学工作③。苏联卫国战争中，与西南联大的遭遇最为接近的，莫过于莫斯科大学。"就在 1941 年 6 月 22 日战争爆发的当天下午，(莫斯科大学)就有数百名教师、研究生和本科生以及职工投笔从戎，参加了保卫祖国的斗争。"不久，又有物理系教授、历史系教授等师生数百人上前线。整个战争期间有三千多人参加苏联红军，许多人牺牲在战场。而留在学校里的专家，则"彻底修订了科研工作计划，把一些有关和平建设的课题取消了，而把具有国防意义的课题放

① 康斯坦丁诺夫等编：《苏联教育史》，吴式颖等译，490 页、492 页，北京，商务印书馆，1996。

② 同上书，490 页。

③ 参见叶留金著：《苏联高等学校》，张天恩等译，52～54 页，北京，教育科学出版社，1983。

在首位”①。具体的迁徙行程是：1941年10月开始，大部分师生迁到土库曼共和国首都阿什哈巴德，12月1日复课；1942年夏季，战局不利，又迁往斯维尔德洛夫斯克；随着苏军由战略防御转向战略进攻，1943年春，莫大胜利回迁莫斯科②。换句话说，莫斯科大学漂流在外的时间不到一年半。

英国的大学虽被轰炸，但未被占领；法国全境被占领，大学因而无处可迁；唯有苏联，在卫国战争中同样存在大学内迁的现象。但因时间不长，没能像西南联大那样，不但未被战火摧毁，还在发展壮大的同时，催生出众多美好的“故事”与“传说”。

有一点值得注意，基于对长期抗战的预期、对学问的敬重以及对中国国情的了解，国民政府并没像一战中的英美或二战中的苏联那样，征召大批的大学生(更不要说教授)入伍。在这个问题上，教育部及大学校长们有更为长远的考虑。面对各方激烈争议，教育部不为所动，认定：“抗战既属长期，各方面人才，直接间接均为战时所需要。我国大学，本不甚发达，每一万国民中，仅有大学生一人，与英美教育发达国家，相差甚远。为自力更生抗战建国之计，原有教育必得维持，否则后果，将更不堪。至就兵源而言，以我国人口之众，尚无立即征调此类大学生之必要。”③至于浙大校长竺可桢，也在《大学生与抗战建国》中表达了类似的见解：“第一次大战时，英美各国都送大量的大学生上前线去是一个失策，到了战后才深深地感觉到”；“国家为

① 参见卫道治编著：《莫斯科大学》，35～38页，长沙，湖南教育出版社，1995。

② 同上书，36～37页。

③ 参见《第二次中国教育年鉴》，第一编“总述”，第二章“抗战时期教育”，总第10页，上海，商务印书馆，1948。

了爱护将来的领袖人物起见，不把大学生送往前线去冲锋杀敌，则他们应如何奋身图报，努力上进，能把将来建国的重任担当起来，方可对得起战死沙场的勇士们，方不愧为今日之程婴。”[①]当局表彰热血青年投笔从戎，但不做硬性规定，这也是抗战中教授及大学生牺牲较少的缘故。西南联大纪念碑的碑阴刻有“国立西南联合大学抗战以来从军学生题名”，参军人数 834 人，牺牲 5 人。实际上，还有若干没来得及汇入此题名的[②]，但总的来说，并非绝大牺牲。

二、“光荣”不仅属于西南联大

抗日战争中，于颠沛流离中弦歌不辍的，不仅是西南联大。可后人谈论“大学精神”，或者抗战中的学术文化建设，都会以西南联大为例证。作为史家，我承认此例证很有说服力；但同时我更想强调，还有很多同样可歌可泣的“大学故事”。战火纷飞中，中国大学顽强地生存、抗争、发展，其中蕴涵着某种让后人肃然起敬的精神。

纪念抗战胜利六十周年，《南方日报》刊文为中山大学“抱屈”：“前后 7 年，颠沛流离，几度迁徙，三易校址。先迁云南，复迁粤北，三迁粤东仁化、连县。抗战八年，不少中国人记住了西南联大，殊不知在广东的国立中山大学，师生们在国难面前也经历着民族个人的深重磨难，在流离中坚持学术理想，在动荡里坚持抗日救亡，在历史上

① 竺可桢：《大学生与抗战建国》，初刊《国立浙江大学校刊》复刊 100 期特大号及《星期评论》39 期（1941 年 10 月 24 日），见《竺可桢全集》，第二卷，551～552 页，上海科技教育出版社，2004。

② 参见西南联合大学北京校友会编：《国立西南联合大学校史》，第一编第十节“三次从军热潮”（75～82 页），北京大学出版社，1996；闻黎明：《抗日战争与中国知识分子》，第七章第五节“青山处处埋忠骨”（330～336 页），北京，社会科学文献出版社，2009。

留下一所名校沉重而充满精神的一笔。”①是的，“在流离中坚持学术理想，在动荡里坚持抗日救亡”的，不仅仅是中山大学，也不仅仅是西南联大。我要追问的是：为何联大的故事广为传播，且更深入人心，乃至成了“中国大学”理所当然的“代表”。

北大、清华、南开三校合一，学术实力超强，这当然是最为重要的原因。可除此之外，还牵涉到一些别的问题，比如“故事”的传播与更生。就以“湘黔滇旅行团”为例，校歌里提到的“万里长征”，由北京、天津而暂住长沙，这一段不稀奇；第二年转赴蒙自、昆明，三路人马中，湘黔滇旅行团独领风骚。约三百名师生组成的旅行团，3500里长途跋涉，历时68天的“小长征”，无论当时还是日后，都一再被提及，且作为联大精神的象征。

正如胡适在纪念联大九周年集会上说的：“这段光荣的历史，不但联大值得纪念，在世界教育史上也值得纪念。”②可其他大学也有类似的举措，为何长期湮没无闻？1938年7月，同济大学第四次内迁到广西贺县八步镇：“这次迁校，从赣州到桂林一段，大多数同学组织了赴桂步行队，每队十一二人，坚持每天走五六十里路，充分体现了同济大学同学吃苦耐劳、共渡时艰的奋斗精神。到桂林后，沿漓江乘木船经阳朔至平乐，转程至八步，前后花了两个月的时间。”③1938年9月，浙江大学从江西泰和转往广西宜山，“学生方面，为锻炼体质，

---

① 《八年抗战·〈思乡曲〉伴随中大流离岁月》，载《南方日报》，2005年8月15日。

② 《梅贻琦、黄子坚、胡适在联大校庆九周年纪念会上的讲话摘要》，原载北平《益世报》1946年11月2日，见西南联大校友会编：《笳吹弦诵在春城——回忆西南联大》，514页，云南人民出版社/北京大学出版社，1986。

③ 李法天、李奇谟：《抗战期间同济大学内迁回忆片断》，见《抗战时期内迁西南的高等院校》，74页，贵阳，贵州民族出版社，1988。

沿途采访计，另有步行团之组织，计分两队，共有陶光业等二十人。以九月十九日出发，校长当赠以地图表格等件，以示鼓励。”这次“经行千里，费时四十余日”[①]。1939年初，中山大学辗转撤往云南澂江，据说有几百学生，“分别结队从连江西行，长途跋涉，徒步赴滇，历经粤、湘、桂、黔、滇5省，最后赶到澂江复课”[②]。1939年5月，河南大学师生员工“在王广庆校长的率领下，徒步北越伏牛山，经方城、叶县、宝丰、临汝、伊阳、伊川，行程六百余里，终于抵达嵩县县城”[③]。为何其他大学的“步行队”声名远不及湘黔滇旅行团？作为“事件”，中大校史的说法相当含糊[④]，同济则是半个世纪后的个人追忆，浙大有二十人名单，属于记录在案，可也就是这么两句话[⑤]，那比得上西南联大校友的连篇累牍、声情并茂？

① 李絜非：《浙江大学西迁纪实》，见《国立浙江大学》，上册，407页，台北，国立浙江大学校友会编印，1985。

② 参见黄义祥编著：《中山大学史稿(1924—1949)》，320页，广州，中山大学出版社，1999。另，当年澂江中学校长解德厚日后撰《抗战时期中山大学迁澂江始末》(见《抗战时期内迁西南的高等院校》，83～86页，贵阳，贵州民族出版社，1988)，也只是大致勾勒中大师生奔赴澂江的几条路线，称其“千里跋涉，一路上忍饥挨饿，备受艰辛”，没有更多细节描写。

③ 参见河南大学校史编写组：《河南大学校史》，84页，开封，河南大学出版社，2002。1944年5月，日军奔袭潭头镇，河大遭遇巨大损失，师生被杀16名、失踪25名，逃离虎口者辗转攀援于崇山峻岭之间，历时月余，陆续到达淅川县荆紫关。第二年又被迫西迁，师生及眷属“经商南，越秦岭，过蓝田，步行800里，于4月中旬抵达西安”。同上书，176～178页。

④ 台湾中大校友会编印的《国立中山大学的回顾与展望》(1986)中，陈兰皋、谢顺畅等文涉及中大在澂江，但没有赴滇旅途的真切描述。

⑤ 李絜非撰《浙江大学西迁纪实》1939年在广西宜山刊印，半个世纪后收入浙大校友会编印的《国立浙江大学》上册385～421页，台北，国立浙江大学校友会编印，1985。

湘黔滇旅行团指定了丁则良等三人为日记参谋，全面记录旅行团活动，写成了约二十万字的日记，寄到香港交商务印书馆刊行，只是因太平洋战争爆发而不幸失落①。即便如此，也有诸多书写刊行，如外文系三年级学生林振述（林蒲）的《湘黔滇三千里徒步旅行日记》（1938年春发表于《大公报》副刊《小公园》）、中文系二年级学生向长清的《横过湘黔滇的旅行》（1938年10月发表于巴金主编的《烽火》）、政治系二年级学生钱能欣的《西南三千五百里》（商务印书馆，1939年），以及生物系助教吴征镒的《长征日记——由长沙到昆明》（《联大八年》，1946年）②。20世纪80年代以后，有心人士积极整理资料，征集照片，引导校友追忆往事，加上中外学者的介入，湘黔滇旅行团的故事因而相当完整。读张寄谦编《中国教育史上的一次创举——西南联合大学湘黔滇旅行团记实》，你很容易明白，为什么同济大学的“赴桂步行队”等会失落在历史深处。

同样是长途跋涉，湘黔滇旅行团之所以格外引人注目，除了旅程长，还因为旅行团中有教授闻一多、李继桐、曾昭抡、袁复礼等。张寄谦在《中国教育史上的一次创举——西南联合大学湘黔滇旅行团记实》的序言中，除概述湘黔滇旅行团的组织及行程，还提及此旅行团如何“出人才”——截至此书刊行的1999年，旅行团成员中日后被评为中国科学院院士的有屠守锷、唐敖庆等十一人，被评为中国工程院

① 参见张寄谦编：《中国教育史上的一次创举——西南联合大学湘黔滇旅行团记实》（北京大学出版社，1999）的《序》。

② 吴、林二作见西南联大校友会编《笳吹弦诵在春城——回忆西南联大》1～24页（云南人民出版社/北京大学出版社，1986），后者附有原作者的《〈横过湘黔滇的旅行〉后记》；上述四作均收入张寄谦编《中国教育史上的一次创举——西南联合大学湘黔滇旅行团记实》，122～196页、343～352页，北京大学出版社，1999。

院士的有陈力为等三人；至于著名人文学者，除了序言列举的任继愈、马学良、王玉哲、刘兆吉、唐云寿等，作为后学，我还可以举出查良铮(穆旦)、季镇淮、何善周、丁则良、孙昌熙等。这也是此旅行团格外吸引人的地方——如此藏龙卧虎，确实了不起。

此次“小长征”，影响了这三百旅行团成员，也影响了这所大学的性格。确实如美国学者易社强(John Isrnel)所说，经由一遍遍的言说与书写，“长征的现实夹杂着神话和传奇的色彩”①。“这次长征是一次艰苦卓绝的跋涉之旅，此后是八年患难，它成为中国知识分子群体才能的象征；因此，也成为中国高等教育和文化持续不辍的象征。”②

一个事件或人物，能否被后人追怀不已，除了自身的历史价值，还与有无动人的细节相关。中央大学濒临长江，内迁重庆最为顺畅，也最为便捷，本没什么好说的。可校长罗家伦很会讲故事，抓住一个细节，让你永志不忘。1937 年 10 月底，中央大学大部已搬迁，罗家伦到南京三牌楼农学院实习农场和职工道别。校长走后，农场职工认为畜牧场的这些美国牛、荷兰牛、澳洲牛、英国猪、美国鹅、北京鸭等都是饲养多年的良种家畜，决定把这些家畜家禽搬迁到大后方去，于是推举王酉亭为负责人，经过千辛万苦，历时一年，于 1938 年 11 月中旬到达重庆。罗家伦 1941 年“于重庆警报声中”撰写《炸弹下长大的中央大学》，称：“我于一天傍晚的时候，由校进城，在路上遇见牠

① 张寄谦编：《中国教育史上的一次创举——西南联合大学湘黔滇旅行团记实》(497～542 页，北京大学出版社，1999)收录易社强著、何田译《从长沙到昆明：西南联大的长征是历史也是神话》。此文后经作者改写，成为《战争与革命中的西南联大》(*Lianda : A Chinese University in War and Revolution*)第一部分“爱国者的长途跋涉”之第二节“联大的长征”。

② 易社强著：《战争与革命中的西南联大》，饶佳荣译，64 页，台北，传记文学出版社，2010。

们到了，仿佛如乱后骨肉重逢一样，真是有悲喜交集的情绪。"①这故事实在太动人了，以至于日后讲述抗战中的大学内迁，很难遗漏中央大学。

联大师生的湘黔滇旅行团，也是因为有大量的细节，才显得如此丰满，且神采奕奕。旅行团从一开始就注意搜集资料，专人记录日记，沿途采风问俗，顺便做社会调查及文化考察，甚至还留下了《西南三千五百里》(钱能欣)、《西南采风录》(刘兆吉编)这样的作品。此外，像抄录玉屏县县长刘开彝具名的布告②，沿途拍摄各种照片③，以及围绕闻一多教授的一系列故事，所有这些，都是湘黔滇旅行团之所以不朽的重要原因。

三、必胜信念、学术关怀以及师生情谊

谈及西南联大对于抗日战争的贡献，容易说的，是有形的，如培养人才、推动科研以及投身战场；不太好说的，是无形的，那就是在生死存亡的关键时刻，如何凸显某种高贵的精神气质。具体说来，硝烟弥漫中，众多大学师生弦歌不辍，这本身就是一种稳定人心的力

① 罗家伦：《炸弹下长大的中央大学》，见《逝者如斯集》，28～29页，台北，传记文学出版社，1967。

② 玉屏县政府布告："查临时大学近由长沙迁昆明，各大学生徒步前往。今日(十六)可抵本县住宿，本县无宽大旅店，兹指定城厢内外商民住宅，概为各大学生住宿之所。凡县内商民际此国难严重，对此振兴民族领导者——各大学生，务须爱护借重，将房屋腾让，打扫清洁，欢迎入内暂住，并予以种种之便利。特此布告，仰望商民一体遵照为要。此布。"(见张寄谦：《〈中国教育史上的一次创举〉序》)

③ 张寄谦编：《中国教育史上的一次创举》征集历史照片，印在书中的就有102页；在相机极为罕见的时代，能有如此丰富的遗存，实在难得。

量。当初联大教授曾昭抡撰《大时代在等着青年们》，称："古今中外一切战争，凡一交战国家，充满失败主义者，大败即不在远。难民比敌人跑得快，谣言比难民跑得更快，这是何等危险的现象。"从最初的殊死抵抗，到漫长的相持阶段，再到最后的战略反攻，有很长的路要走。用曾昭抡的话来说，就是："环观国际形势，同盟国家必获最后胜利，诚属必然之事。日寇何时得以完全击溃，则尚无把握。"①因此，西南联大以及众多撤退到大后方的中国大学，无论如何颠沛流离，坚持"箭吹弦诵"，这本身便是抗战必胜信念的最好体现。

著名数学家陈省身晚年接受采访，谈及西南联大师生"坚持抗战的决心"，"精神上，觉得中国可以站起来"②。坚信中国不会亡、中国人能够站起来，正是这种民族自信，支撑着西南联大以及无数内迁大学的师生。今天看来是很自然的事，当初却困扰不少读书人——正因为了解中日两国经济及军事实力，不太相信中国能获胜(周作人的北平"苦住"乃至"落水"，根本原因在此)。在我看来，西南联大等内迁大学的历史贡献，精神感召是第一位的。在大后方是稳定民心，而对于沦陷区民众，则是民族复兴的希望所在。因此，穿越封锁线，奔赴大后方任教或求学，本身就是一种政治选择。

1941年12月太平洋战争爆发，日本兵开进了燕京大学，不愿做亡国奴的燕大学生林焘等一行六人，决心投奔自由，从北平辗转来到成都燕京大学复学。据林焘日后追忆，中间诸多艰险，"一般同学从

---

① 曾昭抡：《大时代在等着青年们》，原刊《民主周刊》1卷3期，1944年；见《一代宗师——曾昭抡百年诞辰纪念文集》，44～47页，北京大学出版社，1999。

② 参见张曼菱总编导：《西南联大人物访谈录》，29页、36页，昆明，云南教育出版社，2007。

北平到成都只需要二十来天，我们竟走了两个多月"①。而中文系教授浦江清为践西南联大之约，1942年5月29日从上海出发，历千辛万苦，经苏、皖、赣、闽、粤、桂、贵、云八省，来到昆明任教，读其《西行日记》，让人感慨万千。1942年11月21日，星期六，浦江清终于到达昆明，那天的日记是："自五月二十九日离沪，今日抵昆，在途凡一百七十七日，所历艰难有非始料所及者。"②

了解这些，你才能理解，为何前西南联大经济学系教授、系主任陈岱孙为《国立西南联合大学校史》撰写序言，会特别表彰联大师生"身处逆境而正义必胜的信念永不动摇"，以及"对国家民族所具有的高度责任感"。在他看来，正是这两点，"曾启发和支撑了抗日战争期间西南联大师生们对敬业、求知的追求"，而"这精神在任何时代都是可贵的，是特别值得纪念的"③。我曾在一次专题演讲中提及："联大有什么值得骄傲的？联大有精神：政治情怀、社会承担、学术抱负、远大志向。联大人贫困，可人不猥琐，甚至可以说'器宇轩昂'，他们的自信、刚毅与聪慧，全都写在脸上——这是我阅读西南联大老照片的直接感受。"④

当国家处在危急关头，各大学的教授及学生如何尽到一个国民的

① 林焘：《浮生散忆》，见《燕园远去的笛声——林焘先生纪念文集》，479页，北京，商务印书馆，2007。

② 参见浦江清：《清华园日记·西行日记》，97～198页，北京，三联书店，1987。

③ 陈岱孙：《〈国立西南联合大学校史〉序》，见西南联合大学北京校友会编：《国立西南联合大学校史》，北京大学出版社，1996。

④ 参见《寻找21世纪中国的"大学之道"》，载《钱江晚报》，2007年12月18日第14、15版，收入陈平原《大学有精神》(北京大学出版社，2009)时，改回原题《教育史上的奇迹——西南联大的意义》。

责任、为抗战做贡献？这不仅是个人选择，还牵涉到大后方诸多大学的办学方向，以及无数师生的教学和日常生活。教育部的基本方针是“战时须作平时看”，课程设置略为调整，以适应战争需要，“但一切仍以维持正常教育为其主旨”①。1939 年 3 月 4 日，蒋介石在第三次全国教育会议上讲话，进一步明确战时教育的大政方针：“总而言之，我们切不可忘记战时应作平时看，切勿为应急之故而就丢却了基本。我们这一战争，一方面是争取民族生存，一方面就要于此时期中改造我们的民族，复兴我们的国家。所以我们教育上的着眼点，不仅在战时，还应当看到战后。”②

国民政府的这一重大决策，得到大学校长及教授们的支持。中央大学校长罗家伦写于 1941 年 6 月的《炸弹下长大的中央大学》称：

> 当我们初来的时候，学生受外间不成熟舆论的影响，常有要求改变课程，受所谓战时教育的声浪。那时候他们心目中以为有一种短期速成的教育，像“万应灵丹”一样，一吞下去就可以抗日的。我很恳切的告诉他们，说是教育，尤其是近代科学教育里面，绝无“王者之路”(捷径)，何况大家不是王者。学问是谨严的，是有步骤的。一种学问学好了，平时可用，战时也可用。到那境界，只看你们能不能“一隅三反”。战时教育，只须把平时教育加紧，更须加重军事体育的训练，加强国家民族的意识，就可

① 参见《第二次中国教育年鉴》，第一编“总述”，第二章“抗战时期教育”，总第 10 页，上海，商务印书馆，1948。

② 蒋介石：《第三届全国教育会议开会训词》，见《抗战建国论》，92 页，现代文化出版社，1939。

以了。①

即便是思想激进的联大中文系教授闻一多，在《八年的回忆与感想》中也谈及，当校园里争执如何实行"战时教育"时，"教授大都与政府的看法相同：认为我们应该努力研究，以待将来建国之用，何况学生受了训，不见得比大兵打得更好，因为那时的中国军队确乎打的不坏。"②基于中国人对"知识"的渴求以及对"学问"的敬重，国民政府一方面调整总体布局，在协助众多沿海教育机关迁往西南的同时，特意搬迁了一些学校到西北（设立西北联大、西北农学院、西北工学院等），另一方面，大量扩充理、工、农、医等院校（科系），以适应战争对国防建设及科技人才的特殊需要。教育部之指令各高校开设若干配合抗战的课程，但坚持不降低教育水准，拒绝将大学改造成应急的培训学校，此举对于保存中华民族的文化命脉起很大作用，应给予充分肯定。

正因为政府及学界有此共识，抗战中中国大学的整体水平没有下降，很多专业领域甚至有明显的提升。如西南联大，各院系都有很好的教授及研究成果③。这里不准备仔细清理教授们"学术参战"的决心

① 罗家伦：《炸弹下长大的中央大学》，见《逝者如斯集》，34～35页，台北，传记文学出版社，1967。

② 闻一多：《八年的回忆与感想》，见西南联大除夕副刊主编：《联大八年》，4～5页，昆明，西南联大学生出版社，1946。

③ 参见西南联合大学北京校友会编：《国立西南联合大学校史》，第二编"院系史"，104～434页，北京大学出版社，1996；易社强著：《战争与革命中的西南联大》(*Lianda : A Chinese University in War and Revolution*)，饶佳荣译，第三部分"谆谆教诲，济济良师"，161～277页，台北，传记文学出版社，2010。

与能力[①]，只想从“心态史”角度，谈论教授们著述时的心情——南渡的悲愤，北归的愿望，艰难中的崛起，不屈的意志力，如何渗透到具体的著述中去。

在1946年刊行的《联大八年》中，有费孝通教授的《疏散——教授生活之一章》，其中提及自己的写作：“跑警报已经成了日常的课程。经验丰富之后，很能从容应对。……我在这些日子，把翻译《人文类型》排成早课。因为翻译不需要有系统的思索，断续随意，很适合于警报频烦时期的工作。”[②]至于北大校长、西南联大常委蒋梦麟在躲避空袭的间隙，陆续写成日后成为一代名著的《西潮》。此书的原稿是英文，据说是因为防空洞里既无桌椅，又无灯光，用英文写作，“可以闭起眼睛不加思索的画下去”[③]。

作为后来者，我们往往只看见著述，而未能真切体会前辈那“压在纸背的心情”。冯友兰曾提及联大教授为何埋头著述：

> 从表面上看，我们好像是不顾国难，躲入了“象牙之塔”。其实我们都是怀着满腔悲愤无处发泄。那个悲愤是我们那样做的动力。金先生的书名为《论道》，有人问他为什么要用这个陈旧的名字。金先生说，要使它有中国味。那时我们想，哪怕只是一点中

---

① 参见闻黎明：《抗日战争与中国知识分子》第六章“学术参战”，作者分“弘扬爱国主义”“加强应用科学”和“推动国防科技研究”三节，主要强调联大教授的研究工作与抗战的关联性。

② 费孝通：《疏散——教授生活之一章》，见西南联大除夕副刊主编：《联大八年》，55页，昆明，西南联大学生出版社，1946。另，弗思(Firth，Raymood)著：《人文类型》，费孝通译，重庆，商务印书馆，1944。

③ 刘绍唐：《〈西潮〉与〈新潮〉》，载《传记文学》11卷2期，1967年8月。

国味，也是对抗战有利的。①

至于谦谦君子汤用彤的讲课，同样蕴涵着时代的忧愤：“汤先生也具有强烈的历史感，内心隐藏着对专制腐败统治的极度不满，但却与感时忧世低徊吟咏的诗人不同，有哲人的气质，寓悲愤于超逸之中。这一点，在讲授魏晋玄学一课中不时流露出来。对于魏晋的哲学思想体系，他推崇王弼、郭象，更欣赏僧肇。但对当时社会的实际影响，他却强调阮籍、嵇康，指出他们才是魏晋名士风流的代表人物。”②关于联大师生为何格外关注中古时代的思想及文章，我曾有过如此表述：“南渡的感时伤世、魏晋的流风余韵，配上嵇阮的师心使气，很容易使得感慨遥深的学子们选择‘玄学与清谈’。四十年代之所以出现不少关于魏晋南北朝的优秀著述，当与此‘天时’‘地利’不无关联。”③可以这么说，所学专业有别，可那个时代的联大师生，全都是“有情怀的”。

世人谈及声名显赫的西南联大，喜欢从蒋梦麟、梅贻琦、张伯苓三位校长(常委)入手。其实，三人中长期在昆明的只有梅贻琦，而梅发挥的作用也没有想象的那么大。阅读北京大学、清华大学、南开大学、云南师范大学合编的《国立西南联合大学史料》(昆明：云南教育出版社，1998)，印象最深的是教授会的权力与决策之果断。三校联

① 冯友兰：《怀念金岳霖先生》，见西南联合大学北京校友会编：《笳吹弦诵情弥切》，69～70页，北京，中国文史出版社，1988。

② 邓艾民：《汤用彤先生散忆》，见西南联合大学北京校友会编：《笳吹弦诵情弥切》，74页，北京，中国文史出版社，1988。

③ 参见陈平原：《念王瑶先生》第三节“中古文学研究的魅力”，见《当年游侠人——现代中国的文人与学者》，242～246页，北京，三联书店，2006。

合，取北大的兼容并包(学术自由)、清华的教授治校(严格要求)以及南开的应用实干(坚韧不拔)，合成一种新的联大校风。而在制度建设方面，清华贡献最大。西南联大决策和管理之相对民主，与梅贻琦长期主持常委会工作以及教授会制度的确立不无关系。西南联大的教授会，比起清华时期来，权限有所缩减，基本上属于咨询机构；但在处理突发事件的关键时刻，教授会挺身而出，支持学生争取民主运动，作用非同小可①。世人之所以喜欢从三位校长说起，除了这样“讲故事”线索简单，效果很好，我怀疑还有“官本位”的潜在影响。查阅大量档案公文、书信日记、回忆录以及散文小说等，逐渐展开五彩缤纷的历史场景，你会发现，战争中西南联大之所以波澜不惊、弦歌不辍，教授起关键性作用。

所谓“教授治校”，乃基于对学术共同体的信任。西南联大教授大都是留学生(尤其是理工科方面)，有基本相同的学术理念，故能真诚合作。西南联大除夕副刊主编的《联大八年》(1946)，其“联大教授”部分有一类似“小引”的插页，称：

> 联大一百七十九位教授当中：九十七位留美，三十八位留欧陆，十八位留英，三位留日，廿三位未留学。三位常委：两位留美，一位未留学。五位院长，全为美国博士。廿六位系主任，除中国文学系及两位留欧陆，三位留英外，皆为留美。②

① 参见陈平原：《过去的大学》，载《新民晚报》，2000年7月16日。

② 《〈联大教授〉小引》，见西南联大除夕副刊主编：《联大八年》，160与161页之间的插页，昆明，西南联大学生出版社，1946。

一所大学的教授，留学生占86%(留美学生占55%)，这种学术背景的高度同质，在那个特定时代，使得教授们容易就某些重大问题达成共识，减少不必要的内部纷争。而环境的艰难，使得文、理科教授混合居住，彼此之间很容易沟通。

比起教授之合作无间，更重要的是师生关系十分融洽。联大西迁昆明后，1938年春曾在蒙自设文法学院，负责筹备的郑天挺教授日后回忆："西南联大的八年，最可贵的是友爱和团结。教师之间、师生之间、三校之间均如此。在蒙自的半年，已有良好的开端。同学初到蒙自时，我每次都亲到车站迎接，悉心照料，协助帮运行李。其他教授亦如此。"①我曾引用冯友兰1948年撰写的《回念朱佩弦先生与闻一多先生》，谈及那个时期"中国的大学教育，有了最高底表现"。关键在于："教授学生，真是打成一片。……那一段的生活，是又严肃，又快活。"②把这段话略为引申——放长视野，九年联大，最让后来者怀想不已的，很可能正是此逆境中的师生"打成一片"，一起经历苦难，一起探索学问，因而，"又严肃，又快活"。这一状态，在我看来，既学术，也精神，乃大学之为大学的理想境界③。

这种师生亲密无间，除了中国书院传统，某种程度上也是战时经济困难以及生活空间缩小造成的。著名史学家、当年联大历史系助教何炳棣，晚年在《读史阅世六十年》中提及："我相信当时'联大人'的

---

① 郑天挺：《滇行记》，见西南联合大学北京校友会编：《笳吹弦诵情弥切》，331页，北京，中国文史出版社，1988。

② 冯友兰：《回念朱佩弦先生与闻一多先生》，见《文学杂志》3卷5期，1948年。

③ 参见陈平原：《六位师长和一所大学——我所知道的西南联大》，初刊2007年11月12日《21世纪经济报道》，后收入陈平原《大学有精神》(北京大学出版社，2009)。

日常活动半径不会超过 25 或 30 分钟的步行，生活空间如此急剧的紧缩是造成联大高度‘我群’意识的有力因素”；“从 1941 和 1942 年起，持续的恶性通货膨胀，逐渐使一贯为民主自由奋斗的联大，变成一个几乎没有‘身份架子’，相当‘平等’、风雨同舟、互相关怀的高知社群。”①而著名数理逻辑学家、当年联大研究生王浩，也在回忆文章中称：“教师与学生相处，亲如朋友，有时师生一起学习新材料。同学之间的竞争一般也光明正大，不伤感情，而且往往彼此讨论，以增进对所学知识的了解。离开昆明后，我也交过一些别的朋友，但总感到大多不及联大的一些老师和同学亲近。”②

事隔多年，追忆逝水年华，难免夹杂个人感情色彩。可对照当初的历史资料，不难发现，联大师生关系确实非同一般。《联大八年》中，“联大教授”的“小引”称：“这里收集到的关于教授报道的文字在我们是没有什么标准的。这中间差不多是每位同学描写他熟识的先生”，至于那些只开列教授履历，或者炫耀其官衔的，“我们也就只有从略”了。除了《闻一多先生死难经过》《闻一多先生最后一次演讲》《闻一多先生事略》，接下来就是总共 33 页篇幅的《教授介绍》③。作者采用“剪影”手法，虽只寥寥数语，却相当传神。这里引述若干则，以见当年学生眼中的著名教授：

① 何炳棣：《读史阅世六十年》，151～152 页，桂林，广西师范大学出版社，2005。

② 王浩：《谁也不怕谁的日子》，见《云南文史资料选辑》，第 34 辑“西南联合大学建校五十周年纪念专辑”66 页，昆明，云南人民出版社，1988。

③ 《教授介绍》，载西南联大除夕副刊主编：《联大八年》，169～201 页，昆明，西南联大学生出版社，1946；以下引文，随文注明页数。

哲学心理系主任汤用彤：“汤先生岁数并不太高，头发却已全白，胖胖的身材，走起路来，一歪一歪的。在家庭的重担之下，汤先生远在1942年就卖去了皮氅，家里经常吃稀饭过活。然而对同学仍然教诲不倦，而且面色毫无忧容。讲起书来毫不使人乏味。”(169页)

历史系主任雷海宗：“教书有条不紊，同学认为雷先生写黑板都是有计划的。雷先生的脑筋是超级冷静的，只有在这次东北问题中是仅有例外，讲得来老泪横流。雷先生常为《中央日报》写点星期论文，以弥补日常费用。”(170页)

历史系教授刘崇鋐：“刘先生热忱爱国，昆明有什么关于政局的讲演，是他常去听的。前次知识青年从军，刘先生送了自己的孩子去入营。可是后来在欢迎从军同学返昆席上，刘先生致词，当他说到这批青年人所受到政府的待遇时，眼泪不禁夺眶而去。”(170页)

化学系主任曾昭抡喜欢写时评，且从事民主运动：“他很能和同学接近，同学举办的各种活动，他常是很慷慨的接受邀请，这一点不像旁的教授。而且‘贯彻始终’的跟同学一道吃，玩，闹。……曾先生不修边幅，有时一只脚穿袜，另外一只却没有。衣服的扭(纽)扣老是不齐全，而鞋子老是拖在脚上。有一次，曾师母俞大絪先生到昆明来了，曾先生同曾师母常在翠湖堤畔文林街上挽臂而行。”(174页)

政治学系主任张奚若：“这位敢怒敢言的老政治学者，想来是大家所熟知的了。远在三十三年冬，张先生就指出国民党一党专政和蒋主席个人独裁所引起的严重后果。……张先生对同学非常亲近和蔼，你可以一直坐在张先生家里谈上三四个钟头。张先

生是胡适先生的好朋友，远在‘一二·九’时候，他曾经以《晋察不应以特殊自居》为题而使《独立评论》封闭。”(175 页)

物理学教授王竹溪：“据我粗粗的观察，王先生是教授群中最虚心而又兴趣宽广的一位，譬如三十三年姜立夫先生开高等几何一课时，王先生几乎每堂必到，很注意地细心谛听；而且还勇于发问，颇有西洋人的作风。此外王先生对中国文字很有兴趣，为了中国辞书的部首太多翻阅不便，王先生正在编订一部部首非常简单的字典。去年时见他在唐兰先生的《说文解字》课上旁听，大概就是为的这个罢。”(178 页)

教务长、社会系主任潘光旦：“潘先生是社会学家同时是优生学家，常在优生学班上谈起自己站在国民的立场也算尽了一己之责，因为潘先生刻已膝下五女。在欢送毕业同学会上常劝大家努力解决婚姻问题……潘先生自己承认有演讲瘾，的确潘先生的口才是少有的，演讲起来，如黄河长江滔滔不绝，而所讲的又是层次清楚有条不紊。”(178～179 页)

文学院长冯友兰：“根据冯先生最近几年的行动，有很多人以为冯先生由‘风流’而转变为‘现实’，由‘为无为’而转变到‘有有为’了。假若太虚是‘政治和尚’，那么冯先生可以称为‘政治哲学家’了。”(185 页)

算学系主任杨武之：“为人忠厚老诚，对同学异常和善。上课的时候，颇爱讲一点共产党教人放火的大道理。”(185 页)

社会系教授费孝通：“跟同学关系很合得来，打球开会常跟同学们在一道。……费先生写的论文有散文小说的笔调，看起来毫不使人厌倦”。(186 页)

因为是小品文字，对于这102位教授的介绍，不太涉及各自的专门学问，关注点有三：一是演讲口才，二是对待同学的态度，三为介入社会的热情。尤其是谈及中文系教授，更是格外看重讲课效果。罗庸：“他尊崇儒家，口才很好”(177页)；闻一多：“他的课最叫座，没有一门课不挤拥”(177页)；唐兰：“唐先生的课以前很叫座，现在却不行了”(181页)；罗常培：“一口流利北平话，听起来稍使人感觉有点‘油滑’”(181页)。这种三言两语的“评点”，有很大的随意性，不能当“学术鉴定”看待；但从行文风格可以看出，作者未取“高山仰止”的视角，甚至还略带调侃。如此相濡以沫、平等相待的师生关系，此前此后都难得一见。

四、以本科教学为中心

西南联大的教授们，在十分艰难的环境下从事学术研究，照样有很好的业绩。尤其是人文学，不仅未受缺少实验设备的影响，甚至更因战火而激发了学者的潜能与情怀。谢幼伟在《抗战七年来之哲学》中称：“在烽火满天，四郊多垒之际来谈哲学，这是中国哲人的常事，也是中国哲人的本色。”严酷的战争环境，并没有阻碍中国哲学的进展。“实际上，这七年来的中国哲学，比起中国任何一时期来讲，都不算是退步。相反的，作者可以很自信的说，中国哲学是进步了。这七年来的抗战，可以说是中国哲学的新生。”①谢幼伟列举这一时期重要的哲学研究成果，如熊十力《新唯识论》(语体文本)、贺麟《近代唯

① 谢幼伟：《抗战七年来之哲学》，初刊《文化先锋》3卷24期，收入贺麟《当代中国哲学》作为附录(143～155页)，南京，胜利出版公司，1945。此处引文见贺著，143页。

心论简释》、章士钊《逻辑指要》、冯友兰《新理学》、金岳霖《论道》，还有沈有鼎在《哲学评论》上发表的“意指分析”的两章。由此可见，“这七年的抗战，并没有阻碍中国哲人的思索，反而，使他们的思索更为敏锐了”①。哲学研究如此，史学、文学、语言、宗教等领域，何尝不是这样。若联大教授汤用彤的《汉魏两晋南北朝佛教史》、陈寅恪的《隋唐制度渊源略论稿》、钱穆的《国史大纲》、雷海宗的《中国文化与中国的兵》等，都是不可多得的一代名篇。战争没有完全阻隔学术，反而激起中国学术的强大生命力，这点很让人欣慰。

不同专业的学者，受战争影响深浅不一。讲课没问题，若需要精密仪器配合的，则不免捉襟见肘。联大物理学系教授吴大猷在回忆录中谈及，其如何请北大校方在岗头村租了一所泥墙泥地的房子做实验室，找一位助教把三棱镜等放在木制的架子上，拼凑成一个最原始的分光仪，试着做一些拉曼效应工作。“我想，在 20 世纪，在任何实验室，不会找到一个仅靠一个三棱镜，并且是用一个简陋木架做成的分光仪。”②靠如此简略的仪器做实验，写论文，实在太难为教授们了。

这里涉及对西南联大学术水平及发展方向的基本判断。何炳棣在《读史阅世六十年》中谈及：“总之，联大理工方面，尤以数理，最能发扬光大战前三校优良学风。我多年来和科学界老朋友忆往的积累印象是：当年联大在数理知识的传授上已是非常接近世界先进水平了。”③最能说明这一点的，莫过于联大学生杨振宁、李政道赴美深

① 谢幼伟：《抗战七年来之哲学》，见贺麟《当代中国哲学》，155 页，南京，胜利出版公司，1945。

② 吴大猷：《回忆》，34 页，北京，中国友谊出版公司，1984。

③ 何炳棣：《读史阅世六十年》，158 页，桂林，广西师范大学出版社，2005。

造，日后获诺贝尔物理学奖。而截止《国立西南联合大学校史》出版的1996年，联大教师中被评为中国科学院院士的有69人，学生中被评为中国科学院院士和中国工程院院士的有80人，合计149人[①]。单凭这些数字，人们也有理由对西南联大的学术水平充满信心。更何况，诺贝尔物理学奖得主杨振宁信誓旦旦地说："想起在中国的大学生活，对西南联大的良好学习空气的回忆总使我感动不已。联大的生活为我提供了学习和成长的机会。"[②]

毫无疑问，西南联大是当年中国最好的大学。三校合一，师资力量强，学术水平高，"两弹一星"元勋朱光亚当年就慕名从中央大学转学西南联大。联大算学系教授陈省身对自己所处的学术环境也相当满意："三校联合，教员不缺，所以我有机会开高深的课，如：李群、圆球几何学、外微分工程等。"[③]可晚年接受采访，陈省身是这样谈论联大的学术水平的："西南联大也就是说，大家都是矮子的时候它比较高一点，没什么了不得。"[④]单看胡适从美国寄《拓朴学》给江泽涵教授，联大算学系老师于是分头手抄，然后开展研究；或者联大为图书借阅制定十分严苛的制度，以免学生们无书可读，你就不难明白，"巧妇难为无米之炊"，当年联大许多领域的学术水平，其实并不像今人所渲染的那样高超。

---

① 参见西南联合大学北京校友会编：《国立西南联合大学校史》，3页，北京大学出版社，1996。

② 杨振宁：《〈超晶格〉(1945)之后记》，见《读书教学四十年》，5页，香港，三联书店，1985。

③ 陈省身：《我在联大的六年》，西南联合大学北京校友会编：《笳吹弦诵情弥切》，190页，北京，中国文史出版社，1988。

④ 参见张曼菱：《西南联大人物访谈录》，35页，昆明，云南教育出版社，2007。

生活艰难，实验设备很差，联大教授的研究（人文学不在此列）大受限制。可也正因此，教授们把主要精力放在培养学生上。这一点，单看联大的研究生教育，就很容易明白。西南联大的研究生由三校分别招收与管理，学籍不属于联大，故统计起来有点麻烦。查《国立西南联合大学校史》，研究所方面，清华毕业了 32 人，北大毕业了 19 人，南开毕业了 24 人①。而查《国立西南联合大学校史资料》第三卷中的《清华研究院历届毕业生论文题目一览》（1940—1946 年），确实是 32 人；至于《南开大学经济研究所历届研究生论文题目一览》（1939—1945 年），名单上则有 35 人（即便扣除没有论文题目的 5 人，也是 30 人）②。记载虽略有出入，但联大因经费限制，招收研究生数量不多，九年间正式毕业的不到百名，则是千真万确。比起今日中国大学，一个院系每年毕业的博士硕士都不止此数，实在让人惊叹。

因主客观各方面原因，没有能力扩大研究生教育的西南联大，选择以本科教学为中心，这是明智之举。原本是缺憾，可扬长避短，反而成就了西南联大的名声——因为，本科教学乃大学之本，除了具体的专业传授，还有精神气度的熏陶，影响更为深远。而本科生对母校的认同感，又远在博士生之上。这就难怪，半个多世纪后的西南联大，被年迈的校友们越说越好，越说越伟大。

杨振宁之表彰西南联大，也主要集中在本科教学，尤其是学生的基础知识如何扎实："西南联大的教学风气是非常认真的。我们那时候所念的课，一般老师准备得很好，学生习题做得很多。所以在大学

① 参见《国立西南联合大学校史》，39～41 页、663～668 页，北京大学出版社，1996。

② 参见《国立西南联合大学校史资料》，第三卷，469～475 页，昆明，云南教育出版社，1998。

的四年和后来两年研究院期间，我学了很多东西。"[①]多年后接受采访，杨振宁说得更明确："当时，西南联大老师中有学问的人很多，而同时他们对于教书的态度非常认真。……(不只是联大，浙大也好，中央大学也好，华西大学也好)这些学校的教师对于教学的认真的态度都很好，比起美国今天的最好的大学的老师教本科生的态度，平均讲起来好。这个结果是一个好的学生可以学到很多的东西，学到很瓷实的知识、学到很深入的知识、学到很广的知识。"[②]

1945年秋，吴大猷建议选派物理、化学、数学人员出国考察或深造，被当局采纳。西南联大选送到著名物理学家费米门下念书的，是已念完研究生的杨振宁和大学二年级学生李政道。李的回忆与杨的文章同调："在抗战的时候，就是老师对学生培养的经验是很高度的……他们看见有一个优秀的学生，都是全副精神要培养的。"[③]最能说明教授识才、爱才且倾尽全力培育的，恰好是李政道本人的故事。这点，在吴大猷的《回忆》中，有很动人的描述[④]。为了说明吴大猷晚年的回忆并非自夸，引录一段《联大八年》中的文字：

> 假定说联大物理系教授都比较瘦的话，那末吴先生无疑是个例外。当他穿着一件较小的长袍来上课时，那件长袍简直就是鼓足了气的气袋。他讲课的特点是说得快，写得快，擦得快，心手

---

① 杨振宁：《读书教学四十年》，见《读书教学四十年》，114页，香港，三联书店，1985。

② 参见张曼菱：《西南联大人物访谈录》，43页，昆明，云南教育出版社，2007。

③ 同上书，62页。

④ 参见吴大猷：《回忆》，40页、41～42页，北京，中国友谊出版公司，1984。

> 迟钝者，实在颇有望洋兴叹之感。下课钟响了，吴先生总是继续守住岗位，孜孜不休，每每延迟到下一堂钟声响了为止。吴先生据说是物理系最渊博的一位，正因为如此他即将与华罗庚先生远渡重洋一探原子弹的秘密。他是北大教授，在联大曾开过的课程有电磁学，近代物理，理论物理，量子力学等。①

受作家笔墨的影响，很多人误以为，西南联大的理科教学很认真，文科则很随意。汪曾祺《西南联大中文系》称："中文系似乎比别的系更自由。工学院的机械制图总要按期交卷，并且要严格评分的；理学院要做实验，数据不能马虎。中文系就没有这一套。……联大教授讲课从来无人干涉，想讲什么就讲什么，想怎么讲就怎么讲。刘文典先生讲了一年庄子，我只记住开头一句：'《庄子》嘿，我是不懂的喽，也没有人懂。'他讲课时东拉西扯，有时扯到和庄子毫不相干的事。倒是有些骂人的话，留给我的印象颇深。"②与此相呼应的，是何兆武的《上学记》。在"自由，学术之生命"节，何也谈及联大教师讲课之绝对自由③。文科教授本来就是个性强、逸事多，加上回忆文章多挑好玩的讲，后世读者容易被误导，以为联大生活全都是《世说新语》般的文人趣味。

联大教授讲课确实很自由，但我认同校史编者的说法："联大对

① 《联大教授》，西南联大除夕副刊主编：《联大八年》，178页，昆明，西南联大学生出版社，1946。

② 汪曾祺：《西南联大中文系》，见《精神的魅力》，77～79页，北京大学出版社，1988。

③ 何兆武：《上学记》，107～113页，北京，三联书店，2006。

基础课的要求是非常严格的"[1]。李凌在追怀联大中文系副教授余冠英时，有这么一段话：

> 有意思的是，有的教授在北平时有点所谓名士派头，如懒得看卷子，凭印象打分数等，到昆明后，艰苦环境却把这点"名士派头"磨掉了。学校对教授的要求也是严格的，对其言行有损为人师表形象的教师，即便是名教授，也要解聘。教授的教学都很认真，所有教授不管多么有名气都亲自给本科生讲课。可以说，没有一个不上课的教授，许多名教授还亲自给大一的新生上基础课。有的课程由于比较冷僻，或因其他原因，选修的学生很少，但即使只有一个学生，教师也非常认真地教课。[2]

可与这段回忆文字互证的，是 1942 年暑假后朱自清讲授"文辞研究"这门课程。据季镇淮称："听课学生只有二人，一个是王瑶，原清华中文系的复学生；另一个是我，清华研究生。没有课本，上课时，朱先生拿着四方的卡片，在黑板上一条一条地抄材料，抄过了再讲，讲过了又抄，一丝不苟，好像对着许多学生讲课一样。王瑶坐在前面，照抄笔记；我坐在后面，没抄笔记。"[3]

与今日中国大学拼命发展研究院不同，西南联大真正得意之处在

---

① 参见西南联合大学北京校友会编：《国立西南联合大学校史》，70 页，北京大学出版社，1996。

② 李凌：《余冠英老师回忆联大》，见西南联合大学北京校友会编：《笳吹弦诵情弥切》，32 页，北京，中国文史出版社，1988。

③ 季镇淮：《纪念佩弦师逝世三十周年》，见《来之文录》，433 页，北京大学出版社，1992。

本科教学。这些受过良好训练，深受联大精神熏陶的本科生，日后因缘际会，或出国继续深造，或在实践中自己探索，逐渐成为一代名家——这或许是西南联大留给我们的最为深刻的教诲。

五、“人和”的另一面

抗战中各大学内迁的路线，并不是事先规划好的，都是随机应变。回避战火之外，还得考虑迁入地的交通、物产、民情、文化传统、政治氛围等。大学与地方之关系，有的顺风顺水，有的磕磕碰碰，这些都严重制约办学的效果，更影响日后校友们的追忆。长沙临时大学之所以西迁昆明，主要看中的是其优越的地理位置：“昆明地处西南边陲，距抗日战争前线较远，可以有比较稳定的学习环境；有滇越铁路、滇缅公路可通国外，图书仪器进口比较方便，可以较便利地了解国际学术和科研发展的动态。”①此外，云南省主席龙云与蒋介石的矛盾，也是常被提及的因素。当年的昆明，意识形态上不太受中央政府控制，只要不直接反龙云，师生们的思想表达是比较自由的（包括游行、贴标语等）。因此，谈论西南联大的成功，必须把云南的因素考虑在内。

为了论述思路的完整，除了指出昆明在战时优越的地理环境，还得兼及“天时”与“人和”。就先从昆明的气候说起。宗璞的长篇小说《东藏记》是这样开篇的：

> 昆明的天，非常非常的蓝。……蓝得丰富，蓝得慷慨，蓝得

① 参见西南联合大学北京校友会编：《国立西南联合大学校史》，96页，北京大学出版社，1996。

澄澈而光亮，蓝得让人每抬头看一眼，都要惊呼，哦！有这样蓝的天！

奇妙蓝天下面的云南高原，位于云贵高原的西部，海拔两千左右。高原上有大大小小的坝子一千多个。这种坝子四周环山，中部低平，土层厚，水源好，适合居住。昆明坝可谓众坝之首。昆明市从元代便成为云南首府。在美丽的自然环境中，出了些文武人才。一九三八年一批俊彦之士陆续来到昆明，和云南人一起度过了一段艰难而又振奋的日子。①

作为公元1938年来到昆明的"俊彦之士"蒋梦麟，日后撰写《西潮》，第三十一章"战时之昆明"，有对昆明气候的详细描写：

昆明四季如春，夏季多雨，阵雨刚好冲散夏日的炎暑。其他季节多半有温煦的阳光照耀着农作密茂的田野。

在这样的气候之下，自然是花卉遍地，瓜果满园。甜瓜、茄子和香橼都大得出奇。老百姓不必怎么辛勤工作，就可以谋生糊口；因此他们的生活非常悠闲自得。初从沿海省份来的人，常常会为当地居民慢吞吞的样子而生气。但是这些生客不久之后也就被悠闲的风俗同化了。②

---

① 宗璞：《东藏记》，1～2页，北京，人民文学出版社，2001。

② 蒋梦麟：《西潮》，173页，台北，世界书局，1962。

这一四季如春的气候，给联大师生的日常生活带来很大方便①。至于云南人基于此气候而形成的生活习惯和文化传统，更是给联大师生留下了深刻印象。几十年后接受采访，任继愈称“我很喜欢云南的民风，人民的风情非常的朴实”；费孝通则表彰云南是多民族的地区，丰富多彩，“性格像山茶花一样的美”②。

不仅联大师生，所有内迁大学的师生，多年后都会对当地表达感激之情。如著名遗传学家、原浙江大学生物系教授谈家桢在《难忘的岁月》中称：“可以这样说，我一生在科学研究上有一些重要的代表性论文是在湄潭写成的；我引以自豪的是在日后科学和教学中成绩斐然，独树一帜的第一代学生，也是在湄潭培养的。我们是吃了湄潭米、喝了湄江水，是勤劳淳朴的湄潭人哺育了我们。深情厚意，终生难忘。”③此乃多年后的追忆，加上是应邀撰文，难免多说好话。不妨回到当年语境，看看内迁大学是如何看待自己与当地民众的关系。

就以曾驻足云南澂江的中山大学为例。澂江距离昆明 56 公里，是个古老的小山城。中大师生员工二千余人，分散在城内城外，借用祠堂和庙宇上课。一年半后，中大奉命迁往粤北坪石，临行前，代校长许崇清发表《告别澂江民众书》：“回忆年余以前，本校员工，初客他乡。生活习惯，不无互异，幸赖各民众之热情推爱，庇荫有加，使

① 何炳棣自称“特别受到春城气候的‘恩惠’”，因患了可怕的斑疹伤寒，“据医生说，如果是在重庆等地得了此病，就会非常严重，只有在春城才能无药自愈。”参见何炳棣：《读史阅世六十年》，162～163 页，桂林，广西师范大学出版社，2005。

② 参见张曼菱：《西南联大人物访谈录》，149 页、109 页，昆明，云南教育出版社，2007。

③ 谈家桢：《难忘的岁月》，见贵州省遵义地区地方志编纂委员会编：《浙江大学在遵义》，171 页，杭州，浙江大学出版社，1990。

千里游子，于故乡沦陷之后，仓皇迁徙之秋，不致托足无方，尚能安居研读，幸何如之!”[①]接下来，当然是开列中大为澂江人民做出的贡献。与校长的表彰不同，读1941年学术新潮出版社刊行的《中大向导》(作者不详)第四章“生活三部曲”，其中有“矛盾和苦闷的两年：在澂江”，则只谈中大给予澂江的积极影响：“大学给澂江人不少的教益，澂江人一方面学会了早起、卫生、守时、灭蝇、请西医、饮滚水，他方面也学会了用旗袍、高跟、西装、革履、吃大餐、尝美味。更重要的，是他们也学会了打倒县长的技术，他们冷眼的观察，已经有了很好的经验。他们由经济到政治，由政治到文化，学会了新智能。澂江人的眼，从此张开了。”[②]

内迁大学与本地民众之间，有互惠与互助，不可避免的，也会有摩擦。单是感恩，或满足于自我表扬，都不全面。中外学者中，易社强著《战争与革命中的西南联大》设第四章“联大与云南人”，分析何以说“联大选择昆明，可算是英明之举”[③]；余斌著《西南联大·昆明记忆》(1)，属于专题性质的随笔集，其中《“被云南人驱逐出境”的李长之》《本地人与外省人》《楚图南论云南人爱听恭维及其他》三篇[④]，都涉及这个问题。

① 此文原载1940年8月13日国立中山大学离澂话别会刊行的《骊歌》，见吴定宇主编：《走进中大》，73页，成都，四川人民出版社，2000。

② 《中大向导》(作者不详)，见黄仕忠编：《老中大的故事》，87页，南京，江苏文艺出版社，1998。

③ 参见易社强著：《战争与革命中的西南联大》(*Lianda* ：*A Chinese University in War and Revolution*)，饶佳荣译，第四章“联大与云南人”，89～104页，台北，传记文学出版社，2010。

④ 参见余斌：《西南联大·昆明记忆》(1)，27～49页，昆明，云南民族出版社，2003。

谈论联大的“人和”，必须兼及内外两方面：联大内部的精诚团结，联大与云南民众之互相扶持。所有谈及联大历史的，都对“三校有不同之历史，各异之学风，八年之久，合作无间”这一点赞不绝口①。因为，性质相近的西北联大，由北平大学、北平师大、北平工学院组成，设在陕西城固地区，一年后就散伙了。为何西南联大能消除矛盾，精诚团结，这与三位校长以及众多教授的“人际关系”有关。

曾兼任联大总务长的历史系教授郑天挺，在追怀梅贻琦先生时，谈及三校之关系：

> 1941 年 4 月，清华大学在昆明拓东路联大工学院举行三十周年校庆，张伯苓校长自重庆告诉南开办事处的黄子坚说，清华和南开是“通家之好”，得从丰的庆祝。于是黄子坚在会上大作“通家”的解释，指出清华的梅校长是南开第一班的高材生。接着，冯友兰上台说，要是叙起“通家之好”来，北大和清华的通家关系也不落后，北大文学院长（指胡适）是清华人，我是清华文学院长，出身北大，此外还有其他很多人。两人发言之后，会场异常活跃，纷纷举出三校出身人物相互支援的情形。但是，几乎所有的人都感到联大的三校团结，远远超过了三校通家关系之上。②

---

① 冯友兰：《国立西南联合大学纪念碑文》，见西南联合大学北京校友会编：《笳吹弦诵情弥切》，2 页，北京，中国文史出版社，1988。

② 郑天挺：《梅贻琦先生和西南联大》，见西南联大校友会编：《笳吹弦诵在春城——回忆西南联大》，67～68 页，云南人民出版社/北京大学出版社，1986。

类似的意思，胡适在联大九周年纪念会上也曾提及①。光是三位校长和睦相处还不够，更重要的是，这三所大学战前就联系密切，教授中多有自由转换、互相兼课的，故合作起来没有任何障碍。

其实，更应该关注的，是联大师生与本地民众的生活习惯及思想文化的冲突。小品文杂志《宇宙风》上，曾这样描写昆明的街景：“这种同时表现着二个不同的世纪，尤其当一个红唇烫发高跟的女郎，与一刚由山上下来的半开化的猓族土人，用头顶着他的商品，在一条路上进行的时候，这也是由于抗战而形成的奇观吧！”②不过，很快地，昆明市民接纳了现代男女交往方式，联大学生的服饰也发生了变化。原刊1939年昆明版《战时知识》1卷12期的《西南联大的学生生活》，是这样描写联大学生的“衣着”的：“退了色的黄制服，黄制帽。天气冷了，加一件黑色棉大衣，这至少是80%的学生们一年四季唯一的服装。其次是蓝布大褂；西装就少了。”“女的浓妆艳抹形色轻佻的，大家就呼为‘妖’；男的服装奇特逾越常规的，大家便称做‘怪’；妖妖怪怪者，不过三两人耳！”③

因历史传统及生存环境不同，外地人与本省人的文化冲突不可避

① 1946年11月2日北平《益世报》刊出《梅贻琦、黄子坚、胡适在联大校庆九周年纪念会上的讲话摘要》，其中胡适谈“九年来的合作，是最高兴的一件事”：“说到三校是‘通家’时，我在美曾为全美清华同学会总会长，现在还是南开的董事。战前清华校长罗家伦是我的学生。现任北大文学院长汤用彤，理学院长饶毓泰都是南开之教授。江泽涵也是南开校友。清华教授朱自清是北大校友，诸如此类，举不胜举。”（见西南联大校友会编：《笳吹弦诵在春城——回忆西南联大》，514页，云南人民出版社/北京大学出版社，1986）

② 慕文俊：《联大在今日》，载《宇宙风》，第94、95期合刊，1940年6月。

③ 何期明：《西南联大的学生生活》，见西南联合大学北京校友会编：《笳吹弦诵情弥切》，368页，北京，中国文史出版社，1988。

免。1939年1月12日至23日，中央大学教授刘节从上海转香港、河内到达昆明，十二日间，先后拜访或会晤陈寅恪、徐森玉、吴文藻、闻宥、徐旭生、傅斯年、罗常培、姚崇吾、毛子水、浦江清、吴晗、罗庸、梁思成、张荫麟、钱穆、陈梦家、吴宓、王力、李济、梁思永、顾颉刚、董作宾等，这些都是联大、云大以及中央研究院学者（多为刘节读清华国学院时的师友），在交流学问的同时，也涉及各自对云南及昆明的印象。刘离开昆明当天的日记，某种程度折射出当时西迁学者的普遍看法：

> 余至云南共十二日，于昆明一带之天气最为爱好，其近郊风景亦自成天趣。惟于此间习惯风俗及土人之秉性大不同情，昆明人不论士农工商，早起甚晏，早上十二时以前商店开门者不及二三。土人十之五六皆有烟瘾。人民懒惰，而自视甚高，既无大智慧，又不愿纳善意，排外之性高于一切。如此人民，与外来优秀之士相处日久，当难逃优胜劣败之原则也。①

幸亏这日记是半个多世纪后才发表，要是当初公开刊出，作者很可能像撰写《昆明杂记》的李长之那样被当地人围攻，乃至“落荒而逃”。

批评云南人及云南文化，这话必须是本地人讲才合适。云南大学文史系教授楚图南是云南文山人，对云南人自身局限性有清醒的认识，面对联大进驻后本省人和外省人的文化冲突，主张“批判底接受一切”。楚图南称：“我们只要看看来到云南的学者名流，对于云南的批评，总是冠冕堂皇的一套恭维，如云南天时气候如何，人民性质如

① 刘节：《昆明十二日》，载《万象》，2007年第10期。

何，社会秩序如何之类。照他说来，云南真好象是天堂一样了。我以为这若不是对云南人的一种侮辱，也就是对云南人的一种欺骗。”楚文强调对人的尊重和学术的宽容，大胆接受外来文化，以便“使云南文化能够加速度地度到一个新阶段”①。

作为云南人，不能自欺欺人，要勇敢地面对挑战；而作为外来者，必须真诚地承认云南人民为西南联大作出了巨大贡献。蒋梦麟在《西潮》中称：“昆明人对于从沿海省份涌到的千万难民感到相当头痛。许多人带了大笔钱来，而且挥霍无度，本地人都说物价就是这批人抬高的，昆明城内到处是从沿海来的摩登小姐和衣饰入时的仕女。”②而郑天挺的《滇行记》也有翔实的记载：“我们大队师生来到蒙自，轰动了整个县城，该地商人遂乘机提价。原来在长沙时，学生包饭每月仅5元5角，且午餐晚餐可三荤二素。及至蒙自，商人却将学生包伙提至每月9元，且菜为一硬荤、二岔荤(肉加菜)、二素，教师包伙每月12元。是时云南本地各局之三等办事员，月薪不过12元(滇币120元)，而教职员一月之伙食费已与该地职员一月收入相等，这不仅增加师生负担，也觉得愧对当地父老，于是初议未谐。”③

沿海城市与内陆地区民风之所以不同，与历史传统有关，也与经济发展水平有关。早起晚起、准时不准时，还有商店开门时间等，都与此有关。昆明所处的地理位置，使其开化较晚，文化传统不太雄

① 参见楚图南：《云南文化的新阶段与对人的尊重和学术的宽容》，此文初刊《动向》创刊号，收入作者散文集《刁斗集》(文通书局，1943)，见《楚图南文选》，627～628页，北京，中共党史出版社，1993。

② 蒋梦麟：《西潮》，173页，台北，世界书局，1962。

③ 郑天挺：《滇行记》，见西南联合大学北京校友会编：《笳吹弦诵情弥切》，329页，北京，中国文史出版社，1988。

厚；但也正因为比较闭塞，民风平和，对读书人相当尊重，西南联大方能成为主导力量。换一个民风剽悍或商品意识强的地方，联大所面对的困难将会大得多。引入大批外来人口，必定挤占本地人的生存空间，无论是联大人还是后世史家，不能居高临下，只说联大对于云南的政治、经济、文化、教育所作贡献，而不提及云南民众的抚育与支持。

六、“应叫青史有专篇”

原联大经济学系主任陈岱孙为西南联合大学五十周年纪念文集作序，称：“我们联大师生是否常有这种遗憾：西南联大只有八年(或者只有八年半……)，可惜，联大的实体已不复存在，前无古人，后无来者。”①其实，正因为西南联大早已结束，才更值得后人追怀。就好像清华国学院、无锡国专、延安鲁艺、燕京大学以及香港的新亚书院、新加坡的南洋大学，因为过早“凋谢”，所以格外凄美。倘若西南联大不解散，一直延续到今天，评价肯定没有这么高。再好的大学，也有不如意的地方。只有消失在历史深处的西南联大，冰清玉洁，白璧无瑕。我们都只记得其风姿绰约，热心谈论其如何“回眸一笑百媚生”，而很少追究其存在的缺憾。翻阅 1946 年联大学生编印的《联大八年》，你会看到很多刻毒的批评与抱怨；几十年后，这些老学生若撰写回忆录，必定是满口赞扬之声。我曾认真翻阅北大历年“纪念册”，得出一个结论：凡在校生编的，大都是批评意见；凡老校友编

① 陈岱孙：《肯定历史 放眼未来(代序)》，见西南联合大学北京校友会编：《笳吹弦诵情弥切》，北京，中国文史出版社，1988。

的，大都是温馨回忆①。两种感觉都是真实的，最好是对照阅读，方能见其真面目与真性情。

当然，西南联大有其特殊性，以南渡始，以北归终，这个故事实在太完美了。早先是“南渡自应思往事，北归端恐待来生”；后来又“国仇已雪南迁耻，家祭难忘北定诗”②。借用宗璞的系列长篇小说“野葫芦引”：《南渡记》《东藏记》《西征记》《北归记》。起承转合之间，有充分的戏剧性，但又未见抹不去的阴影。那些被迫关闭的大学，当事人壮志未酬，深感压抑；而西南联大则是以胜利者的姿态，主动解散，班师回朝，故壮志多而悲情少。

另外，西南联大的历史及精神遗产为三校师生所共有，不属于其中的任何一所大学。这样，今天的北大人、清华人、南开人，无论如何吹捧西南联大，都不会被世人讥讽。陈岱孙曾感叹：“我们有的时候是否有些把西南联大的历史神话化了?”③答案是肯定的，以老校友的回忆为主导，加上当地政府的大力策应，必定偏于溢美。更何况，今人之谈论西南联大，某种程度上是将其作为一面镜子，来观照今天

---

① 参见陈平原：《作为话题的北京大学——老北大的故事之七》，载《读书》，1998年第5期。

② 1938年6月，陈寅恪撰《蒙自南湖》：“景物居然似旧京，荷花海子忆升平。桥边鬓影还明灭，楼外笙歌杂醉酲。南渡自应思往事，北归端恐待来生。黄河难塞黄金尽，日暮人间几万程。”1945年8月10日，重庆国民政府中央电台广播了日本无条件投降的消息。陈寅恪闻知胜利消息，悲喜交集，当即赋诗一首：“降书夕到醒方知，何幸今生见此时。闻讯杜陵欢至泣，还家贺监病弥衰。国仇已雪南迁耻，家祭难忘北定诗。念往忧来无限感，喜心题句又成悲。”(《乙酉八月十一日晨起闻日本乞降喜赋》)参见《陈寅恪集·诗集》，24页、49页，北京，三联书店，2001。

③ 陈岱孙：《肯定历史 放眼未来(代序)》，见西南联合大学北京校友会编：《笳吹弦诵情弥切》，北京，中国文史出版社，1988。

的中国大学。因此，不仅仅是怀旧，更重要的是反省——反省21世纪中国的“大学之道”，到底该往那儿走。在这个意义上，联大校友发起的对于联大历史的抢救，既寄托了他(她)们的个人情怀，也日渐成为中华民族的集体记忆。

“西南联大”之成为热门话题，是最近这十几年的事。最早描述联大生活的书，当属1946年西南联大学生出版社刊印的《联大八年》①。此后的四十年，几乎没有什么动静；有一部长篇小说《未央歌》(鹿桥著)，但也只是在台湾及香港流行。一直到20世纪80年代，当年的联大学生陆续退休，加上整个环境变化，西南联大的历史记忆方才逐渐发酵。1984年西南联大北京校友会创办《西南联大北京校友会简讯》(至今已出42期)，对于凝聚校友、组织活动起了很大作用。而以下图书的刊行更是功不可没：《学府纪闻·国立西南联合大学》(台北：南京出版社有限公司，1981)、西南联大校友会编《笳吹弦诵在春城——回忆西南联大》(云南人民出版社/北京大学出版社，1986)、西南联合大学北京校友会校史编辑委员会编《国立西南联合大学校史资料》(西南联合大学北京校友会刊印，1986)、西南联合大学北京校友会编《笳吹弦诵情弥切——国立西南联合大学五十周年纪念文集》(中国文史出版社，1988)、政协四川省叙永县委员会文史资料委员会编《叙永县文史资料选辑》第13辑《西南联大在叙永》(1990)、蒙自师范高等专科学校等编《西南联大在蒙自》(云南民族出版社，1994)、西南联合大学北京校友会编《国立西南联合大学校史》(北京大学出版社，

① 20世纪六七十年代，香港神州图书公司曾影印此书，改名《抗战中的西南联合大学》。可惜该书印刷效果很差，若不对照原本，很多字句根本无法辨认。

1996)。至于北大、清华、南开以及云南师大四校合编的六卷本《国立西南联合大学校史资料》(云南教育出版社，1998)，对于研究者来说，更是不可多得的宝库。

20世纪80年代出版的《笳吹弦诵在春城》和《笳吹弦诵情弥切》，加上为北大校庆九十周年而编撰的《精神的魅力》(北京大学出版社，1988)，这三本书起码让我们明白，关于“大学叙事”，就体例而言，可以是历史，也可以是文学；就立场而言，可以是官方，也可以是民间；就趣味而言，可以是开新，也可以是怀旧。而这对于引领90年代中国学者及读者的“大学想象”，起了很重要的作用。

于是，大家开始换一种眼光来看西南联大的历史。联大教授的自述(如蒋梦麟的《西潮》、冯友兰的《三松堂自序》、钱穆的《师友杂忆》)、日记(如浦江清的《西行日记》，《朱自清日记》《吴宓日记》)，以及学生的追忆(如何炳棣的《读史阅世六十年》、许渊冲的《追忆似水年华》、何兆武的《上学记》)，还有小说散文(如外文系学生吴讷孙[笔名鹿桥]的《未央歌》、中文系学生汪曾祺的《泡茶馆》《跑警报》《沈从文先生在西南联大》《西南联大中文系》等散文，以及联大附中学生冯宗璞的长篇小说《南渡记》《东藏记》《西征记》)等，都陆续进入了世人的阅读视野。而张曼菱总编导、总撰稿的《西南联大启示录》(五个光盘加一册小书，北京：人民文学出版社，2003)、《西南联大人物访谈录》(音像片附同名书，云南教育出版社，2007)①，让联大故事的讲述更为“声情并茂”。至于研究著作，除了本文引述的，值得推荐的还有谢

① 经过六七年的采访，张曼菱手头保存有100多位联大人物的原始录像资料，剪裁成9碟DVD光盘，收录的访谈对象包括朱光亚、陈省身、杨振宁、李政道、彭佩云、费孝通等21位人物。

泳的《西南联大与中国现代知识分子》(长沙：湖南文艺出版社，1998)、姚丹《西南联大历史情境中的文学活动》(桂林：广西师范大学出版社，2000)、王喜旺《学术与教育互动：西南联大历史时空中的观照》(太原：山西教育出版社，2008)。

先是老校友，后是教育史家，接下来变成一个全民参与的“历史记忆”。联大之所以能吸引大众的关注，不仅仅是闪光的数字，更重要的是动人的故事。经过四十年的遗忘，二十年的发掘，如今恰到好处，该是西南联大“风光”了。大家都在追忆、凭吊那所充满神奇色彩的“大学”，问题在于，从何入手最为合适。

1983 年西南联大北京校友会成立，联大中文系教授王力作《缅怀西南联合大学》：“卢沟变后始南迁，三校联肩共八年。饮水曲肱成学业，盖茅筑室作经筵。熊熊火炬穷阴夜，耿耿银河欲曙天。此是光辉史一页，应叫青史有专篇。”①毫无疑问，西南联大肯定是“青史有专篇”的，问题是在什么“史”上——是政治史、教育史，还是思想史、学术史？

西南联大的遗址在今天的云南师范大学校园内。1982，校方在联大遗址建立了“一二·一运动纪念馆”，2004 年又在此纪念馆附设了“国立西南联合大学纪念馆”。十多年前，我曾批评《北京大学校史》，称大学史的写法不该是“学生运动”加挂一点“教学与研究”，引起了很大争议②。几年前，我撰文分析“清华国学院”的崛起，直言这是一个移步变形的过程：“最近二十年，在清华，流行着三套话语，对应着

① 王力：《缅怀西南联合大学》(手迹)，见《笳吹弦诵在春城——回忆西南联大》，卷首插页，云南人民出版社/北京大学出版社，1986。

② 参见陈平原：《大学史的写作及其他》，《读书》，2000 年第 2 期。

三个故事系统：第一，作为革命话语的闻一多和朱自清的故事；第二，作为学科体制的‘清华学派’；第三，作为学术精神的清华研究院。”①同样道理，总有一天，我们会倒过来：应该是“校史馆”附设“一二·一运动纪念馆”，这才顺理成章。

西南联大不是一所一般的大学，从教育史、学术史、思想史、文化史乃至政治史入手深入探究②，都能有精彩的发现。读文学的常说，有一百个读者，就有一百个哈姆雷特。谈论中国大学，自然也不例外。面对日渐被“神话”的西南联大，我的态度颇为骑墙：既欣喜，又惶惑。没错，作为战时中国的最高学府，西南联大在极其恶劣的环境中，取得如此业绩，实在让人振奋。可我担心，一次次充满激情与想象力的“述说”，是否会熨平无数“伤疤”与“皱痕”，将九年艰苦卓绝的“联大”之路，化简为一个个激动人心的励志故事？但愿这只是我多虑。

附记：笔者曾就此题，在杭州“浙江人文大讲堂”(2007年12月15日)、上海大学(2008年12月10日)、海南大学(2009年1月5日)、(台湾)政治大学(2010年12月23日)、北京大学(2011年2月28日)做专题演讲，现综合五讲而成文。2011年9月12—19日修订于香港中文大学客舍，10月4日定稿。

---

① 参见陈平原：《大师的意义以及弟子的位置——解读作为神话的“清华国学院”》，《现代中国》，第六辑，北京大学出版社，2005。

② 我同意易社强的说法：“之所以有必要从历史学的角度研究联大，是因为它在20世纪中叶的中国知识史、文化史和政治史上占据了至关重要的地位。”参见易社强著：《战争与革命中的西南联大》(*Lianda : A Chinese University in War and Revolution*)，饶佳荣译，3页，台北，传记文学出版社，2010。

我们需要什么样的大学*

——《大学何为》之一

关于大学，有三种提问方式：为什么需要大学？这几乎不必要讨论；怎么样办大学？那光说不练不行；需要什么样的大学，这还差不多，此话题可以讨论，也大有深究的必要。世界上的大学，千差万别，不是命定如此，更不是别无选择。恰恰相反，大学办成什么样子，是一个时代、一个民族主动选择的结果。有外部条件的限制，但主观上的努力同样很重要。今天中国的大学之路，到底该怎么走，仍在探索，还有商量余地。正因为没有完全定型，存在着多种可能性，这才更值得诸位去体贴、关心、介入。

一、媒体中的大学

大学受到世人如此高度关注，这也是中国特色。这种

---

* 此乃作者2005年8月5日在中央电视台“双周论坛”（北京）以及2005年8月8日在教育部教育发展研究中心主办的“大学精神、大学理念与校园文化”研讨会（成都）上的专题演讲，前五节初刊《书城》2005年9期，第六节刊《书城》2005年12期，收入《大学何为》（北京大学出版社，2006年）。

关注，最终落实在媒体上关于大学的集中报道。高考不用说，几乎是全民总动员，每年上演的，是同样的节目，可公众百看不厌。从试卷的押运、考场的周边环境、考试那几天的气温、考场外家长的焦急等待，还有交通警察如何维护秩序、警车运送走错路的考生等，诸如此类的动人故事，每年都有。接下来的是教师阅卷、有关部门公布录取分数线以及各名校在本省市招生的名额等；再接下来是有人欢天喜地，有人唉声叹气，学界开始争论考不上重点大学的学生有没有必要复读、选择民办大学前途如何、小留学生出国是否合算；再再接下来，该轮到贫困生能否上得起大学、高考状元有无奖励、各省市录取分数线悬殊是否公平等。你看，新生还没入学，“故事”已经讲了一大堆。这还只是例行公事，平日里更多突发事件。如研究生录取作弊，学术著作抄袭，还有老教授的新婚姻等一系列问题，都可能成为极好的社会新闻，出现在报纸的任何一个版上。我说“任何一个版”，是有所指的。以前大学新闻主要在教育版上露面，现在神出鬼没，无所不在，可以是政治、科技、法律，也可以是经济、体育、娱乐。

大学成为公共话题，吸引了众多的研究者，我也不例外。偶尔出镜，但更适合于专业著述或报刊文字。喜欢谈论大学话题，以致有时被介绍为“大学史专家”。这属于“美丽的错误”。因为，我的本行是文学史研究，“文学史”与“大学史”，形近而讹。我始终称，自己是大学研究的业余爱好者，是 amateur，“爱美的”。五四时期，陈大悲等介绍西洋的业余演剧，并在中国提倡“爱美剧”，用的是英文 amateur 的音译。中国的教育问题，关系重大；有权利且有义务谈论此话题的，不仅仅是教育部官员或教育学专家，而应该是每一个关心社会发展的知识分子。实际上，这些年来关于教育问题的讨论相当活跃，跟一大批业余爱好者的介入有关。

大学之所以成为社会热点，外在原因是：第一，百余年来，现代中国的政治体制、学术发展、经济及法律环境的形成，都跟大学有着千丝万缕的联系。时至今日，大学对于中国社会进程的巨大影响，一般人都能看得很清楚。第二，由于连年扩招，高等教育已经大众化，大学的是是非非，牵涉到千家万户。你别看他是个卖菜的，只有小学程度，可他的孩子读了研究生，他同样有兴趣关心大学里的事情。第三，传媒人大多受过大学教育，他/她们的兴趣决定了大学可以成为社会新闻。第四，大学教授日渐明星化，其中的佼佼者，收入不如体育或娱乐明星，但也有不少坚定的“粉丝”，其言谈举止同样具有新闻价值。

更重要的是内在原因：第一，中国的大学体制及教育方式有问题；第二，跟其所处的社会环境一样，中国大学也在转型；第三，正因为有问题，在转型，具备往各个方向发展的可能性，公众才有批评及建议的热情。最后一点同样不该忽视：大学话题不属于“禁区”，虽有些言不尽意，总比以前捂着盖着好多了。

有一个疑问，如此局面的形成——即大学经常在媒体中露面，有无大学自身炒作的成分？应该说，不能完全排除这个因素，尤其是著名大学五十大庆、百年校庆前后，总有大量宣传味道十足的连续报道。还有，需要抢夺生源的民办大学，比如吉利大学、西安翻译学院等，都有很成规模、带有明显广告色彩的长篇通讯。不过，一般情况下，关于大学的新闻，大多是媒体主动选择的结果。我问过北大宣传部长，媒体喜欢谈论北大，是不是你们故意营造的？他说，校方很少主动出击，大都是媒体找上门来的。原因是，请神容易送神难，人家不一定按照你的意图来报道，太积极，很容易弄巧成拙。别的学校我不懂，以北大的情况而言，太多的媒体关注，太多的新闻报道（包括正面与负面)，不是好事情。大学发展有其内在规律，不该过分受制于政府决策以及社会舆论。

你到国外看看，人家的大学校园，比我们宁静多了。没有那么多喧嚣，没有那么多关爱，也就没有那么多在媒体上抛头露面的机会。传媒关注当下，需要热闹；大学追求久远，必须冷静。各有各的趣味，走得太近，在我看来，不是好事情。不针对具体的学校或媒体，我说的是整个社会氛围，即过分看重曝光率。几年前(2001)，清华大学曾做出规定：在中央电视台和凤凰卫视上做专题节目，可以得10分；这等于在非核心期刊发表5篇论文，或者在国内重点学术期刊发表一篇论文。这个规定引起很大争议，后来偃旗息鼓了。但我也听到另外的声音，比如一所著名大学的校长告诉我，他们学校不缺学业专深的教授，就缺这种能在电视上“侃”的；可能的话，他们也想找几个知名度高、经常在电视上露面的，不用写论文，只要每回出镜时打上“某某大学教授”就行了。这也是一个思路，等于给学校打广告。

办一流大学很难，需要社会的热情鼓励，需要大学中人的艰辛跋涉，需要积累，需要冲刺，而且还不一定成功；并非媒体上露面最多的，就是最好的学校。媒体代表公众的趣味，其关注大学，自有理由；大学必须有自己的立场、自己的目光与襟怀，

如何看待媒体中日益张扬的大学形象，尽可见仁见智；但无法否认的是：第一，校园里的一举一动，很可能牵涉整个社会，连北大清华对进入校园的旅行团收费都可能引发热烈争论，你就可想而知。第二，转型期中国所有的社会问题，好的坏的，通通折射到大学校园里，大学不是世外桃源，围墙早就形同虚设。第三，所谓大学适应社会发展需要，不能简单理解为“订单式服务”；将大学全都推向市场，不是好主意。

二、从教育大国到教育强国

关注中国教育的人，大概都会承认这么一个事实：中国是教育大国，但不是教育强国。很多人注意到，2004年中国高等教育毛入学率19%，高等教育规模已经超过美国，跃居世界首位。据统计，2004年全国普通高校共录取新生420万人，比上年增加近40万；2005年招生未见权威统计数字，只知道还在增加。目前全国各类高校在校生总数超过2000万。2000万！这已经是一个欧洲中等国家的人口总数。这你就能明白，为什么关于"大学"的新闻与旧事，能成为公众热切关注的话题。

与此相对应的，是另一则报道：日前，温家宝总理到医院看望科学家钱学森，病榻上的钱先生坦诚建言："现在中国没有完全发展起来，一个重要原因是没有一所大学能够按照培养科学技术发明创造人才的模式去办学，没有自己独特的创新的东西，老是'冒'不出杰出人才。这是很大的问题。"①专家们于是纷纷为中国大学把脉：有说问题在于只顾数量不问质量，有说毛病出在只讲技术没有文化，还有的认定是推崇专家蔑视通才惹的祸，等等。我则读出另外的意味：一个全世界大学生人数最多的国家，居然"没有一所大学"能冒出"杰出人才"，这太可悲了。可见中国离"教育强国"还很远。请注意，钱学森用的是全称判断，声名显赫的北大清华，也在其批评之列。

当然，关于中国大学的声誉，还有另外的说法。记得是去年十一

① 《温家宝看望文学家季羡林和科学家钱学森》，载《京华时报》，2005年7月31日。

月，报纸上刊出《泰晤士报》大学排名，北大居然名列第十七。① 在我看来，这个排名所肯定的，不是北大的科研成果，而是中国在变化的世界格局中所具有的地位。中国在崛起，在全球事务中发挥越来越大的作用；学者们在关注中国的同时，也开始关注中国的高等教育。这就有意无意地提高了中国大学的学术声誉。对于这个排名，北大当然高兴，校方网站上当即转载。可此举马上受到批评。我们系一个教授，在第一时间给校长写信，称不该看重此类排名，应该有自己的立场，走自己的路。校方还算冷静，到此为止，不再宣传。

就学术实力而言，学界普遍认为，北大清华只能排在二三百，进不了前百名。当然，如果带进学术声誉以及实际影响力，那又是另一回事。在北大百年校庆期间，我说过一句很有名的“大话”：就教学及科研水平而言，北大现在不是、短时间内也不可能是“世界一流”；但若论北大对于人类文明的贡献，很可能是不少世界一流大学所无法比拟的。因为，在一个东方古国崛起的关键时刻，一所大学竟然曾发挥如此巨大的作用，这样的机遇，其实是千载难求的。我想说的是，大学排名取决于文化背景及理论设计，即便是国外很有影响的排行榜，也都各有其长处，也各有其盲点。说你十七，没什么好得意的；说你两百，也不必要丧气。

说这些，是有感于现在中国的大学校长，大都有理想，想做事，而且是做大事。这么一种积极向上的志趣，如果没有辅以脚踏实地的实干精神，很容易变成花拳绣腿，热衷于做表面文章。明白办大学、办好大学、办第一流大学很不容易，以平常心看待中国大学的进步，

---

① 《〈泰晤士报〉推出最佳高校排名，北大跻身全球前 20 名》，载《中华读书报》，2004 年 11 月 10 日。

不提过高的标准，更不要拿排名、获奖说事。

国际上的大学排名，就好像诺贝尔奖，应该尊重，但不该过分推崇。前几年，有个剑桥大学的博士生，跑来北大跟我谈了好几次，她的论文选题很有意思：如何看待中国人的诺贝尔情结。几十年了，文学界老是絮絮叨叨，埋怨为什么没有中国人获奖。有讥讽评奖委员会的“傲慢与偏见”，有说问题出在译本上，有称谁谁谁不死早就得奖了，还有人努力讨好委员会中唯一懂中文的马悦然。那年在香港，看马悦然先生比比划划，说有那么多作家给他寄新书及书稿，希望他翻译并推荐给诺贝尔评奖委员会，引起在场人士的哄堂大笑，真的，我很难受。前两天看傅光明写的《老舍差点获诺奖，一个神话?》，辨析一件流传很广的传说：1968 年颁发给日本作家川端康成的诺贝尔文学奖，原本是准备颁给老舍的；获悉其已在两年前跳湖自杀，只好换了另一个东方人。这传说破绽很多，但流传甚广，逼得马悦然前几年出面公开否认：最有可能获奖的是沈从文，1987 年进入终审名单，1988 年再次进入终审名单，如果不是刚好那年去世，极有可能在十月获奖。[①] 结果怎么样？大家吵来吵去，吵了大半天，最后是法国籍的中国作家高行健获奖了。中国作协随后发表的声明，在我看来，很不得体。

自然科学奖大概不会这样，不管是大陆的、台湾的，拿美国护照、德国护照的，只要是华人获奖，我们都该祝贺。当然，最好是在大陆工作的科学家获奖。但获不获奖，带有某种偶然性；我看中科院院长说十年内获奖，直捏一把汗。不是说不可能，而是将评价标准定

---

① 傅光明：《老舍差点获诺奖，一个神话?》，载《社会科学报》，2005 年 7 月 21 日。

在这里，不太合适。

毫无疑问，中国的科学技术，必须做大做强，但这需要一个过程，而且，最好是水到渠成，切忌用搞运动的方式来提奖学术。前几年，北大为了发展文科，春天开动员大学，秋天开表彰大学，我戏称为“春种秋收”。用心很好，但效果并不佳。学问不是领导鼓鼓劲，就能马上上去的；除非你事先安排好，否则，不可能立竿见影。

学术讲究积累，单有个别天才不够，还需要一大堆学术上的台阶，不可能一蹴而就。常见学生们追问，我们什么时候才有自己独立的理论体系？不想学走路，就想着百米冲刺，破世界纪录，这样的心态，很普遍。一开始，我会表扬他们“雄心壮志冲云天”；现在，反过来，我批评他们“自私”“偷懒”。尽想着破纪录后的鲜花与掌声，不愿意做铺路石。一代人，不，几代人中，摘取科学桂冠的，就那么几个。其他人的工作，很可能只是在“铺路”。不否认学问是在不断推进，但大都是点点滴滴的进步；积少成多，终于有一天达成“科学的革命”。这样的学术史观，现在似乎被颠覆了；你看媒体上的报道，每天都有激动人心的突破。唯一不明白的是，如果只是各领风骚三五天，这“填补空白”也就太容易了。

老一辈学者讲话严谨，甚至可以说是木讷，这不妨碍我们对他们的尊敬。现在不一样了，新一代学者大都变得伶牙俐齿，能说会道。不能说没有努力过，可很明显，说的远比做的好。这不是个人性格问题，而是学术制度造成的。都说近年中国学界十分浮躁，为什么？在我看来，最大原因是各种冠冕堂皇的学术评奖。我承认“重奖之下，必有勇夫”；但不太相信评审之举，能长学问。对于人文学者来说，独立思考的权力、淡定读书的心境，以及从容研究的时间，是最为重要的。印象里，评奖最多的，是那些容易做假的行业。越是不自信，越是质量没保证，越需要各种奖项来“保驾护航”。

得出三个小小的结论：第一，中国大学要想成为世界一流，任重道远；第二，提升中国学术水平，不能急火烧心，更忌讳乱吃补药；第三，过多的规划、检查与验收，过于频繁的学术评奖，不利于学术的发展。

三、大学需要“学问”，更需要“精神”

1931年出任清华大学校长的梅贻琦，其《就职演说》中有一段话，近年常被引用：“所谓大学者，非谓有大楼之谓也，有大师之谓也。”大楼与大师，代表着办学的两大支柱：金钱与学问。这两者都很重要，只不过世人偏重看得见的大楼，梅贻琦这才有必要强调大师的重要性。某大学校长为了表示自己看问题更全面，提出：我们既需要大师，也需要大楼。这是废话，梅贻琦主持清华时，也没说过不盖大楼。

这个话题，我想略微拓展。当我们谈论“大师”对于“大学”的重要性时，主要关注的是学问。可大学除了博大精深的“学问”，还需要某种只可意会难以言传的“精神”。在某种意义上，这些没能体现在考核表上的“精神”，更能决定一所大学的品格与命运。

在《大学排名、大学精神与大学故事》一文中，我提到自己不喜欢“北大精神”“中大精神”这样的提法，理由是：

> 不相信有凝定不变的大学精神。如果说真有“北大精神”“中大精神”的话，那也是经由一代代师生的努力，而逐渐积累起来的。只要大学存在，她就永远只能是一个未完成时——有大致的发展方向，但更需要一代代人的添砖加瓦；而后人的努力，必定

对原有的方向有所修正。所以，我更愿意说大学传统，她比大学精神更实在些，也更好把握。而且，一说传统，大家都明白，那是在培育过程中的，是没有定型的，还在不断发展。①

这么说，并非认定大学可以没“精神”。相反，我特别看重一所大学由于历史原因以及一代代人的努力凝聚而成的某种特殊品格。我只是反对将这种“精神”凝固，或者落实为校训，或者演变成为口号。

北大人喜欢引用鲁迅的话：“北大是常为新的，改进的运动的先锋”。这么引，其实有问题；此话还有前言后语，不该被省略。1925年12月，北大学生请鲁迅为校庆二十七周年写文章，鲁迅于是写了这则《我观北大》，其中有这么一段：

既然是二十七周年，则本校的萌芽，自然是发于前清的，但我并民国初年的情形也不知道。惟据近七八年的事实看来，第一，北大是常为新的，改进的运动的先锋，要使中国向着好的，往上的道路走。虽然很中了许多暗箭，背了许多谣言，教授和学生也都逐年地有些改换了，而那向上的精神还是始终一贯，不见得弛懈。②

即便是校庆征文，只能说好话，鲁迅也说得很有分寸：“近七八年”，也就是1917年新文化运动兴起以来，这所大学很有成绩。至于此前

① 陈平原：《大学排名、大学精神与大学故事》，载《教育学报》，2005(1)。

② 鲁迅：《我观北大》，见《鲁迅全集》，三卷，158页，北京，人民文学出版社，1981。

怎么样，我不晓得；以后命运如何，那就更无法预测了。

又过了七八年，鲁迅给台静农写信，谈及昔日《新青年》同人，对钱玄同的“夸而懒，又高自位置”以及刘半农的喜欢“摆架子”，有很尖刻的批评。接下来的那句话，更是要命：“北大堕落至此，殊可叹息，若将标语各增一字，作‘五四失精神’，‘时代在前进’，则较切矣。”① 1933年的北京大学，是否真的像鲁迅说的那么不堪，这里暂不深究；我只想指出，鲁迅对北大的评价，并非“一以贯之”。还有，鲁迅谈论某所大学的功过得失时，不怎么考虑其科研成果，特别看重的，是其是否“失精神”。

熟悉北大校史的人都知道，1931年起，蒋梦麟正式主持校政，采取一系列措施，包括公布组织大纲、实行教授专任、规范课程设置、扩大研究院，以及借助中华文化教育基金董事会的拨款推动科学研究。那些年，北大在学术上是有明显进步的。为什么鲁迅谈及他曾经工作并热情表彰过的北大，会如此痛心疾首？

当然，鲁迅是文学家、思想家，不是教育史家，评价大学时，不考虑专业成绩，而用无法量化的“精神”来说事，显得有些“粗枝大叶”。可换一个角度，大学不仅生产知识，还影响社会，1930年代的北京大学，确实不像五四新文化时期那样引领全国思想文化潮流。尤其让鲁迅不能容忍的是，当年的新文化闯将，如今都功成名就，成了掌握生杀大权的“学阀”，对青年人的态度很不友善。鲁迅对“北大堕落”的慨叹，从教育史上看，是不准确的；可它提出了一个重要命题：如何评介一所大学的精神风貌。

只要稍微接触现代中国教育史，肯定会被西南联大的故事所深深

① 鲁迅：《致台静农》，见《鲁迅全集》，十二卷，309页。

吸引。抗战时活跃于大后方、肩负起中华文化复兴伟大使命的西南联大，可以说是中国教育史上的一大奇迹。在如此艰难的状态下办学，竟然意气风发，教授们出成果，学生中出人才。近年出版的六卷本《国立西南联合大学史料》，以及众多关于西南联大的书籍，读了让人感动。除了具体的学术上的业绩，最让我们怀念的，还是西南联大师生那种百折不回的精神状态。

西南联大的情况，大家比较熟悉；下面这个小故事，估计比较生疏。半个世纪前，陈六使与新马华人共同集资，在新加坡创办了海外第一所华文大学——南洋大学。从开办到合并，二十几年间，南洋大学始终伴随着激烈的争议，其中困扰着他们的，是政府主持的一系列学术评鉴。1970 年 8 月，李光耀总理应南洋大学历史学会之请，做《南大与我们的前途》专题演讲，其中提到，南大创办的最初几年，出现很多非常优秀的学生；“很矛盾的，现在南大的师资和教学水准虽已提高了，但特出的学生却没有从前那么多”。[①] 是有点奇妙，教学水平上去了，学生却不见得比以前更有出息。如何解释这一矛盾？我以为，关键在于创校初期，教授与学生全都憋着一股气，有明显的精神追求；日后走上正轨，教与学都变得平淡无奇，无论学生还是教师，都不那么有“精神”了。其实，不只南洋大学如此，古今中外很多大学，都曾面临如此尴尬的情境。

“大楼”不能取代“大师”，这是目前大家谈得比较多的；我想补充的是，“学问”不等于“精神”，办大学，必须有超越技术层面的考虑。学校办得好不好，除了可以量化的论文、专利、获奖等，还得看这所

① 李业霖主编：《南洋大学走过的历史道路》，440～444 页，马来西亚南洋大学校友会，2002。

大学教师及学生的精神状态。好大学培养出来的学生，有明显的精神印记。过去常说“教书育人”，不是没道理的。不管你是培养“英国绅士”，还是所谓的“共产主义新人”，都是把人的精神面貌放在第一位。19世纪英国著名教育家纽曼积极倡导自由教育，以心智训练、性格修养、理智发展为目标。关注的是心智，而不是专业技能，用他的话说，便是“构建概念的能力”：“这种能力是心智的科学构成的结果。这是一种习得的判断力、敏锐力、洞察力、见识力、心智的理性延伸力以及才智的自制力及沉着力。”①无论我所说的“精神”，还是纽曼强调的“心智”，都是以人为中心，注重长时段的影响，而非一朝一夕、一时一地的表现，故无法落实在各种硬指标上。

总的感觉是，目前中国的大学太实际了，没有超越职业训练的想象力。校长如此，教授如此，学生也不例外。北大学生常被批评为不谙世故，书生气太重；但在我看来，这不是什么坏事。如果大学还没毕业，已经老气横秋，像坐了十几年办公室，对所有人事均能应对自如，这其实很可怕。学生嘛，总该有点理想主义，即便不切实际，也没关系。

记得王国维的《人间词话》是这样开篇的：“词以境界为最上。有境界，则自成高格，自有名句。”请允许我套用：大学以精神为最上。有精神，则自成气象，自有人才。

四、大学的类别以及个性

最近五年，作为政府重要决策的大学扩招，影响及于千家万户，

① 约翰·亨利·纽曼著：《大学的理想》，徐辉等译，72页，杭州，浙江教育出版社，2001。

其利弊得失，必须拉开一段距离，才能看得清楚。对于如此“教育大跃进”，不少学者持严厉的批评态度。迅速扩大的招生规模，确实使得各大学师资力量减弱、办学条件恶化、教学质量下降。可另一方面，国家需要人才、百姓渴望读书，这你也不能不顾及。如何兼及学术质量与社会需求？在我看来，关键是将大学分层评价、分级管理。

当时的教育部长周济 2004 年 6 月 8 日在“985 工程”二期建设工作会议上做报告，题目为《构筑创新平台 建设优势学科 加快世界一流大学和高水平研究型大学建设》，其中有这么一段：

> 基于我国的国情，国家必须集中力量，重点支持若干所高校创建世界一流大学，支持一批高校建设高水平研究型大学，支持一大批学校建设重点学科，为现代化建设提供一流的人才和知识贡献，引领中国高等教育整体水平的提升，激励更多的高校以争创一流的精神和业绩向提高整个高等教育水平的方向前进，形成“一马当先，万马奔腾”的局面。①

这段话的大思路，我很赞成，只是想略做补充：之所以千余所大学不能齐头并进，除了钱的因素，很大原因还在于，大学应该分层。即便你有本事把中国大学都办成北大清华，也不是什么好事。缺了社区学院，或者说专科教育，你到哪里去找合格的高级技术人员或者文秘？让艺术家都来拿博士学位，让政府要员全变成兼职教授，这样的大学繁荣，不是好兆头。

---

① 周济：《构筑创新平台 建设优势学科 加快世界一流大学和高水平研究型大学建设》，载《教育部通报》第 18 期，2004。

在《大学精神与大学的功用》一文中，我曾提到以下三个问题：第一，不同国家不同类型的大学之间，不可比，没有高下之分。第二，美国的好大学，不仅仅是哈佛、耶鲁、哥大、斯坦福等，还包括那些以人文社会为主的college(学院)，像Swarthmore College、Reed College、Middlebury College、Ithaca College、St. John's College等，还有专收女生的Wellesley College、Smith College、Vassar College，都是了不起的好学校。它们不招研究生，不是没这个能力，而是全心全意经营好本科。第三，即使同是研究型大学，也要看到，大学办得好不好，关键在于有没有个性。就像写文章，能雅是本事，能俗也是本事；就怕半吊子，高不成低不就，理论、实用全都不彻底。①

目前中国的大学，一窝蜂都在争硕士点、博士点；在我看来，这是一条很糟糕的歧路。200多所博士授权学校，400多所硕士授权学校，再加上600多所学士授权学校，这只是一个动态的过程，很快就有人"升级换代"。那些只有学士或硕士授予权的学校，全都不安于现状，都在冲刺博士点，而且，不达目的，誓不罢休。

今年春天，原清华大学校长王大中发表文章，谈及中国在学博士生已达14.35万人，培养规模跃居世界前列。美国大学中每年博士学位授予数量超过700人的，只有两所；超过600人的也只有6所。而我们已有多所高校博士生招生数超过1000人，最多的甚至达到1400人。② 博士教育的快速增长，带来了一系列矛盾：首先是学术质量，其次是学生出路。科研经费少，学生数量多，你让我们的博士生怎么

---

① 参见陈平原：《大学精神与大学的功用》，载《社会科学论坛》，2005年第1期。

② 王大中：《关注博士生培养的过度教育现象》，载《文汇报》，2005年4月7日。

能出大成绩？理工科的博士生，没有课题经费，基本上是寸步难行。如此多快好省地“催生”各类博士，后果很不乐观。更严重的是，目前排队申请博士点的大学还很多，你怎么说服他们安于本科或硕士生教学的现状？

我曾经说过，民国年间最值得尊敬的大学，不是北大、清华，也不是燕京、辅仁，而是张伯苓创办的南开。为什么？相对于私立的南开大学，清华、燕京那样的国立或教会大学，可利用的资源要多得多。此外，还有一些学校同样值得表彰，比如留日学生发起创办的中国公学、蔡元培为校长的孔德学校、唐文治的无锡国专、梁漱溟的山东乡村建设研究院、晏阳初的乡村建设学院、陶行知的晓庄学校、匡互生等人的立达学园等，这些消逝在历史深处的好学校，有理想、有个性，在制度上有所创新，在精神上有所拓展，虽然没能延续下来，仍值得你永远追忆。

目前中国大学的最大缺陷，是没有个性。有人开玩笑说，中国只有两类大学，或副部，或正厅。大学没有明晰的自家面目，这样的教育布局，很让人担忧。这跟我们将大学校长作为行政领导，可以随意调换，有直接关系。党委领导下的校长负责制，是集体领导，强调制度建设，再加上教育部管得太多，各大学面目相差无几。民国年间的大学，可就不一样了：张伯苓管得好南开，但管不好北大；反之，蔡元培也很可能对付不了南开。一个有名的案例，罗家伦在清华很受气，在中央大学则如鱼得水，做出了很大成绩。大学校长的性格与才情，深刻影响着其执掌的大学。而现在，有理想、有个性、有胆识，影响一所大学发展方向几十年的校长，不能说绝对没有，但很少很少。

现在办大学，追求的是“大而全”。这当然是评比制度闹出来的，但也跟校长们的见识有关。眼看着云升云降、潮起潮落，有心人都在谈论如何“扬长”，我则反其道而行之，建议“避短”。其实，对于有理想、有才华的人来说，“避短”更难。因为他眼界高，能量大，往往把事情看得太容易了，以为真的是“天下无难事，只要肯登攀”。经过一番努力，或许他真的把事情办成了；可他不会退一步想：假如不这样做，也许成绩更大。记得蔡元培主政北大时，为合理使用有限的资源，竟然停办了工科；张伯苓办南开大学，故意不设中文系；还有唐文治舍弃上海工业专门学校（即现在的上海交大），跑到无锡来筹办“救人心”的无锡国专。所有这些，都是有所舍，才有所得。

有所舍，是为了有所得，学者如此，大学也一样。说到这里，我想起清代学术史上的一段公案。清代大学者王鸣盛有一天对戴震说，我以前很怕姚鼐，现在终于不怕了。戴震问：为什么？王的回答非常精彩：

> 彼好多能，见人一长，辄思并之。夫专力则精，杂学则粗，故不足畏也。

听完戴震的转述，姚鼐大为惊悚，当即决定舍弃词学，专攻文章，后果然以建立桐城文派而留名千古。这段逸事，是姚鼐自己说出来的，见于其《〈惜抱轩词〉跋》。

我读现代中国大学史，特别关注那些有强烈个性、晓得如何趋避、在十分不利的状态下丢卒保车，最终化险为夷的教育家。当然，日后形势变了，决策必然重新调整。但决定“放弃”那一瞬间的痛苦，以及这一决定背后的意愿与情怀，值得后人理解与体贴。我相信，对于有理想的教育家来说，高歌猛进容易；身处逆境，壮士断臂，则很难。

更可怕的是，落在你头上的，是个烂摊子。学校基础太差，根本不可能争什么一流。这个时候，能不能在低层次的大学(比如只有本科或专科)，做出令人刮目相看的成绩？谈这个问题，必须区别学校的成绩与校长的贡献。一流大学的校长，不一定就是优秀的教育家；反过来，执掌一所三流大学的，也有可能是位了不起的好校长。就像北大，不管谁来当校长，她都是国内一流。因为，国家的经费投入、教授的学术水平、学生志向以及社会认可度摆在那里，学校怎么办都不会太差，只是能不能更上一层楼的问题。相反，一所底子很薄的大学，再伟大的教育家，也不可能让其突飞猛进，短期内跻身国内甚至世界一流。

前几天读舒乙写的《苦读偶窥》，说的是北京一批知识分子，自己集资，到教育落后的河南省民权县办私立的黎阳高中。“黎阳高中的定位是三个面向：一是面向农村，二是面向贫穷，三是面向原本学习基础差的。”就像舒乙说的，“这三面向，真棒！而且独一无二。”这些基础差的农村学生，经过三年苦读，高考入学率居然高达90%(10%本科，80%大专)。主持其事的丁传陶老师很困惑——这样的“苦读”不符合他的教育观；可是能让穷人的孩子考上大学，在我看来，还是功德无量。[①] 不管是中学还是大学，能让教学条件不好，学生资质差的，照样出人才，这才是真本事。至于学校规模大小、校长级别高低，不该太在意。

① 参见舒乙：《苦读偶窥》，载《文汇报》，2005年7月31日。

五、民办大学的崛起

今天我们谈论大学，有意无意地，指的都是国立大学，而很少将私立或曰民办大学纳入视野。而这一习惯思路，在我看来，是有问题的。

或许，大家不太在意，目前中国，每十名大学生中，就有一名是在民办高校就读。而且，教育部有关负责人表示，今后几年，高等教育招生增量将主要放在民办高校中。目前政府承认学历的民办大学，全国共有239所；其中专科层次的214所，本科层次的25所。随着《民办教育促进法》的正式实施，我相信，不只现有的民办大学会有大发展，还会有不少新的企业及个人，积极投身/投资民办高等教育事业。

对于民办学校的性质、地位、宗旨与作用，《民办教育促进法》及实施条例做了明确规定："民办学校与公办学校具有同等的法律地位，国家保障民办学校的办学自主权""国家保障民办学校举办者、校长、教职工和受教育者的合法权益"。这就意味着，今后，民办大学可以根据自己的特点，在不同类型、不同层次、不同规格的平台上，与国立大学展开自由竞争。

中国的高等教育，需求量极大，既需要高精尖的专业人才，也需要贴近市场的应用型人才。原本是，你走你的阳关道，我走我的独木桥，各有各的绝招。但随着民办大学的日渐壮大，口号开始发生变化，不再满足于获得专科或本科学位授予权，有的甚至提出要办"中国的哈佛"。国立大学呢，连年扩招，专业设置不断向下延伸，已经与民办大学严重重叠。表面上看，瘦死的骆驼比马大，扛着国立大学的招牌，总能吸引到较好的考生。可如果将校园设备、教学管理、学生出路，以及办大学必不可少的雄心壮志考虑在内，像北京、西安等地那些办得有声有色的民办本科学院，其发展前景，比很多公家办的三流大学强。更重要的是，前者在崛起，前途未可限量。因此，在不远的将来，国立大学与民办大学二者之间，不可避免地会发生碰撞。若能以此为契机，在公办、民办大学之间，逐步形成优势互补、相互激励、共同提高的新局面，则可喜可贺。

如何理性地看待民办大学的崛起？我跟一些民办大学的校长有过接触，感觉上他们很像成功的民营企业家：过人的工作精力与组织才华，口若悬河、指挥若定；谈及民办大学的未来，既兴奋又焦虑，既有教育家的志趣，也有商人的精明与实际。2005 年 7 月，应陕西电视台“开坛”节目的邀请，作为主讲嘉宾，我与西安六所民办学院的校长展开对话，主要谈了以下几个问题。

首先，我不主张直接用美国及日本的例子，来推测中国民办大学的未来。鼓吹民办大学的，大都喜欢举美国和日本作为例子。众所周知，日本是私立教育主导型的国家，高等教育中，私立大学比重超过 70%。日本私立大学的大发展，是在 1970 年代，一方面是经济起飞对于人才的强劲需求，另一方面则是政府意识到私立高等教育具有某种公共性，提供部分经费补贴以及免税、减税措施，借此提高私立大学的办学水平与教育质量。日本的私立大学不仅数量多，还有若干名校，像早稻田大学、庆应义塾大学等，学术水平不比东京大学、京都大学差。在高等教育大众化的过程中，日本的私立大学扮演了重要角色；美国恰好相反，是通过增加公立大学来达成这一目标的。那是因为，美国最早成立的大学，都是私立大学。时至今日，美国私立大学系统之完善，质量之高超，天下无敌。2000 年的统计资料，美国共有私立大学 2484 所，超过全国大学总数的 50%。更让人惊讶的是，排名前二十位的大学中，私立大学占绝对优势。但是，私立大学占据高等教育的半壁江山，这不是世界教育史上的通例，比如，欧洲的情况就不是这样。美日两国著名的私立大学，运营经费相当可观，主要是接受捐赠和收取学费，此外还有中央及地方政府的财政拨款，还可以通过科学研究、经营及其他服务获取一定收入。因此，也有学者认为，“并没有真正的‘私立’高等教育这种事情”。① 而中国目前的民办大学，全靠学生学费，加上银行贷款，这样的财政状况，不可能在学术研究上投入过多，因而也就很难迅速提高教学及研究水平。

在做节目前，主持人问，能否说民办大学是改革开放的新生事物？我说不行。即便排除古已有之的私学，就算跟西方接轨的私立大学，也得从晚清说起。抗战前夕，国统区共有专科以上学校108所，其中大学42所(国立13所、省市立9所、私立20所)、独立学院36所(国立5所、省市立9所、私立22所)、专科学校30所(国立8所、省市立11所、私立11所)。② 国立与省市立属于公立；至于私立大学，则包括教会与私人所办两类。一直到解放前夕，高等教育中的公立与私立，数量大致相当。中华人民共和国成立后，情况发生很大变化。第一次全国教育工作会议决议(1949)规定，以解放区教育经验为基础，再加上向苏联学习，拓展新中国的高等教育事业。具体措施包括：组建中国人民大学、哈尔滨工业大学，改造老北大、老清华；接管教会大学，取消私立大学，大学一律改为国立；实行院系调整(1952)，保留14所综合大学，其他的改为专业院校。事后证明，这

---

① 弗兰斯·F·范富格特主编：《国际高等教育政策比较研究》，王承绪等译，406页，杭州，浙江教育出版社，2001。

② 曲士培：《中国大学教育发展史》，522页，太原，山西教育出版社，1993。

三大举措，关系重大。

中国私立大学的起步，不是1982年，这点很容易说清楚。但假如从晚清谈起，有了对照系，今天民办大学所取得的成绩，就显得不那么辉煌了。其实，中国很多名牌大学，原本都是私立的，比如复旦大学，马相伯创办于1905年，1942年改国立；厦门大学，陈嘉庚创办于1921年，1937年改国立；南开大学，严范孙、张伯苓创办于1919年，1946年改国立。声名显赫的西南联大，是由两所国立大学北大、清华，加上一所私立大学南开组合而成的。今天很难想象，才办了不到二十年，南开就有这样的学术声誉，可以和北大清华平起平坐。你可以说组建西南联大，那是抗战中的特殊举措；但当年南开的学术声誉确实很好。现在的民办大学，也有办了二十几年的，规模是上来了，可学术水平呢？

我同意这么一种乐观的估计：民办(私立)大学中，经过一番大浪淘沙，会冒出一些名校；这些名校逐渐成长，总有一天可以跟著名的国立大学相媲美。但这需要很长、很长的时间。目前中国的民办大学，仍在起步阶段，提过高的要求，明显不合适。我担心的是，形势一好转，头脑就发热，民办大学也都一窝蜂地谋求升级，以致重蹈公立大学的覆辙。刚才说了，都办成研究型大学，既不可能，也不可取。认真经营好本科或专科教学，着力培养实用型人才，没什么不好。千万别好高骛远，弄出很多花里胡哨的招数来(如20万奖学金买高考状元，或制造各种莫名其妙的排行榜)。我能理解，民办大学竞争激烈，发展艰难，可“出奇”不一定能“制胜”；再说，那也不是办学的正路。

我对目前中国民办大学的基本看法是：从培训班起步，二十年来，历尽艰辛，为国家解忧，为百姓解难，在国家没有投入一分钱的情况下，培养了许多实用型人才，对中国高等教育的大发展，做出了突出贡献。而且，在这一过程中，好些民办大学完成了自身的原始积累，拥有漂亮的校园以及基本师资队伍，初步树立起自家的品牌。如今再添上国家政策的倾斜，以后若干年，中国的民办大学，我估计会有较大的发展。而民办大学若真能大发展，对目前中国的大学体制以及思想文化状态，会产生很大的冲击。对此，我寄予很大希望。

六、“师道”有无“尊严”

不管是国立还是民办，大学校园里，师道有无尊严，以及师道能否尊严，都是个很现实的问题。

师道不能合一，是个大趋势。这是因为，作为知识载体的书籍越来越普及，求师不再是获取知识的唯一途径；进入信息化时代，获取知识的途径更加多元，包括在家自修或参加远程教学。这样一来，师在道德教诲以及知识传授中的功能，将日渐弱化。中小学还好说，踏进大学校门，独立思考的欲望与能力与日俱增，传统的“天地君亲师”，再也不能束缚住今日的大学生。

学生与老师的关系，大致有以下三种类型：尊师但不重道——管他说的对不对，你都得服从；重道而不尊师——吾爱吾师，吾尤爱真理；重道且尊师——追求真理，同时尊敬有道德有学问的师长。当然，师必自尊，而后生始尊之。启功为北师大书写校训“学为人师，行为世范”，这与传统中国“传道授业解惑”的设想，很接近。问题在于，近年大学校园老出事，于是有人危言耸听，说是“二千年的师道尊严毁于一旦”。我不同意这种说法。有些属于刑法管辖范围，比如杀人、嫖娼、猥亵小学生，这跟师道是否尊严关系不大。作为公民，无论从事哪个行业，违法必究。你要是把这跟特定职业挂钩，比如在教师大会上宣布：为了维护师道尊严，严禁嫖娼，那也太低级了。

大学乃社会的一部分，同样存在各种矛盾，包括：师生与政府的矛盾，极端的例子是“闹学潮”；以校长为代表的管理层与教师学生的矛盾；教师与教师、学生与学生之间的矛盾；最后，也是最重要的，师生之间的矛盾。师生之间不可能没有矛盾，关键在于如何协调，尽可能使其处于比较和谐的状态。

关于大学管理，我的理想是：为中才定规则，为天才留空间。至于师生关系，我的想法是：不即不离，不远不近。此前，大家较多批评师生之间如同路人，缺乏感情交流，学校只是贩卖知识，学生选课真的是 Shopping。但还有另一种倾向，很少被人提及，那就是师生之间缺乏必要的距离。

在我看来，大学校园里，教授不一定非跟学生“打成一片”不可。当班主任是一回事，如果只是教学或带研究生，没这个必要。我甚至认定，教授必须跟学生保持一定的距离。表面的威严与内心的温情，二者并行不悖。过于随和，缺乏原则性，什么事都好商量，容易使学生对师长及学问失去敬畏之心，效果并不好。上学期考试，有成绩不及格的学生打电话给我，说是“商量商量，给提提分数”。被我严辞拒绝后，学生还抱怨：怎么那么死板！

在教学评估日益严格、流行学生给老师打分的今天，还敢不敢严格要求？本科生的必修课好说，评分时，优良中差有一定的比例。选修课不一样，教师评分天差地别，有严格把关的，也有出手阔绰的。于是造成这么一种局面：听好教师的课，要差教师的学分。过分看重教学评估，很可能导致教师讲课时哗众取宠，努力去讨好学生。只问效果如何，不问程度深浅，大学的课于是越上越水。我以为，即便在大学阶段，教育仍带有某种强制性。在整个知识体系中，有些重要的关节点，不管你喜不喜欢，都必须教、必须学。哪些是主干基础课，哪些属于选修，这可以商量；但教育不是超市买菜，不能顾客说了算。学生要什么，我们就教什么，学生讨厌的，我们就淘汰——如此时尚的教育理念，实在让人担忧。

人格上平等、但专业知识悬殊的师生之间，如何保持良好的互动？中小学里，依然存在教师辱骂、体罚学生的情况，必须大讲人格平等。大学不一样，大学生有更多自主选择的权利与机遇，博士生更是勇于挑战导师的观点。去年我为北大中文系新生讲话，题目叫《同一个舞台》，说的是，两百年后，谁还知道我们之间哪个是老师哪个是学生？师生之间，有传授知识与接受教育的关系，但也是一种对话与竞争。①

不同性质的学校，对这个问题会有不同的反应。90年代初，到北大给学生开讲座，真的是胆战心惊。阶梯教室里，大门在讲台两边，座椅是翘起来的，有些学生为了表示自己很有见识，没听几句，抡起书包，走过讲台，扬长而去。但听座椅噼里啪啦，不时有人影从眼前飘过，再有经验的演讲者也会心慌。这对演讲者很不公平。后来我们说服学生，你可以不来，也可以在下面看书，但不要这样表演，得给讲课的人必要的尊重。

反过来，在一些自诩“准军事化管理”的学校——好些民办大学以此为荣，必须强调尊重学生的人格，不能辱骂，更不该蔑视，应给予学生选择学习以及自由表达的权利。把学校管得像监狱，不准外出，不让独立思考，也不给犯错误的机会，这对学生的精神成长不利。

过去为师的少，大家把“师”想得太高深了，近乎圣人；现在师多

① 参见陈平原：《同一个舞台》，载《中华读书报》，2004年9月8日。

起来，遍地都是教授，自然品类不一。只能要求教师恪守职业道德，再略有提升。说得太伟大，做不到，很容易变得虚伪；说得太渺小，跟扫马路的、卖大白菜的没什么区别，那也不行，忽略了“为人师表”的特殊性。

“师道尊严”某种程度的丧失，并非西学东渐的结果。晚清以及二三十年代，教师很受尊重。抗战是一大转折，炮火连天中，“百无一用是书生”。五十年代的思想改造，对“师道”是一大冲击；到了“文革”，更是斯文扫地。最近二十年，政府在努力，包括设立教师节，增加学校拨款等，民间的态度也开始转变，可以说，教师正逐渐捡回失去的尊严。但东部与西部、城市与农村、大学与中小学、大学里从事基础研究的与应用研究的，所受到的尊重以及经济收入，仍有很大差距。

社会上普遍以金钱为评价标准，不再相信“知识就是力量”，也不再附庸风雅了。说句笑话，以前把老板叫老师，现在把老师叫老板。别的地方我不清楚，在北京，你走进饭馆，服务员保准叫你“老板”。我曾试图纠正，但没用，说是叫老板好听，大家都高兴。现在连大学校园里，也都流行这样的称谓，管自己的导师叫“老板”，真是岂有此理。师生之间，不再是从游、问学，而是雇佣关系，这太可悲了。

最后谈一个小问题，即校园里的礼仪。几十年反对形式主义，再加上“文革”中的破四旧，中国人不再讲“礼”，很可惜。不久前，文化部召开“当代中国文化建设与发展研讨会”，有学者说起：在校园里碰到老师，怎么办，打不打招呼，该怎么称呼。视而不见，不太礼貌；叫“老师好”，好像小学生；叫某某老师，则可能影响人家的生活。那位先生称，最好就叫“老师”，不带姓。我的意见是，只求适意，不必太拘泥。或点头微笑，或打打招呼，或干脆回避，视情境而定。你想，教授在校园里散步，或思考，或休息，或亲密交谈，或陪客人游览，你硬要上去打招呼，不太合适。尊敬师长，有此意识，但不强求。

所谓的“礼”，并非只是仪式，很大程度是一种心情。辜鸿铭认为，“礼”应该译为“Art”，而不是“Rite”；周作人对此大为赞赏，称这就是“生活的艺术”。所谓“生活的艺术”，不仅仅在于调和禁欲与纵欲，达成新的自由与新的节制；还包括控制理智与情感、调节社会与个人、兼及庄严与轻松等，确实是一门艺术。唯一需要说明的是，我不主张自上而下地“制礼”，那样做，很容易意识形态化；我更倾向于通过教育，逐渐养成。

2005 年 8 月 16 日修订于京西圆明园花园

第四辑

都市、画报与声音

流动的风景与凝视的历史*

——《左图右史与西学东渐》第四章

在晚清，无论是开民智的“画报”，还是张女权的“女学”，上海都走在北京前面。不谈细枝末节，就讲声名显赫者，1884年5月8日创刊的《点石斋画报》，还有1898年5月31日正式开学的中国女学堂(即“经正女塾”)，都让历来高傲的北京人瞠乎其后。晚清中国，推动西学东渐的主要力量，在朝气蓬勃的开埠城市上海，而不是暮气沉沉的帝都北京。虽有最高学府京师大学堂(1898年创立)，谈论作为新学代表的报章、演说以及女子教育等，北京人都没能站在潮头。有1864年创立的贝满女子小学，可那属于传教士的事业；有1872年创刊的《中西闻见录》，每期都有若干插图，但那属于科学知识图解，与日后画报之以图像叙事不可同日而语。

---

* 本文原题《流动的风景与凝视的历史——晚清北京画报中的女学》，初刊《中华文史论丛》2006年第1辑，收入《左图右史与西学东渐——晚清画报研究》(香港，三联书店，2008)。

要说北京民智之开，庚子事变是个重要的转捩点。“当兹八国联军攻破北京，两宫仓促西狩。怠和议告成，土地割让，主权丧失，国民为之震惊，志者为之愤慨。人人发愤求强，深识者咸以振兴教育，启发民智为转弱图强之根本。”一时间，北京城里，出现了民间办学、办报的热潮。在这中间，彭翼仲之“愤国势之衰颓，毅然辞官，创办画报”(《启蒙画报》，1902)，便成了标志性的举措①。至于“一时文明女子，都欣欣的报名入堂，北京有女学堂，学界有女学生，从此起”的②，当推沈钧及其夫人创立的豫教女学堂(1905)。

开启民智的大业，北京人起步较晚，但并非毫无作为。就像《京话日报》主笔彭翼仲说的，热心肠的北京人，一旦觉醒，就会有不俗的表现：“北方风气开的慢，一开可就大明白，绝没有躲躲藏藏的举动。较比南方的民情，直爽的多。”③明白这一点，对于庚子后北京风气的急剧变化，当不会有任何疑惑。

只是因为生活在天子脚下，北京的志士们，即便豪气冲天，说话做事仍有诸多限制，不像流亡海外或避居租界者，可以肆无忌惮地嘲骂皇上。如此倾向于“改良”而不是“革命”，难怪历来讨论晚清思想文化变革的，大都不太关注庚子后京城里出现的诸多新气象。其实，这些今人读来感觉不太畅快的“启蒙论述”，更贴近当年京城民众的实际思考——如把“皇太后懿旨”拿来当提倡女学的令箭，这是上海的革命

---

① 管翼贤：《北京报纸小史》，原刊《新闻学集成》，第六辑(中华新闻学院，1943)，见杨光辉等编：《中国近代报刊发展概况》，402页，北京，新华出版社，1986。

② 《补记豫教女学堂开纪念会事》，载《顺天时报》，光绪三十二年(1906)十月十七日、十九日。

③ 《北方人的热血较多》，载《京话日报》，1906年5月15日。

家所不能接受的。可另一方面，像小说家王妙如、海天独啸子那样描写觉悟了的新女性，一个黑虎偷心拳便送了蛮不讲理的丈夫的命(《女狱花》，1904)，行刺太后不成则浪迹江湖(《女娲石》，1907)，也绝非北京那些创办女学的人所能想象。思绮斋所著《女子权》(1907)、《中国新女豪》(1907)相对温和些，主人公(贞娘、黄英娘)先在北京高等学堂念书，后赴美、日游学，归国后创办女工传习所，大获成功并奉旨成婚，这样的生活轨迹，接近当时京城女学生的梦想。换句话说，从办女学入手，争取妇女解放，这一思路，更容易为一般民众所接纳。

晚清京城里的兴女学，固然令人振奋，但绝非《女子权》等小说描写的那样轰轰烈烈。倒是与“女学”同时出现的“画报”，以妇孺为主要拟想读者，其对于女学堂以及女学生的报道与表彰，较为低调，但更真实可信，切近历史的本来面目。二者本就同属新学，互相勾连，理所当然。本文试图以画报的图文来钩稽北京女学的发展；反过来，又以女学的眼光，来审视画报的性别意识。

一、画报与女学

同样关注妇女的日常生活及其命运，画报与女学，二者天然地具有某种亲和力。在具体论述之前，有必要对晚清京城里兴女学、办画报的大致状况，做简要的介绍。

谈论晚清的兴女学，必须兼及民间的言论与朝廷的立法。前者一往无前，后者犹豫不决，二者互相牵制，共同制约着女学事业的发展。几乎所有的研究者都会提及，1907 年 3 月，学部奏定女子小学堂章程以及女子师范学堂章程的颁行，标志着中国第一次将女子教育纳入政府主导的学制系统。此举自是关系重大，但坚冰必须一点点融化，此前已见若干松动的迹象。光绪二十九年十一月二十六日（1904年1月13日）荣庆、张百熙、张之洞《奏定蒙养院章程及家庭教育法章程》，称“女学之无弊者，惟有家庭教育”，硬是将女子之受教育，限制在培植“持家教子”的能力①。勉强将女学纳入家庭教育中，虽有点不伦不类，但毕竟是个突破。至于《学部奏定女子师范学堂章程折》自我辩解，说得好像是早有安排，故意这么步步为营似的②，不太可信。实际原因是阻力太大③，只能走一步看一步。研究者对当初清廷之将女学纳入家庭教育，虽大不以为然，仍颇多谅解之辞，或称“后来女子教育之建立，即肇端于此”④；或说“癸卯学制颁行后，女学兴办之风徐徐吹起”⑤。京城里的兴女学，正式发端于1905年（而不是1907），可作为佐证。

由日本中国驻屯军司令部主持、京师大学堂师范馆总教习服部宇

---

① 参见荣庆、张百熙、张之洞：《奏定蒙养院章程及家庭教育法章程》，见朱有瓛主编：《中国近代学制史料》，第二辑下册，573页，上海，华东师范大学出版社，1989。

② “故前年奏定学堂章程，将女学归入家庭教育法，以为先时之筹备。上年明定官制，将女学列入职掌，以待后日之推行。惟近日臣等详征古籍，博访通人，益知开办女学，在时政固为必要之图，在古制亦实有吻合之据。”见朱有瓛主编：《中国近代学制史料》，第二辑下册，666页。

③ 此折里所说的“京外臣工条奏请办女学堂者，不止一人一次。而主张缓办者，亦复有人”，方是实情。因争议太大，此前广东、湖南、湖北、江苏等省，均有裁撤女学的举措。参见朱有瓛主编：《中国近代学制史料》，第二辑下册，650～657页。

④ 参见卢燕贞：《中国近代女子教育史》，12页，台北，文史哲出版社，1989。

⑤ 参见罗苏文：《女性与近代中国社会》，124页，上海人民出版社，1996。

之吉主编的《北京志》[①]，1904年开始编撰，1908年定稿并正式出版，所收内容截至1907年7月。其中第十五章专门介绍“清国教育制度及北京的官立、公立、私立学校”(前译学馆教习安井小太郎撰写)，特别提到其时刚兴起的女子教育：“南方虽然偶有率先设女子学校者，但也只是听到非难之声日高”；“然而，形势发展终于迫使以如此守旧顽固著称的北京也成立了女子学校”[②]。或许是为了彰显京城女子教育所受日本影响，作者提及美国基督教公理会创办于1864年的贝满女校和美国基督教卫理公会创办于1872年的慕贞女校时，多有错漏；所谓后者“虽称学校，实为收养贫穷女子之处”[③]，明显与事实不符。据1909年《顺天时报》：“现今我国新设立的各女学堂，所有各科女教习，多有慕贞女学堂毕业女学生充任的。”[④]不过，作者对服部宇之吉等日本教习及其夫人，如何介入当初京城里刚崛起的女子教育，还有各女校“除振懦女学堂外，都聘请日本女教员教授日语、体操、唱歌、织毛线等”，有相对详尽的描述，值得我们关注。

据学部总务司编《第一次教育统计图表》(光绪三十三年分)，截至1906年秋，京师共有女子学堂12所，职员22名，教员59名，学生

---

① (日)服部宇之吉主编：《北京志》，东京，博文馆，1908。中译本改名《清末北京志资料》，张宗平等译，北京，燕山出版社，1994。

② 同上书，186页。

③ 同上书，218～219页。关于这两所女校的历史，参见李爽麟等的《贝满女中》以及马燕的《慕贞女校》，分别见北京市政协文史资料委员会选编：《北京文史资料精华·杏坛忆旧》，306～328页、254～267页，北京出版社，2000。

④ 《记外人设立各学堂》，载《顺天时报》，宣统元年(1909)九月二十一日。

661名①。《东方杂志》第四年(1907)四期的教育栏称："京师学界，近颇发达。兹经督学局详细调查，计官立各学堂四十二处，公立中小各学堂三十五处，私立中小各学堂四十三处，私立女学堂七处，各堂肄业学生共约一万一千五百馀人云。"②两相对照，不难见出当年京城里的男女学堂，比例非常悬殊。服部宇之吉主编《北京志》时，关于北京官立、私立中小学的基本资料，大半依据的也是学部的这次调查，不过提及女学堂时，有不少补充③。现将相关资料略作考辨，借以显示朝廷正式表态支持女学前，北京女学的基本状态。

豫教女学堂：地址在干面胡同东头路南，光绪三十一年(1905)八月一日创办，设立人沈钧，时有教员6名，职员5名，学生50名。服部博士及其夫人协助经营，学生来源只限于中等以上家庭，国语以外的课程全用日语讲授。

振懦女学堂：地址在西四牌楼北前毛家湾，光绪三十一年(1905)八月一日创办，设立人崇芳，时有教员6名，职员3名，学生60名。

淑范女学堂：地址在东总布胡同，光绪三十一年(1905)八月五日创办，设立人英显齐、文时泉，时有教员5名，职员2名，学生80名。学生一律免交学费，除创办者出资外，请求内外人士捐助。

女学传习所：内城的在西城石驸马大街，外城的在骡马市绳匠胡

① 参见朱有瓛主编：《中国近代学制史料》，第二辑下册，649页；李又宁、张玉法编：《近代中国女权运动史料》，下册，1165页，台北，龙文出版公司，1995。

② 参见李又宁、张玉法编：《近代中国女权运动史料》，下册，1073页。

③ 参见(日)服部宇之吉主编：《清末北京志资料》，张宗平等译，188～195页、207～209页。补充的内容，包括创建早(光绪三十一年二月)，但办在肃亲王府邸，"首先收公主、妃嫔等十三人入学"，类似日本华族女学校的和育女学堂。

同，中城的在隆福寺西口，三处女学传习所，均为京师大学堂东文教习江绍铨所创设。一般认为，江之创办女学，最早是在光绪三十二年(1906)八月(外城女学传习所)，其实不然。“从前库资胡同传习所创立时，在北京女学界为最先”①——这则《女学纪念会展览详记》，统计数字甚多，明显是江本人或传习所提供的，必须有另外的证明材料，方能坐实。《参观内城女学传习所记》和《三城女学传习所开学》二文，谈及女学传习所沿革，都提到“最早成立的在内城库资胡同”，后因场地原因，拟转金台书院旧址，不成；改绳匠胡同豫章书院旧基，并定名外城女学传习所②。查光绪三十二年(1906)五月二十一日《顺天时报》，果然有《奏立金台女学堂》：“江亢甫比部先在京师西城设女学传习所，现届暑假停课，并另订章程，扩张改良，拟移金台书院旧地，改为金台女学堂，呈明学部，日内即将奏明办理。”如此说来，若追根溯源，女学传习所的创办，确实是在光绪三十一年(1905)。据《顺天时报》报道，1906 年创办外城女学传习所时，有学生一百三四十人，是当时北京女学界“规模最整备、课程最完善、教员最有名誉、学生最为众多的”③。三处女学传习所，还有一个值得骄傲的，那就是为之题匾的，不是女诗人，就是女画家：“三处大门上匾额，外城是吴芝瑛女士题的，内城是吕碧城女士题的，中城是孙诵昭女士题

① 《女学纪念会展览详记》，载《顺天时报》，宣统元年(1909)八月十八日、十九日。

② 参见《参观内城女学传习所记》，载《顺天时报》，光绪三十三年(1907)四月五日、六日；《三城女学传习所开学》，载《顺天时报》，宣统元年(1909)七月十九至二十三日。

③ 《详记外城女学传习所八大特色》，载《顺天时报》，光绪三十二年(1906)十一月十日。

的，这亦是三传习所的特色。”①

译艺女学堂：地址在顺治门内化石桥，光绪三十二年(1906)三月十一日创办，设立人谢祖沅，时有教员5名，职员6名，学生40名。

四川女学堂：地址在四川营内四川会馆，光绪三十二年(1906)四月六日创办，设立人四川同乡，时有教员6名，职员2名，学生41名。

慧仙女学堂：地址在北城净土寺，光绪三十三年(1907)正月二十五日开学，以慧仙女士遗产设立，内务府郎中诚璋负责管理，两名日本人教习机织、体操等，中国女士讲授汉文，学生约七十名。此女学堂的骄傲，是曾获得皇上及皇太后赏赐的匾额。

以下所论晚清北京各画报所谈论的女学堂，大致不出此范围。

晚清北京诸多画报中，《启蒙画报》创刊最早，因而得到学者们的普遍推崇。一般的报刊史著述，都会提及其巨大的身影。若戈公振初版于1927年的《中国报学史》、管翼贤初刊于1943年的《北京报纸小史》以及丁守和主编的《辛亥革命时期期刊介绍》、黄河编著的《北京报刊史话》、陈玉申的《晚清报刊业》等，多少都会提及创刊于1902年的《启蒙画报》②。其他京城里的画报，则没有那么幸运。张静庐辑注的

---

① 《三城女学传习所开学》，载《顺天时报》，宣统元年(1909)七月十九至二十三日，见李又宁、张玉法编：《近代中国女权运动史料》，下册，1190～1194页。

② 参见戈公振：《中国报学史》，109页，北京，中国新闻出版社，1985；管翼贤：《北京报纸小史》，见杨光辉等编：《中国近代报刊发展概况》，402页；彭永祥：《〈启蒙画报〉》，见丁守和主编：《辛亥革命时期期刊介绍》，第一集，189～195页，北京，人民出版社，1982；黄河编著：《北京报刊史话》，16～17页，北京，文化艺术出版社，1992；陈玉申：《晚清报刊业》，152页，济南，山东画报出版社，2003。

《中国近代出版史料二编》，提及《启蒙画报》《当日画报》《浅说日日新闻》《醒世画报》《燕都时事画报》等五种①；彭永祥所撰《中国近代画报简介》，则简要介绍了《启蒙画报》《北京画报》《开通画报》《醒世画报》《时事画报》《当日画报》《北京白话图画日报》《浅说日日新闻》《燕都时事画报》等九种晚清北京画报②。

晚清画报散落世界各地，且多为“断简残编”，查询及翻阅极为艰难。这里将我曾寓目的18种晚清北京刊行的画报，按照创刊时间排列，并做简要的介绍。

《启蒙画报》，1902年创刊，彭翼仲、彭谷生编辑，刘炳堂绘图；

《北京画报》，1906年创刊，张展云编辑，刘炳堂绘图；

《开通画报》，1906年创刊，松寿卿编辑，金润轩总理，李菊侪、英铭轩绘图；

《星期画报》，1906年创刊，杨采三演说，顾月洲、孙月樵绘图（前期秋鹏、杨寿龄绘）；

《益森画报》，1907年创刊，学退山民编撰，刘炳堂绘图；

《日新画报》，1907年创刊，李翰园、李菊侪绘图；

《（北京）时事画报》，1907年创刊，刘泽生编纂，常伯勋、匡墨庄绘图；

《北京日日画报》，1908年创刊，沈恩镕绘图兼总理，忠杰臣演说兼编辑，李瑞臣新闻兼编辑；

《浅说日日新闻画报》，1908年创刊，王子英经理，姚叔云、柳

① 参见《清末民初京沪画刊录》，张静庐辑注：《中国近代出版史料二编》，297～301页，上海，群联出版社，1954。

② 参见彭永祥：《中国近代画报简介》，载丁守和主编：《辛亥革命时期期刊介绍》，第四集，656～679页，北京，人民出版社，1986。

赞成编辑，德泽臣绘图；

《中实画报》，1908 年创刊，杨曼青编辑，李菊侪绘图，金润轩总理；

《绘图五日报》，1908 年创刊，编绘人不详；

《当日画报》，1908 年创刊，英铭轩编绘；

《两日画报》，1908 年创刊，英铭轩、沈厚奎、李瑞臣合办；

《(北京)白话画图日报》，1908 年创刊，杨兢夫创办；

《新铭画报》，1909 创刊，杨丽川发行，张云舫编辑，赵振清督印，刘伯龙绘图；

《醒世画报》，1909 年创刊，张凤岗编辑，李菊侪绘图；

《燕都时事画报》，1909 年创刊，广仁山、来寿臣编辑；

《正俗画报》，1909 年创刊，雷震远编辑兼发行，项德斋印刷，李菊侪、胡竹溪绘图。

上述晚清刊行于北京的画报，不像大名鼎鼎的《点石斋画报》，当初发行量本就不多，加上主要面对的是妇孺及下层百姓，历来不为图书馆及藏书家所看重，百年后的今天，更是难觅踪影。最近两年，《醒世画报》的重刊，《清末民初报刊图画集成》及其续编的出版[①]，给研究者提供了很大的方便。可即便如此，仍有半数以上的晚清北京画报音信渺茫。

当初北京刊行画报之盛况，不妨借用兰陵忧患生撰于 1909 年的《京华百二竹枝词》，其中有这么一首：

---

① 《旧京醒世画报》，北京，中国文联出版社，2003；《清末民初报刊图画集成》及其续编，北京，全国图书馆文献缩微复制中心编印，2003。

各家画报售纷纷，销路争夸最出群。

纵是花丛不识字，亦持一纸说新闻。①

诗后有小注："我国报纸，较之东西各国，固不得谓之发达；而各家画报，购者纷纷，尝见花界中人，识字与否，率皆手持一纸，销路之广，于此可见一斑。"比起著述之文，报刊文章显得"浅显"；而有了以图像为中心的画报，日报又相对"高深"起来。1906年的《北京画报》上，有一幅《看画报掉眼泪》，很能显示其时画报对于下层社会的影响：

> 最容易感动人的，第一是戏曲，第二就是图画。北城慧照寺，乐众阅报社门口，贴着我们《北京画报》，见天有许多人，围着观看。那天有一老者，看到华工受苦那段，不由的大哭。本来是啊，同是中国人，看见同胞的那样苦情，再要是不动心，那还算是人吗？②

可见，鲜活的图像配上浅俗的文字，确实容易渗透到妇孺以及下层社会。

如果不是梁漱溟的再三追忆，世人对于《启蒙画报》的印象，当不会如此深刻。1942年，梁漱溟撰《我的自学小史》，谈及彭翼仲所办三种报刊，尤其着意表彰《启蒙画报》："我从那里不但得了许多常识，

---

① 兰陵忧患生：《京华百二竹枝词》，路工编选：《清代北京竹枝词》，126页，北京古籍出版社，1982。

② 《看画报掉眼泪》，载《北京画报》，16期，光绪三十二年(1906)九月上旬。

并且启发我胸中很多道理，一直影响我到后来。”①1960 年，在《记彭翼仲先生》一文中，梁更是详细描述此画报如何介绍科学知识、历史掌故以及名人逸事，再次强调其对自家少年时代思想志趣的影响：

> 说到《启蒙画报》，徐兰沅先生极有印象，自称幼年非常爱看它。这恰同我一样。……它行文之间，往往在人的精神志趣上能有所启发鼓舞，我觉得好像它一直影响我到后来。②

《启蒙画报》创刊于 1902 年夏，两年后，彭翼仲又分别主办《京话日报》(1904 年 8 月 16 日)和《中华报》(1904 年 12 月 7 日)。同时主持图像、白话、文言三种报刊，需要花费大量时间、金钱和精力，实在忙不过来，彭于是停办《启蒙画报》。

光绪三十二年(1906)七月下旬的《北京画报》上，刊出一幅《恭贺立宪》，画面前方是游行的学生队伍，举着国旗、“日新学堂”以及“恭贺立宪”三面旗子；背景则是日新学堂和报馆③。学堂、报馆以及筹备立宪，三者都是晚清新学的象征，将其凝集在一个具体的画面，实在妙不可言。问题在于，左侧的“启蒙画报馆”其时已经消逝，如此描绘，更像是在追忆与凭吊；而一左一右的“中华报”和“京话日报馆”，半个多月后又被清廷巡警部同时查封(1906 年 9 月 29 日)。了解这些，面对如此喜洋洋场面，很难不油然而生悲壮的感觉；仔细品味，又可

① 梁漱溟：《我的自学小史》，见《忆往谈旧录》，8 页，北京，中国文史出版社，1987。

② 《记彭翼仲先生》，见《梁漱溟全集》，第 7 卷，78 页，济南，山东人民出版社，1993。

③ 《恭贺立宪》，载《北京画报》，12 期，光绪三十二年(1906)七月下旬。

能读出某种嘲讽的意味。

《启蒙画报》当初流通甚广，第四册上刊登的“外埠派送处”，包括保定、天津、济南、南京、苏州、扬州、无锡、上海、杭州、太原、南昌、九江、福州、厦门、成都、重庆、武昌、汉口、长沙、岳州、开封等城市；到了第十二册封底广告，派送处又增加了广州、汕头、常州、陕西、锦州等。值得格外关注的是，每回本报派送处名单上，都有上海的务本女学塾；而第七至九册画报上还刊登了“女学报馆广告”。这两者提醒我们，画报与女学之间，存在着某种内在的关联。

另一个合适的例子，是张展云的先后创办《北京女学》(1905 年 9 月)和《北京画报》(1906 年)。前者“不仅是当时北方地区唯一的妇女报刊，也是我国最早的妇女日报”①，其提倡女子教育的思路，自然会在后者那里得到体现。举两个例子，看看《北京画报》是如何关注“北京女学”的。其一，杭州惠兴女士为兴学而殉身，京剧名伶田际云在北京组织义演②，此等京城文化界的大事，热心女学的张展云所主持的《北京画报》，自然会有所反映；《戏园子进化》不单介绍田际云如何开演《惠兴女士传》，还提及正式演出前，彭翼仲、王子贞和张展云分别登台演说，大受欢迎③。其二，女学堂章程还没正式颁行，京城里的女学生，走在大街上，连维持社会秩序的警官都加以讥笑；作者于是站出来，称女学乃教育的根本，警察当尽力保护才对，没有理由

① 参见黄河编著：《北京报刊史话》，19～20 页，北京，文化艺术出版社，1992。

② 参见夏晓虹：《晚清女学中的满汉矛盾——惠兴自杀事件解读》，见《晚清女性与近代中国》，北京大学出版社，2004；夏晓虹：《旧戏台上的文明戏——田际云与北京“妇女匡学会”》，载《现代中国》，第五辑，武汉，湖北教育出版社，2004。

③ 《戏园子进化》，载《北京画报》，3 期，1906。

胡言乱语①。

“母教关于国家之富强，国民之幸福”；“欲教育国民，先教育国民之母，此女学堂所以为切要之图也。”②诸如此类的“女学论述”，放在当时的东京或上海，实在不算高明，但大致代表了那个时候北京画报中“兴女学”的思路。比如批评女子没教养，称“这也是女学不兴之过”；想改变女子粗俗不堪的言谈，那就只能“望女学多多设立几处吧”③。福寿堂文韵畅唱“六国和约”，卖女座三天，“所收的座钱，全都助了女学啦”；“五强女学校前日去了二位美国妇人，高方二女士进内参观诸女生成绩品并所读书籍，该女士颇为赞扬”，诸如此类的好事，晚清北京画报最为津津乐道④。至于像东华门内某书铺常有位文明的妇人来买书报，拿回去讲给不识字的妇女们听，或者像西堂子胡同某宅的太太很是文明，定了《醒世画报》，天天给丫鬟们讲解，如果都这样，“何愁女学不兴？”⑤如此明确地将女学与画报相勾连，值得

① 警官称：“好端端的，立这种混帐女学，将来把这些姑娘们，闹成大肚子，也就不立了。”参见《警官没教化》，载《北京画报》，14 期，光绪三十二年(1906)八月中旬。

② 《公立女学堂公启》，载《日新画报》，19 期、20 期，戊申(1908)正月初六、十一日。

③ 参见《请看女子没教育》，载《开通画报》，2 期，光绪三十二年(1906)八月；《妇女无知》，载《正俗画报》，26 期，宣统元年(1909)闰二月二十六日；《没教育》，载《醒世画报》，22 期，宣统元年(1909)十一月十一日；《欠教育》，载《醒世画报》，59 期，宣统元年十二月二十一日(1910 年 1 月 31 日)。

④ 《票友热心》，载《开通画报》，3 期，光绪三十二年(1906)九月；《时事要闻·外国人参观学堂》，载《正俗画报》，27 期，宣统元年(1909)闰二月二十七日。

⑤ 《妇人文明》，载《醒世画报》，53 期，宣统元年十二月十五日(1910 年 1 月 25 日)；《妇人开通》，载《醒世画报》，48 期，宣统元年十二月初八日(1910 年 1 月 18 日)。

注意。

画报办在京城，很难体现革命思想，自然更多地瞩目百姓的日常生活，具体而微地呈现新学引进以及文明输入的曲折过程。因其针对下层百姓以及妇女儿童，没有多少高调的论述；因其更多平民趣味，故笔墨琐碎，贴近日常生活。比如，同样谈论女学，跟小说家的天马行空不同，画报的作者会注意女学生走路的姿态以及公众的目光，女子服饰的变化，女子上街可能碰到的骚扰，女学堂对于周围环境的影响等，所有这些，都是兴女学过程中所遭遇到的实实在在的问题。在这个意义上，"画报"中的"女学"，更为真实可感。

二、如何"启蒙"，谁来"正俗"

谈论晚清北京十八种画报，以"启蒙"开头，以"正俗"结尾，如此排列，当然带有很大的偶然性。不过，话说回来，在众多关于画报宗旨的论述中，"启蒙"与"正俗"，确实是使用频率很高的"关键词"。

《启蒙画报缘起》称："将欲合我中国千五百州县后进英才之群力，辟世界新机。特于蒙学为起点，而发其凡。"实现此等宏愿，除了借助图文并茂形式，还有："本报浅说，均用官话，久阅此报，或期风气转移。"①这一点，马上与此前活跃于上海的《点石斋画报》拉开了距离。

从1884年尊闻阁主人撰《点石斋画报缘启》起②，几乎所有创办或提倡画报的人，都要强调画报兼及妇孺，有利于开通民智。后世的

① 《启蒙画报缘起》，载《启蒙画报》，第一册，1902年6月。

② 尊闻阁主人：《点石斋画报缘启》，载《点石斋画报》，第一号，1884年5月8日。

研究者，对此“启蒙”论述，有不同的解读。叶晓青将《点石斋画报》作为大众文化的代表，认定妇孺及未受教育的人均能享受；康无为(Harold Kahn)与李孝悌对这种看法不以为然：“主要的原因是《点石斋画报》不是纯粹的图片，还需要靠文字来阐明其意涵或道德教训，而这些文字多半是用典雅或陈陈相因的文人文字写成，一般不识之无的群众，根本不可能靠着这些文字来理解画报的内容。”①所谓“老妪能解”，当然只是比喻，就像元白诗一样，不能完全坐实。不过，比起日后诸多北京画报来，《点石斋画报》各期画面上的文字，确实是文绉绉的，没能真正落实其“浅白通俗”的承诺。而无论是《启蒙画报》《北京画报》《星期画报》，还是《开通画报》《醒世画报》《正俗画报》，几乎所有刊行于北京的画报，都是“浅说新闻”。办报的人放得下架子，这是一方面；北京人擅长官话，这又是另一方面。

《醒世画报》上所刊杨曼青一文，对于画报之如何深入百姓，有很精彩的描述；而且，其使用的“大白话”，很能体现北京画报的文体，值得大段引述：

> 打算家家都能开通，就仗着报纸的好处了。比如一家之内，有不识字的人，莫非还请个讲报纸的教习吗？不用不用。这就用着画报的辅助。家有妇孺，给他画报一看，只要肯在画篇上上眼，就容易引其入胜。竟看画篇不明白，自然就问：这画的是怎

① 参见叶晓青：《〈点石斋画报〉中的上海平民文化》，载《二十一世纪》创刊号，1990年10月；康无为：《画中有话：〈点石斋画报〉与大众文化形成之前的历史》，见《读史偶得》，台北，中央研究院，1993；李孝悌：《走向世界，还是拥抱乡野——观看〈点石斋画报〉的不同视野》，载《中国学术》，2002年3期，北京，商务印书馆，2002。

么一档子事情？再有人能够讲说出来，慢慢的就能上了报瘾。您说这个道理有没有啊？所以说画报能够开通妇孺知识，又不在白话报以下了。①

将京城里平民百姓的日常口语，直接搬上画报，这样的“浅说”，方才名副其实。

刊行于北京的画报，画面不见得精彩，但文字都很浅俗，念得出来，听得下去，难怪可以贴在阅报栏上，或在大庭广众中宣讲。下面选择若干画报编者的自述或读者的评说，大致体现其时北京画报的三种思路：第一，以开通民智为目标；第二，以妇孺为拟想读者；第三，启蒙论述中包含性别意识。考虑到这些资料搜罗不易，尽可能完整引述(而不是寻章摘句，随意穿插)，以便日后研究者使用。

第一，以开通民智为目标。《中实画报》的《本馆广告》称：“今本馆纠合同志，组织本报，以开通民智，输入文明，敦厚风俗，激发忠爱为宗旨。”②《北京日日画报》的《久雨方晴复见日》称：“蒙总厅批准，本报拟于本月二十日出版。本报也不必说甚么材料丰富咧，纸料洁白咧，好与不好，本报也不必自自夸赞。众目所睹，本报编写印，总以精益求精，非图多畅，实贪多一位看报者，我国多一位开通国民，所以本报不惜重资改为当日画报。”③《正俗画报》的《浅说》称：“今天是

① 杨曼青：《看画报之益》，载《醒世画报》，12期，宣统元年(1909)十一月初一日。

② 《本馆广告》，载《中实画报》，2期，光绪三十四年(1908)四月二十九日。

③ 忠杰臣：《久雨方晴复见日》，载《北京日日画报》，1期，光绪三十四年(1908)五月二十三日。

《正俗画报》出版的头一天，应当把宗旨说一说。为什么叫'正俗'名目呢？皆因近二年来北京风气大开，可未免有点儿过火，实与人心风化大不相宜。要照这们下去，恐怕越开通越坏吧。本报同人为挽救时局起见，组织这种画报，以期纠正人心。然而一小小的画报，能有多大力量，无非尽我们一分苦心。这篇浅说，就算出版的祝词吧。"①

第二，以妇孺为拟想读者。《星期画报》的《本馆附启》："本馆同人创办此报，志在开通风气，择紧要新闻排印在前，掌故、历史、科学、说部，捡有庇时局者，挨次附列于后，加注浅说，即妇女小儿，听人讲解，自能明悉。"②《日新画报》的《日新画报出版刊词》："立宪不容易，第一是地方自治，第二是教育普及。……所以本馆同人想要叫人人通开(开通)，处处自治，家家肯叫学生入学堂受教育。"要说开通民智，文言不如白话，白话不如画报，为什么？"不识字的人，看见新闻画，也可以明白了事。再者姑娘学生老太太们，拿着当画儿看，说说讲讲，也可以添好些个见识，兴一兴家庭教育。"③《两日画报》的《报论》论述报纸对于开通民智的功用："又恐不认字，也没人念给你听，你虽有心阅报，这不就辜负你的热心啦吗？所以又有各种画报，识字的人不用说啦，就是不识字的，要看画报，凡事画出图像来，虽说你不认识字，一瞧图像，也可明白八九啦吧。而且小孩子当画瞧，再有人一批给他听，您想小孩子打一小儿，他就常听说甚么爱国咧，合群咧，自强咧，团体咧，要比从先小孩子由小就听《西游》咧，《封神》咧，大概差的多吧。"④《中实画报》作为祝词的《酬谢总

---

① 《浅说》，载《正俗画报》，1期，宣统元年(1909)闰二月初一。

② 《本馆附启》，载《星期画报》，3期，光绪丙午(1906)九月。

③ 《日新画报出版刊词》，载《日新画报》，2期，1907。

④ 忠杰臣：《报论》，载《两日画报》，78期，戊申(1908)二月二十日。

厅》，说明画报对于开通民智的作用："阅报人家内，妇女小孩，借着看画为由，慢慢的引其入胜，家长讲给他们听，日子久了，还许也上上画报瘾哪，可比烟瘾强的多呀。"①《正俗画报》的《祝本报出版词》："现在贵报出版，又多一种开通智识改正风俗的利器，实在是国民的幸福哇。而且，画报妇孺阅看，尤有益处。盖妇女为国民之母，若是一开通，那还愁国不强吗？不由得为我中国风俗之前途贺。"②

与《点石斋画报》之侧重域外风光介绍不同，晚清北京的画报，更关注身边发生的故事以及百姓的日常生活。这是时代变化以及公众趣味转移的结果，没什么可非议的。问题在于，光有"开通风气，破除迷信"的宏伟志向，而且表示"从此我们的报，写、画、印均要注意的研究，大加改良"，不见得就真的能提供精彩的产品；往往是这样：办报人心有余而力不足③。除此之外，还必须考虑画报中蕴含着的性别意识。

所谓启蒙论述中的性别歧视，几乎在"以妇孺为拟想读者"这一策略设定中，就已不可避免地存在。而这，其实是晚清所有画报编者及读者所面临的共同困境。吴趼人小说《二十年目睹之怪现状》第二十二回，提及主人公"我"(即九死一生)回到家中，见到家人刚买的书报。下面这段话，很有象征意味：

---

① 杨曼青：《酬谢总厅》，载《中实画报》，2期，光绪三十四年(1908)四月二十九日。

② 求实生：《祝本报出版词》，载《正俗画报》，6期，宣统元年(1909)闰二月初六日。

③ 比如《两日画报》，就是典型的力不从心。从已刊各期看，作者缺乏基本的绘图及文字表达能力，这样的画报，不可能得到读者的欣赏。参见《敝报停滞之原因》和《本馆同人谨白》，载《两日画报》，83期，戊申(1908)三月十四日。

只见我姊姊拿着一本书看，我走近看时，却画的是画，翻过书面一看，始知是《点石斋画报》。便问那里来的？姊姊道："刚才一个小孩拿来卖的，还有两张报纸呢。"说罢，递了报纸给我。我便拿了报纸，到我自己的卧房里去看。

小说中没有具体评述《点石斋画报》，可将其留给虽也精明但毕竟属于"女流之辈"的姊姊，而让男主人公独独拿走并非"画的是画"的报纸。行文之中，作者显然将图像与文字——具体说来是画报与报纸，做了高低雅俗的区分①。

明知这是晚清女性受教育程度偏低这一现实所决定的，可当你面对《开通画报》创刊号上的《说本报的宗旨》时，还是会有一种震撼——原来，这就是所谓的"启蒙"。画面上，五位气宇轩昂的创办人——当然都是男性——正襟危坐，决定给"不好开通"的众女子提供精神食粮。以下的妙语连珠，发人深思：

哈哈，妙呀，今天是我们这《开通画报》，可是出了报了。什么叫《开通画报》呢？就是要把像我们这类的人，愿意给开化的明白明白。今天既是出报日期，把这报宗旨说明。在下均住北京，办理开通民智，久有此意。无奈人少力单，孤树不林，同志五人，屡屡商议(恐怕有始无终)。我等又拿眼前有一个比样。就拿阅报处说罢，就跟不上讲报处。就如京中各种白话报纸，不是顶好的吗？可又比不上画报。怎么呢？要讲不好开通的，就是家中

---

① 参见拙文《以"图像"解说"晚清"》，陈平原、夏晓虹编注：《图像晚清》1～30页，天津，百花文艺出版社，2001。

妇人。女子为国民之母。这女子要是心里不开通，一肚肠子迷信，还能够栽培出好国民吗？所以我们想到此处，除非报上画了图样，再添白话注解不可。想到这里，既要开通民智，非先开通国民之母不可。（指着好人家小姑娘说）既要开通无数人们，非开通那青年的小孩子不可，再者就是下等朋友们。前天不是竟闹谣言吗？那不是没受过教育凭据吗？一个个听见风就是雨，胡拉乱扯，就成众人。诸位呀，要是有子弟的，总要识字、合群、爱国、爱种，将来都成了有用大才。再说，报名就叫《开通画报》，抱定了开民智、正人心的宗旨。请诸位，瞧报罢。①

“抱定了开民智、正人心的宗旨”的，是诸多成年男性；至于准备接受教诲的，不是女子、小孩子，就是下等朋友们。所谓的“启蒙”，本就隐含着“上智下愚”的不平等格局。这一切，在文字作品中还不太张扬；就因为画报的特殊表现形式，变得一览无遗了。

创刊号上刊出主办人的画像，这确实不常见；但画面中出现作为观察者的画家，在晚清北京画报里，却是相对普遍的。大量的新闻事件或生活场面，因记者/画师的在场，才有可能及时呈现。画报主人之亲自现身，除起“人证”的作用外，更提供了特定的观察角度与评判尺度。

倘若事件不是发生在大街上，而是在深宅大院或女子学堂，那么，记者或画师的“在场”，更是一种身份或特权的体现。为了防微杜渐，学部奏定的《女子师范学堂章程》等规定，女学堂的教习必须“以

① 《说本报的宗旨》，载《开通画报》，1期，光绪三十二年(1906)八月十三日。

品端学优，于教育确有经验之妇人充之”，“学堂仆役亦须用端正守礼之妇女”，总理书记庶务员等可聘用五十以上笃行端品之男子，但“须于学堂旁近别建公务室，办理一切事务，不得与学堂混合”。至于访客，无论中外人士，“非由公正官绅介绍，且经总理监督认可者，不得入室观览”①。如此说来，能够登堂入室，就近观察大家闺秀的出阁，或者女学堂学生的展览，都是莫大的光荣。若《北京画报》上的《朱陈嫁娶图》，称本馆画师刘炳堂及京话日报馆主人彭翼仲被邀前往观看，或者像《星期画报》上的《女学展览》，称“本馆谬承雅爱，获入参观，模绘斯图，附录其事，登诸报端，以志盛举”②，如此“亲临其境”，当能强化画报报道的权威性。

可这么一来，花团锦绣中，夹杂着作为观察者与叙述者的记者或画师，如此构图方式，在我看来，暗藏玄机。晚清报刊上，大量提倡女学的文字，固然多出自男性之手；但仍保留不少女性的声音，比如秋瑾、何震、吴芝瑛、吕碧城、康同薇、孙清如等人的言论。画报不一样，其关于女性命运的观察，以及对于女学的提倡，全都来自男性作者的视野。以男性的眼光来观察、描述、赞美女学，不是不可以，但必须意识到其中很可能存在着某种焦虑、盲点乃至陷阱。比如，将女学生作为流动的风景来欣赏，而不考虑其实际利益与内心感受；又比如，过分强调对于女学堂的保护，未尝不包含私心；还有，嘴上谈论的是“女学生”，笔下出来的却是“时装美人”——所有这些，都提醒我们注意晚清北京画报中潜藏着的性别意识。

① 参见《女子师范学堂章程》，见朱有瓛主编：《中国近代学制史料》，第二辑下册，667～674页。

② 参见《朱陈嫁娶图》，载《北京画报》，6期，光绪三十二年(1906)五月二十一日；《女学展览》，载《星期画报》，45期，光绪丁未年(1907)八月。

三、女学堂的故事

晚清谈论画报之功效，最典型的，除“妇孺能解”外，再就是古已有之的“左图右史”。图之功用，要不“百闻不如一见”，要不“以丹青之妙笔，寓惩劝之微权”，再往下，还能说些什么？请看贾仲明的《日新画报题辞》：

> 要之，古之典章文物，俱有成图，后世博学家必藉图书以徵其考据。子不明图画之益处，此易知也。闻其风而采其事，画而出之。其善焉者，使有所劝，而为善者日益多；其不善者，知有所惧，而不善者日益少。是即画者之用意，是即志士仁人之所许。由是以谈，即谓《日新画报》有古三百篇之遗意，亦无不宜。①

历数中国历史上各种有图之书，说明画报的功用，不仅仅是“启蒙”，还能“闻其风而采其事”，既惩劝当世，又给后世留下有用的史料。

这倒是很好的提醒。晚清画报中，有不少关于女学堂与女学生的描绘与议论，不妨将其与相关史料相互印证，透视晚清民间社会对于女子教育态度的转变，以及女学自身成长的经历。考虑到画报主要从属于新闻，必须是有“新鲜事”，才值得付诸丹青妙笔。这里选择几所女学堂的报道，略作钩稽。

读《东方杂志》1904 至 1907 年教育栏，以及这段时间《顺天时报》

---

① 贾仲明：《日新画报题辞》，载《日新画报》，1 期，光绪三十三年(1907)十月。

的相关报道，朝廷正式颁行女学堂章程前的北京女学，远不只上述七所；只不过或旋起旋灭，或教学不太正规，故不被后世史家提及[①]。开风气之先的豫教女学堂，得到服部宇之吉及夫人服部繁子的大力帮助，进展相当顺利，日本人所办《顺天时报》上也多有报道[②]。如此受到媒体大力追捧，留下很多相关史料的女学堂，应该在晚清北京画报上有所表现，可惜我一时没能找到(译艺女学堂同样落空)。这里主要以创办于1905年的振慵女学堂、淑范女学堂、女学传习所，以及开设于1906年的四川女学堂、创建于1907年的慧仙女学堂为线索，展示晚清女学的或一侧面。

《益森画报》上的《断役演说》，虽只提及"某女学堂"，但既然位于西四牌楼毛家湾，自是非崇芳所办振慵女学堂莫属：

毛家湾某女学堂，每日下午，各学生家多来相接。一女生仆

---

① 如《东方杂志》第二年(1905)十一期"教育栏"称："端午帅前于召见时力言女学为教育根本，亟宜提倡，以为各省之导。太后特准将西山旃檀寺改为女学，无论华族编间皆可就学。西城二龙坑瑞氏、宝氏均有女学堂之设，惟经费不敷，因陋就简。近闻报房胡同刘君又新设一女学堂，每日功课，午时宣讲白话报，早晚读书识字，俟文理稍通，即添入英文、算学等科。"所有这些，都没有进入晚清北京女学的统计。

② 《顺天时报》上关于豫教女学堂的报道：《请开办女学堂》，光绪三十一年(1905)七月二十日；《北京豫教女学堂开学的演说》，光绪三十一年(1905)八月二日；《豫教女学堂庆贺万寿并周年纪念会演说》，光绪三十二年(1906)十月十二日、十四日；《补记豫教女学堂开纪念会事》，《顺天时报》光绪三十二年(1906)十月十七日、十九日；《记北京豫教女学堂教育进步》，光绪三十三年(1907)正月八日；《参观豫教女学堂新设织业科记言》，光绪三十三年(1907)四月十八日；《记豫教女学织业科成绩大著》，光绪三十三年(1907)六月一日；《记豫教女学堂最近事》，光绪三十四年(1908)三月二十二日。

人，年五十馀，初十傍晚，在该堂门首对各家父兄及仆人演说“阅报之益”，津津有味，颇能动听。演说不奇，出自厮役则奇。①

学生年纪小，怕迷路，这是一方面；更主要的是，其时风气未开，女学生独自上路会有危险。《学部奏定女子师范学堂章程》甚至明文规定：“学堂既有寝室，女师范生皆需住堂，不得任意外出。其星期及因事请假者，必须家人来接方令其行。”②至于“读报”与“演说”，同为新学的象征；将其置于“女学堂”前，所谓“传播文明三利器”③，可就完满无缺了。

位于东总布胡同的淑范女学堂，原本进展顺利，1905年底的《顺天时报》上，还以《女学进步》为题，做了专题报道④。两年后，学校出现了问题，《日新画报》第六期上刊出英显齐“声明开学”的告白：“北京学界仝鉴：淑范女学堂经理人文石泉君现因事告退。鄙人忝为发起人之一，不能坐视，谨择日接办，照常上课矣。”时过境迁，两位经理人何以分裂，无法查清，但知第十一期的《日新画报》上，有了

① 《厮役演说》，载《益森画报》，5期，光绪三十三年(1907)十一月中旬。

② 《学部奏定女子师范学堂章程折(附章程)》，见朱有瓛主编：《中国近代学制史料》，第二辑下册，674页。

③ 将学校、报纸、演说并列为“传播文明三利器”，如此晚清的时尚话语，其发明权虽属于日本人犬养毅，但其在中国的广泛传播，实有赖于梁启超的精彩发挥。参见《自由书·传播文明三利器》，见《饮冰室合集·专集》，第二册，41页，上海，中华书局，1936。

④ 《女学进步》(光绪三十一年十一月二十四日《顺天时报》)称：“京师内城淑范女学堂系由崇实中学堂管理员所组织而成者，开办以来，日益进步，现在学生已增至五十馀名。顷闻该学堂已聘肃邸之妹为义务教员，闻该女教习热心教育，大有下田歌子之风。”

《女学开课》的好消息：

> 淑范女学堂前因乏款停课，现任义务教习汪女士联合赞成员，募捐接办，并添请义务教习数位，以(已)于月之十二日开学矣。像诸位有这样的热心，真是令人佩服啊。①

早年女学堂的教习，限于女性，且多为义务性质；也正因此，流动性很大，说不干就不干了。至于给予道义支持的“赞成员”，各学堂都有。最为豪华的阵容，当属豫教女学堂，一口气开出刑部侍郎胡燏芬、内阁学士吴郁生、掌京畿道监察御史汪凤池、翰林院编修汪凤梁等官员二十四名，大学堂总教习服部宇之吉、八旗高等学堂教习佐伯信太郎、《顺天时报》馆总办上野岩太郎等外籍人士六名。

从1905年起，京师大学堂教习江亢虎(绍铨)陆续开办内城、外城、中城三处女学传习所，其一系列举措，《顺天时报》上有详细报道。江曾留学日本，在大学堂教的是东文，与《顺天时报》自然关系密切。更重要的是，“江亢虎君一个人办理三个女学传习所，最为学界美谈”②，难怪其得到报馆主人的青睐——画报自然也不例外。“须知女学传习所的名称，出现在光绪三十一年，那时候还不成学校的规模。自从外城传习所那一处开办后，方才有具体的现象，这天是在光绪三十二年八月十三日，为女学传习所大纪念日。”③那么，就从这备

① 《女学开课》，载《日新画报》，11期，1907。

② 《三城女学传习所开学》，载《顺天时报》，宣统元年(1909)七月十九至二十三日。

③ 《女学纪念会展览详记》，载《顺天时报》，宣统元年(1909)八月十八日、十九日。

受关注的外城女学传习所的创立说起。

光绪三十二年(1906)八月,《北京画报》刊出《女学传习所开学情形》,报道江亢虎所办的外城女学传习所:

> 外城女学传习所,是江亢虎君创办的,立在绳匠胡同。一切房屋,都是洋式,比别的女学堂,格外壮观。八月十三日开学那天,门口挂起国旗。十二点钟,考取的学生,陆续来到,一共一百三十几名。男女来宾,约有五百人,其中有端午帅、戴尚书、唐春卿侍郎、宝瑞臣阁学、刘仲鲁太常、孟绂臣参议,是日都登台演说,直到四点钟才散。①

约略与此同时,《星期画报》上也有一则《女学传习所开学》,其叙述更为详细,尤其是增加了端方的演说:

> 顺治门外绳匠胡同,女学传习所,房屋均改成西式,于八月十三日开学。是早,门口挂龙旗一对。十点钟,考取的女学生一百三十名,陆续到学。另外有男女来宾五百多人。两江总督端大人、礼部尚书戴大人、唐侍郎、宝阁学、刘太常、孟参议等人,皆在来宾之内。十二点钟,教习率领学生,到堂行礼毕。端大人首先登台,演说西洋女学的文明,属着美国第一。咱们中国皇太后,现在打算设一座高等女学。将来你们学生,在此毕业后,升入高等女学,作皇太后的学生,有多们体面呢。其次还有几位大

① 《女学传习所开学情形》,载《北京画报》,15期,光绪三十二年(1906)八月下旬。

老演说。最后江亢甫总办，也演说了一回。又把教习学生，合照像片一纸。到午后四点钟方散。①

设在城南绳匠胡同的外城女学传习所开校之日，前来庆贺的男女宾客竟有五百多，来宾中包括了前一年刚被清政府派往国外考察宪政的"五大臣"里的两位，即礼部尚书戴鸿慈与两江总督端方。端大人不枉出洋考察一场，居然能谈论"西洋女学的文明，属着美国第一"；至于皇太后打算设高等女学，也只有像他这样身份的要员，才能说得出来。晚清诸封疆大吏中，端方是最为热心女学的。《东方杂志》第二年(1905)十一期的教育栏，有这样的报道："端午帅前于召见时力言女学为教育根本，亟宜提倡，以为各省之导。"约略半年后，《顺天时报》上刊出消息，称：

闻日前端、戴两大臣来有电奏，系陈明美国女学校之章程及一切内容，最为完善，中国女学亟宜仿行。两宫览奏，颇为欣悦。现已拨内帑十万两，派肃邸之姊葆淑舫夫人先行组织师范女学一所。②

无法判断慈禧太后之同意兴女学，多大程度上是受端方的影响。但1906年在南京的总督署中办起模范女子小学堂，"叫夫人亲做监督"③，以及1909年接办难以为继的中城女学传习所，都证明端方确

① 《女学传习所开学》，载《星期画报》，2期，光绪丙午年(1906)八月。

② 《拨帑开办女学》，载《顺天时报》，光绪三十二年(1906)四月四日。

③ 《督署兴学》，载《中国女报》，第一期，光绪三十二年十二月一日(1907年1月14日)。

实“素重中国女子教育”①；而且，其所作所为是以美国女学为榜样。

借周年纪念开办“女学展览”，既向公众推广女子学堂，也适当募集办学经费，江亢虎的这一举措，十分成功。《顺天时报》上，多有关于女学传习所周年纪念及其所办女学展览的报道②。至于第一次活动，则有《星期画报》的《女学展览》为证：

> 顺治门外丞相胡同，外城女传习所，开学周年纪念，于八月间开展览会。十三日接待女来宾，十四日接待男来宾。本学学生课艺、画图、制造物件，暨京外各女学堂寄来之件，一概陈列学中，任人品评高下。十三日灯晚，并有电影儿戏，演毕散会。两日男女接待员，酬应都极周到。凡不在学之来宾，每位购入场券，费洋一元，此项作为捐助本学经费。本馆谬承雅爱，获入参观，模绘斯图，附录其事，登诸报端，以志盛举。③

“谬承雅爱，获入参观”的男女来宾，亲眼目睹京津各女校成绩，必定对此“文明气象”赞叹不已。历经百年沧桑，当初展览的照片已无从寻

---

① 《端制军维持女学界》，载《顺天时报》，宣统元年(1909)十一月二十三日。

② 参见《记内城女学传习所周年纪念会》，载《顺天时报》，光绪三十四年(1908)三月十二、十四日；《记外城女学传习所第二周年会并展览会》，载《顺天时报》，光绪三十四年(1908)八月十五至二十日；《女学展览会志盛》，载《顺天时报》，宣统元年(1909)三月十日；《女学纪念展览会详记》，载《顺天时报》，宣统元年(1909)八月十八、十九日。

③ 《女学展览》，载《星期画报》，45期，光绪丁未年(1907)八月。

觅①，幸亏还留下了画报上的这幅图像。

以办女学展览的形式，吸引热心教育的各界人士前来参观；与此相映成趣的是，借为灾民募捐，女学生开始走出校园。光绪三十三年(1907)正月，中国妇人会在厂甸为江北灾民募捐，此事轰动一时，各报多有报道。与《开通画报》的《赈济难民》不同，《时事画报》上的《中国妇人会》焦点突出，无论图像还是文字，均以女子的卖图与收捐为中心②：

> 正月十五前后，厂甸之中，商贾云集，士女纵横，洵盛事也。今年又有度支部杜主事之女公子，因江北难民，力图募捐，创设一妇人会，劝大家捐纳银钱，以济江北流民之难。当时也有捐十两银子者，也有捐七八元至一二元数十铜元不等，均已粘贴名衔榜示大众。噫，中国之热心同胞者，不意竟出于妇人女子之见，此亦中国文明之进步也。

这里所说的"杜主事之女公子"名成淑，为北京四川女学堂学生，时任中国妇人会书记。此次募捐，作为京城女学生走向社会的第一步，影响十分深远。四川女学堂及女学传习所的学生们，"印出《江北难民图》二万张，上附俗歌浅说，高揭红旗，上书'中国妇人会'五大字，在聚和祥参局门首石磴上，持图叫卖"，"此为中国女界向来未有之创

① "江总理又搜罗各处女校照像片，陈列在一堂内。计本校十八片，北京各女校十片，外埠各女校十片，文明气象，不由的令人羡慕。"(《记外城女学传习所第二周年会并展览会》)可惜，如此精彩的女学照片，今日已无处访寻。

② 参见《赈济难民》，载《开通画报》，第一期，1907；《中国妇人会》，载《时事画报》，第一期，1907年3月。

举”；而“现今女界中，明白时局，热心公益的很多，那般冷血男子，对着这般热血女子，能不羞死吗？”①可不仅是女学生，北京花界中人，也有热心的。据《星期画报》称，二月念五六日在福寿堂开办灯晚会，给江北灾民赈济，共筹得洋银三千多元：“这两晚上，凡花界的韵友，没有不来尽义务的，连登台演唱的，带不曾登台的，大约不下千人。”②

学界与花界共舞，这可不是什么好兆头。再加上发生了京师大学堂译学馆学生屈彊私下传信给杜成淑表示爱慕的事件③，社会上对于女学生从事慈善活动，颇有争议。女学传习所总理江亢虎多方联络，倡办规模宏大且品类繁杂的女学慈善会，包括“女学生制作品展览会，女学生物品贩卖，女学生唱歌游戏，古玩玉器书画展览会，女优唱戏，女优马戏，艺曲、烟火、奏乐等事，以娱耳目而爽精神，并拟以入场券所得之盈余金，均拨为赈款”等④，更是引人注目。终于，朝廷看不下去了，光绪三十三年(1907)二月二十三日，一纸通令，将女学生的活动重新限制在校门之内：

现今女学方在萌芽，热心兴学者自应共体艰难，岂可以贻人

① 参见《女士售图助赈》，载《顺天时报》，光绪三十三年(1907)正月七日；《请看淑文女士谈话文明》，光绪三十三年(1907)正月十七日。

② 《花界热心》，载《星期画报》，24期，光绪丁未年(1907)三月。

③ 参见夏晓虹：《晚清女性与近代中国》(北京大学出版社，2004)第二章“新教育与旧道德——以杜成淑拒屈彊函为例”。

④ 参见《拟开女学慈善会》，载《顺天时报》，光绪三十三年(1907)三月五日。关于江亢虎如何开展女学慈善会活动，见《女学慈善会大放花盒》(光绪三十三年二月二日《顺天时报》)和《女学慈善会批准》(光绪三十三年三月五日《顺天时报》)等。

> 口舌之事端，致生阻碍。今本部特为申明，劝诫各学生陈设手工物品以助赈需，仅可遣人送往，不必亲身到会。至于赴会唱歌舞蹈，于礼俗尤属非宜。招集马戏混迹其中，更非敬重学生之道。①

这里所说的“招集马戏混迹其中”，明显针对的是《顺天时报》上《拟开女学慈善会》的报道。

至于最早走出校门的，不是专门招收“中等以上女子”的豫教女学堂，而是设立在四川营内的四川女学堂，或许并非偶然。光绪三十二年(1906)一月十四日，《顺天时报》上刊有《川馆拟设女学》，称“闻川省京曹以现在女界文明日有进步，会商同志拟在宣武门外四川营四川会馆内设立女学堂一区，以开风气”，实在看不出有什么特异之处。可接下来的连续报道，让人目不暇接。先是开学前记者前往参观考察，借墙上的学堂简章，点出此女学堂之“大有来头”：

> 周游一遍，全堂规模，虽小小结构，颇有文明气象。看毕走出，见门洞西墙上挂着一张学堂简章。略看一遍，方知这会馆旧基是明朝有伟大名誉的四川女将秦良玉氏的旧址。看官可知道秦女将军的历史嚒？如有不知道的，请看下文。②

后又有关于四川女学堂举行开学典礼的报道，再一次提及四川女将秦

① 《学部通饬京内各女学堂文》，见朱有瓛主编：《中国近代学制史料》，第二辑下册，674～675页。

② 《考察南城新立四川女学堂》，载《顺天时报》，光绪三十二年(1906)二月十七日。

良玉：

> 门中央上楣横一长额，上写十二字，这十二字却特别优美，为全国四百州学界中特色，这十二个是什么字呢？叫做“蜀女界伟人秦少保驻兵遗址”。看官恁瞧，这十二字，气象多么威武呀！原来这学堂旧址，就是秦女将军名良玉的勤王白杆军屯兵的地处，所以这胡同即名四川营。前明因秦女将有大功，所以封他为少保。看官你想，女少保古今有几人呀？女学堂门外有这匾额真是特色。①

早年女将军屯兵之处，如今办起了女学堂，这一古今对话，确实让人浮想联翩。

同样借女将军秦良玉故事激励女学生的，还有内城的女学传习所。宣统元年(1909)七月十九至二十三日的《顺天时报》上，专门报道江亢虎所办三处女学传习所开学情状，其中提到海军筹备处设在石驸马大街路南，和内城女学传习所遥遥相对：

> 女学生早晚上学、散学时，经过海军处门前，必有能触发自强思想，或劝他丈夫或教他儿子为国家充兵，担当宪法上服兵役的，或者更有秦良玉第二女将，出在女学传习所中，亦未可知。②

① 《参观四川女学堂举行开学礼式》，载《顺天时报》，光绪三十二年(1906)四月九日。

② 《三城女学传习所开学》，载《顺天时报》，宣统元年(1909)七月十九至二十三日。

“秦良玉第二”那样的女将军，暂时不可期，但“额者特女士和惠兴女士，一南一北，可称学界近今二大女杰”①，却是实实在在的榜样。

“幼娴诗礼，慨念时艰，屡拟创设学堂，以遭家多难未果”的慧仙（已故工部郎中承厚之妻额者特氏），特立遗嘱，将家产尽数捐助各学堂经费：“计捐入惠馨女士所设杭旗之贞文女学五百两及京师所设公立小学堂银一万两，自立女工传习所一万四千四百两，佛教小学堂四百两及捐各学堂仪器银三百两，共捐银二万五千六百两。”②此等雅事，当年各报均有报道，这里选择的是《星期画报》上的两幅图像。

《星期画报》24 期上，刊有顾月洲所绘《慧仙女士遗像》及诚璋撰《慧仙女工学校校碑记》。碑记称：“女士姓额者特氏，幼习书史，长通时务，归承厚君，益明世变。尝论中国重男轻女，积数千年之痼习，其病至于母教不昌，妇道不备，而女子亦往往甘于自薄，以分利为男子累。”因痛感女学不兴，额者特氏临终叮嘱母亲：“中国风俗，向以家产遗子孙，无捐以举公众事业，造社会幸福者。有之，请自慧仙始。我死，以我家遗产兴女工。世好诚裕如性不欺，且热心学务，属其经画，可竟吾志。”诚璋（裕如）不辱使命，终于建起了以慧仙命名的女学堂。此事“列状学部，闻于朝，钦赐御书‘育才兴学’匾额，

① 《请看女杰布鲁特额者特氏捐助学款二万五千七百两》，载《顺天时报》，光绪三十二年十二月六日（1907 年 1 月 19 日）。

② 《东方杂志》第三年（1906）九期教育栏报道，见李又宁、张玉法编：《近代中国女权运动史料》，下册，1068 页。

悬于堂，时人荣之”①。

光绪三十二年十二月，慧仙女工学校落成；越年正月念五日，举行了隆重的开学典礼。关于慧仙女工学校开学典礼，刊于《星期画报》23期的《女教起点》，有详细的描述：

> 二月二十五日，北锣鼓巷慧仙女工学校行开学礼，恭迎皇太后钦赐御书匾额，悬挂中堂。是日男女来宾甚盛，经理员接待周到，学校规模也极整肃。礼毕，诚裕如君登台演说，讲女界的平权自由，宗旨正大，用在中国，句句可行。寄宿舍有女士遗像，瞻仰的人，没有不起敬的。女士托付得人，诚君善成人美，可称二难。将来中国女教的发达，当从慧仙女工学校起点。②

采写这则新闻的杨采三君，显然没有亲临现场，以致把两件事搞混了。举行开学典礼的时间是光绪三十三年正月二十五日(1907年3月9日)，那时堂上悬挂的是光绪皇帝钦赐御书“育才兴学”匾；至于慈禧太后赏赐的“培才劝学”匾，则是二月二十五日(1907年4月7日)方被恭迎并高挂起来的。

慧仙捐产兴学的故事确实感人，称其为“忽从女界一方面，放出

---

① 诚璋：《慧仙女工学校校碑记》，载《星期画报》，24期，光绪丁未年(1907)三月。另，光绪三十二年十二月五日(1907年1月18日)《顺天时报》所刊《故女史捐产兴学》全文抄录此碑记，前有小引：“工部郎中世袭云骑尉承厚君德配慧仙女史，遗嘱捐产约值银二万五千七百两，择地于北锣鼓巷净土寺创设女工厂，附设女学。现在房舍落成，订期明春正月二十五日开学。管理该厂诚璋君，独力办事，以全故女史之德，洵为中国女界增光。故特将其缘起，及诚璋君所撰《慧仙女工学校记》，照录如左。”

② 《女教起点》，载《星期画报》，23期，光绪丁未年(1907)三月。

异样灿烂的文明光线”[①]，也未曾不可；但若真的将其作为“女教起点”来表彰，却又不见得很合适。史实上略有出入倒在其次，关键在于立说背后隐含着的正统意识。得到皇帝及皇太后的分别题匾，如此“殊荣”，当世无双；还有，开学前一天，正好学部颁行了女学堂章程。这两点，只能说明慧仙女工学校的兴办，符合朝廷的意愿。可在晚清，兴女学的真正动力在民间，而不是什么“慈宫注重女学”[②]；朝廷最终顺从了民意，但谈论“女教起点”，不该从此入手。

四、流动的风景与潜藏的欲望

晚清兴办女学堂，最缺的是合格的教习、教材、教室，以及充满求知欲的女学生。朝廷当然也关心这些，可似乎对服装设计更感兴趣。为什么？原先“养在深闺无人识”，女子爱怎么穿着，那是个人的事；如今抛头露面，走在大街上，女学生的服饰，于是关系整个社会风气。最先当然是抄袭国外的设计，如得到服部宇之吉帮助的《北京豫教女学堂章程》，便明文规定：

> 学生装服宜朴实，不宜华侈，虽富家大族，既到学堂，亦必去奢崇俭。[③]

豫教女学堂以“造就贤母良妇为目的”，对服装的规定更多着眼于个人道德修养，故还只是统而言之。到了1907年，学部奏定设立女子师

① 《慧仙女杰捐产兴学补记》，光绪三十二年十二月九、十日(1907年1月22日、23日)。

② 《慈宫注重女学》，载《顺天时报》，光绪三十一年(1905)二月二十三日。

③ 《北京豫教女学堂章程》，载《东方杂志》，第二年(1905)，十二期。

范学堂及女子小学堂，牵涉民族国家想象，对女学生服饰的规定，于是变得越来越具体：

> 学堂教员及学生，当一律布素（用天青或蓝色长布褂最宜），不御纨绮，不近脂粉，尤不宜规抚西装，徒存形式，贻讥大雅；女子小学堂亦当一律遵守。①

为何在女学生的服装上大做文章？就因清廷认定，“妇容之庄，有以养成高尚端淑之人格，礼教之防，莫先于此”②。故1910年《学部奏遵拟女学服色章程折（并单）》，对女学生穿着的设想，几乎到了“无微不至”的地步：

> 一、女学堂制服，用长衫，长必过膝，其底襟约去地二寸以上，四周均不开衩，袖口及大襟均加以缘，缘之宽以一寸为宜。
>
> 一、女学堂制服，冬春两季用蓝色，夏秋两季用浅蓝色，均缘以青。
>
> 一、女学堂制服，用棉布及夏布，均以本国土产为宜。③

另外，还有不得缠足，不得簪花傅粉，不得效东西洋装束等详细的规定。

---

① 《学部奏定女子师范学堂章程折（附章程）》，见朱有瓛主编：《中国近代学制史料》，第二辑下册，674页。.

② 《学部奏遵拟女学服色章程折（并单）》，见朱有瓛主编：《中国近代学制史料》，第二辑下册，675页。

③ 同上书，676页。

这些严苛而且琐碎的规定，不见得真能推行全国，但起码在某种程度上影响了京城里的服饰潮流。兰陵忧患生于 1909 年撰《京华百二竹枝词》，其中有：

或坐洋车或步行，不施脂粉最文明。
衣裳朴素容幽静，程度绝高女学生。

诗后有小注，曰："女学生或步或车，经过街市，容貌服色，毕露文明。"①

如此正面肯定女学生的"不施脂粉"，不见得所有人都同意。比如，有人就以调笑的笔调，描述晚清京城里女子服饰的变化。《醒世画报》16、17 期上，曾连载支那腐败人的来稿《女儿多爱学男妆》共六首：

足着乌靴假大方，女儿多爱学男妆；
凤头鞋子虽抛却，终是趑趄向路旁。

世事于今尽改良，女儿多爱学男妆；
乱头粗服焦黄面，只为不亲脂粉香。

慵挽青青百宝光，女儿多爱学男妆；
尖头便帽敧斜戴，借把花姑当女郎。

① 兰陵忧患生：《京华百二竹枝词》，见路工编选：《清代北京竹枝词》，125 页。

新式衣裳巧样镶，女儿多爱学男妆；
雌雄到此浑难辨，一任他人说短长。

蹀躞茶楼引领望，女儿多爱学男妆；
纸烟风镜娇模样，竟尔相忘是窈娘。

结队（出）操列几行（原缺一字，拟补），女儿多爱学男妆；
漫说娘子军无敌，输却哥舒半段枪。①

这里所描述的不缠足（“足着乌靴假大方”），不簪花傅粉（“乱头粗服焦黄面”），袖口及大襟加缘（“新式衣裳巧样镶”），都是当年女学生的标准打扮。至于女子列队出操，更是学堂生活里最新鲜、最富于刺激的场面，为老百姓所“喜闻乐见”，甚至成为新年画的绝好题材②。

由于朝廷的大力提倡，更由于百姓的趋新骛奇，女学生的装扮，一时间竟成为时尚。嘲笑某男士模仿女学生，或“妓女穿裙子，假装正经人”③，都还不是最要紧的。晚清京城里引领时装潮流的，竟然不是妓女，而是女学生，这点与上海大相径庭。或许，北京人的时装趣味太受伦理观念的制约；但也可能是京城里的妓女缺乏自信，这才需要抄袭女学生的服饰。《醒世画报》上的《鱼目混珠》，对这种局面很

① 支那腐败人：《女儿多爱学男妆》，载《醒世画报》，16、17期，宣统元年（1909）十一月初五、初六日。

② 参见杨柳青年画《女学堂演武》，见王树村编著：《中国民间年画史图录》，下册，544页，上海人民美术出版社，1991。

③ 参见《是男是女》，载《日新画报》，27期，1908；《乱穿》，载《日新画报》，28期，1908；《学生耶妓女耶》，载《北京白话图画日报》，464号，宣统二年（1910）正月十七日。

不以为然：

> 十九日午后，玉广福斜街有两个妓女，打扮的狠文明，穿着一双皮靴，鼻梁上架着一付金丝眼镜，大襟上带着一朵花儿，直像个女学生。咳，中国服制杂乱无章，男女随便胡乱混穿，以致鱼目混珠呦。①

连妓女都喜欢模仿女学生的打扮，可见“女学堂制服”的成功；至于男女服装随便混穿，大街上从此不辨雌雄，这又有多大的危害呢？

在守旧者看来，此举确实非同小可。服饰风气的转移，意味着女性自我定位的变化。“女儿多爱学男妆”，与女性不再安于闺阁，开始勇敢地走上街头，二者之间具有某种天然的联系。《日新画报》上的《女界现象》称，十七八岁的大姑娘没教养，拿着风筝满大街疯跑，皆缘于“女学堂不甚发达”②。其实，作者误会了，若女学堂进一步发达，满大街疯跑的姑娘，还会更多。不妨看看《新铭画报》上的《姑娘御车》：

> 前门大街，昨有一姑娘自己揽辔的一辆大马车。观此姑娘，约在二十上下岁。细一打听，敢情是某学堂的学生。那种得意的样子，就不必提了。咳，这就是自由吗？(有点过火吧？)③

---

① 《鱼目混珠》，载《醒世画报》，34 期，宣统元年十一月二十三日(1910 年 1 月 4 日)。

② 《女界现象》，载《日新画报》，25 期，1908。

③ 《姑娘御车》，载《新铭画报》，33 号，宣统元年(1909)八月初四日。

不只跑风筝，还亲自揽辔大马车，这样的场景，随着女学的发达，将会变得司空见惯。如此举措，是否真的“有点过火”，端看个人的立场及趣味。

也有对此持宽容乃至赞赏的态度的。比如《星期画报》上大兴杨采三撰稿、潞河顾明善(月洲)绘图的《女士走马》，便是很好的例证。女学生骑马经过琉璃厂，有人嘲笑说，女子只配管二门里头的事，不该如此瞎逞能；作者于是站出来，为女学生辩解：

> 咳，说这话的，就算顽固到家了。古人教女子办家里的事，是他的天职；没说过教女子不懂外边的事。现今盼望中国自强，女子会骑马，正是自强的苗头儿。请问当年那花木兰替父从军，谯国夫人领兵打仗，他们都不会骑马吗？①

花木兰、冼夫人(谯国夫人)，还有秦良玉，这都是晚清常被提及的女英雄。先为《点石斋画报》主笔，后独力创办《飞影阁画报》的上海画家吴友如，甚至将此三女杰与西施、王昭君、罗敷、莺莺等历史及文学人物并列，合成“古今百美图”。

《木兰辞》广泛流传，《隋书·谯国夫人传》也多为人知，反而是明末女将秦良玉，因其牵涉历史与文学，需要略做辨析。吴友如制作的《古今百美图·秦良玉》，除引《明史·秦良玉传》，介绍因夫死袭职的秦良玉如何在明季的兵荒马乱中，“亲率士兵数千名，削木为梃，所至立功，保护数郡，号白杆兵”。后因勤王有功，获御制诗二章，其

① 《女士走马》，载《星期画报》，22期，光绪丁未年(1907)二月。

中有“从此麒麟添韵事，丹青先画美人图”①。秋瑾《题〈芝龛记〉》八章中，“莫重男儿薄女儿，平台诗句赐蛾眉。吾侪得此添生色，始信英雄亦有雌”②，咏的便是此事。据学者考证，秋瑾诗文里，最常提及的女侠，竟然不是人所共知的花木兰、梁红玉，而是秦良玉，这与其格外欣赏董榕撰于乾隆年间的《芝龛记乐府》有关③。

有趣的是，这么一个生活在明末的巾帼英雄，竟与晚清北京的兴女学挂上了钩。比如，四川女学堂便很好地利用了此地乃秦良玉驻军旧址这一故实，充分调动读者的历史想象，让前代女杰为今日之“振起女魂”效劳：

> 考察这四川女学堂，恰巧是秦女将军的遗址，藉此可以振起女魂。学堂果能发达，教育果能膨胀，学生的程度，一天高一天，那秦女将军的名誉也必一天大一天。秦良玉是前代的女杰，想不到过了二百多年，因为开办女学，又提起秦女将军，可见名誉是万年不会磨灭的。④

而在1906年4月四川女学堂的开学典礼上，年仅十七岁的“女教习刘

---

① 参见《古今百美图》，见《吴友如画宝》，第三册，50页，北京，中国青年出版社，1998。

② 《题〈芝龛记〉》，见《秋瑾集》，55页，上海古籍出版社，1979。

③ 参见夏晓虹：《始信英雄亦有雌——秋瑾与〈芝龛记〉》，载《文学评论丛刊》，1卷2期，南京，江苏文艺出版社，1998。

④ 《考察南城新立四川女学堂》，载《顺天时报》，光绪三十二年(1906)二月十七、十九日。

大小姐"登台演说，也拿秦良玉大做文章①。

借秦良玉来为女学护驾，或者坚称"女子会骑马，正是自强的苗头儿"，都无法完全消解社会上对于女学生满街跑的担忧。这种担忧，并非毫无道理；只是解读方式不无歧异。1907年3月的《顺天时报》上，有一则《各国女学情形》，提及走出家庭的女子的命运：

> 然以深闺之弱女，浸入社会活动之中心，耸立于万目注视之焦点，世人认为轻佻、为浅薄，或所难免。倘不慎之始，流弊所及，令女界再沉沦黑暗之世界，又未可知也。②

作者是从女性命运着眼，可言谈中带出某种偏见。何以女性一旦进入社会，便会"耸立于万目注视之焦点"？这里隐藏着一个假设：上街的女性，很容易成为观赏的对象；而观看靓丽的女学生，乃大多数男性潜藏的欲望。所谓"近日女学始兴，而一二荡检逾闲之女流，阳昌学生之名，阴行越礼之事"③，板子打的是女流，根源却在男子身上。关键在于，"好女子"成群结队，坦然行走在大街上，吸引公众目光，调动男性的潜在欲望，此举很可能使得"礼崩乐坏"，整个社会秩序从此失去控制——这才是朝廷以及卫道士们最为担忧的。

① "(刘)痛陈我国时局的危急，历述我国女界的腐败，并驳斥女子无才便是德七字的谬谈，又详论秦女少保的事迹，和古代班昭诸女伟人，及东西各国女界伟人的历史。侃侃而谈，滔滔不绝，四座都为之动容。"《参观四川女学堂举行开学礼式》，载《顺天时报》，光绪三十二年(1906)四月九日。

② 《各国女学情形》，载《顺天时报》，光绪三十三年(1907)二月九、十日，见李又宁、张玉法主编：《近代中国女权运动史料》，上册，289页。

③ 参见《广东学政示禁男女学生同开茶会》，见朱有瓛主编：《中国近代学制史料》，第二辑下册，651页。

回头再看蒙养院或女学堂章程，体会主事者深深的忧虑。荣庆、张百熙、张之洞《奏定蒙养院章程及家庭教育法章程》规定："少年女子断不宜令其结队入学，游行街市，且不宜多读西书，误学外国习俗，致开自行择配之渐，长蔑视父母夫婿之风。"①站在朝廷的立场，严防女子"自行择配"、"蔑视父母"，不无道理；可为何还要禁止其"结队入学，游行街市"呢？说是为了保护弱女子免遭侵害，可未尝没有担心男性被诱惑的考虑。《学部奏定女子师范学堂章程折（附章程）》称，"中国女德，历代崇重"，最为重要的，是认真攻读《列女传》《女诫》《女训》等，"及外国女子修身书之不悖中国风教者"。接下来规定，无论中外人士，不得随便进入女学堂参观；女师范生必须住堂，不得任意外出②。此等规定，所要严加约束的，不完全是女性，还包括其可能的诱惑对象。

1908年的《奏为遵议设立女子师范学堂折》中，有一段话，很值得玩味：

> 所以必使住堂者，放假有定期，不使招摇过市，沾染恶习。至学堂衣装式样，定为一律，以朴素为主，概行用布，不服罗绮，其钗珥亦须一律，不准华丽。③

---

① 荣庆、张百熙、张之洞：《奏定蒙养院章程及家庭教育法章程》，见《中国近代学制史料》，第二辑下册，573页。

② 《学部奏定女子师范学堂章程折（附章程）》，见《中国近代学制史料》，第二辑下册，674页。

③ 《奏为遵议设立女子师范学堂折》，见李又宁、张玉法编：《近代中国女权运动史料》，下册，1175页。

一个“不服罗绮”，一个“不使招摇过市”，二者之间，有内在的联系。这一规定，主要不是为了女子自身的道德修养，而是担心“服罗绮”且“招摇过市”的女学生，成为都市里最为靓丽的风景，吸引大量公众目光，对现有社会秩序造成冲击。奏折的起草者，其实相当了解中国普通民众的趣味；只是其防患于未然的思路，未必真能奏效。

女人打扮入时，路人难免多看两眼；但警察对盛装女子评头品足，或者男学生“两眼直勾勾的竟瞧来往的妇女，外带着大开批评”，可就不太文明了——晚清北京画报中，多有纠正如此陋俗的①。最能显示这种民间趣味的，当属《开通画报》第 8 期上的《花界热心》。“自从江北遭此惨状，北京各色人等，都发了善念。惟妓女向例热心，因江北饥民大家商议大开演说会，上捐的人颇踊跃。”②很可惜，如此激动人心的场景，被画面右上角那手持望远镜的男子给破坏殆尽。人家在募捐，他在看什么？不外是尽情欣赏那“盛装表演”的妓女。

如果大街上走动的，不是性感妖艳但地位卑下的妓女，而是“中等以上人家”的大姑娘，无疑更具“观赏性”。这不是笑话，而是当初女学堂面临的最大困境。朝廷之所以希望将女学堂与热闹的街市相隔绝，或者规定“因事请假者，必须家人来接”，部分原因也是有感于民智的“不开通”。

1907 年的《日新画报》上，有一幅图，真的就叫《不开通》，说的是：

---

① 参见《特别装梳》，载《新铭画报》，32 号，宣统元年(1909)八月初三日；《不够资格》，载《正俗画报》，21 期，宣统元年(1909)闰二月二十一日；《学生野蛮》，载《醒世画报》，52 期，宣统元年十二月十二日(1910 年 1 月 22 日)。

② 《花界热心》，载《开通画报》，8 期，1907。

甘石桥第一女学蒙养院，每日下学时候，街上人挤了个满儿，简直的过不去人。看学生虽是好事，可也别妨碍交通呵。可是该处守望的，也该竭力的劝劝才好。①

女学堂门口挤满人，是来看女学生的；不用说，观众都是男性。校门口牌子，横的是“京师第一蒙养院”，竖的则为“西城私立第一两等女学堂”。可以与此媲美的，是《正俗画报》刊登的《太不像事》：西单牌楼北边京师第一蒙养院附设女学传习所门口，站着几位女学生，旁边不远处就是停放人力车处；车夫们不只窥视，而且调笑，说这个发式新潮，那个脚太大。作者于是感叹：这实在不成体统，警察应赶紧将车夫轰走②。

围在女学堂门口的男性，倘若只是“观赏”，即便你认定其举止不太文明，也奈何他不得。当初学部设计女子师范学堂章程时，已经意识到这种可能性，故称：

开办之后，倘有劣绅地棍，造谣诬蔑，借端生事者，地方官有保护之责。③

问题在于，人家不是“劣绅地棍”，也没有“借端生事”，地方官吏无权弹压。不必驾马车、跑风筝，单是年轻漂亮的女学生，成群结队，游走街市，如此流动的风景，便是对于男性潜在欲望的充分调动。这才

① 《不开通》，载《日新画报》，9 期，1907。

② 《太不像事》，载《正俗画报》，18 期，宣统元年(1909)闰二月十八日。

③ 《女子师范学堂章程》，见朱有瓛主编：《中国近代学制史料》，第二辑下册，667 页。

明白，“女学堂服装”为何会成为妓女争相模仿的对象。

五、仕女画与新闻画的结盟

观看女子，尤其是“衣裳朴素容幽静”的女学生，可以是行走在街上的公众，也可以是稳坐在家中的读者。后者不会影响对方的生活，也没有任何骚扰的嫌疑，尽可自得其乐。而在这方面，刚刚出现的画报，起了很大作用。不同于古已有之的仕女画，画报主要从属于新闻，其呈现出来的，必须是活动着的当代女性。问题在于，仕女画的强大传统，使得画报的创作者与阅读者，自觉不自觉地向其倾斜。

画报的第一要素，自然是新闻与图像的结盟。换句话说，主要以“图像”方式(配合若干文字)，报道社会新闻，描述日常生活，体现作者的社会及文化理想，这是画报迥异于一般报章或画册的最大特征。晚清北京画报自然也不例外。借用《益森画报》创刊号上署名“编辑者识”的《〈益森画报〉述旨》，便是：

> 将欲网罗异事，纂组鸿文，精治丹青，藉明皂白，朝野佥载，尺幅具千里之观，惩劝兼资，右史有左图之助，舍画报其曷以哉！①

“网罗异事”与“精治丹青”并重，此乃所有画报都必须遵循的规律。只不过晚清北京画报将主要读者群锁定在妇孺及识字无多的下层百姓，故更强调其通俗性。不见得都像《启蒙画报》那样，“以图说为入学阶

---

① 《〈益森画报〉述旨》，载《益森画报》，1期，光绪三十三年(1907)十月上旬。

梯”，故将各门知识“各因其类，分绘为图”①，但隐约都将采用图像的理由，指向了知识普及。

可是，这还不够。既然采用了“图说”新闻的形式，就不能不接受另一种眼光的审视。如果只是开启童蒙，帮助识字无多者了解社会新闻，图像之优劣，关系不大。可一旦走出教育史、新闻史的视野，进入文化史乃至美术史的范畴，画师绘图水平之高低，可就是至关重要的了。《开通画报》曾经自我反省：“窃思滞销之故，实为图画未尽美善。”至于改良宗旨，希望“上而王公大人，下而农工商贾，总期其披阅流连，开卷有益”②，关键也在于如何迅速提升图像制作水平。《正俗画报》上的论说，更进一步。除按照惯例，论证“欲知妇孺之开通与否，社会之改良与否，均视画报之优劣之涨缩为定衡”，更强调：“夫画报与风俗人心有密切之关系，既为教育之一助，又为美术之一端。”③

活跃于晚清画报上的画家，日后成为美术史重要论述对象的，前有《点石斋画报》主笔吴友如，后有创办《时事画报》等的高剑父。但一般情况下，画报上的作品，因技术手段（单色印刷）及生产流程（大量绘制）的限制，很难成为传世之作。即便如此，因其售价低廉，流传广泛，对于那些无法得到名画原作或精美复制品的民众来说，相对简陋的画报，依旧是他们获得美术史资料的重要途径。刊于1909年《醒

① 《启蒙画报缘起》（载《启蒙画报》，第一册，1902）称：“孩提脑力，当以图说为入学阶梯，而理显词明，庶能收博物多闻之益。”“参考中西教育课程，约分伦理、地舆、掌故、格致、算术、动植诸学，凡此诸门，胥关蒙养，兹择浅明易晓者，各因其类，分绘为图。”

② 《告白》，载《开通画报》，“奉送第一期”，光绪三十三年（1907）十一月。

③ 蛰鸿：《祝正俗报出版词》，载《正俗画报》，7期，宣统元年（1909）闰二月初七日。

世画报》上的《看画报之益》，专门谈论画报在传播美术这方面的功能：

看画报还有极大的一件好处，家有小学生小姑娘们，看完了画报，又可用他当个画稿，铺上纸描画。①

可以为此说做注脚的，是《启蒙画报》第六册上的《描红模》。作者建议采用小学生描红模的办法，来学地理知识：

就借本报的地舆板，用红色刷印，每天描一二张，描那一图，就把报上的那一段讲明，久而久之，各图描熟，自然不能再忘了。②

这里看重的是，描图的过程如何有助于记忆。其实，描图这一行为本身，还能培养审美情趣及绘画才能。读过鲁迅《从百草园到三味书屋》的，大概都会对以下描述感兴趣。先生读书入神时，学生们各做自己喜欢的事：

我是画画儿，用一种叫作"荆川纸"的，蒙在小说的绣像上一个个描下来，像习字时候的影写一样。读的书多起来，画的画也多起来；书没有读成，画的成绩却不少了，最成片段的是《荡寇志》和《西游记》的绣像，都有一大本。后来，因为要钱用，卖给

---

① 杨曼青：《看画报之益》，载《醒世画报》，12期，宣统元年(1909)十一月初一日。

② 《描红模》，载《启蒙画报》，第六册，附页。

一个有钱的同窗了。①

小说绣像值得一个个描下来，“精美的”画报自然也不例外。这里加了个修饰语，目的是将良莠不齐的画报加以区分。

不是所有的画报都能提供精美的图像，晚清北京画报中，图像制作水平天差地别。杨曼青建议拿着画报当画稿临摹，说是这么一来，“日子一久，何愁不能成一个将来的画师呢?”可他同时承认，京城各画报，有的图像很差，描出来乱七八糟的。这篇发表在《醒世画报》上的文章，不无贬抑他人并吹捧自家画师的嫌疑：“这话也不是专说《醒世画报》好，因为李菊侪画的有传神之处，铺上纸可以容易学着描。”②此说虽是广告口吻，却也不无道理。对于晚清画报来说，画师确实起着决定性作用。

晚清北京画报中，除《星期画报》的画师顾月洲(明道)，原先曾在《点石斋画报》上露过面③，其他人的创作活动，基本上都只限于古老的京城。其中最为活跃且绘画水平较高的，首推刘炳堂和李菊侪。

梁漱溟在追忆彭翼仲时，曾提及彭如何聘刘炳堂为《启蒙画报》画师：“画图出于永清刘炳堂(用烺)先生手笔。刘先生作画不是旧日文人写意一派；他虽没有学过西洋画法，而自能得西画写实之妙。可惜当时只能用木板雕刻，不免僵拙，又墨印没有彩色。”④除了采用版

① 《从百草园到三味书屋》，见《鲁迅全集》，2卷，282页，北京，人民文学出版社，1981。

② 杨曼青：《看画报之益》(续)，载《醒世画报》，15期，宣统元年(1909)十一月初四日。

③ 参见拙文《以图像为中心》，载《二十一世纪》，59期，2000年6月。

④ 《记彭翼仲先生》，见《梁漱溟全集》，7卷，78页。

刻，《启蒙画报》之难以体现刘炳堂的水平，还有一个原因：画报中的很多作品，是摹刻古代名画或小说绣像(如第八册的“加减除合”、“叠除三次”等图，一望便知仿自明崇祯本《新刻绣像批评金瓶梅》)。倒是日后为《北京画报》《益森画报》等制图，可见其绘画方面的基本功力。

先后为《开通画报》《日新画报》《中实画报》《醒世画报》《正俗画报》等绘图的李菊侪，是晚清北京最为活跃的插图画家。日后与其兄李翰园合作，为《红楼梦》绘制卷帙浩繁的连环画，更为今人所关注。阿英在《漫谈〈红楼梦〉的插图和画册》一文中，有这么一段：

> 我所见到较早、卷帙浩繁的连环图画，是李鞠侪(又署觉生、李翰园，似非一人)的《石头记画册》。这是民初《黄钟日报》画报本，每日一张，版面有现在的连环图画四倍大，石印。已见到三百九十面，至宝玉、宝钗结婚，黛玉归天止，不完，不知曾否画完。①

作为红学史及清末民初艺术演进的重要史料，这本1913至1914年华国书局石印之画册，2002年由北京图书馆出版社以《金玉缘图画集》为题刊印，重新引起读者的关注。

确实像阿英猜测的那样，李翰园(墨林)并非李菊侪的别号，而是其兄长。两人曾共同为《日新画报》绘制插图，并各自在画报上刊登招徕生意的“告白”。毫无疑问，绘制人物画需要一定的功力，不是每个人都能上阵。当初李菊侪对于晚清北京画报界的描述，大致是准

① 阿英：《漫谈〈红楼梦〉的插图和画册》，原载《文物》1963年第6期，见《阿英文集》，902页，北京，三联书店，1981。

确的：

> 开通民智，画报虽为妇孺所欢迎，然非图画精良，不能醒阅者之目。北京画师报界同人中，能绘人物好手，除家兄李翰园及刘君炳堂早有心得外，能为社会普通欢迎者，实为寥寥。①

可即便是“能绘人物”的这三位，也很难说是其时北京画坛的翘楚。郑振铎撰《近百年来中国绘画的发展》及《〈北平笺谱〉序》时，提及不少清末民初活跃在北京的画家，没有上述四位的大名②。

这里不敢妄断刘炳堂等人的美术史地位，只想说明一点：他们是当年北京城里卖画为生的专业画家。这里引三则广告，说明这些画师的自我期待及工作兴趣。《启蒙画报》从第八期(1903)起连续刊登刘炳堂为之绘制插图的《黑奴传》，同时附以“本馆主人谨白”：“刘炳堂先生，北京丹青名手也，巨幅大观，尤饶家派，久已名重一时，有目共赏。今春两宫巡幸保阳，行宫楣额，均出先生一手，神彩焕发，栩栩欲活。本馆辱承不弃，助绘图画，即景生情，须眉毕肖。惜乎手民粗拙，笔意全失。将来逐渐改良，拟付石印，自见庐山真面焉。(润格列后)”《开通画报》第7期(1906)上，刊有“李菊侪广告”：“专画时派美人、新闻画报纸、南派山水花卉，现住板厂胡同中间路南。”至于“李翰园告白”，则刊登在《日新画报》第21期(1908)上：“专门泰西油画传真，并仿照相生纸清水传真，朝衣大像，行乐喜容，指画南派山

---

① 《李菊侪启事》，载《醒世画报》，14期，宣统元年(1909)十一月初三日。

② 参见郑振铎：《近百年来中国绘画的发展》及《〈北平笺谱〉序》，见《郑振铎艺术考古文集》，187～198页、237～238页，北京，文物出版社，1988。

水，写意美人。凡有赐顾者，请至日新画报馆面议。”这三则广告，除了证明三位都是专业画家外，我更关注其将“时派美人”与“新闻画”并列。因为，这正是晚清北京画报的一大特色。

刊登广告的地方，是新兴的“新闻画报纸”；而用来招徕生意的主要手段，则是传统的仕女画。这是因为，在李菊侪看来，后者除了拥有广大的消费群体，更因其代表画家的艺术水平：

> 绘事中，莫难于时派美人，仕女图又为妇孺注视之集线。鄙人有鉴于此，今拟于本报后幅，添绘时装仕女图百幅，与各报同人互相研究，使绘图同臻善境。北京各画报日见发达，实为鄙人初心所愿。北京为人文汇海，诸大画家见报后，务祈来函指疵。倘鄙人绘事少少进益，能为社会欢迎，人执一篇，非仅鄙人幸甚，社会幸甚。①

作为职业画家，不只按需绘制“时派美人”，还准备在画报中连续刊发仕女图；而此举的目的，近乎摆擂台——“与各报同人互相研究，使绘图同臻善境”。这则“启事”，在商业目的外，还显示了画家本人在艺术上的极端自信。

这里所说的“艺术”，主要指仕女画的绘制②。《醒世画报》上，自

---

① 《李菊侪启事》，载《醒世画报》，14期，宣统元年(1909)十一月初三日。

② 将女性作为绘画的主要表现对象，在中国，有着十分悠久的传统。战国、西汉墓葬中出土的帛画上，就已有体态动人的妇女形象。此后，随着画作中女性形象的日益突出，在人物画科内，逐渐建立起一个专门表现女性生活的分目，叫“仕女画”。历朝历代，均有著名画家，借助形态各异的女性形象，有效地表达了自己的审美理想。但经由长期积累，到了晚清，仕女画的表现方式日渐概念化、程式化。

刊出这则《李菊侪启事》后，每期基本上都附载一幅“时派美人”图——大都无题，偶尔也有题上“仕女画”三字的(如宣统元年十二月初十日的第50期)。其实，画报上附载仕女图，用以吸引读者，这不是《醒世画报》的独创。《点石斋画报》上首开“增刊”先例，包括图文并茂的插图书籍，以及印刷精美的名家赠画等，既是一种销售策略，也不无借此提高艺术品位的意图①。彩印的名家赠画，尺寸较大，装订时需要折叠，买回家后，熨平张贴，可以取代年画。此类彩图，品类繁多，并不限于仕女画。倒是吴友如主持的《飞影阁画报》，以及其作品汇编《吴友如画宝》，将“古今百美图”“海上百艳图”作为重点项目来苦心经营。到了北京人创设画报，将仕女画与新闻画混编，俨然已成风尚。比如，在同一期画报上，《木兰从军》和《中国妇人会》齐驱，《罗敷图》跟《屈疆出京》并列，《曹大家》与《女学开课》对举②。所有这些，固然都属于“女性故事”，可一古一今，分列不同的艺术传统。其中，《(北京)时事画报》所刊仕女图，多署“伯勋临本”，这与《醒世画报》上李家兄弟的自出机杼不同；可作为阅读效果，二者却是一致的。

晚清北京各画报之热衷于并列仕女图与新闻画，最直接的效果是，画家不再追求写实，而是采用轻车熟路的仕女画笔法，来绘制所有中国女性——包括古代著名的丑女，以及当今充斥大街小巷的各式妇人。“举案齐眉”的故事众所周知，作者专门提醒大家“孟光长的很

① 瓦格纳的《进入全球想象图景：上海的〈点石斋画报〉》一文(载《中国学术》2001(4)，北京，商务印书馆，2001年冬)，注意到了《点石斋画报》的增刊：包括广告、连载的配插图的书籍以及折叠起来的插页画；对于后者，作者强调此乃美查为进一步提高画报文化地位所采取的策略，即“使得它同时也成为了一份艺术刊物”。

② 参见《(北京)时事画报》，1期(1907)、《(北京)时事画报》，2期(1907)、《日新画报》，11期(1907)等。

丑，而且又黑，可是最贤德”[①]，但画面上依旧是美女一个。嘲笑旗妇与大姑娘没教养[②]，可单是阅读图像，实在分不出与相邻的“仕女”又有什么区别。可以这么说，在很多情况下，强大的仕女画传统，抹平了所有中国女性的面孔。

这其实正是英国人美查(Ernest Major)所极为担忧的。在《点石斋画报缘启》中，尊闻阁主人(美查)感叹盛行于泰西的画报竟无法在中国立足，自称经过一番苦苦思索，终于找到了问题的答案：

> 仆尝揣知其故，大抵泰西之画不与中国同。……要之，西画以能肖为上，中画以能工为贵。肖者真，工者不必真也。既不皆真，则记其事又胡取其有形乎哉？[③]

而创立“新闻画报纸”，首先必须挑战这种审美趣味，强调“能肖为上”。晚清北京画报上的女性形象，最大问题是：凡特写镜头，多受仕女画传统牵制，故“不真”。

这里有画家本人艺术修养的限制，但我更关心的是，这些图像背后的读者目光。都说画报的主要读者是识字无多的妇孺，我很怀疑；单从画报中仕女画传统之强大，隐约透露出读者的欣赏趣味。翻阅这些夹杂大量仕女画以及“时派美人”的画报，其感觉很像站在“甘石桥第一女学蒙养院”门口观看女学生。如此“鉴赏女性”的目光，我相信

① 《举案齐眉》，载《日新画报》，5期，1907。

② 《实在难看》，载《醒世画报》，33期，宣统元年十一月二十二日(1910年1月3日)。

③ 尊闻阁主人：《点石斋画报缘启》，载《点石斋画报》，第一号，1884年5月8日。

很大部分来自成年男子——无论其社会阶层以及文化水准。

借“启蒙”的名义观赏女性——尤其是受教育、有修养的新女性，这是晚清北京画报潜藏不露的趣味。这一点，是整个社会风气决定的。或者说，读者趣味与画家能力相互适应的结果，便是画报在报道/表彰女学时，以“仕女画”传统来改造“新闻画”。

其实，不仅仅北京的画报如此，清末民初众多关于女学堂及女学生的描述，都有这种赏玩的倾向。对于男性读者来说，“女学生”作为一种文化符号，兼及“时尚”与“性”，极具观赏价值。举一个例子，清末民初刊行于河北武强的年画《女学堂演对图》①，便是将这两个关键元素很好地结合起来。在变法维新、改良群治的大背景下，女学生扛枪出操，没有比这更时尚的话题了②。可仔细观察，除了作为时代标志的那杆枪，女学生姣好的脸蛋，妩媚的神情，华丽的服饰，还有那三寸金莲，都直指很可能为之“心旌摇荡”的男观众。回过头来，很容易理解，晚清的“漫说娘子军无敌，输却哥舒半段枪”，以及半个世纪后的“中华儿女多奇志，不爱红妆爱武装”，其震撼人心以及获得成功的秘诀，都是因其兼及“时尚”与“性”。

画报的制作者尽可嘲笑那些围在大街上观看女学生的普通民众“没教养”，可自家之以仕女画改造新闻画，其实蕴含着同样的心理。并不否认晚清北京画报记录/宣传女学的意义，只是想加个按语：当

---

① 《女学堂演对图》，见《中国传统年画艺术特展专辑》，44页，台北，中央图书馆，1991年12月；可与之相比照的，是光绪末年天津杨柳青所刊年画《女学堂演武》。

② 沈心工编著：《学校唱歌集》(1904)中，有一首《体操》(女子用)：“娇娇娇，这个好名词，决计吾们不要。吾既要吾学问好，吾又要吾身体好。操操，二十世纪中，吾辈也是英豪。”

初画报的作者及读者之所以关注这一新生事物，既包含“启蒙”的宏大目标，也不无鉴赏女性的潜在欲望。

六、凝视的历史

晚清北京尘土飞扬的大街上，走过若干身着崭新校服的女学生，吸引了众多民众以及记者/画师的目光。千万别小看这幅略显黯淡的图景。正是这些逐渐走出深闺的女子，十几年后，借助五四新文化潮流，登上了文学、教育乃至政治的舞台，展现其“长袖善舞”的身姿，并一举改变了现代中国的文化地图。

画报的存在，起码让我们了解，这些其实并不弱小的“弱女子”们，如何在公众的凝视下，逐渐成长的艰辛历程。那些充满好奇心的“凝视”，包含惊讶与激赏，也隐藏偏见与误会；但所有这些目光，已经融入女学成长的历程，值得我们认真钩稽、仔细品味。

“画报中的女学”，不仅仅混合着民众的街头窥探与画师的笔墨技巧，还带着鲜明的时代印记。在这个意义上，必须直面的，除了具体的图像资料，还包括凝视中所呈现出来的历史，以及凝视本身的历史性。

视野开阔、兴趣广泛的晚清北京画报，并没自觉承担记录女学历史的重任；今人即便披沙拣金，所呈现出来的图景，无论如何都是残缺不全的，且多少带有“后设”的味道。明知存在如此陷阱，仍想借助五个具体场景，迅速掠过那风云激荡的年代，给予晚清女学“惊鸿一瞥”。

1906 年的《开通画报》上，有《说说没有教育的女子罢》，讲述的竟然是汉朝朱买臣休妻的故事。借助于《烂柯山》等传统戏曲，女性读者大都晓得什么叫“马前泼水”。作者正是希望通过这广为人知的故事，激发女性受教育的欲望：

> 我望那有钱有力量的旗汉同胞哇，马马利利儿的多立些处女学堂女工厂，将来咱们全国的女子通盘的都有学问，全明白了人之大伦，不但没有嫌贫爱富的妇女，就连那不懂得家庭教育的妇女也就见不着一个儿了。①

早期女子教育的宗旨，并非培养独立意识与工作能力，而是“涵养女子之德性”，故“慧眼识丈夫”，也是题中应有之义。

学部终于同意开女学了，可又设置众多限制，目的是严防“一切放纵自由之僻说”，“总期不背中国向来之礼教”②。如此朝廷意图，画报作者心领神会。1908年的《北京日日画报》上，有《学部限制女学生》图，配上三言两语，竟然就把这一切说得清清楚楚：

> 听学部人说，该部以朝廷现在创设女子学堂，各省自应由官家一体设立，特订《女学堂章程》，今将最要紧的录于下。(一)男女学生不准交友；(二)禁止蓄留前额发；(三)不准创自由结婚之说；(四)男学开会，女生禁到，女学开会，男生禁到；(五)女学堂以三从四德为根本；(六)开女学原为昌明家庭教育，举凡一切关于国家之事，无须女学生干预，尤不准有登场演说之事。③

---

① 《说说没有教育的女子罢》，载《开通画报》，6期，1906。

② 参见《女子师范学堂章程》，见朱有瓛主编：《中国近代学制史料》，第二辑下册，668页。

③ 《学部限制女学生》，载《北京日日画报》，160期，光绪三十四年(1908)十一月六日。

简洁的画面上，听训的，是毕恭毕敬的女学生；手持文本(或许就是《女子师范学堂章程》)训话的，自然又是学业有成、地位显赫的中年男子。

按照朝廷的设想，可以开办女学堂，但必须防止女学生目无尊长甚至妄议朝政。所谓“其无益文词概不必教，其干预外事、妄发关系重大之议论，更不可教”①，就是这个道理。可思想的闸门一旦开启，后面的事情，其实很难控制。1908 年的《北京日日画报》上，报道湖南某女子，撰写一《女界国会请愿书》，洋洋数千言，切中要害，可格于禁例，无法入都呈递，只好邮寄②。接受了新教育的众女子，虽暂时无法亲自进京递交请愿书，但其议论朝政的意愿，已跃然纸上。

只要朝廷允许兴女学，总有一天，觉醒了的女子，会走上街头，勇敢地表达自己的政治立场。这一大趋势，根本无法阻挡。终于，风声鹤唳中，女革命党携带炸弹到了北京③；随后，又有北洋女师范学堂组织提灯游行，庆贺中华民国成立④。短短几年间，行走在北京画报中的女学生，竟然从早先的“贤妻良母”，一转而为“女革命党”。如此女学论述/想象的演变，可谓一日千里。

---

① 参见荣庆、张百熙、张之洞：《奏定蒙养院章程及家庭教育法章程》，见朱有瓛主编：《中国近代学制史料》，第二辑下册，573 页。

② 《女子国会请愿书》，载《北京日日画报》，61 期，光绪三十四年(1908)七月二十四日。另，1908 年 9 月 1 日—6 日《神州日报》连载“湖南某女士所拟稿”《湘省女界请开国会书》，开篇即“为陈恳速开国会，以定天下，恭摺转请代奏事”云云。

③ 《炸弹发现于东车站》，载《浅说画报》，1114 号，宣统三年(1911)十一月廿六日。

④ 《女子提灯会》，载《浅说画报》，1161 号，民国元年(1912)三月十三日。

不妨说，晚清北京的画报，为中国女学的发展，勾勒了一个大致轮廓。但就像所有的“凝视”都有其历史性一样，北京画报观察女学的视角，以及描述女学的技法，严重受制于那个时候京城里的舆论环境。

京城里的女学生，会关心国事，但不可能像秋瑾那样运动会党，奔走革命；京城里的画报，有若干尖锐的讽刺画，也不可能像1905年创办于广州的《时事画报》(潘达微、高剑父、陈垣等编辑)，直截了当地表达自家反抗清廷的政治立场。作为“第一声啼哭”，《启蒙画报》创刊号上的《小英雄歌》，就已经为整个晚清北京画报的叙述定下了调子。所谓“英雄本原有二事，为子当孝臣当忠”，如此温和的文化立场，放在当时的历史语境中，完全可以接受。接下来的“曲终奏雅”，更预示了日后北京画报某种很难超越的局限：

> 小英雄，休云小，少不好学行将耄。
> 古人因文能见道，今人开智宜阅报。
> 臧否人物且勿谈，是非朝政故勿告。
> 我愿小英雄，流览画报启颛蒙，从兹世界开大同。①

既然是办报(即便是娱乐性较强的画报)，不可能没有任何褒贬抑扬。所谓“臧否人物且勿谈”，日后多有突破；可“是非朝政故勿告”，则成为晚清北京画报很难逾越的禁区。相对于同时期广州、上海等地的画报，北京人显得谨小慎微。

---

① 《小英雄歌》，载《启蒙画报》创刊号，壬寅五月十八日(1902年6月23日)。

谈及此，不能不牵涉北京的舆论环境。在《北京志》第三十二章“京报、官报、报纸”中，执笔者服部宇之吉对当年北京的报业评价很低：“现今北京的报纸，若依其名气排列顺序，则为《顺天时报》(系日本人经营)《北京新报》《京话日报》《女学报》等。清国报纸之特色为：报道及文章均很简单；有关文学美术之趣味性文章甚少；有关社会事项之记述亦少。各报纸虽略有不同，但大体皆不免有此类弊端。”①服部博士指摘的这些弊端，有些属于技术水平，如报纸篇幅以及报章文体等；但有的却是“大环境”决定的，怨不得记者编辑。比如，为什么缺少重要的社会新闻？还不是因为官府极力封锁消息②！还有，报纸从业人员，只要“言论稍有锋芒，鲜有不遭蹂躏者”③。《北京志》之所以没提当初影响很大的《京话日报》和《中华报》，就因此前一年，这两份报纸已被查禁。

在《我的自学小史》中，梁漱溟曾深情地回忆：“我所受益的是《启蒙画报》；影响于北方社会最大的，乃是《京话日报》；使他自身得祸的是《中华报》。”④《中华报》1904 年 12 月 7 日创办于北京，彭翼仲主办，彭的妹夫杭辛斋任社长兼总编辑。1906 年 9 月 29 日被巡警部明令查禁，罪名是：“妄议朝政，捏造谣言，附和匪党，肆为论说。”清廷不仅查封报馆，还将彭、杭二位“即日递解回籍，交地方官严加禁锢”；后又以彭在押所行凶为借口，判发配新疆监禁十年(直到辛亥革

---

① (日)服部宇之吉主编：《清末北京志资料》，张宗平等译，471 页。

② 服部自己也提到：“官府至今仍不向新闻记者报告事实，新闻记者亦不敢到官府探听事项，故有关官方或宫中之事不可信之报道甚多。”参见(日)服部宇之吉主编：《清末北京志资料》，张宗平等译，471 页。

③ 参见戈公振：《中国报学史》，142 页。

④ 梁漱溟：《我的自学小史》，见《忆往谈旧录》，8 页。

命后，彭才得以遇赦归来）。关于彭翼仲之因言得祸，戈公振《中国报学史》第四章第九节“清末报纸之厄运”曾提及①。至于报馆被查禁的原因，我倾向于梁漱溟的说法，因其依据的是当事人自述（即《彭翼仲五十年历史》）②。如此舆论环境，难怪北京报人的言论，不及外地同行大胆泼辣。

限制民众的言论自由，大概是所有当权者的共同意愿。只是在某些特定时空（比如晚清上海），朝廷“鞭长莫及”——不是不想管，而是管不了。至于天子脚下的北京，情况可就大不一样了。《北京日日画报》上，曾有《慈宫注重报纸》的专题报道：

> 皇太后以政治腐败多由于上下隔膜，又有污吏贪官从中作弊，因而国事日见退化。近因报章上代达民隐，消息灵通，凡是官吏的贤否，行政的得失，无不登载。虽不能十分的确，可是藉以参考一切，实属有益。日前特饬李总管订购京津汉沪各报，以备观览。并派御医姚宝生每日进内，恭请平安，脉后即在驾前跪读各种报章，如有关系紧要事宜，必要派人密查。计每日所读的报章，约有三十馀份。③

---

① 除戈公振的判断，杨瑾琤等人《〈中国报学史〉史实订误》附录另外两说，其中包括梁漱溟的意见。参见戈公振：《中国报学史》，142页、326～327页。

② “彭先生之所以得罪，可能由于招人忌恨已久，而《中华报》的一篇报道却为事情爆发的导火线。有康梁一党的吴道明、范履祥二人由日本回国内有所活动，在天津被袁世凯的北洋营务处（相当于军法处）秘密处死，经《中华报》以‘保皇党之结果’为标题揭发出来。”梁漱溟：《记彭翼仲先生》，见《梁漱溟全集》，7卷，79～81页。

③ 《慈宫注重报纸》，载《北京日日画报》，57期，光绪三十四年（1908）七月二十日。

作者是从正面肯定慈禧太后之“注重报纸”，可办报人读到此，很可能吓出一身冷汗。在皇权至高无上的时代，不可能容许来自民间的尖锐批评；更何况慈禧本人又是那样的心胸狭隘，喜怒无常。因此，朝廷越是重视报章，北京的报业人员，越面临巨大的危险。

不管是否自愿呈送，进入皇宫的画报，政治上都不可能特别激进。北京大学图书馆藏《启蒙画报》，贴有专门印刷的插页，粉红色的纸张，上面印着二龙戏珠的图案，中间是“两宫御览”四个大字，下面还有小注：“癸卯年十二月全部进呈”。1902 年夏天创办的《启蒙画报》，一年半后(1904 年 1、2 月间)，因某种特殊机缘，得以进入皇宫，这在当年，无疑是很大的荣耀。与此相媲美的，是张展云主持的《北京画报》——从光绪三十二年(1906)七月上旬刊行的第 10 期起，也都每期盖上“进呈御览”红印。不是所有的北京画报，都有“进呈御览”的荣誉；但徘徊在皇宫内外的北京画报，其关于女学的报道与论述，一般来说，偏于保守。诸如介绍日本女教育家下田歌子的言论，报道端方在外城女学传习所的演说，或者表彰慧仙女士的捐产兴学，这些都符合朝廷的意愿。至于女士走马是否合适，女学慈善会有无必要，属于细枝末节，即便有争议，也都问题不大。可谈论女学，表彰“女生开通”，“一路上所说的，均是破除迷信的话语”，或者“见天白昼无事，观看各种科学新书并白话报等”①，这当然很好，可一旦涉

① 《女生开通》，载《浅说日日新闻画报》，宣统元年(1909)八月十二日；《女界进化》，载《浅说日日新闻画报》，宣统元年八月初五日。

及“自由”、“平权”[①]，画报主人的保守性，便暴露无遗。

这就很容易理解，为何晚清北京的报纸——包括画报——政治立场相当温和，没有多少叛逆性言论。1908年的《北京日日画报》上，刊有一则仿唐人刘禹锡《陋室铭》所作的《报馆铭》，很能体现晚清北京报章的特点：

> 牌不在老，风行则名；事不宜迟，电达则灵。斯是报馆，启我文明。墨痕开卷黑，铅字照机青。报告有访友，著述忌酸丁。可以谈国政，宣民情。苟言论之克当，何神圣之可侵。外洋尚激烈，内地主和平。阅者云：何律之有。[②]

对于北京报人来说，既要“启我文明”，又不能触犯大清律例，其“谈国政，宣民情”，必须自我设限，不能越雷池半步。所谓“外洋尚激烈，内地主和平”，如此表白，其实不无自我调侃的意味。

2005年2月27日于京西圆明园花园

① 《醒世画报》52期(宣统元年十二月十三日)上，有一《这叫平权自由吗》：“顺治门外海北寺街汪姓少妇，时常与他男人讲平权自由。前两天，该妇人晚上出去，没回家，他男人一问他，他反炸啦，说：现在时代平权自由，我不能受你压制，我爱怎么就怎么，你管不了。咳，这叫野蛮，不要脸，那能算自由吗？”

② 《报馆铭》，载《北京日日画报》，185期，光绪三十四年(1908)十二月四日。

长向文人供炒栗[*]

——《北京记忆与记忆北京》之一

在一个讲究“民以食为天”、“食色性也”的国度，饮食从来就不仅仅是营养或美味，而是包含太多太多的“言外之意”、“味外之旨”以及“韵外之致”了。那些飘荡在都市或乡村、刺激着你我好胃口的“各色美味”，古往今来，曾凝聚着无数文人学者惊羡抑或忧伤的目光。反过来，这些或迷茫、或笃定、或情色、或好奇的目光，附着在具体食物上，又使得其在“酸甜苦辣咸”（借用唐鲁孙的书名）外，平添了几分神秘与妩媚，大大扩展其文化内涵。在众多“意蕴闳深”的食品中，我选择了飘香千年的“糖炒栗子”，来敷陈“作为文学、文化以及政治的‘饮食’”。

盛产于大江南北的栗子，作为一种营养丰富的食物，已经深深嵌入中国人的历史记忆。翻阅《诗经》《论语》《庄

* 本文原题《长向文人供炒栗——作为文学、文化及政治的“饮食”》，初刊《学术研究》2008 年第 1 期，收入《北京记忆与记忆北京》（北京，三联书店，2008）。

子》《韩非子》《吕氏春秋》《山海经》等古书，你很容易发现其窈窕的身影。至于历代文人的“吟咏”与“引用”，借助各种电子数据库，更是不难觅得芳踪。可我讨论的不是“原料”，而是“美食”——从植物形态的栗子，到吾曹口中的美食，不只“主厨”在发挥作用，文人学者也都不甘示弱，纷纷以其擅长的“语言文字”来“添油加醋”，以致我们今天谈论诸如“糖炒栗子”这样的美食，必须兼及“古典”与“今典”(借用陈寅恪的概念)，神游冥想，古今同席，于美味之外，更多地体会历史与人心①。

有日本学者称：“在中国文学中，详细地描述现实饮食生活的例子并不太多。”②之所以出现这种误解，那是因为古今“文学”概念的歧异。只在具有“文学性”的诗文、小说、戏曲里找，当然是吃力不讨好；若扩展视野，将“文学”还原为传统意义上的“文章博学”，则中国人谈论饮食的文字，实在是不胜枚举。记得汪曾祺曾为中外文化出版社公司选编作家谈饮食文化的《知味集》，其“征稿小启”有曰：“浙中清馋，无过张岱，白下老饕，端让随园。中国是一个很讲究吃的国家，文人很多都爱吃，会吃，吃得很精；不但会吃，而且善于谈

---

① 几年前，为推介焦桐主编的“饮食美文精选”，我曾替其大陆版《文学的餐桌》撰序，特别强调“中国谈论饮食的文章及书籍的共同特色：不满足于技术介绍，而是希望兼及社会、人生、文学、审美等”；因此，“不能说美味跟金钱毫无关系，但美味确实羼杂了很多人文因素——历史记忆、文学想象、人生况味、审美眼光等，都严重制约着你的味觉，更不要说关于美味的陈述与表彰”。参见拙文《纸上得来味更长》，见《文学的餐桌》，桂林，广西师范大学出版社，2004。

② (日)内山道夫：《从文学看中国的饮食文化》，见(日)中山时子主编：《中国饮食文化》，徐建新译，56页，北京，中国社会科学出版社，1992。

吃。”[①]不仅仅是张岱、袁枚，中国文人中喜欢且擅长谈论美食的，可谓比比皆是。

借用《礼记·中庸》的说法：“人莫不饮食也，鲜能知味也。”[②]我所理解的“味”，兼及味蕾的感受、知识的积累、历史的氛围以及文人的想象。那么，就让我们在此“文学的餐桌”上，与宋代的苏辙和陆游、清代的赵翼和郝懿行，以及现代的周作人和顾随等，共同品鉴让他们一往情深的栗子——尤其是那早已“香飘四海”的糖炒栗子。

食疗与乡思

关于栗子的科属、别名、性味、营养成分等，此等植物学知识，不在我的视野之内。我关注的是“吃什么”以及“怎么吃”，即栗子如何成为美味。谈到栗子的吃法，大的分类，不外生食与熟食。恰好有两位宋代文人，为这两类吃法，留下了千古传扬的华章——生食的“代言人”是北宋散文家苏辙，熟食则有南宋诗人陆游作为“形象大使”。

与父亲苏洵、兄长苏轼合称“三苏”的著名文人苏辙（字子由，1039—1112），其《栾城集》中，多有涉及栗子处。如卷五《寄孙朴》之“相逢语笑夜踌躇，烹煮梨栗羞肴蔬”、卷七《寄孔武仲》之“煎茶食梨栗，看君诵书史”，还有卷十《次韵王适食茅栗》之“山栗满篮兼白黑，村醪入口半甜酸”等[③]。这满篮子的山栗，黑白相间，视觉效果甚好，极具观赏性；而且，将其与煎茶、村醪并置，说明确系诗人酷爱的美

① 汪曾祺：《〈知味集〉征稿小启》，初刊《中国烹饪》1990(8)，后收入《汪曾祺全集》，第四卷，464页，北京师范大学出版社，1998。

② 阮元校刻：《十三经注疏》，下册，1625页，北京，中华书局，1980。

③ 参见《苏辙集》，第一册，97页、135页、187页，北京，中华书局，1990。

味。只是这栗子到底怎么吃，生食还是熟食，糖炒还是水煮，诗人没有明说。故我们只能推断，起码在诗人眼中，日后声名显赫的糖炒栗子，或尚未“闪亮登场”，或并非其“最爱”。

再看看以下这首流传久远、常被医家或提倡食疗者引述的《服栗》（《栾城三集》卷二），当能明白，苏辙确实倾向于生吃栗子：

老去日添腰脚病，山翁服栗旧传方。
经霜斧刃全金气，插手丹田借火光。
入口锵鸣初未熟，低头咀噍不容忙。
客来为说晨兴晚，三咽徐收白玉浆。①

作为食物的栗子，对人体有滋补甚至药用功效（比如养胃健脾、补肾强筋等），这点常被历代的文人或医家提及。若唐代的医药学家孙思邈就说，板栗是“肾之果也，肾病宜食之”②；其《千金方》卷二十二“果实”更有曰：

栗子，味咸温，无毒。主益气，厚肠胃，补肾气，令人耐饥，生食之，甚治之腰脚不随。③

也就是说，治疗苏辙晚年所患“腰脚病”，不是一般的“吃栗子”，而是

① 苏辙：《服栗》，见《苏辙集》，第三册，1169页，北京，中华书局，1990。

② 此语为李时珍：《本草纲目》卷二十九“果部”所引，参见《本草纲目》，上册，1262页，北京，人民卫生出版社，1957。

③ 孙思邈：《孙真人千金方》，325页，北京，人民卫生出版社，1996。

“生吃栗子”，而且必须早晚“低头咀噍不容忙”、“三咽徐收白玉浆”。苏辙所说的“旧传方”，不知与唐人孙思邈有无关系；但其《服栗》诗，却明显影响了明人李时珍。李撰《本草纲目》卷二十九“果部”，引录孙思邈等人诗文外，还专门摘引苏辙《服栗》诗的首尾四句，然后断曰：“此得食栗之诀也！”“栗生食，可治腰脚不遂”——这说的是疗效；至于吃法，则“细嚼，连液吞咽，则有益；若顿食至饱，反至伤脾”①。如此说来，苏、李二君对于“服栗”的理解，若合符节。

不过，明知生食栗子能健体治病，世人似乎还是更倾向于“熟吃”。这点，清代学者郝懿行已经注意到了：“栗生啖之益人，而新者微觉寡味，干取食之则味佳矣，苏子由服栗法亦是取其极干者耳。然市肆皆传炒栗法。”②不仅仅是“熟吃”，作者还排除了煎煮焖炖等各种制作方式，惟独推崇一“炒”字。如此选择，大有深意，而让“炒栗法”变得如此神秘兮兮的，正是南宋大诗人陆游。

陆游(字务观，号放翁，1125—1210 年)的《剑南诗稿》中，多次提及作为食品的栗子。像“豆枯狐兔肥，霜早柿栗熟”(《怀旧用昔人蜀道诗韵》)、“蝟刺坼蓬新栗熟，鹅雏弄色冻醅浓”(《初冬》)、“丰岁鸡豚贱，霜天柿栗稠”(《随意》)、“开皱紫栗如拳大，带叶黄柑染袖香”(《病中遣怀》)等，都是只提作为食品或风景的栗子，并没细说制作方式。而卷四的《闻王嘉叟讣告有作》可就不一样了：“地炉燔栗美刍豢，石鼎烹茶当醪醴”——这确凿无疑的，就是炒栗子了。至于卷十三的《昼寝，梦一客相过，若有旧者，夷粹可爱，既觉，作绝句记之》，更

① 参见李时珍：《本草纲目》卷二十九“果部”，《本草纲目》，上册，1262～1263 页。

② 郝懿行：《炒栗》，见《晒书堂笔录》，卷四，页六下，《晒书堂集》，东路厅署，光绪十年(1884)。

是趣味盎然，值得全诗引录：

梦中何许得嘉宾，对影胡床岸幅巾。
石鼎烹茶火煨栗，主人坦率客情真。①

“炒栗子”不仅香气四溢，且与特定的史事相勾连，那就更值得当事人或后人追忆品鉴了。我指的是《剑南诗稿》卷五的《夜食炒栗有感》：

齿根浮动叹吾衰，山栗炮燔疗夜饥。
唤起少年京辇梦，和宁门外早朝来。②

此诗题后有自注：“漏舍待朝，朝士往往食此。”南宋都城临安的“漏舍”有两个，一在大内南门丽正门外，一在北门和宁门外。吴自牧《梦粱录》卷十三《天晓诸人出市》条，提及每日交四更，诸山寺观已鸣钟，“盖报令诸百官听公上番虞候上名衙兵等人，及诸司上番人知之，赶趁往诸处服役耳”。这个时候，“御街铺店，闻钟而起，卖早市点心”。陆游等“和宁门外早朝来”的百官，见到的是这么一幅情景：“和宁门红杈子前买卖细色异品菜蔬，诸般嗄饭，及酒醋时新果子，进纳海鲜品件等物，填塞街市，吟叫百端，如汴京气象，殊可人意。”③这“如

① 《陆游集》，第一册，382 页，北京，中华书局，1976。

② 同上书，155 页。

③ 参见吴自牧：《梦粱录》，118 页，杭州，浙江人民出版社，1980。另，卷八“大内”则云：“和宁门外红杈子，早市买卖，市井最盛。盖禁中诸阁分等位，宫娥早晚令黄院子收买食品下饭于此。凡饮食珍味，时新下饭，奇细蔬菜，品件不缺。”见吴自牧：《梦粱录》，63 页。

汴京气象”五个字，实在太刺眼了，让人感慨万端。了解南宋历史以及陆游生平的，对其晚年因“夜食炒栗”而忆及年青时的“漏舍待朝”，当平添无限惆怅。

说到“汴京气象”，不能不提及《东京梦华录》。那位因战祸而“避地江左”的“幽兰居士孟元老”，晚年“暗想当年，节物风流，人情和美，但成怅恨”，撰成《东京梦华录》十卷。作者深情追忆并仔细描摹那已经永远失去的“东京”之城池河道、宫阙衙署、寺观桥巷、瓦市勾栏以及朝廷典礼、岁时节令、风土习俗、物产时好等，希望后人“开卷得覩当时之盛”①。卷八涉及秋天的汴京风情，如“中元节”条谈盂兰盆会及“目连救母”杂剧；“中秋”条描述“贵家结饰台榭，民间争占酒楼翫月”；“重阳”则是摹写“酒家皆以菊花缚成洞户，都人多出郊外登高”。而最值得关注的，是“立秋”一则：

> 立秋日，满街卖楸叶，妇女儿童辈，皆剪成花样戴之。是月，瓜果梨枣方盛，京师枣有数品：灵枣、牙枣、青州枣、亳州枣。鸡头上市，则梁门里李和家最盛。中贵戚里，取索供卖。内中泛索，金合络绎。士庶买之，一裹十文，用小新荷叶包，糁以麝香，红小索儿系之。卖者虽多，不及李和一色拣银皮子嫩者货之。②

这里的“鸡头”，当指鸡头米，即新鲜芡实。芡实是一种多年生的睡莲

① 孟元老：《〈东京梦华录〉序》，孟元老等著：《东京梦华录(外四种)》，1页，上海古典文学出版社，1956。

② 同上书，50页。

科水生植物，多生于池塘或湖泊沿岸的浅水之中，夏季开花，初秋结实。从鲜鸡头中剥出的鸡头肉鲜嫩可口，可生食，也可煮食，有健脾益肾之功效。因果实呈圆球形，尖端突起，状如鸡头，故名。此果品在宋代声名显赫，吴自牧《梦粱录》卷十八“物产·果之品”有关于“鸡头”的介绍，苏辙《栾城集》卷五之《西湖二咏》，包括《观捕鱼》和《食鸡头》二则[①]；而欧阳修的《初食鸡头有感》和陆游的《建州绝无芡，意颇思之，戏作》，同样对此果品念念不忘[②]。如此说来，以卖鸡头出名的李和家，“岂不也就是一爿鲜果铺么？”[③]

这位汴京城里卖鲜果的小老板，并无特殊功业，本该早被湮没在历史长河中；没曾想到，就因为陆游的一则小文，此君竟流芳千古。“生识前辈，年登耄期，所记所闻，殊可观也”的《老学庵笔记》[④]，其卷二有这么一则记载：

> 故都李和炒栗，名闻四方。他人百计效之，终不可及。绍兴中，陈福公及钱上阁恺出使虏庭，至燕山，忽有两人持炒栗各十裹来献，三节人亦人得一裹，自赞曰：“李和儿也。”挥涕而去。[⑤]

对于曾歌吟过“遗民泪尽胡尘里，南望王师又一年”（《秋夜将晓出篱门

---

① 参见吴自牧：《梦粱录》，164页，以及《苏辙集》，第一册，90～91页。

② 欧阳修：《初食鸡头有感》：“却思年少在江湖，野艇高歌菱荇里。香新味全手自摘，玉洁沙磨软还美。”陆游《建州绝无芡，意颇思之，戏作》：“乡国鸡头卖早秋，绿荷红缕最风流。建安城里西风冷，白枣堆盘看却愁。”

③ 周作人：《炒栗子》，见《药味集》，171页，北京新民印书馆，1944。

④ 参见陈振孙：《直斋书录解题》卷十一及《四库全书总目提要》卷一二一子部杂家类。

⑤ 陆游：《老学庵笔记》，23页，北京，中华书局，1979。

迎凉有感》)的诗人陆游来说，记录这则凄婉的故事，自然是寄托遥深。至于后世无数读书人，只要稍有正义感及历史常识，很少不被李和儿之递送南宋使臣炒栗子，以及“挥泪而去”的身影所震撼。至此，“炒栗子”已上升为一种文化符号，代表了某种不便言说或无须明言的“故国之思”。

考辨与文章

要说借吟咏食物来表达“故国之思”，最让我牵挂的，莫过于“清初三大家”——顾炎武、黄宗羲、王夫之。很可惜，在他们的集子中，我没发现糖炒栗子的“靓影”。反倒是乾嘉年间的赵翼和郝懿行，在各自的笔记中，谈及那流寓燕京的李和以及糖炒栗子。当然，不用说，入口处都是陆游的《老学庵笔记》。

作为诗人，赵翼(字云崧，号瓯北，1727—1814)与袁枚、蒋士铨齐名，合称“乾隆三大家”。除了论诗重“性灵”(参见《瓯北诗话》)，曾留下“江山代有才人出，各领风骚数百年”(《论诗》)这样的千古名句，赵翼还是一个重要的史学家，其《廿二史札记》至今仍常被学界引用。至于作者“日夕惟手一编，有所得，辄札记别纸，积久遂得四十余卷”的《陔余丛考》①，前十五卷纵论经义史籍，按传统的思路，应是“重中之重”；可我偏偏更喜欢三十至四十三卷的杂考，因其辨识名物制度、称谓礼俗、语言文字等，对于我们理解古代中国的社会生活及风尚，大有裨益。就以卷三十三的“京师炒栗”则为例：

① 赵翼：《〈陔余丛考〉小引》，见《陔余丛考》，石家庄，河北人民出版社，1990。

> 今京师炒栗最佳，四方皆不能及。按宋人小说，汴京李和炒栗名闻四方，绍兴中陈长卿及钱恺使金，至燕山，忽有人持炒栗十枚来献，自白曰，汴京李和儿也，挥涕而去。盖金破汴后流转于燕，仍以炒栗世其业耳，然则今京师炒栗是其遗法耶？

这里所说的“宋人小说”，毫无疑义，应该就是陆游的《老学庵笔记》。大概是“史家”而又兼“诗人”的缘故，赵翼的考证，小处不够谨慎，误“十裹”为“十枚”，未免贻笑大方①。除了考辨不精，还有过度阐释的嫌疑——想象今天北京的炒栗法就是宋人李和所传，实在太大胆了。因为，糖炒栗子的香味遍及大江南北，各地的制作方式大同小异，怎么能证明李氏炒栗法“千年一线”呢？在我看来，此等民间工艺，无论过去还是现在，都无法找到真正的原创者；即便那汴京城里“炒栗最佳”的李和，也没有“专利权”。

比起赵翼的挥洒才情、驰骋想象，我更喜欢郝懿行(字恂九，号兰皋，1757—1825)的笃实与诚挚。作为有清一代的著名学者，郝懿行著述甚丰，计有三十余种，均收在《郝氏遗书》中。除代表作《尔雅义疏》外，更有闲涉物情的《记海错》《燕子春秋》《蜂衙小记》《宝训》等杂著。并非空谈性理，也不将眼光局限于书斋，郝兰皋学问驳杂，趣味广泛，这点很对周作人的口味——“清代北方学者我于傅青主外最佩服郝君，他的学术思想仿佛与颜之推、贾思勰有点近似，切实而宽

① 周作人已经指出这一点，参见《〈老学庵笔记〉》和《炒栗子》。另，《汉语大辞典》释“裹”字之“用作包裹之物的计量词”，举的例子正是陆游的《老学庵笔记》。

博，这是我所喜欢的一个境界也。”①

正是这种打心眼里的喜欢，使得周作人在1935年，连续写了三篇谈论郝懿行的文章。先是1935年3月13日撰《〈食味杂咏〉注》，评论东墅老人嘉善谢庸的撰述：“东墅老人对于土物之知识丰富实在可佩服，可惜以诗为主，因诗写注，终有所限制，假如专作笔记，像郝兰皋的《记海错》那样，一定是很有可观的。”②后又有1935年11月21日所撰《郝氏说〈诗〉》，介绍郝懿行和夫人王照圆合撰《诗问》《诗说》，称赞其“体察物理人情”，“训诂名物亦多新意”③。同年12月24日，周作人又撰《〈记海错〉》一文，提及诸多记载地方物产的好书，特别强调：“至于个人撰述之作，我最喜欢郝懿行的《记海错》。”④与诸多乾嘉学者埋头考辨经史不同，郝懿行还旁及各种地方性知识以及人情物理。正是有感于“孔门多识之学殆成绝响”，以及基于“游子思乡”的情怀⑤，郝懿行撰写了不少贴近日常生活而又“有资考证”的小文章。

有了这么多铺垫，回过头来看郝懿行《晒书堂笔录》卷四中的“炒栗”则，当不难明白其好处：

> 栗生啖之益人，而新者微觉寡味，干取食之则味佳矣，苏子

---

① 周作人：《〈记海错〉》，见《风雨谈》，24页，《苦茶随笔·苦竹杂记·风雨谈》，长沙，岳麓书社，1987。

② 周作人：《〈食味杂咏〉注》，见《苦茶随笔》，36页，《苦茶随笔·苦竹杂记·风雨谈》。

③ 周作人：《郝氏说〈诗〉》，见《苦竹杂记》，138～139页，《苦茶随笔·苦竹杂记·风雨谈》。

④ 周作人：《〈记海错〉》，见《风雨谈》，21页，《苦茶随笔·苦竹杂记·风雨谈》。

⑤ 参见《晒书堂文集》，卷二《与孙渊如观察书》以及《记海错·小引》。

由服栗法亦是取其极干者耳。然市肆皆传炒栗法。余幼时自塾晚归，闻街头唤炒栗声，舌本流津，买之盈袖，恣意咀嚼。其栗殊小而壳薄，中实充满，炒用糖膏(俗名糖稀)则壳极柔脆，手微剥之，壳肉易离而皮膜不粘，意甚快也。及来京师，见市肆门外置柴锅，一人向火，一人坐高兀子，操长柄铁勺频搅之令匀遍。其栗稍大，而炒制之法，和以濡糖，藉以粗沙，亦如余幼时所见，而甜美过之。都市衒鬻，相染成风，盘饤间称佳味矣。偶读《老学庵笔记》二言，故都李和炒栗名闻天下，他人百计效之，终不可及。绍兴中，陈福公及钱上阁出使虏庭，至燕山，忽有两人持炒栗十裹来献，三节人亦人得一裹，自赞曰："李和儿也。"挥涕而去。惜其法竟不传，放翁虽著记而不能究言其详也。①

与赵翼之断言京师里的炒栗就是李和遗法相反，对博物有浓烈兴趣的郝懿行，却在"惜其法竟不传"。正如前面谈及的，将李和视为"糖炒栗子"的祖师爷，相信其掌握某种秘诀，这思路在我看来大有问题。争论此"炒栗遗法"到底是湮没无闻了呢，还是已被发扬光大，其实没有多大意义。还是周作人的评述精彩：

郝君所说更有风致，叙述炒栗子处极细腻可喜，盖由于对名物自有兴味，非他人所可及，唯与放翁原来的感情却不相接触，无异于赵云松也。②

① 郝懿行：《炒栗》，见《晒书堂笔录》，卷四，页六下、页七上，《晒书堂集》。

② 周作人：《〈老学庵笔记〉》，见《秉烛谈》，83页，《瓜豆集·秉烛谈》，长沙，岳麓书社，1989。

周君说的没错，“郝君的是有情趣的人，学者而兼有诗人的意味，故所记特别有意思，如写炒栗子之特色，炒时的情状，均简明可喜”①。而我更看好的是，一个严谨的学者，竟有如此情致，在考辨名物时，敢将笔墨荡开去，穿插自家的生活记忆——“余幼时自塾晚归，闻街头唤炒栗声”云云，实在妙不可言。

至于周作人所说的，赵、郝二君之谈论《老学庵笔记》，全然没有失去家国的悲愤与隐痛，故与陆游原话宗旨不合，这确实是个问题；可这更多地属于时代风气——并非每个读书人都能从“糖炒栗子”的遥远记忆中，体悟放翁那念兹在兹的“故国之思”。

伤心最是李和儿

真是“说到曹操，曹操就到”，仅仅两年后，五四新文化运动的代表人物周作人(原名魁寿，号启明、知堂等，1885—1967)便面临如何“与放翁原来的感情相接触”的难题——那原本让人垂涎三尺的糖炒栗子，如今竟变得浑身是刺，搅得人辗转反侧，坐卧不宁。

1937年3月30日，周作人撰《〈老学庵笔记〉》，开篇即语带调侃：“吾乡陆放翁近来似乎很交时运，大有追赠国防诗人头衔的光荣。”具体论述时，启明先生承认“笔记中有最有意义也最为人所知的一则，即关于李和儿的炒栗子的事”，并引《放翁题跋》卷三《跋吕侍讲岁时杂记》，称：“读此可知在炒栗中自有故宫禾黍之思，后之读者安于北朝

① 周作人：《炒栗子》，见《药味集》，170页。

与安于江左相同，便自然不能觉得了。”①其实，没必要绕这么大的弯子，翻开《老学庵笔记》，此类黍离之思比比皆是。暂时置身度外的周作人，一针见血地指出，清儒的考辨虽精巧，但放过了作者压在纸背的心情，殊为可惜。体会陆游的心境不容易，追摹乃至实践，那就更难了。周作人没想到的是，这“知行合一”的考验，竟很快就落到了他的头上。

“七七事变”后，名教授周作人没有随北大南迁，而是选择了“苦住”北平，不能不让人捏一大把汗。此后，一直到 1938 年 2 月 9 日，周氏公开出席日本《大阪每日新闻》社召开的“更生中国文化建设座谈会”，标志着其正式附逆，这中间的半年多时间里，敌我双方都在努力争取。而周作人的内心深处，更是翻江倒海。就在此天人交战之际，10 月 11 日，周作人写下这么一首打油诗：

燕山柳色太凄迷，话到家园一泪垂。
长向行人供炒栗，伤心最是李和儿。

诗后有同年 12 月 11 日的自注：“一月前食炒栗，忆《老学庵笔记》中李和儿事，偶作绝句，已忘之矣，今日忽记起，因即录出。”二十天后，周作人意犹未尽，重写一绝，目的是“怀吾乡放翁也”：

家祭年年总是虚，乃翁心愿竟何如。
故园未毁不归去，怕出偏门过鲁墟。

---

① 周作人：《〈老学庵笔记〉》，见《秉烛谈》，80～86 页，《瓜豆集·秉烛谈》。

后面照样有注：“先诅妣孙太君家在偏门外，与快阁比邻，蒋太君家鲁墟，即放翁诗所云‘轻帆过鲁墟’者是也。”这里的怕过鲁墟，大概是怕见那位念念不忘光复的陆放翁吧①？

身为“标志性人物”，在炮火纷飞的年代，周作人其实没有多少回旋的余地；一旦失足落水，更是很难重新上岸。以启明先生之聪明才智，当然明白其“附逆”给抗战军民造成的打击与伤害。1939 年 4 月 28 日，借撰文纪念亡友钱玄同，周作人引余澹心编《东山谈苑》，称倪元镇为张士信所窘辱，绝口不谈，或问之，答曰：一说便俗——“这件事我向来很是佩服，下现今无论关于公私的事有所声说，都不免于俗。”②1940 年 5 月 29 日，周作人撰《辩解》一文，重引《东山谈苑》，还是那句“一说便俗”，称回想以前读过的古文，明白辩解未必有什么益处③。之所以再三声明“不辩解”，实则还是想辩解，只不过自觉理亏，担心辩解无效反落笑柄而已；尤其是刻意披露那两首包含内心隐痛的打油诗，更看得出是在努力地洗刷自己。

1940 年 3 月 20 日，周作人撰《炒栗子》，刊同年 6 月《中和月刊》1 卷 6 号，后收入《药味集》中。此文在立意以及史料排比上，跟三年前所撰《〈老学庵笔记〉》互有同异——最大的区别在于，作者在文章末尾巧妙地引入上述那两首表现故国之思的打油诗。又过了四年，也就是 1944 年 10 月，在《杂志》14 卷 1 期上，周作人发表《苦茶庵打油

① 上述两首打油诗，除下面提及的最初出处，目前容易见到的，尚有《知堂杂诗抄》(3～4 页，长沙，岳麓书社，1987)等。

② 知堂：《最好的十七日——钱玄同先生纪念》，载《宇宙风》(乙刊)，8 期，1939 年 6 月；收入《药味集》时改题《玄同纪念》。

③ 知堂：《辩解》，载《中国文艺》，2 卷 5 期，1940 年 7 月。

诗》，共收入其撰于1937年11月至1944年10月的打油诗二十四首，打头阵的，正是这“伤心最是李和儿”！此类“述怀”，吟咏是一回事，发表又是另一回事；不只刊于杂志，还收入《立春以前》①，可见周作人确实希望此中心迹能“广为人知”。

《苦茶庵打油诗》后面，有作者撰于1944年9月10日的《附记》，其中有两段，值得认真玩味：“这些以诗论当然全不成，但里边的意思总是确实的，所以如只取其述怀，当文章看，亦未始不可，只是意少隐曲而已。”其实，不断辨析《老学庵笔记》中的糖炒栗子，说什么“伤心最是李和儿”，意思一点也不隐曲——除非对中国文化十分隔膜。另一段则是：“从前读过《诗经》，大半都已忘记了，但是记起几篇来，觉得古时诗人何其那么哀伤，每读一过令人不欢。如《王风·黍离》云，‘知我者谓我心忧，不知我者谓我何求，悠悠苍天，此何人哉。’其心理状态则云‘中心摇摇’，终乃如醉以至如噎。”②这同样是自我表白(或曰自我辩解)，只不过没有彻底卸下盔甲、放下架子而已。

对于周作人抗战中之借谈论《老学庵笔记》中的李和儿献炒栗子，间接表白自家心迹，钱理群的《周作人传》第八章有详细的描述③。至于黄裳的《关于周作人》，更是直指那两首涉及《老学庵笔记》的打油诗：“看他反复抄引，多次谈及，可以看出这实在并非偶然的。这两首诗也实在含有非常刻露的禾黍之感，只差没有明说王师北定中原。以已经落水的汉奸而写出这样的凄哀欲绝的诗，表面看来正是一种绝

① 《立春以前》刊行于日本战败投降的1945年8月，可书稿寄往上海太平书局，却是在同年三月底。

② 周作人：《苦茶庵打油诗》，见《立春以前》，154～155页，石家庄，河北教育出版社，2002。

③ 钱理群：《周作人传》，427～438页，北京，十月文艺出版社，1990。

大的矛盾，然而却是周作人祈求内心平衡而流露出来的心曲。”[①]钩稽这么些隐藏在“糖炒栗子”背后的故事，并非想洗刷周作人的汉奸罪名，而是希望理解“落水文人”内心的痛苦与挣扎。

有趣的是，周作人早年的学生、也被认做京派文人的顾随（字羡季，晚号驼庵，1897—1960），抗战中困守北平，也吃糖炒栗子，也读《老学庵笔记》，还写下了《书〈老学庵笔记〉李和儿事后》：

> 秋风瑟瑟拂高枝，白袷单寒又一时。
>
> 熠栗香中夕阳里，不知谁是李和儿。[②]

顾随的弟子叶嘉莹对尊师在抗战中“曾写了不少以比兴为喻托而寄怀故国之思的作品”，极力表彰；至于另一位弟子周汝昌，更是直接引述这首有关李和儿的七绝（字句略有出入），然后追问：“一个炒栗子的怀念故国的典故，顾先生用了写成那样的诗句，你说这是爱国不爱国？”[③]其实，单说使用“怀念故国的典故”还不够（如此用典，周作人的诗文无疑更出色），还必须补充一句：北平沦陷八年，顾随先后在燕京大学、中法大学、辅仁大学、中国大学等校任教，从未与日伪政权合作，保持了传统士大夫的气节，无论讲论诗文，还是为人处世，

---

① 黄裳：《关于周作人》，载《读书》1989(9)，136～141页。另外，张丽华的《从“君子安雅”到“越人安越”——周作人的风物追忆与民俗关怀》(《鲁迅研究月刊》2006(3))，对此也有所辨析。

② 顾随：《书〈老学庵笔记〉李和儿事后》，见《顾随全集》，第一卷，384页，石家庄，河北教育出版社，2001。

③ 参见叶嘉莹：《谈羡季先生对古典诗歌之教学与创作》和周汝昌：《怀念先师顾随先生》，载张恩芑编：《顾随先生百年诞辰纪念文集》，38页、203页，保定，河北大学出版社，1999。

均显示了鲜明的民族意识和爱国情怀。

1943年元旦，顾随去沈兼士家拜年，不幸被日本军宪扣留了十多天[①]；同年，顾随吟成《书〈老学庵笔记〉李和儿事后》，二相对照，不难明白其中的忧生与感怀。1945年秋，抗战胜利，顾随撰《病中口占四绝句》，其中有云："吟诗廿载咽寒蛩，一事还堪傲放翁；病骨支床敌秋雨，先生亲见九州同。"[②]从《老学庵笔记》到《示儿》，从"炒栗"到"王师"，正是陆游的诗文，使得同为诗人的顾随身陷逆境而不甘沉沦。

有趣的是，周、顾师徒二人[③]，当他们需要表达"故国之思"时，不约而同地，都选择了李和儿以及糖炒栗子作为媒介。谈论秋冬弥漫在北平街头的炒栗香，一旦认准其蕴涵着"民族大义"，"美食"迅速转化成了"政治"。可也正因为过于看重自家心迹的披露，在周、顾诗文中，本该十分随和、家常的糖炒栗子，变得日渐高大、严肃起来，俨然成为一种政治/文化符号，而失去了其本味。

桂花栗子重糖炒

栗子是好东西，可以有各种各样的吃法；我要追问的是，即便同为熟吃，为何大家格外推崇"糖炒"而不是"水煮"？追问糖炒栗子为何

---

① 参见闵军：《顾随年谱》，142页，北京，中华书局，2006。另，顾随：《1945年元日以病不出门，试笔得小诗四章》之"此际年时曾一出，妻孥惊怪不归来"，即指此厄，见《顾随全集》，第一卷，391页。

② 顾随：《病中口占四绝句》，见《顾随文集》，573页，上海古籍出版社，1986。

③ 顾随1920年毕业于北京大学，属于周作人广义上的"弟子"；日后，作为京派学人，顾随在文章趣味以及生活态度上，颇受周作人影响。同时，顾又很神往在上海的鲁迅。

“爆得大名”，除了李和儿的故事，应该还有别的因素。

清代有两种谈及栗子吃法的著名食谱，一是朱彝尊(字锡鬯，号竹垞，1629—1709)的《食宪鸿秘》，其下卷“果之属”有“栗子”则，几种吃法中，“熟栗入糟糟之下酒佳，风干生栗入糟糟之更佳”，让我辈大长见识①。至于诗人兼美食家袁枚(字子才，号简斋、随园老人，1716—1798)，其《随园食单》记载“栗子炒鸡”这道今人十分熟悉的荤菜，此外，“点心单”里还有两处提及栗子，一是作为“重阳小食”的“栗糕”——“煮栗极烂，以纯糯粉加糖为糕蒸之，上加瓜仁、松子”；一是“新出之栗烂煮之，有松子仁香”这样的小窍门——袁枚甚至抱怨“厨人不肯煨烂，故金陵人有终身不知其味者”②。有趣的是，这两种食谱都没提及大名鼎鼎的“糖炒栗子”。《随园食单》所著录，除作者常居的江浙之风味菜肴外，还旁及鲁、皖、粤等菜系；《食宪鸿秘》更是兼采南北，不分彼此。“糖炒栗子”之所以榜上无名，关键不在于地域，而在于此乃休闲性质的点心，根本上不了台面——时至今日，正式宴会上，一般都不会上“糖炒栗子”。

进不了食谱，不妨碍其进入千家万户，更不妨碍其被无数文人学者所记挂。原因是，这种食品与特定的岁时相联系，故显得“别具风情”。有两本记载北京岁时的好书，可作此“大胆假设”的注脚。清初潘荣陛撰《帝京岁时纪胜》，八月部分之“时品”则：

---

① 朱彝尊：《食宪鸿秘》，96页，北京，中国商业出版社，1985。另，日本篠田统、田中静一编：《中国食经丛书》，下卷收《食宪鸿秘》时，作者署王士祯。参见陶振刚等著：《中国烹饪文献提要》，99页、155页，北京，中国商业出版社，1987。在我看来，二者可能均系伪托。

② 参见袁枚：《随园食单》，74页、131页、133页，北京，中国商业出版社，1984。

白露节蓟州生栗初来，用饧沙拌炒，乃都门美品。正阳门王皮胡同杨店者更佳。[①]

清末富察敦崇著《燕京岁时记》，十月之“栗子、白薯、中果、南糖、萨齐玛、芙蓉糕、冰糖壶卢、温朴”则，其中有云：

京师食品亦有关于时令。十月以后，则有栗子、白薯等物。栗子来时用黑砂炒熟，甘美异常。青灯诵读之余，剥而食之，颇有味外之味。白薯贫富皆嗜，不假扶持，用火煨熟，自然甘美，较之山药、芋头尤足济世，可方为朴实有用之材。[②]

如此“都门美品”，包含浓烈的岁时记忆，一闻炒栗香，便知已入秋冬。古代中国人对于“岁时”的品鉴，往往是和特定食品联系在一起的，不像今人之喜欢“反季节”蔬菜或果品。经由一代代读书人的“纪胜”与“杂咏”(若宋人蒲积中编《古今岁时杂咏》)，“岁时感”已经深入人心；而能与特定岁时相联系的食品，便显得“很有文化”——糖炒栗子便是一例。

1970年代初崛起于台北文坛的“新进的老作家”唐鲁孙(1908—1985)[③]，其撰文描述故乡北平的岁时风物、市井风情、饮食风尚，三十年前曾风靡台湾，如今则流行于大陆。虽然作者“自己规定一个

① 潘荣陛：《帝京岁时纪胜》，见《帝京岁时纪胜·燕京岁时记》，30页，北京古籍出版社，1981。

② 富察敦崇：《燕京岁时记》，见《帝京岁时纪胜·燕京岁时记》，88页。

③ 参见逯耀东：《馋人说馋》，此文作为“唐鲁孙系列”之“序一”，载《中国吃》等，桂林，广西师范大学出版社，2004。

原则，就是只谈饮食游乐，不及其他”①，读者还是能从中读出某种“历史的惆怅，京城的乡愁”②。像《吃在北平》《再谈吃在北平》《北平的甜食》《北平的独特食品》《二谈北平的独特食品》《故都的早点》等系列文章，确实是“馋人说馋”，别有洞天。糖炒栗子虽只是被偶尔提及，也都显得神采奕奕：

> 金风送爽，一立秋，大街上干果子铺的糖炒栗子就上市啦！卖糖炒栗子，得把临时炉灶、大铁锅、长烟筒，先搬到门口架上安好。等太阳一偏西，就把破芦席干劈柴点着，先在锅裏炒黑铁砂子，等砂子炒热，放下栗子，用一种特制大平铲，翻来覆去地炒，不时还往锅里浇上几勺子蜜糖水，等栗子炒熟，便往大铁丝筛子里盛，把砂子抖搂回锅，热栗子可就拿到柜台上用簸箩盛着，盖上棉挖单，趁热卖了。热栗子又香又粉，愈吃愈想吃，时常吃得挡住晚饭。您如果把吃不了的糖炒栗子碾成粉，用鲜奶油拌着吃，那就是名贵西点，奶油栗子面啦。③

就像周作人欣赏郝懿行对于糖炒栗子的描写“简明可喜”；我之喜欢唐鲁孙这段文字，也是这个意思。作者另有一文，比较韩国的、日本

---

① 参见唐鲁孙：《何以遣有生之涯》，此文见广西师范大学出版社版“唐鲁孙系列”各书卷首。

② 参见王德威：《北京梦华录——北京人到台湾》，陈平原、王德威编：《北京：都市想象与文化记忆》，360～370页，北京大学出版社，2005。

③ 唐鲁孙：《北平的甜食》，见《中国吃》，31页，桂林，广西师范大学出版社，2004。

的、中国杭州的以及北平的炒栗子①，不及此文之笔墨细腻，情深意长。

糖炒栗子之诱人，不仅是味道，还有场景。换句话说，此举具有“表演性”，可品味，也可观赏。别的山珍海味，只能在厨房里制作，食客所见，已是色香味俱全的佳肴。即便有好奇的食客想溜进厨房去观赏，也很可能被拒之门外。糖炒栗子就不一样，为了趁热吃，把整个炉灶、铁锅等都搬到大街上，现炒现卖。1909 年刊行于上海的《图画日报》，曾长期连载《营业写真(俗名三百六十行)》，其中第七十一幅乃孙兰荪所绘《糖炒栗子》，图中题诗曰：

> 桂花栗子重糖炒，魁栗不及良乡好。
> 长生桥堍绮园前，两个摊头名最噪。
> 此物最宜炒得松，第一要等火候到。
> 不可夹忙头里火忽停，致使冷镬子里热栗爆。②

清末民初，烟草公司为了商业竞争，曾随香烟赠送小画片，俗称“香烟牌子”或“烟画”。这些烟画的内容极为丰富，从植物到仕女到京剧脸谱等，无奇不有，甚至还专门描摹“三百六十行”。蓝翔、冯懿有著《中国·老 360 行》中，便收录三幅介绍糖炒栗子的烟画③。画面上，

---

① 参见唐鲁孙：《桂子飘香·栗子甜》，见《酸甜苦辣咸》，22～25 页，桂林，广西师范大学出版社，2005。

② 参见《营业写真(俗名三百六十行)·糖炒栗子》，载《图画日报》，36 号，1909，上海，环球社编辑部。见上海古籍出版社 1999 年重印本，第一卷，428 页。

③ 参见蓝翔、冯懿有：《中国·老 360 行》，彩色图版 75～76 页，文字部分 339～341 页，天津，百花文艺出版社，2003。

除了标明“天津”、“良乡”、“魁栗”等字样①，呈现今人习以为常的激烈的商业竞争，更让人欣喜不已的是，那炒栗子的器具以及架势，与郝懿行、唐鲁孙所描摹的，以及我们今天所见识的，并无多大差异。

秋风乍起，落叶满地，都市里的大街小巷，开始弥漫着糖炒栗子特有的焦糊与甜腻。这时候，无论平民百姓还是王公贵族，都可能被这种历史悠久的“闲食”所吸引。是美食，但因价格低，一般人都消费得起；更重要的是，此物“吃相”不难看，甚至可以说是“优雅”。正因此，糖炒栗子的制作以及品味，可以入诗入画。即便是老饕，其品鉴美食，也都受时间地点的限制；不若糖炒栗子，可随意进食，不受周围环境影响，也不碍阅读、写作或神聊。大街漫步时可以吃，友朋聚会时可以吃，“青灯诵读之余”可以吃，甚至连“漏舍待朝”也都可以吃。这就难怪，无数文人学者，喜欢像郝懿行那样，“买之盈袖，恣意咀嚼”。不仅吃相优雅，而且有助文章——想想诸多价格昂贵的大餐，其入诗入文入画的效果，那有清幽脱俗的糖炒栗子好？

糖炒栗子背后，确实有动人的故事，值得你我仔细品鉴；可过分追究“美食”背后的“故事”，会落入另一个圈套，即“思想深刻”，但“品味低劣”。且不说故事有真有假，有雅有俗，有广告促销，也有文人幽思，即便“故事”与“美食”相得益彰，其阐释也都必须“适可而止”。记得袁枚撰《随园食单》，有“戒耳餐”一说：“何谓耳餐？耳餐者，务名之谓也。”②炫耀性消费固然是“耳餐”，过分夸大美味的“文化内涵”，以至于让大脑取代了舌头，精神压垮了味蕾，也是一种“耳

① 天津乃北方板栗的集散及出口基地，因而“名扬海外”。至于“良乡栗子”，有说来自河北的迁西、遵化等地，有说出自京郊房山区，因其有“良乡镇”，且盛产栗子。

② 袁枚：《随园食单》，24页。

餐”。逯耀东曾提及唐鲁孙的饮食文章，“最初其中还有载不动的乡愁，但这种乡愁经时间的冲刷，渐渐淡去”①。在我看来，这才是聪明的举措——有文化情怀，但不忘食品本味。

十几年前，客居日本东京，路过上野车站，大老远就闻到那熟悉的香味，又见“天津甘栗”招牌，顿时热泪盈眶；除夕傍晚，朋友风风火火闯进来，抖落肩上的雪花，掏出好几袋还冒着热气的糖炒栗子，开口就是“别废话，趁热吃”；友人归台北，走前一天，驱车几十公里，到城南天坛附近去买“王老头”②，理由是诸闺中密友正“嗷嗷待哺”。这些日常记忆，对我来说，同样十分重要。换句话说，今人之欣赏“糖炒栗子”，除了苏辙的旧时秘方，陆游的《老学庵笔记》，郝懿行的精彩考辨，周作人的苦涩文章，还有各自多姿多彩的口感与记忆。正是这种兼及琐事与典籍、日常与历史、个人趣味与集体记忆，使得“炒栗子”有血有肉，而不仅仅是一种文化符号。有人别具幽怀，有人考古成癖，有人讲营养，有人图便宜，有人什么都没想，“就好这一口”……所有这些，各得其所，合起来，方才构成了有品位且有市场、能风光且能持久的“糖炒栗子”。

套用七十年前周作人的诗句，秋冬北京的诱人之处，在于其“长向行人”——当然，也包括馋嘴而又喜欢舞文弄墨的“文人”——“供炒栗”。只是面对如此“日常”而又“丰富”的栗子，你我读出来的，会是同一篇文章吗？

2007年9月10—25日于京西圆明园花园

---

① 参见逯耀东：《馋人说馋》，此文作为“唐鲁孙系列”之“序一”，载《中国吃》等，桂林，广西师范大学出版社，2004。

② 被誉为京城栗子王的“王老头”，祖上曾为宫里送炒货，1978年注册了“王老头”商标，成为中国第一家有品牌的糖炒栗子。

学术史视野中的“关键词”*

——《当代中国人文观察》之一

一、幽灵一般的“关键词”

现如今，作为特定学术思路的“关键词”，也成了中国学界的“关键词”。在GOOGLE中输入“关键词”进行搜索，可获得上千万项相关资料（还在迅速增长）。于是，不妨如此戏说：20世纪70年代，我们见面时打招呼：“吃过了没有”——那时填饱肚子还是个问题；80年代，我们见面时问：“托福了没有”——出国念书正成热潮；90年代呢？“下海了没有”——“十亿人民九亿商，剩下一亿在观望”；进入21世纪，怎么办？“关键词了没有”——上网搜索、发表论文、传授商业技巧、描述社会思潮，全都离不开这“关键词”。可以毫不夸张地说，今日中国，但凡受过高等教育的，不管你学什么专业，更不管你学术立场如何，多少都

* 本文原题《学术史视野中的“关键词”》，初刊《读书》2008年第4、第5期，收入《当代中国人文观察》（增订本）（北京大学出版社，2010年）。

得跟“关键词”打交道。

因此，有必要追问，这幽灵一般的“关键词”，从哪里来，到何处去。

先说说“关键词”近年的八面风光：2005年起，广西师范大学出版社推出陶东风主编的“文化研究关键词丛书”(含季广茂《意识形态》、汪民安《现代性》、陶东风等《文化研究》、王瑾《互文性》、曹卫东等《文化与文明》)；2006年江苏人民出版社推出张一兵主编的“关键词丛书”(已刊张凤阳等著《政治哲学关键词》)；这些丛书仍在起步阶段，但如果配上《佛教文化的关键词》《国际法关键词》《人类学关键词》《经济学210个关键词》《知识产权法关键词》《民事诉讼法关键词》《基础教育课程改革的关键词》《新闻工作200关键词》等，不难猜想，有关“关键词”的著述“市场前景”良好。实际上，进入新世纪，随着“关键词”的独特魅力从学界蔓延到百姓的日常生活，各行各业都有了自己的“关键词”图书。这才真叫“旧时王谢堂前燕，飞入寻常百姓家”。如今，有关关键词的书籍越来越多，而且越来越“生猛”，如《商场关键词》《法国葡萄酒关键词》《影响一生的60个关键词》《影响健康的26个关键词》《成功人士最重视的9个关键词》《培养杰出青少年的24个关键词》《决定你完美人生的9个关键词》《爱情的22个关键词》等。最有趣、且最具挑战性的，还属文汇出版社2004年版新书《今夜，我们谈性：关于性的50个关键词》。上述以“关键词”为号召的书籍，都是近两三年出版的。眼看着十几年间，“关键词”一词，从引进、消化、模仿，到迈开大步，走出书斋与讲坛，介入百姓日常生活，甚至成为“时尚”话题，真是一个相当奇妙的过程。

如此“流光溢彩”的关键词，还有可能重回书斋，接受你我的审视与辨析吗？这是我所关心的。或许，不该那么悲观，近些年，关于

“关键词”的学术著译，颇有值得推介者。若雷蒙·威廉斯的《关键词：文化与社会的词汇》(刘建基译，三联书店，2005)、丹尼·卡瓦拉罗的《文化理论关键词》(张卫东等译，江苏人民出版社，2006)、安德鲁·本尼特等的《关键词：文学、批评与理论导论》(汪正龙等译，广西师范大学出版社，2007)等译著纷纷登场；至于国人编纂的，则有洪子诚、孟繁华编《当代文学关键词》(广西师范大学出版社，2002)、陈思和《中国当代文学关键词十讲》(复旦大学出版社，2003)、廖炳惠《关键词200：文学与批评研究的通用词汇编》(麦田出版，2003；江苏教育出版社，2006年)、赵一凡等主编的《西方文论关键词》(外语教学与研究出版社，2006)、王晓路等著《文化批评关键词研究》(北京大学出版社，2007)、汪民安主编之《文化研究关键词》(江苏人民出版社，2007)等。再加上那些不挂“关键词”招牌，但学术思路上与之相呼应，或存在着若隐若现联系的书籍(如南帆主编《二十世纪中国文学批评99个词》，浙江文艺出版社，2003)，俨然构成了一个“学术场”，值得学界认真面对。

二、《关键词》之进入中国

虽然威廉斯《关键词：文化与社会的词汇》的中译本迟至2005年方才面世，近年崛起的这股“谈论”甚至“卖弄”关键词的浪潮，仍以此书为肇端。国人之关注作为学术话题的“关键词”，与《读书》杂志的积极推介有关——时间是1995年初。而此前一年，香港的牛津大学出版社即已推出Frank Lentricchia & Thomas McLaughlin 编、原北京大学教授张京媛等翻译的《文学批评术语》(*Critical Terms for Literary Study*)。原书1990年由芝加哥大学出版社刊行，张教授1992—1993年在北大讲课时，将其作为教材，顺便组织译述。就像《译后记》所称："与一般的文学术语辞典不同，这本书不是对术语的界定，而是批判性地检验术语的词源和历史沿革的意义，从广泛的文化视角提出当前文学理论界正在思考的问题"；"这本书'复杂化'了我们原来对术语的理解，动摇了我们过去以为是稳定和不容置疑的基本概念，我们的立场也随着发生变化"①。而这一学术思路的来源，麦克列林在《绪论》中作了交代："术语具有自己的历史，术语影响我们的阅读，术语涉及更广泛的社会和政治问题。……从某种程度上说，我们对术语历史的兴趣受惠于雷蒙·威廉斯的著作，例如《关键词》和《马克思主义与文学》"②。换句话说，"弟子"比"先生"早一年进入了国人的视野。

要说学术视野及深度，张译《文学批评术语》远远超越80年代介绍进来的罗杰·福勒编《现代西方文学批评术语辞典》(周永明等译，春风文艺出版社，1988)，但因流通不广，加上编者不像威廉斯那样有鲜明的学术立场，属于"中规中矩"的教授作业，故没能引起中国学界的广泛兴趣。而真正让中国学界兴奋起来的，还是威廉斯。

1995年第2期的《读书》杂志上，刊出汪晖《关键词与文化变迁》一文，强力推介"欧美文化研究中的经典作品之一"《关键词——文化与社会的词汇》。此书原本是威廉斯《文化与社会》(1958)一书的附录，出版时被编辑删去，这反倒给了作者不断积累、修订的机会；等到1976年正式刊行时，已经扩展为以"词典"形式出现(包含131个辞条)、但具有内在结构的、自成体系的著述。正如汪文所说："这本书

① (美)Frank Lentricchia、Thomas Mclaughlin 编：《文学批评术语》，张京媛等译，476～477页，香港，牛津大学出版社，1994。

② 同上书，4～5页。

当然不是交代词源、给出定义的寻常词典，而是了解文化与社会的一种独特的地图”；“通过它人们有可能看到生活和思想的更为广泛的变迁——一种与语言变迁明显有关的变迁”。“它既是我们的最普通的讨论的词汇和意义的汇集，也是将我们组织成为文化与社会的那些实践和体制的表达。”①以上解说，还有刘建基的《译者导读》、陆建德的“代译序”《词语的政治学》等，基本上不出威廉斯本人为《关键词——文化与社会的词汇》一书所撰“导言”。不能怨论者“偷懒”，是作者把自家立场交代得太过清晰，遗址让你“眼前有景道不得，崔颢题诗在上头”。

配合汪文，同期《读书》杂志上还刊出陈燕谷、曹卫东的《词语梳理》，梳理的是“Hegemony(霸权/领导权)”、“Communication(交往)”这两个关键词。接下来，又有汪丁丁的《经济学的“关键词”》(1995 年 7 期)和《再谈经济学的关键词》(1995 年 8 期)。很可惜，这个栏目没能坚持下去——此类事情，确实是“坚持数年，必有成效”。即便如此，这些文章还是搅动了一池春水，此后，“词语梳理”作为一种学术思路，逐渐荡漾开去。

当今中国学界，为何需要“梳理”各种关键性的“词语”，两位学养丰厚的汪先生，似乎更多着眼于纠正“误读”，以便建立有效的“交往”与“对话”的平台，即所谓“正本清源”。现实生活中常见这样的尴尬场面：同是学界中人，都很真诚，也很努力，可就是“没有共同语言”。“有时是因为出现了新的语汇，有时则因为同样的语汇有了完全不同的意义。媒体与信息空前发达，‘交往’与‘对话’空前艰难”②。这与

---

① 汪晖：《关键词与文化变迁》，载《读书》，1995 年第 2 期，109 页。

② 同上书，107 页。

西学东渐以来，中国人“刻苦好学”而又多“囫囵吞枣”的接受策略有关。“由于汉语的特殊功能，再加上此时此地中国的特殊环境，人们对‘关键词’的理解，颇多偏离原义之处。偏离无碍——有时还要‘误读’呢！——但要知其之所以然。”①可这一工作目标，与威廉斯编纂《关键词》之努力方向，略有偏差。

在《关键词》的“导言”中，威廉斯特别强调因阶级立场不同而导致的“认知差异”。每个阶层乃至每个团体，都有自己对于语词的特殊理解，而且，“从语言的任何准则来看，没有哪一个团体是‘错的’”。对于“经由厘清难词的意义，有助于解决词汇引发的争议与困惑”这一想法，作者“并不持乐观的态度”。理由是：“意义的变异性不论在过去或现在其实就是语言的本质”；更何况，“许多重要的词义都是由优势阶级所形塑”②。因此，《关键词》一书的意旨，不是对于特定词语的收集、整理、汇编、订正，而是发现缝隙，直面冲突，质疑定见，探询“词语”背后的思想意涵及历史结构。

但另一方面，既然采取“词典”的形式，作者对于《牛津大辞典》以及约翰逊博士等人的工作也还心存敬意，《关键词》不可能变成纯粹的“论战文集”。过分强调“论战色彩”，反而限制了读者对于此书的尊重与理解。兼及词源兴趣与政治关怀，体现卓越学识与党派性格，二者互相纠葛，难分彼此，这才构成了《关键词》一书的特殊魅力。以“Literature(文学)”为例，作者建议“参见”的条目包括：Aesthetic、Art、Creative、Fiction、Image、Myth、Nationalist；但不包括常被提及的

① 汪丁丁：《经济学的“关键词”》，载《读书》，1995年第7期，71页。

② 雷蒙·威廉斯：《关键词：文化与社会的词汇》，刘建基译，2页、18页，北京，三联书店，2005。

Formalist、Genius、Romantic、Taste、Tradition 等，这确实包含“党派”立场。为何将“民族主义”列为“文学”的参见条目，那是因为作者认定，“English Literature(英国文学)”这个词本身包含明显的政治色彩：“‘一个国家’拥有‘一种文学’，这种意涵标示出一个重要的社会、文化发展，也许也标示出一个重要的政治发展。”对于擅长借“文学史”建构来强化国家观念、凝聚民族精神，乃至进行思想道德教育的中国人来说，威廉斯的这一思路，实在太好理解了。而不讲“天才”“品味”，那是因为作者意识到，自 18 世纪以降沿用至今的“纯文学”(或曰“狭义的文学”)观念，正越来越明显地“遭受来自书写(writing)与传播(communication)概念的挑战”①。对于“文学”的前景，你可以不同意威廉斯的判断，但必须承认其“言之有据”。仔细比勘，你会发现，此书的绝大部分词条考辨精细，需要论战时，也都有学理依据，而并非一味地“意气用事”。

尽管作者一再称，“它不是一本词典，也不是特殊学科的术语汇编”，可三十年后，随着“文化研究”的急遽升温，学院中人(教授及学生)多将《关键词》作为“文化研究”这一“特殊学科”的常用“词典”。“发现意义转变的历史、复杂性与不同用法，及创新、过时、限定、延伸、重复、转移等过程”②，这固然是《关键词》一书的工作策略；可质疑与挑战的同时，也意味着“新的标准”的崛起。在这个意义上，二汪之设想借“梳理词语”来建立“对话平台”这一思路，也没有错。

---

① 雷蒙·威廉斯《关键词：文化与社会的词汇》，刘建基译，268～274 页，北京，三联出版社，2005。

② 同上书，6 页、9 页。

三、不同的工作目标

几乎从一开始，对于“关键词”的引介就蕴涵了两种不太相同的工作目标：第一，通过清理各专业术语的来龙去脉，达成基本共识，建立学界对话的平台；第二，理解各“关键词”自身内部的缝隙，通过剖析这些缝隙，描述其演变轨迹，达成对于某一时代学术思想的洞察。与此相适应，《关键词》的“中国弟子”，或倾向于“对于一种词汇质疑探询的记录”，或演变成“某特殊学科的术语汇编”——后者如廖炳惠的《关键词 200》，副题就叫“文学与批评研究的通用词汇编”；而赵一凡等主编的《西方文论关键词》，《编者序》也特别强调中国“缺少普及适用的专门辞书”，可见其工作目标。当然，即便是着眼于“厘清概念”，也都不动声色地展现了自家的学术立场。

热心于谈论“关键词”者，未必非读过威廉斯的书或直接受《读书》文章的启发不可；但以下两个专栏及相关图书的“横空出世”，确实与此有关。一是广西的《南方文坛》，一是北京的《外国文学》，这两家敏感的专业杂志，闻风而动，分别开设专栏，从事中国当代文学以及西方批评理论的“关键词”梳理。《南方文坛》的专栏始于 1999 年 1 期，在两年多时间里，陆续刊发了 28 个相关条目，日后结集成书，便是上面提到的洪子诚、孟繁华编《当代文学关键词》；而《外国文学》的专栏延续了四年(2002 年元月至 2005 年 12 月)，共推出关于关键词的专栏文章 54 篇；日后又由赵一凡等集合全国三十多所高校和科研机构的专家，进一步修订，完成了包含八十余则关键词的《西方文论关键词》。后者长达 925 页，定价 85 元，2006 年 1 月初版，6 月即重印，可见颇受读者欢迎。

洪子诚、孟繁华在《期许与限度——关于“中国当代文学关键词”

的几点说明》中称：“我们知道，一个有理由存在的‘学科’，应该有属于它的质的规定性的基本概念，这些概念是这个学科‘知识’的基础。……我们过去使用它们，常常缺乏必要的认真处理，或者是想简单地加以抛弃，或者在缺乏必要的辨析下继续沿用。”而此书的主要目的，不在编词典以规范使用，而是：“质疑对这些概念的‘本质化’的理解，不把它们看作‘自明’的实体，从看起来‘平滑’、‘统一’的语词中，发现裂隙和矛盾，暴露它们的‘构造’的性质，指出这些概念的形成和变异，与当代文学形态的确立和演化之间的互动关系，通过从对象内部，在内在逻辑上把握它们，来实现对‘当代文学’的反思和清理。”① 书中各文，若“中国当代文学”(洪子诚)、“社会主义现实主义”(孟繁华)、“两结合”(南帆)、“思想改造”(谢咏)、“文艺黑线专政”(程光炜)、“三突出”(古远清)、“新时期文学”(丁帆、朱丽丽)、“向内转”(鲁枢元)、“朦胧诗·新诗潮”(张清华)等，有的是文学思潮，有的是创作方法，有的则接近学科描述，统一称为“关键词”，似乎有点勉强。本就是专栏连载，各条目的撰写并无统一体例，纯属“文责自负”，与威廉斯的《关键词》之精心结撰，左右逢源，具有完整的内在结构，不可同日而语。但就学术立场及批判精神而言，近年所刊相关著述，此书与《关键词》最为“神似”。

要说主旨明确，体例统一，学问渊深，还推赵一凡等主编的《西方文论关键词》。“这里所谓‘文论’，特指20世纪发展起来的西方批评理论和文化理论。同时，它也指涉资本主义变革态势下，不断求变

① 洪子诚、孟繁华主编：《当代文学关键词》，3页，桂林，广西师范大学出版社，2002。

求新的各种欧美新学潮流。”①至于编辑体例，则有：“一，每一词条均提供简明扼要的术语解说、背景介绍；二，对每一概念的发展衍变过程，进行仔细的梳理辨析；三，力求在外国理论与评论基础上，提出我国学者的自家见解；四，在文末提供简明扼要的中外文参考书目，以利读者进一步查阅或跟踪研究。”②而且，说到做到，若“讽寓”（张隆溪）、“话语”（陈永国）、“交往理性”（章国锋）、“书写”（林少阳）、“文学场”（张意）、“文学性”（周小仪）、“性属/社会性别”（王晓路）、“叙事学”（申丹）等条目，都是严格落实主编意图，而又体现了学者自身的丰厚学养。作为一本“大型工具性理论辞书”，此书中规中矩，可圈可点，与《当代文学关键词》之锋芒毕露，带有鲜明的论战色彩，分别体现了威廉斯《关键词》的两个不同侧面。

谈及文学理论及文化研究的“关键词”，还有两本书可参照阅读。一是丹尼·卡瓦拉罗（Dani Cavallaro）著、张卫东等译《文化理论关键词》，一是张凤阳等著《政治哲学关键词》。前者原名“批判与文化理论”（*Critical and Cultural Theory*），全书分“语言与阐释”“社会身份”“知识”三辑，每辑各六章。译者非要将书名译成“关键词”不可，虽属追风，却也不无道理——如第一辑“语言与阐释”包含“意义”“符号”“修辞”“表征”“阅读”“互文性”六章，确实像辞书。原作者有言在先：“本书在章节安排上考虑到了两种类型的阅读方式。一方面，可以把十八篇文章当作一个整体，一章一章连续地阅读；另一方面，也可以把它们当作一些分散的实体，单独阅读，或者按照任何一种次序串联

① 赵一凡等主编：《西方文论关键词》，《编者序》，1页，北京，外语教学与研究出版社，2006。

② 同上书，2页。

起来。读者可依自己的兴趣和研究目标自行选择其中的一种阅读方式。”①当然，可“自行选择”的，不仅仅是读者的“阅读方式”，也包括译者的“命名方式”。至于《政治哲学关键词》之强调“在人文社会科学领域，一些看似简单、基本的问题，常常引起学者们的激烈论争”，编纂此书是为了获得“开展学术对话所必需的最低限度的知识平台”②，思路明显受《读书》文章影响。之所以将此书推荐给文学批评/文化研究者，那是因为，其中有些关键词，如“自由”、“精英”、“话语”、“规训”、“社会记忆”等，与我们密切相关；拿来跟赵一凡等主编的《西方文论关键词》、廖炳惠编著的《关键词200》、王晓路等著《文化批评关键词研究》和汪民安主编的《文化研究关键词》中同类或相近的词汇比对，不难发现不同学科背景所导致的“洞见”与“不见”。

不是作为“知识渊薮”的词典，也并非“众人拾柴火焰高”，国人著述中以“关键词”命名者，我所见到的，有陈思和的《中国当代文学关键词十讲》和韩毓海的《知识的战术研究：当代社会关键词》(中央编译出版社，2002)。后者分“市场”、“现代性”、“全球化”三辑，收录作者论战色彩很浓的12篇文章；所谓“当代社会关键词”，大概指向上述三辑的命名，而非具体的研究对象。前者包含十篇论文，单就体例而言，《民间的浮沉——从抗战到文革文学史的一个解释》和《试论90年代文学的无名特征及其当代性》较为靠谱，其他各文，若探究胡风的“现实主义理论”，或评论韩少功的《马桥词典》等，很难与我们心目中的“关键词”研究画上等号。不过，据作者称：“回顾那十几年的努

① (英)卡瓦拉罗：《文化理论关键词》，张卫东等译，《总论》，4页，南京，江苏人民出版社，2005。

② 张凤阳等著：《政治哲学关键词》，《引言》，1页，南京，江苏人民出版社，2006。

力，不过是为研究 1949 年以后的中国文学提出了几个重新理解文学史的关键词。”[①]此书的结撰，是先有完整的论文，再从中抽离出若干“关键词”来；换句话说，“关键词”是工作的结果，而不是出发点。按作者的设想，这十篇文章，可合成五题：包括“战争文化心理”、“潜在写作”、“民间文化形态”、“共名与无名”，“中国文学的世界性因素”[②]。其说能否被学界广泛接受，尚有待时间的考验；但作者撰文或结集时，受近年“关键词”研究热潮的影响，这点毫无疑义。

四、从“词汇的结构”到“观念的历史”

在《关键词：文化与社会的词汇》的《导言》中，雷蒙·威廉斯称：“燕卜荪在其著作《复杂词汇的结构》(*The Structure of Complex Words*)中，发现了《牛津大词典》里的许多缺失。我同意他的观点……”[③]这话让我想起英美新批评早期代表人物瑞查慈(I. A. Richards，1893—1980)和燕卜荪(William Empsom，1906—1984)与中国学界的深厚渊源。

1929 至 1931 年，瑞查兹任清华大学西方语言文学系教授，讲授“西洋小说”、“文学批评”、“比较文学”等课程，其著述《意义之意义》《文学批评原理》《科学与诗》等，很快引起中国读者的强烈兴趣。如叶公超、朱自清、钱锺书、曹葆华等，或评论，或译述，或借鉴，都开始关注瑞查兹的学说。1937—1939 年，瑞查兹的学生燕卜荪先后任

① 陈思和：《中国当代文学关键词十讲》，《自序》，1 页，上海，复旦大学出版社，2002。

② 同上书，1～7 页。

③ 赵一凡等主编：《关键词：文化与社会的词汇》，10 页 ，北京，外语教学与研究出版社，2006。

北京大学和西南联大教授，讲授英国文学等。在此期间，燕卜荪开始撰写其代表作《复杂词汇的结构》。战后的1947年，燕卜荪重来北大任教，直到1952年方才归去。燕卜荪之在昆明讲授英国当代诗歌，直接影响了“九叶诗人”如穆旦等，这点常被文学史家提及。我则关注曾在清华大学或西南联大任教的瑞查慈和燕卜荪，如何深刻影响了其同事朱自清(1898—1948)的学术思路。

在《语文学常谈》(1946)中，朱自清提及，现代的语义学与传统训诂学之“从历史的兴趣开场，或早或迟渐渐伸展到现代”不同，更注重“从现代的兴趣开场伸展到历史”。英国批评家瑞查慈之强调语言文字是多义的，是由该词的全部历史以及具体语境确定的，必须分辨语言文字的四层意义(文义、情感、口气、用意)，尤其是瑞查慈“不限于说诗，而扩展到一般语言文字的作用”，这点让朱自清深感佩服①。朱先生生前编辑的最后一书《语文影及其他》，收录有《说话》《撩天儿》《如面谈》《论废话》等十则分辨语词的短文，该书的序言，开篇即自报家门：“大概因为做了多年国文教师，后来又读了瑞查慈先生的一些书，自己对于语言文字的意义发生了浓厚的兴味。”②。至于公开表态，欣赏并追摹燕卜荪，更是在此前十几年。《诗多义举例》(1935)中，作者称：“去年暑假，读英国的Empson的《多义七式》(*Seven Types of Ambiguity*)，觉着他的分析法很好，可以试用于中国

---

① 朱自清：《语文学常谈》，见《朱自清全集》，3卷，172～173页，南京，江苏教育出版社，1988。

② 朱自清：《语文影及其他·序》，见《朱自清全集》，3卷，333页，南京，江苏教育出版社，1988。

旧诗。”①

在文史研究中，将语义分析和历史考据相结合，朱自清最成功的著述还属《诗言志辨》。此书原拟名“诗论释辞”，包括四篇诗论，考辨的是批评史上至关重要的“四个词句”，即“诗言志”、“比兴”、“诗教”、“正变”。《序》中说：“现在我们固然愿意有些人去试写中国文学批评史，但更愿意有许多人分头来搜集材料，寻出各个批评的意念如何发生，如何演变——寻出它们的史迹。这个得认真的仔细的考辨，一个字不放松，像汉学家考辨经史子书。”②此等“从小处下手”，仔细辨析词义的方法，在朱自清看来，是研究中国文学批评史的正途，更切实可靠，也更有学术价值。

可是，关注“批评的意念如何发生，如何演变”这一研究策略，不见得非从瑞查慈和燕卜荪那里拜师学艺不可，传统中国学术也有类似的思路。比如，朱自清在《评郭绍虞〈中国文学批评史〉上卷》(1934)中，就称：“郭君还有一个基本的方法，就是分析意义，他的书的成功，至少有一半是在这里。例如‘文学’、‘神’、‘气’、‘文笔’、‘道’、‘贯道’、‘载情’这些个重要术语，最是缠夹不清；书中都按着它们在各个时代或各家学说里的关系，仔细辨析它们的意义。懂得这些个术语的意义，才懂得一时代或一家的学说。”③日后，在评论罗根泽、朱东润的批评史著作的《诗文评的发展》中，朱自清再次强调：

① 朱自清：《诗多义举例》，见《朱自清全集》，8卷，208～209页，南京，江苏教育出版社，1993。

② 朱自清：《诗言志辨·序》，见《朱自清全集》，6卷，127～131页，南京，江苏教育出版社，1990。

③ 朱自清：《评郭绍虞〈中国文学批评史〉上卷》，见《朱自清全集》，8卷，196～197页，南京，江苏教育出版社，1993。

“文学批评里的许多术语沿用日久，像滚雪球似的，意义越来越多。沿用的人有时取这个意义，有时取那个意义，或依照一般习惯，或依照行文方面，极其错综复杂。要明白这种词语的确切的意义，必须加以精密的分析才成。”①而到目前为止，没有材料证明郭绍虞、罗根泽、朱东润等人在撰写批评史时，直接受到瑞查慈或燕卜荪学说的影响。

郭绍虞的《中国文学批评史》以及《照隅室古典文学论集》(上海古籍出版社，1983)，其特别引人注目处，确实在对于诸多重要文学观念的精彩辨析。可此类以文学观念的演进为中心来构建批评史的研究框架，我以为与新文化运动时期胡适之提倡“历史演进法”有关，但也是擅长考据的清儒之拿手好戏。借考证特定词汇的生成与演变，来“辨章学术，考镜源流”，这对于中国学者来说，实在是“老树新花”。关于这一点，可借用胡适、傅斯年对于清儒阮元学问的表彰。

胡适完成于1923年的《戴东原的哲学》，论及阮元之“最长于归纳比较的方法来寻出文字训诂的变迁”，尤其是对《性命古训》这样最能体现其“比较方法与历史眼光”的著述推崇备至：“阮元的性论的重要贡献还在他的方法，而不靠他的结论。他用举例的方法，搜罗论性的话，略依时代的先后，排列比较，使我们容易看出字义的变迁沿革。”“这种方法用到哲学史上去，可以做到一种‘剥皮’功夫。……我们对于一切哲学观念，也应该常常试用这种剥皮手段。阮元论‘性’，至少能指出古今‘性’字的意义不同，至少能教我们明白哲学观念是常常随

① 朱自清：《诗文评的发展》，见《朱自清全集》，第3卷，30页，南京，江苏教育出版社，1988。

着时代变迁的，单是这一点已可算是很重要的贡献了。”①类似的说法，可见于傅斯年最重要的著作、出版于1940年的《性命古训辨证》。该书的《引语》这样评价阮元的《性命古训》：“阮氏聚积《诗》《书》《论语》《孟子》中之论性、命字，以训诂学的方法定其字义，而后就其字义疏为理论，以张汉学家哲学之立场，以摇程朱之权威。夫阮氏之结论固多不能成立，然其方法则足为后人治思想史者所仪型。其方法惟何？即以语言学的观点解决思想史中之问题是也。”②

“观念”有轻重，“沿革”有长短，“剥皮手段”有精粗，但在内在思路上，清儒之关注“字义的变迁沿革”、希望“以语言学的观点解决思想史中之问题”，与今人耳熟能详的“观念史”研究，不无相通处。2005年，江苏教育出版社推出美国哲学家、观念史研究的主要倡导者洛夫乔伊所著《观念史论文集》(吴相译)，全书共十六章，除作为总序的“观念的历史编纂学”外，所论有“18世纪思想中的‘自尊’”、“作为美学规范的‘自然’”、“自然神论和古典主义的相似性”、“论诸种浪漫主义的区别”等。此书的论述策略，与二十年前便已经译介进来的R. 韦勒克的《批评的诸种概念》(丁泓等译，四川文艺出版社，1988)，其实没有多少差别。

关于“观念史”，中国学界更为熟悉的，恐怕是美国人怀纳(P. P. Wiener)编纂、台北幼狮文化事业公司编译并刊行于1987、1988年的《观念史大辞典》(Dictionary of the history of ideas)。这套大书共4册，包括政治与法律卷；哲学与宗教卷；文学与艺术卷；自然

① 胡适：《戴东原的哲学》，见《胡适全集》，第6卷，437页、449页、451～452页，合肥，安徽教育出版社，2003。

② 傅斯年：《性命古训辨证·引语》，见《傅斯年全集》，第2卷，505页，长沙，湖南教育出版社，2003。

与历史卷。至于另外一套观念史大书，虽尚未有中译本，却因为一场学术争论而声名远扬①，那就是德国的《哲学历史词典》(Historisches Wrterbuch der Philosophie)。该词典是德国学术图书协会出版社(WBG)出版的一套大型哲学概念史词典，共十二卷。很希望有“好事之徒”，肯下大功夫，将这套大书译成中文，以便我辈不懂德文者也能翻阅利用。

五、“新训诂学”与外来词研究

还是雷蒙·威廉斯，其《关键词：文化与社会的词汇》一书的《导言》称：“本书中的注解与短评所属的语义学则是‘历史语义学’(historical semantics)的分支，其明显的特征是不仅强调词义的历史源头及演变，而且强调历史的‘现在’风貌——现在意义、暗示与关系。”②所谓语义学(semantics)，其范围与传统训诂学相当，治学方法上则有很大差异，故语言学家王力先生将其称为“新训诂学”。

1947年，在《开明书店二十周年纪念文集》上，王力发表《新训诂学》，批评“旧训诂学的弊病，最大的一点乃是崇古”。“我们研究语义，首先要有历史的观念。……汉以前的古义固然值得研究，千百年后新起的意义也同样地值得研究。无论怎样‘俗’的一个字，只要它在社会上占了势力，也值得我们追求它的历史。……总之，我们对于每一个语义，都应该研究它在何时产生，何时死亡。”字义不同于术语，更不是每一个字义都值得你倾心关注。不仅描述某一语义的演变，或

① 参见《中华读书报》2000年3月29日所刊孙周兴《实践哲学的悲哀》等。

② 雷蒙·威廉斯：《关键词：文化与社会的词汇》，刘建基译，17页，北京，三联出版社，2005。

扩大，或缩小，或转移，更重要的是其背后的历史与文化因素。那是因为，“一切的语言史都可认为文化史的一部分，而语义的历史又是语言史的一部分。从历史上去观察语义的变迁，然后训诂学才有新的价值”①。对于王力建立新的训诂学的主张，学界颇有好评。或称其“是一篇从理论上宣示传统训诂学向现代语义学发展的重要论文”②；或曰：“他提出了两个观点非常重要。一个是历史观点，一个是语言社会性的观点。”③。

我无力介入语言学界的相关论争，但我知道，历史学家历来对汉语语源的考证感兴趣，甚至希望其伸展开去，变成“从小处入手”的文化史。比如陈寅恪先生 1936 年 4 月 18 日《致沈兼士》，便有如此宏论：“大著读迄，欢喜敬佩之至，依照今日训诂学之标准，凡解释一字即是作一部文化史。中国近日著作能适合此定义者，以寅恪所见，惟公此文足以当之无愧也。”④沈文《“鬼”字原始意义之试探》，初刊 1935 年的《国学季刊》五卷三期，确实是一篇好文章。而我相信，陈寅恪此说，颇有“借他人酒杯，浇自家块垒”的意味。

要说从“历史语义学”的角度从事思想史或文化史研究，最合适的对象，莫过于西学东渐以来产生的众多“外来词”。20 世纪初年，王国维撰《论新学语之输入》，强调：“言语者，思想之代表也，故新思想之输入，即新言语输入之意味也。”⑤这句话倒过来说便是，我们可

① 王力：《新训诂学》，参见《龙虫并雕斋文集》，第一册，320～327 页，北京，中华书局，1980。

② 晁继周：《二十世纪的现代汉语词汇学》，见刘坚主编：《二十世纪的中国语言学》，415 页，北京大学出版社，1998。

③ 赵振铎：《训诂学史略》，335 页，郑州，中州古籍出版社，1988。

④ 参见《陈寅恪集·书信集》，172～173 页，北京，三联书店，2001。

⑤ 王国维：《论新学语之输入》，载《教育世界》，96 号，1905 年 4 月。

以通过辨析"新言语"之输入，来探究"新思想"之输入。实际上，目前的中国学界，对此项工作抱有极大的热情。

关于外来词语研究，语言学家自是本色当行。高名凯、刘正埮的《现代汉语外来词研究》(文字改革出版社，1958)已着先鞭；日后的《汉语外来词词典》(上海辞书出版社，1984)则更为实用。译介进来的国外学者著述，日本实藤惠秀的《中国人留学日本史》(谭汝谦等译，三联书店，1983)关于日本译词的研究，有开拓之功；而意大利马西尼(Federico Masini)的《现代汉语词汇的形成——十九世纪汉语外来词研究》(黄河清译，汉语大词典出版社 1997)，论述更为专深且系统，故更为学界所重视。

思想史以及学术史、文化史学者的介入，使得"外来词"研究获得了更为广阔的视野；同时，也潜藏着因越界操作，而可能马失前蹄的危险。刘禾著《跨语际实践——文学、民族文化与被译介的现代性(中国，1900—1937)》(宋伟杰译，三联书店，2002)在英语世界获得广泛好评，译成中文后，也颇受中国学界的赞赏。最近，文学评论家王彬彬在《文艺研究》上发表严厉的批评，涉及作者的古汉语修养以及辨析外来词的能力①。但王并非语言学家，只是指出其若干误读之处，并未能颠覆该书的基本假设。

武汉大学教授冯天瑜则没有那么幸运，新书刚一问世，碰到的狙击手就是真正的专家。中华书局 2004 年 10 月出版冯著《新语探源——中西日文化互动与近代汉字术语生成》，2005 年 1 月 29 日的《文汇报》上，便发表了旅日学者沈国威的《学术"抢滩"不可取——惊

① 王彬彬：《以伪乱真和化真为伪——刘禾〈语际书写〉〈跨语际实践〉中的问题意识》，载《文艺研究》，2007 年第 4 期。

读冯天瑜新著〈新语探源〉》，批评此书“缺乏原创性”、“疏于考证”、“体例失当”，接下来断言：“著者的学术准备尚不足以整合他人的研究成果”；“学术的成败决不在于一时的热闹”，言下之意，此书不过是赶热闹的“抢滩”之作。2005年2月21日，《文汇报》又刊出冯天瑜的《学术乃天下公器——答沈国威君》，其中有曰：“笔者没有把自己的研究定位在语言学圈内，而是试图发挥思想文化史研究的某些势能，开掘新语生成所包蕴的历史文化内涵。”“拙著较完整地概述了自古以来中外文化互动间的语汇变迁，重点又放在16世纪以降，更详细展开于19、20世纪之交。以笔者阅览所及，这样的论著似不多见，或许有助于读者全面把握新语生成史这一论题。诚如沈文所说，相关各段都有专论在先。然而，综汇式的把握也是必需的，这正如有了专门史、断代史还需要有通史一样。”“综汇前说，引出新的理路或结论，也是一种创造。”这里涉及不同学科、不同世代、不同学术训练的学者之间，学术趣味以及治学方法的差异。对此，《文汇报》上周振鹤、柳园等人的评述，有进一步的发挥。至于冯天瑜先生，不久后出版的《“封建”考论》，“意在从‘封建’词义的历史考察入手，进而在概念史的论析上展开，故联称‘考论’，亦即由词义史之‘考’导入思想文化史之‘论’，所做的是一番‘知识考古学’工作”①，比《新语探源》一书更具独创性，显示了作者的博学深思，以及综合统筹的能力。

在《新语探源》的《后记》中，作者谈及：“西方现代学者也注目于考察词语与语境的关系，考察词语形式及意义伴随社会文化变迁而发生的更革，法国学者福柯的《词与物》《知识考古学》，英国学者威廉斯

① 冯天瑜：《“封建”考论》，8页，武汉大学出版社，2006。

的《关键词：文化与社会术语》等论著是这方面的前沿之作。”①至于刘禾的《跨语际实践》，主体部分乃是“从跨语际实践的视角，分别考察翻译中生成的现代性的不同层面”，作者称：“为了不使我的工作被误解为雷蒙·威廉斯式的关键词研究，我愿意强调我的关注点不在于考察词语、概念以及话语的变化含义，据认为这些变化反映了更为广大的历史进程。”②有人乐于正面引证，有人急于划清界线，但不管立场如何，威廉斯《关键词》的巨大身影，促成了后来者“影响的焦虑”。

晚清以降，随着时代的急遽变化，大量外来词(或曰“新学语”)出现。眼下这些新学语再也不仅仅是语言学的研究范畴，正越来越成为历史学家者关注的对象。那是因为，学者们意识到，这些外来词，往往提供了新的学术思路、文学观念、政治/文化立场，乃至具体的日常生活之细节与趣味，描述其兴衰起伏，可以凸显近现代中国的思想发展历程③。

“新学语”之进入中国，经由了一系列的介绍、扭曲、挪用、延伸的过程。理解并阐释这一过程，必须将上层与下层的对话、创生与传播的互动，还有从萌现到定型的全过程，做综合性的考察，才有可能得出令人心悦诚服的“新见”。而当下学者之所以纷纷关注这一课题，除了学术思路的拓展，更因为数据库的巨大优势。最近若干年，随着网络技术的日新月异，各种专业数据库纷至沓来，而研究者也大都能

---

① 冯天瑜：《新语探源·后记》，630页，北京，中华书局，2004。

② 刘禾：《跨语际实践》，6页，北京，三联书店，2002。

③ 参见黄兴涛：《近代中国新名词的思想史意义发微》，载《开放时代》2003年第4期，70～82页。

娴熟运用 E 时代的各种技术，使得此类研究进入了一个新的历史阶段①。

从“关键词”说到了“观念史”，又转到“语义学”、“外来词研究”等，似乎思路有点杂乱。其实，这么处理，乃别有寄托。做文化史、批评史、思想史、学术史的，必定都会关注核心概念。至于是否使用威廉斯意义上的“关键词”，取决于一时代的学术风尚，也取决于个人的文化趣味。之所以把事情说“复杂”，目的是显示不同的学术路径。“江山代有才人出”，学界时有新思潮（以及“新术语”），正常的状态是：旧学新知，互相竞争。有人追求血统纯正，一以贯之；有人喜欢博采众长，融合贯通，各有各的利弊。有时候，不追求“全新的境界”，并非力所不及，而是欣赏贺麟在《五伦观念的新检讨》中所说的：“必定要旧中之新，有历史有渊源的新，才是真正的新。”②

（此乃作者 2007 年 3 月 19 日在北京大学召开的“中国现代性的‘关键词’”学术座谈会上的主题演说，2008 年 1 月 12 日修订成文）

---

① 参见金观涛、刘青峰：《中国近现代观念起源研究和数据库方法》，载《史学月刊》，2005 年第 5 期，89～101 页。

② 贺麟：《五伦观念的新检讨》，见《文化与人生》，51 页，北京，商务印书馆，1988。

“演说现场”的复原与阐释*

——《学者的人间情怀》之一

按使用的功能，晚清以降的“演说”，大致可分为两类：一是政治宣传与社会动员，二是文化传播与学术普及。前一类声名显赫，后一类影响深远；与学界同行的思路不太一样，我更关注后一种演说，因其与现代中国学术及文章的变革生命攸关。至于与“演说”三足鼎立的现代教育制度的正式确立以及报章书局的大量涌现，使得学者们很少只是“笔耕不辍”，其“口说”多少都在媒体或文集中留下了痕迹。介于专业著述与日常谈话之间的“演说”，成了我们理解那个时代学人的生活与学问的最佳途径。于是，我决定选择章太炎、梁启超等十几位著名学者作为研究对象，探讨“演说”如何影响其思维、行动与表达。演讲者“说什么”固然重要，可我更关注其“怎样说”——包括演说的姿态、

* 此乃陈平原主编“现代学者演说现场”丛书(山东文艺出版社，2006)总序，初刊《现代中国》第七辑(北京大学出版社，2006年6月)，收入《学者的人间情怀——跨世纪的文化选择》(北京，三联书店，2007)。

现场的氛围、听众的反应、传播的途径，还有日后的“无尽遐思”等。换句话说，我希望兼及“演说”的“内容”与“形式”。

作为“传播文明三利器”之一的“演说”，与近现代中国思想文化进程关系密切，这点我很早就意识到，只是一直犹豫不决，到底该从新式学堂的演讲课程入手，还是专注于某些著名学者的学问人生，抑或着重考察其与文体变迁的关系。1999 年春，为纪念五四运动八十周年，我构思了《“雄辩会”与“讲演团”——兼及“五四”青年的文化姿态与思维方式》一文，可惜半途而废，只留下“五彩缤纷”的论文提要和一地散钱。而从谈论章太炎避难东京时如何将那些压在纸背的政治欲望，在“讲学”中借助各种穿插，表达得淋漓尽致①，到描述国学大师章太炎、梁启超以及新文化主将胡适、周作人，基于各自不同的文化理想，怎样分别在上海、南京、天津和北京登坛说法，讲授各自所擅长的专深学问②；再到辨析鲁迅和胡适各自的述学文体与演讲活动的关系③，以及综合考察性质的《有声的中国——“演说”与近代中国文章变革》④，我主要探讨的是：晚清以降，述学之文同样面临自我更新的使命，实现这一使命的，主要通过两个途径，一是严复、梁启

① 参见《学问该如何表述——以〈章太炎的白话文〉为中心》，见《章太炎的白话文》，1～52 页，贵阳，贵州教育出版社，2001；此文修改后，成为拙著《触摸历史与进入五四》(北京大学出版社，2005)第四章。

② 参见《学术讲演与白话文学——1922 年的“风景”》，此文摘要刊 2002 年 5 月 31 日《文汇读书周报》，全文刊《现代中国》，第三辑，武汉，湖北教育出版社，2003；并收入拙著《中国大学十讲》，上海，复旦大学出版社，2002。

③ 参见《分裂的趣味与抵抗的立场 ——鲁迅的述学文体及其接受》，载《文学评论》，2005 年第 5 期；《胡适的述学文体》，载《学术月刊》，2002 年第7～8 期。

④ 本文曾于 2005 年 4 月 28 日在东京大学和北京大学联合主办的“亚洲视野中的中国学”、2006 年 1 月 20 日在韩国成均馆大学举行的“东亚近代言语秩序的形成与再编”国际学术研讨会上宣读。

超、王国维等新学之士所积极从事的输入新术语、新语法乃至新的文章体式，借以丰富汉语的表达能力(这一努力，符合百年中国“现代化进程”的大趋势，一直受到学界的重视)，一是章太炎、蔡元培以及鲁迅、胡适等，面对新的读者趣味和时代要求，在系统讲授中国文化的过程中，提升了现代书面语的学术含量，为日后“白话”成为有效的述学工具，做出了独特的贡献。

回过头来，反省学界对五四白话文运动的论述，有几点必须修正：第一，《新青年》同人在提倡白话文时，确实多以明清章回小说为标本，日后讲授“国语文学”，也都追溯到《水浒传》等；可所有这些“溯源”，都指向“文艺文”(或曰“美文”)，而不是同样值得关注的“学术文”。第二，白话文运动成功的标志，不仅仅是“国语的文学，文学的国语”①；述学文章之采用白话，尤其是长篇议论文的进步，也是至关重要的一环——白话能写“美文”，白话还能表达深邃的学理，只有到了这一步，白话文的成功方才无懈可击。第三，晚清兴起、五四后蔚为大观的演说热潮，以及那些落在纸面上的“声音”，包括演讲的底稿、记录稿、整理稿，以及模拟演讲的文章，其对白话文运动和文章体式改进的积极影响，不容低估。第四，章太炎等人的讲学，与宋明大儒之“坐而论道”不同，基本上是在“哲学”、“文学”这样的学科意识中展开，每讲包含若干专门知识的传授，而后才是穿插其中的社会批评或思想启蒙。第五，在表情达意方面，文言自有其长处，但绝对不适合于记录现场感很强的“演说”；学者之公开讲演并刊行讲稿，不管是赞成还是反对白话诗文，都是在用自己的学识与智慧，来协助完

① 参见胡适《建设的文学革命论(国语的文学——文学的国语)》，载《新青年》，4卷4号，1918年4月。

善白话的表达功能，换句话说，都是在“赞助白话文学”。第六，创造“有雅致的俗语文”，固然“以口语为基本，再加上欧化语，古文，方言等分子，杂糅调和”①；可这个“口语”，不限于日常生活语言，还应包括近乎“口头文章”的“演说”。

以上简要的叙述，大致涵盖我关于“演说”与近现代中国思想及文章变革所做的探索。区区论说，不如意处仍多多。恰好，我的几位学生对此话题也有浓厚的兴趣，于是组织他们，选择各自熟悉且欣赏的对象，做进一步的深入探索。

之所以选择蔡元培(1868—1940)、章太炎(1869—1936)、梁启超(1873—1929)、鲁迅(1881—1936)、胡适(1891—1962)、陶行知(1891—1946)、朱自清(1898—1948)、闻一多(1899—1946)八位作为考察对象，首先基于其在现代中国思想文化史上的重要地位。或文化名人，或学界领袖，此八人全都身负重任，一言九鼎。“演说”作为一种社会行为，对演说者的社会地位及学术声誉有很高的要求。同样一句话，不同身份的人说出来，效果就是不一样。听众之所以动不动“大拍掌”，很大程度基于对演说者的崇敬以及“前理解”。除了个人魅力，论题的选择，同样十分重要。上述诸君演说的重点，在思想文化，而不是政治动员。如蔡元培之谈论大学意义，章太炎之主张以史救弊，还有陶行知之演讲生活教育之路，以及朱自清的解说诗文意蕴等，时至今日，仍有其独特魅力。

其次，还得考虑演说者的口头表达能力。有经验的读者都明白，“口若悬河”与“梦笔生花”不是一回事，适合于讲演的，不见得适合于阅读。一场主宾皆大欢喜的讲演，抽离特定时空，很可能不知所云。

① 参见周作人：《〈燕知草〉跋》，见《永日集》，上海，北新书局，1929。

相反，一篇精彩的专业论文或小说散文，即便由高明的演员朗读，也不见得能吸引广大听众。讲演者的姿态以及讲演时的技巧，同样影响到演说的成败。不同于专业著述的条分缕析，讲演必须突出大思路，而且讲求幽默，语出惊人，这样，方才能让现场的听众不断地“拍掌”、“大拍掌”。而这，并非自然而然达成的，很可能是现代学校训练的结果。闻一多在清华、朱自清在北大、陶行知在金陵大学，都曾受过专门的演说训练。当然，最著名的还属胡适的故事——1912 年夏天，胡适在康乃尔大学选修“一门极有趣的课程”，那就是训练演讲，此后，“这一兴趣对我真是历四五十年而不衰”[①]。并非每个人都像胡适那样，对演说保持持之以恒的兴趣。比如，闻一多就曾对清华的演说课程提出过批评，可最后时刻挥洒自如的绝佳表现，其实得益于其早年训练。至于鲁迅称“我曾经能讲书，却不善于讲演”[②]，那是作者过谦之词；据许多听众回忆，鲁迅演说时思路之奇崛、语言之幽默，让人叹为观止。能演说，有深度，论题重要，且讲稿保留下来，这样“四美兼具”的大好事，并非俯拾皆是。

再次，“演说”与“文章”之间，有着千丝万缕的关系。学问须冷隽，杂文要激烈，撰史讲体贴，演讲多发挥——所有这些，决定了章太炎、梁启超、鲁迅、胡适等人的撰述，虽有“大体”，却无“定体”，往往随局势、论题、媒介以及读者而略有变迁。但另一方面，演说与演说者的人格、趣味以及文章体式，又是密切相关的。闻一多与朱自清性格不同，在演讲中得到充分的体现：一春风化雨，一雷霆万钧；

① 唐德刚译：《胡适口述自传》，58 页，北京，华文出版社，1992。

② 鲁迅：《〈集外集〉序言》，见《鲁迅全集》，7 卷，5 页，北京，人民文学出版社，1981。

西南联大师生回忆这两人的讲课、演说以及生活逸事时，三者之间往往能够互相印证。至于胡适与鲁迅，演说一如其文章，或文化立场坚定，高等常识丰富，清朗而畅达；或自我质疑，迂回前进，千里走单骑。当然，这两种风格迥异的演说与文章，各有其不可替代的价值。

最后，该说到本丛书的最大愿望，那就是：在某些程度上复原那已经一去不复返的“演说现场”。严格说来，所有的演讲纪录稿，都很难准确传达演说者的真实意图。章太炎晚年主编《制言》时，曾“屡戒少登演讲记录”；而弟子沈延国更是将传世的章氏讲演记录分为五类，称只有那些师“自撰讲稿”或弟子记录后“由师审正”者，方能作为研究章太炎思想的可靠资料来引用①。至于鲁迅，更是清醒地意识到此中陷阱。查有记载的鲁迅演讲达五十多次，可收入《鲁迅全集》的只有16篇，不全是遗失，许多是作者自愿放弃——或因记录稿不够真切②，或因与相关文章重复③。若只是孤零零的文本，那些偶然留传下来的“演说”，自然是不尽如人意。因为，专著能够深入，教科书讲究条理，文章可以反复琢磨，演讲则追求现场效果。单纯的演说，确实不及专著或文章精深；但如果添上相关史料的考辨，使“演说现场”在某

① 参见沈延国：《章太炎先生在苏州》，陈平原等编：《追忆章太炎》，392～394页，北京，中国广播电视出版社，1997。

② 在《〈集外集〉序言》中，鲁迅称：“只有几篇讲演，是现在故意删去的。我曾经能讲书，却不善于讲演，这已经是大可不必保存的了。而记录的人，或者为了方音的不同，听不很懂，于是漏落，错误；或者为了意见的不同，取舍因而不确，我以为要紧的，他并不记录，遇到空话，却详详细细记了一大通；有些则简直好像是恶意的捏造，意思和我所说的正是相反的。凡这些，我只好当作记录者自己的创作，都将它由我这里删掉。”（《鲁迅全集》，7卷，5页）

③ 参见朱金顺：《鲁迅演讲资料钩沉》，长沙，湖南人民出版社，1980；马蹄疾：《鲁迅讲演考》，哈尔滨，黑龙江人民出版社，1981。

种程度上得以复原，那意义可就非同一般了。

单是阅读记录稿，你很可能觉得，绝大多数演说都是“卑之无甚高论”。只有在现场，演说才能充分展现其不同于书斋著述的独特魅力。不单论题的提出蕴涵着诡秘莫测的时代风云，现场的氛围以及听众的思绪，同样制约着演说的发展方向。在这个意义上，理解“演说”的魅力，必须努力回到“现场”。本丛书的操作，与一般意义上的“考辩”略有不同，我们不仅需要了解某一次演讲的时间、地点、听众、论题，更希望借钩稽前世今生、渲染现场氛围、追踪来龙去脉，还原特定的历史语境。这样，才有可能让那些早已消失在历史深处的“演说”，重新焕发生机，甚至介入当代人的精神生活。

当然，这只是我们的一厢情愿；能在多大程度上实现，只能留待读者评判了。

2006 年 4 月 4 日于京西圆明园花园

陈平原编著目录

(一)专著及论文集

1987《在东西方文化碰撞中》(杭州：浙江文艺出版社，1987 年)；

1988《二十世纪中国文学三人谈》(与黄子平、钱理群合作)(人民文学出版社，1988 年；《二十世纪中国文学三人谈·漫说文化》，北京大学出版社，2004 年再版)；

1988《中国小说叙事模式的转变》，上海：上海人民出版社，1988 年；台北：久大文化，1990 年；北京大学出版社，2003 年；北京大学出版社，2010 年；香港中文大学出版社，2007 年；韩文译本《中国小说叙事学》(李琮敏译)，韩国拯救出版社，1994 年；

1989《二十世纪中国小说史》第一卷，北京：北京大学出版社，1989 年；1997 年；改题《中国现代小说的起点——清末民初小说研究》，北京大学出版社，2005 年；北京大学出版社，2010 年；

1992《千古文人侠客梦——武侠小说类型研究》，北京：人民文学出版社，1992 年；台北：麦田出版，1995 年；(插图珍藏本)，北京：新世界出版社，2002 年；(插图本)天津：百花文艺出版社，2009 年；北京大学出版社，2010 年；

1993《小说史：理论与实践》，北京：北京大学出版社，1993 年；

台北：淑馨出版社，1998年；北京大学出版社，1999年；韩文译本（李宝暻、朴姿映译），Erum Publishing Co.，2003年；北京大学出版社，2010年；

1997《陈平原小说史论集》（三卷），石家庄：河北人民出版社，1997年；

1997《陈平原自选集》，桂林：广西师范大学出版社，1997年；

1998《中华文化通志·散文小说志》，上海人民出版社，1998年；改题《中国散文小说史》，上海人民出版社，2004年；台北：二鱼文化出版公司，2005年；北京大学出版社，2010年；

1998《中国现代学术之建立》，北京：北京大学出版社，1998年；台北：麦田出版，2000年；北京大学出版社，2005年；北京大学出版社，2010年；

1998《老北大的故事》，南京：江苏文艺出版社，1998年；台北：立绪出版社，2001年；（增订本）北京大学出版社，2009年；

1999《文学史的形成与建构》，南宁：广西教育出版社，1999年；

2002《中国大学十讲》，上海：复旦大学出版社，2002年；

2003《触摸历史与进入五四》，台北：二鱼文化出版公司，2003年；

2003《当年游侠人——现代中国的文人与学者》，台北：二鱼文化出版公司，2003年；（增订本），北京：三联书店，2006年；

2004《当代中国人文观察》，北京：人民文学出版社，2004年；（增订本）北京大学出版社，2010年；

2004《从文人之文到学者之文——明清散文研究》，北京：三联书店，2004年；

2004《文学的周边》，北京：新世界出版社，2004年；

2005《晚清文学教室——从北大到台大》，台北：麦田出版社，

2005 年；

2005《触摸历史与进入五四》(增订本)，北京大学出版社，2005 年；北京大学出版社，2010 年；*Touches of History*：*An Entry into 'May Fourth' China*，translated by Michel Hockx，LEIDEN · BOSTON：Brill Academic Publishers，2011；

2006《大学何为》，北京大学出版社，2006 年；

2007《学者的人间情怀——跨世纪的文化选择》，北京：三联书店，2007 年；

2008《北京记忆与记忆北京》，北京：三联书店，2008 年；

2008《千年文脉的接续与转化》，香港：三联书店，2008 年；上海：复旦大学出版社，2010 年；

2008《左图右史与西学东渐——晚清画报研究》，香港：三联书店，2008 年；

2009《大学有精神》，北京：北京大学出版社，2009 年；

2009《历史、传说与精神——中国大学百年》，香港：三联书店，2009 年；

2010《大学、文学与文学教育》，新加坡南洋理工大学中华语言文化中心，2010 年；

2011《现代中国的文学、教育与都市想象》，北京师范大学出版社，2011 年；

2011《作为学科的文学史》，北京大学出版社，2011 年；

2011《假如没有文学史……》，北京：三联书店，2011 年；

2012《读书的"风景"——大学生活之春花秋月》，北京大学出版社，2012 年；

2012《"文学"如何"教育"》，(台湾)新北市：新地文化艺术，

2012 年。

(二)书评及随笔集

1988《书里书外》，杭州：浙江文艺出版社，1988 年；

1992《大书小书》，广州：广东旅游出版社，1992 年；

1995《学者的人间情怀》，珠海：珠海出版社，1995 年；

1996《阅读日本》，沈阳：辽宁教育出版社，1996 年；

1996《书生意气》，上海：汉语大词典出版社，1996 年；

1997《漫卷诗书——陈平原书话集》，杭州：浙江人民出版社，1997 年；

1997《游心与游目》，成都：四川人民出版社，1997 年；

1997《漫说文化》(与钱理群、黄子平合作)，长沙：湖南教育出版社，1997 年；

2000《北大精神及其他》，上海文艺出版社，2000 年；

2001《掬水集》，天津：百花文艺出版社，2001 年；

2001《茱萸集》，沈阳：春风文艺出版社，2001 年；

2003《陈平原序跋》，南京：东南大学出版社，2003 年；

2003《大英博物馆日记》，济南：山东画报出版社，2003 年；台北：二鱼文化出版公司，2004 年；

2003《人在北京》，台北：联合文学出版社，2003 年；

2003《看图说书——中国小说绣像阅读札记》，北京：三联书店，2003 年；

2005《同学非少年——陈平原夏晓虹随笔》(与夏晓虹合作)，西安：太白文艺出版社，2005 年；

2006《日本印象》，武汉：华中师范大学出版社，2006 年；

2006《学术随感录》，开封：河南大学出版社，2006 年；

2009《走马观花》，上海书店出版社，2009 年；

2011《压在纸背的心情》，上海：复旦大学出版社，2011 年；

2012《京西答客问》，南京：凤凰出版社，2012 年；

2013《花开叶落中文系》，北京：三联书店，2013 年。

(三)编选或校点

1989《二十世纪中国小说理论资料》第一卷(与夏晓虹合编)，北京大学出版社，1989 年；1997 年；

1990《漫说文化丛书·闲情乐事》，北京：人民文学出版社，1990 年；上海：复旦大学出版社，2005 年；

1990《漫说文化丛书·佛佛道道》，北京：人民文学出版社，1990 年；上海：复旦大学出版社，2005 年；

1992《许地山散文全编》，杭州：浙江文艺出版社，1992 年；

1992《漫说文化丛书·读书读书》，北京：人民文学出版社，1992 年；上海：复旦大学出版社，2005 年；

1992《漫说文化丛书·神神鬼鬼》，北京：人民文学出版社，1992 年；上海：复旦大学出版社，2005 年；

1992《漫说文化丛书·生生死死》，北京：人民文学出版社，1992 年；上海：复旦大学出版社，2005 年；

1996《中国现代学术经典丛书·章太炎卷》，石家庄：河北教育出版社，1996 年；

1996《中国现代学术经典丛书·胡适卷》，石家庄：河北教育出版社，1996 年；

1996《中国现代学术经典丛书·鲁迅、吴宓、吴梅、陈师曾卷》(合编，负责鲁迅部分)，石家庄：河北教育出版社，1996 年；

1997《学者追忆丛书·追忆蔡元培》(与郑勇合编)，北京：中国广播电视出版社，1997 年；北京：三联书店，2009 年；

1997《学者追忆丛书·追忆王国维》(与王枫合编)，北京：中国广播电视出版社，1997 年；北京：三联书店，2009 年；

1997《学者追忆丛书·追忆章太炎》(与杜玲玲合编)，北京：中国广播电视出版社，1997 年；北京：三联书店，2009 年；

1998《北大旧事》(与夏晓虹合编)，北京：三联书店，1998 年；北京大学出版社，2009 年；

1999《触摸历史——五四人物与现代中国》(与夏晓虹合编)，广州：广州出版社，1999 年；北京大学出版社，2009 年；

2000《中国散文选》，天津：百花文艺出版社，2000 年；

2000《(名著图典)中国小说史略》，杭州：浙江教育出版社，2000 年；

2000《点石斋画报选》，贵阳：贵州教育出版社，2000 年；

2001《图像晚清》(与夏晓虹合作)，天津：百花文艺出版社，2001 年；(珍藏本)，天津：百花文艺出版社，2006 年；

2001《尝试集·尝试后集》，贵阳：贵州教育出版社，2001 年；

2001《章太炎的白话文》，贵阳：贵州教育出版社，2001 年；

2002《晚明与晚清——历史承传与文化创新》(与王德威、商伟合编)，武汉：湖北教育出版社，2002 年；

2002《中国文学研究现代化进程二编》，北京大学出版社，2002 年；

2002《新世纪中国大学生(文科学士)毕业论文精选精评·文学卷》，北京：西苑出版社，2002 年；

2003《大众传媒与现代文学》(与山口守合编)，北京：新世界出版社，2003 年；

2003《国故论衡》，上海古籍出版社，2003 年；

2003《〈新青年〉文选》，贵阳：贵州教育出版社，2003年；

2004《现代学术史上的俗文学》，武汉：湖北教育出版社，2004年；

2005《北京：都市想象与文化记忆》（与王德威合编），北京大学出版社，2005年；

2005《早期北大文学史讲义三种》，北京大学出版社，2005年；

2006《胡适论治学》，合肥：安徽教育出版社，2006年；

2007《教育：知识生产与文化传播》，合肥：安徽教育出版社，2007年；

2007《学术史：课程与作业——以“中国现代文学学科史”为例》，合肥：安徽教育出版社，2007年；

2007《近代中国的百科全书》（与米列娜合编），北京大学出版社，2007年；

2007《茶人茶话》（与凌云岚合编），北京：三联书店，2007年；

2009《红楼钟声及其回响——重新审读“五四”新文化》，北京大学出版社；

2009《西安：都市想象与文化记忆》（与王德威、陈学超合编），北京大学出版社；

2009《王瑶文论选》，北京：人民文学出版社，2009年；

2010《北京读本》（与郑勇合编），上海：华东师范大学出版社，2010年；

2010《何为大学——〈蔡孑民先生言行录〉》，台北：大块文化出版公司，2011年；

2010《筒子楼的故事》，北京大学出版社，2010年；

2012《鲤鱼洲纪事》，北京大学出版社，2012年；

2013《开封：都市想象与文化记忆》（与王德威、关爱和合编），北京大学出版社，2013 年。